政府单位会计核算详解

王彦　编著

中国财经出版传媒集团
中国财政经济出版社

图书在版编目（CIP）数据

政府单位会计核算详解／王彦编著．--北京：中国财政经济出版社，2023.6

ISBN 978－7－5223－2272－8

Ⅰ.①政…　Ⅱ.①王…　Ⅲ.①单位预算会计　Ⅳ.①F810.6

中国国家版本馆CIP数据核字（2023）第101449号

责任编辑：葛　新　　　　责任校对：张　凡

封面设计：卜建辰　　　　责任印制：史大鹏

政府单位会计核算详解

ZHENGFU DANWEI KUAIJI HESUAN XIANGJIE

中国财政经济出版社 出版

URL：http：//www.cfeph.cn

E－mail：cfeph@cfeph.cn

社址：北京市海淀区阜成路甲28号　邮政编码：100142

营销中心电话：010－88191522

天猫网店：中国财政经济出版社旗舰店

网址：https：//zgczjjcbs.tmall.com

北京中兴印刷有限公司印刷　　各地新华书店经销

成品尺寸：185mm×260mm　16开　19.25印张　390 000字

2023年7月第1版　2023年7月北京第1次印刷

定价：98.00元

ISBN 978－7－5223－2272－8

（图书出现印装问题，本社负责调换，电话：010－88190548）

本社质量投诉电话：010－88190744

打击盗版举报热线：010－88191661　QQ：2242791300

前　言

在中国，根据会计核算服务的会计主体性质划分，中国政府会计①可以分为：政府财政会计、政府单位会计、政府基金会计。其中，政府单位会计是指会计主体按照政府组织来划分的政府会计，在会计实务中又称为行政事业单位会计②。政府单位会计是中国政府会计中会计人员最多、会计业务最为繁杂、涉及面最广的组成部分。制定广泛适用于政府单位会计核算的会计标准，通过政府单位会计人员在具体工作中正确掌握、运用会计标准，提供高质量的政府单位会计信息，既是中国政府会计的基础性工作，也是建设具有中国特色政府会计的重要任务。

按照国务院批转财政部《权责发生制政府综合财务报告制度改革方案》的要求，在2015年出台的《政府会计准则——基本准则》基础上，财政部相继出台了《政府会计制度——行政事业单位会计科目和报表》（以下简称“政府单位会计制度”）和一系列政府会计具体准则，基本建立起了一套适用于中国政府单位会计核算的会计标准体系（以下简称“政府单位会计标准”）。

自2019年1月1日实施新的政府单位会计标准以来，很多单位的会计人员根据会计核算实务提出了一些问题。这些问题大部分是对政府单位会计标准应用的理解问题。比如，本单位是否适用政府单位会计制度，对本单位某些经济活动的核算如何依据政府单位会计制度“对号入座”；本部门所管理的某些单位是否应当纳入编报部门决算报告和部门财务报告的范围等。还有一些行政事业单位的中高级会计人员反映，虽然通过学习政府单位会计制度了解了单位业务的账务处理要求，但是对于为什么采用这样的会计处理方法还是不太理解。这些中高级会计人员迫切希望对政府单位会计标准规定的认知能够“既知其然、又知其所以然”，以便深入解答单位其他会计人员在会计核算中遇到的问题。

作者认为，无论是政府单位会计制度出台时出版的一些政府单位会计制度解读教材，还是目前高等学校的政府会计课程教材，从内容上看都尚不能满足政府单位会计人

① 本书所介绍的中国政府会计知识及其适用的区域，不含中国的香港特别行政区、澳门特别行政区和台湾地区。

② 无特别说明，本书所称政府单位即指行政事业单位，政府单位会计即指行政事业单位会计。

员在执行政府单位会计标准时的学习要求。为此，需要有更能满足会计人员学习、运用政府单位会计标准，有助于解决会计人员实务中遇到问题的教材。《政府单位会计核算详解》即是本着这个目的编写的。本书的主要特点体现在以下几个方面：

1. 着眼实务

本书力求帮助读者解决政府单位在执行政府单位会计标准中遇到的实务操作问题。主要体现在以下几个方面：

（1）对政府单位会计主体的范围作了详尽介绍。帮助政府单位、特别是各类介于政府单位会计主体范围边界的单位（组织）的会计人员，搞清本单位是否应当适用政府单位会计标准；帮助政府单位会计人员了解本单位或归属本单位管理的下属单位是否属于编报政府部门决算报告和政府部门财务报告的范围。

（2）对预算收入（收入）的划分作了详细介绍，并介绍了容易混淆的不同预算收入（收入）的判别方法。帮助会计人员正确登记预算收入（收入）账户。

（3）对政府单位核算的资产范围作了详细介绍。帮助政府单位会计人员判断应当纳入本单位会计核算的资产，做到对本单位核算的资产“不漏”，单位之间核算的资产“不重”。

（4）对政府单位某些资产核算界定和适用的会计主体作了特别介绍。比如，固定资产、无形资产、公共基础设施、政府储备物资、文物文化资产、保障性住房等，帮助参与这些资产管理活动的有关单位正确选择和使用资产核算会计科目。

（5）对情况复杂的经济活动或会计要素项目的核算，尽可能全面地按照各种不同的场景介绍核算内容。比如，对投资的核算、对在建工程的核算、对资产清查的核算、对应付职工薪酬的核算、对专用基金的核算，等等，以利于会计人员在实务工作中“对号入座”。

（6）对一些会计制度未举例的活动或业务会计处理，或者会计制度规定的会计处理，作者根据对会计制度规定的理解，作了更具体、更详细的账务处理介绍。

（7）对会计人员在实务中反映较多的核算问题进行了专门或侧重介绍。比如，对其他应收款和其他应付款业务的预算会计核算介绍，对应付职工薪酬核算等的介绍。另外，本书在核算知识介绍中对账务处理着墨较多，也是因为会计人员提出的账务处理问题偏多所致。

除上述几个方面以外，本书在介绍资产核算知识时基本不采用按照会计科目介绍的方式，而是尽可能地按照引起资产增减的不同业务活动类型来介绍相应的资产核算内容，这也是本书试图贴近政府单位会计核算实务的一个尝试。

2. 注重解惑

为了帮助读者对政府单位会计制度规定“既知其然、又知其所以然”，本书对会计制度规定的部分会计核算，进一步深入介绍其背景、原因或理由，主要体现在以下几个方面：

（1）通过对预算收入和预算支出定义解读，帮助读者掌握确认单位预算收入和预算支出的判断规律。理解为什么政府单位的现金流入和现金流出，有的需要即时确认预算收入和预算支出，有的暂时不能确认预算收入和预算支出，有的根本不能确认预算收入和预算支出。

（2）对某些会计处理的做法，介绍其产生的背景。比如，对财政拨款收支的会计处理，介绍财政拨款国库集中支付流程及其变化，国库集中支付结余的权责发生制确认及其变化等核算背景。

（3）对同样业务存在不同会计处理方法的，分析不同方法的利弊，以及各方法适用的情景。比如，对报销业务核算采用的两种预算会计处理方法，对提取和使用科研项目间接费、管理费采用的两种核算方法。

（4）对某些会计处理做法，解释会计准则制度采用其的原因或理由。比如，对长期股权投资核算采用权益法和成本法的适用范围，对采用权益法核算长期股权投资中其他权益变动的会计处理，对规定资产折旧采用的折旧方法、折旧（摊销）起止时间采用的做法，对资产转让等处置的会计处理，对无偿划转资产的会计处理，等等。

3. 突出重点

本书在政府单位会计核算的各个部分，使用较大篇幅进行重点知识内容介绍，以便读者对这些知识点有更全面、深入的了解。比如，对预算收入和预算支出的核算，重点介绍预算收支的定义及会计确认；对资产的核算，重点介绍不同类型经济活动导致的资产增减核算及其相关账务处理；对负债的核算，重点介绍政府单位举借债务和应付职工薪酬的核算；对净资产的核算，重点介绍专用基金的核算；等等。

为了聚焦学习重点和控制篇幅，本书省略了部分容易理解的政府单位会计核算知识。对一些比较简单业务核算的会计科目设置、账务处理及其举例，部分会计报表编制等，本书不作面面俱到的介绍。

4. 内容最新

2019 年实施政府会计单位制度以后，政府单位会计标准体系建设还在继续进行。财政部发布政府单位会计制度以后，又根据政府单位实施政府单位会计标准遇到的问题，出台了 5 个政府会计准则制度解释，还出台了《政府会计准则第 10 号——政府和社会资本合作安排》及其应用指南。2020 年财政部开始试点推行预算管理一体化建设，也导致政府单位对财政资金的会计核算发生变化。在本书的内容组织上，依据截至本书出版时实施的政府单位会计标准以及相关财政、财务管理规定，以求做到内容最新。

随着适用于政府单位的会计标准继续完善，一些新的具体会计准则、会计准则指南、会计准则制度解释等文件还会陆续出台并实施，因此，政府单位有些会计核算还会有变化；以后有些政府管理活动的变化，也可能在单位会计核算中反映出来。作者将在本书再印或以后的版本中，及时增加、更改本书的相关内容，以满足广大读者对政府单位会计核算知识更新的需求。

本书共分为 12 章。其中：第 1 章介绍政府单位会计的会计主体和政府单位适用的会计标准；第 2 章～第 4 章按照预算会计要素介绍政府单位的预算会计核算；第 5 章～第 10 章按照财务会计要素介绍政府单位的财务会计核算；第 11 章和第 12 章介绍政府单位会计报表的编制及汇总合并。

本书适宜作为政府单位（行政事业单位）会计人员处理会计核算业务的学习用书，也可以作为政府单位会计人员业务培训课程授课教师和高等学校政府会计课程（本科生和高职生）授课教师的教学参考用书，还可以作为高等学校会计专业研究生的学习参考用书。

在此要特别感谢中国财政科学研究院研究员王晨明老师。本书很多对政府单位会计制度规定的细化解读，源于王晨明老师在讲授相关政府单位会计制度课程中学员提出的实际问题，并得益于作者与王晨明老师对这些问题的研讨。另外，王晨明老师对本书的出版也提供了很大帮助。

由于作者水平有限，加之本书篇幅较大，本书可能存在疏漏之处。恳请广大读者批评指正。电子邮件可发送至：wangyan19851014@ yeah. net。

作者

2023 年 5 月

目 录

第1章 政府单位会计概述

1.1 政府单位会计主体

1.1.1 政府会计主体的几个概念

政府会计的会计主体是指政府会计核算的立场和空间范围。会计主体的概念源于会计核算服务的独立实体。划分会计主体是为了划分会计核算的立场和空间界限。在政府会计中，会计核算的空间范围不同，会计主体的称谓和内涵也有所不同。

1. 记账主体和报告主体

（1）记账主体是政府会计在进行会计记录时对记账采用的立场和对记账对象范围的界定。记账主体要求为政府主体建立完整、自我平衡的会计账户体系，对该主体的全部资源进行单独记录。

一个独立核算的政府单位就是一个记账主体。作为记账主体的政府单位在进行会计核算时，要设置全套本单位使用的会计账户，把本单位需要记账的全部经济活动引发的会计要素项目变动内容在会计科目中反映出来。

一个政府单位如果仅是对部分的经济活动设置会计账户进行核算，就不属于一个完整独立的记账主体。比如，政府单位中的后勤单位等，有的也设置会计账户，对后勤单位的部分收入、费用，部分资产、负债进行核算。但是该后勤单位的另一些收入、费用，或是另一些资产、负债由该后勤单位所隶属的政府单位统一记账核算。在这种情况下，该后勤单位等就不属于一个完整独立的记账主体。

（2）报告主体是政府会计在提供会计报告时对报告采用的立场和对报告对象范围的界定。报告主体要求为政府主体设置完整独立的会计报表体系，对该主体范围的全部资源进行完整报告。

在政府会计中，政府会计报告主体自下而上包括政府单位会计主体、政府部门会计主体、本级政府会计主体、行政区政府[①]会计主体。各层级政府单位层层汇总编制会计报告时，会计报告主体的范围随之扩大。比如，上级单位汇总编制会计报告时，会计报告主体既包括上级单位自身，也包括所属的下级单位；编制政府部门会计报告时，会计报告主体的范围包括本部门所属的全部政府单位。

2. 单位会计主体和基金会计主体

（1）单位会计主体是指会计核算服务的实体是某个政府组织，即政府单位。中国政府会计的会计主体大多属于单位会计主体。我们通常所说的行政事业单位会计是指以政府单位为会计主体的会计。本书介绍的政府单位会计是指政府单位会计主体的会计核算知识。

（2）基金会计主体是指会计核算服务的实体是某种政府资金（或基金）。基金会计主体要求为该资金（基金）建立自我平衡的会计要素及账户体系，建立该资金（基金）完整的会计报表体系，对基金主体范围内的资金进行全部会计要素的完整、单独记账及单独报告。

基金会计主体虽然也由其管理的政府单位会计进行核算，但是对基金会计主体的核算与该单位主体的核算要分开进行。比如，政府的土地储备资金、国家物资储备资金等，都要求对该资金的核算与资金管理单位自身运营的资金、资产等核算和报告分开，从而形成了土地储备资金、国家物资储备资金等基金会计主体。

政府单位有的资金（如项目资金）在核算中，要求对该资金的收入、支出、结余进行单独的记账和报告，但是并不要求对该资金形成的资产、负债、净资产与其他资金形成的资产、负债、净资产分开记账和报告。在这种情况下，该资金的核算并不具有完整、自我平衡的会计要素及其账户体系，也不能形成单独报告的完整报表体系，因此，不属于基金会计主体，而是属于政府单位会计主体核算内容的组成部分。

3. 单一会计主体和复合会计主体

每一个独立核算的政府单位就是一个会计主体。在以政府单位为会计主体进行核算和会计报告时，记账主体和报告主体范围一致、重合，记账主体同时也是报告主体。我们可以将这种会计主体称为单一会计主体。

但在有些情况下，政府会计的记账主体和报告主体并不重合。这主要体现在政府会计报告主体中。除政府基层会计单位以外，各级政府单位编制汇总会计报告时，会计报告主体中既包括编报报告的上级单位，也包括该上级单位所属的下级单位。同样，在编制政府部门会计报告时，会计报告主体既包括该部门的主管单位，也包括纳入部门报告的该部门所属的全体政府单位。在这些情况下，会计报告主体内包括的各个单位都是该会计报

① 指包括行政区划内本行政区各级政府的全部政府机构为会计主体。

告主体的子主体（也是记账主体）。我们可以将一个会计报告主体内含有多个记账主体或者子报告主体的会计报告主体称为复合会计主体。复合会计主体示例见图1－1。

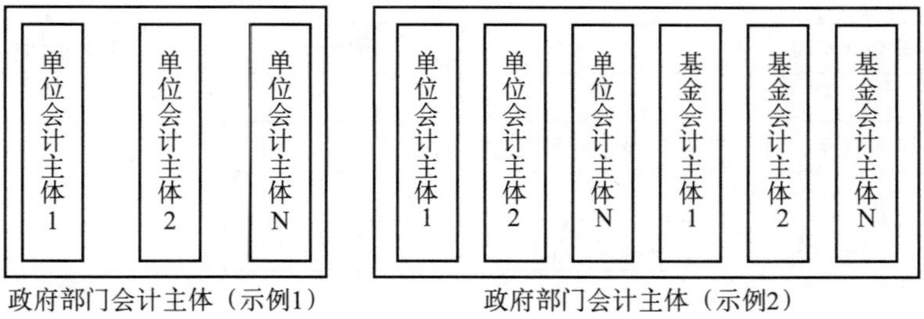

图1－1 复合会计主体示例

1.1.2 政府单位会计主体的层级

为了实现政府对政府单位自上而下的财务监督管理和会计信息自下而上的报告，政府单位会计主体要进行层级的划分，形成政府单位会计的组织系统。

政府单位会计组织系统主要依据政府部门财务报告和资金预算的管理层次分级设置。政府单位的会计组织分为三个层级类型：主管会计单位、二级会计单位、基层会计单位。

向本级政府财政部门汇总报告本部门所有单位财务状况和经费使用情况，有下属会计单位的会计单位，为主管会计单位。主管会计单位也是部门财务报告的编制单位。政府部门中只有一个会计单位的，该单位为本部门的主管会计单位。

向上级会计单位汇总报告本级单位以下所属各单位财务状况和经费使用情况，有下属会计单位的会计单位，为二级会计单位。如果二级会计单位以下还有基层会计单位以上的会计单位，其性质和二级会计单位一样，也称作二级会计单位。

向上级会计单位报告本单位财务状况和经费使用情况，没有下属会计单位的会计单位，为基层会计单位。主管会计单位和二级会计单位对本单位经济资源的会计核算与报告，与基层会计单位一样。

由于各个政府（不同层级政府或不同地区的政府）的不同部门中政府单位的隶属层级不尽相同，所以实际上政府单位的会计组织体系可以有多种层级形式。政府单位的各种会计组织层级见图1－2。

政府单位会计的组织层级一般情况下与政府部门预算管理的组织层级相对应。与主管会计单位、二级会计单位和基层会计单位相对应的分别是部门预算的一级预算单位、二级预算单位和基层预算单位。

一级预算单位是指汇总并向本级政府财政部门报送本部门的部门预算和部门决算，有下属预算单位的预算单位。政府部门中只有一个预算单位的，该单位为本部门的一级预算单位。

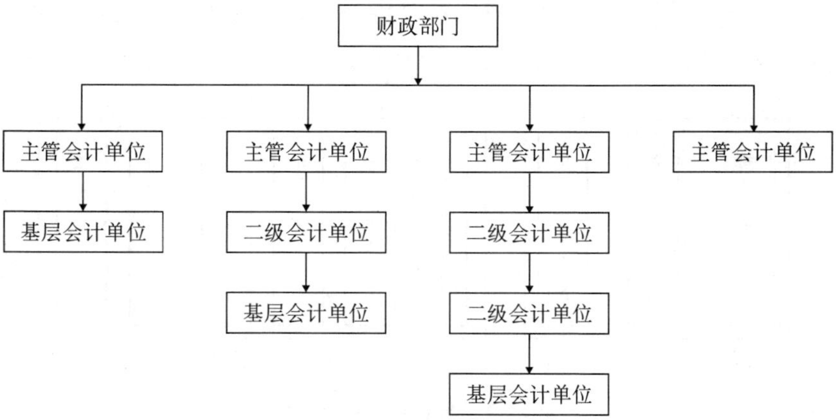

图 1－2　政府单位的各种会计组织层级

二级预算单位是指汇总并向上级预算单位报送本级以下预算单位的汇总预算和汇总决算，有下属预算单位的预算单位。如果二级预算单位以下还有基层预算单位以上的预算单位，其性质和二级预算单位一样，也称作二级预算单位。

基层预算单位是指向上级预算单位报送本单位的预算和决算，向本级政府财政部门申请支付本单位财政拨款，没有下属预算单位的预算单位。一级预算单位和二级预算单位的本单位收支预算管理，与基层预算单位一样。

政府单位的会计组织层级和预算单位组织层级的对应关系见图 1－3。

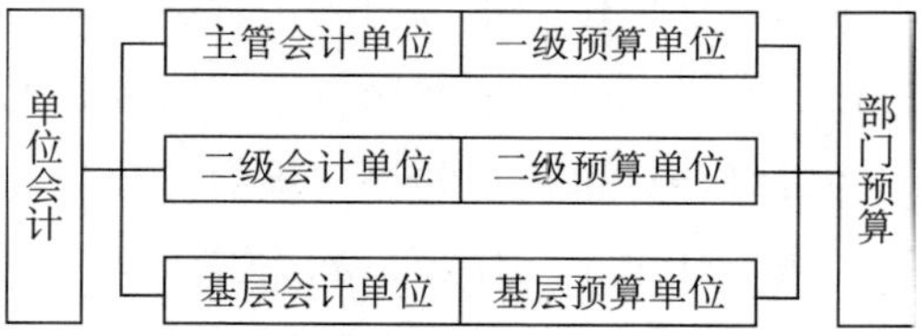

图 1－3　政府单位的会计组织层级和预算单位组织层级的对应关系

1.1.3　政府单位会计主体的范围

政府单位会计主体包括与政府财政部门直接或者间接发生预算拨款关系的国家机关、军队、政党组织、事业单位和其他社会组织（包括社会团体、基金会和社会服务机构等）。

政府单位会计主体在会计实务中往往又称为“行政事业单位”。这个称谓中的“行政单位”是指广义的行政单位，即按照或参照行政管理体制进行管理的国家机关单位。其中既包括狭义的行政单位（即各级人民政府及其相关部门、单位），也包括人大、司法、监察、政协和中国共产党等执政、参政的政党组织机构的单位。

属于政府单位会计主体的事业单位是指为了社会公益目的，由国家机关举办或者其他组织利用国有资产举办的，从事教育、科技、卫生健康、文化等活动的社会公益服务组织。

需要说明的是，在会计实务中“行政事业单位”称谓中的“事业单位”，既包括按照事业单位登记管理条例登记的事业单位法人，也包括按照或参照事业单位进行管理、属于政府单位会计主体的其他社会组织。

属于政府单位会计主体的其他社会组织是指经常性取得直接财政拨款、单位资产属于国有资产的公立的社会团体等组织，不包括社会资本投资、属于民间非营利组织的社会团体等。

国有（含国有控股，以下同）企业集团中的事业单位，从履行职能和使用资源属性上看，单位履行的是属于政府职能的公益服务职能，单位运转使用属于公共经济资源的国有资产，其中部分单位还纳入政府部门预算管理。从记账主体和报告主体的性质上看，国有企业集团中的事业单位按照政府单位统一适用的会计标准进行记账核算，其中纳入部门预算管理的纳入政府部门决算报告的编报范围。这些事业单位基本与政府单位会计主体性质相同。所以，国有企业集团中的事业单位，尽管不直接隶属于政府部门或政府单位，但仍然可以将其划归为政府单位会计主体。

以下会计主体不属于政府单位会计主体：

（1）政府单位财务部门按照规定单独建账核算的工会经费、党费、团费等，不是该单位使用经济资源的组成部分，而是属于政府单位会计主体以外的单独会计主体，因此，不属于政府单位会计主体。部分由政府单位财务部门核算的不能独立建账的共青团团费、学生社团经费等群众组织的资金，不具备独立会计主体的条件，属于政府单位会计主体内核算的托管性质资金。

（2）由相关行政事业单位管理的社会保险基金、土地储备资金、国家物资储备资金、住房公积金、住宅专项维修资金等资金（基金），需要与本单位的资金资产等分开核算，属于单独的基金会计主体。因此，也不在政府单位会计主体的范围之内。

（3）与行政机构脱钩的社会团体如行业协会（“商会”、“同业公会”、“联合会”、“促进会”等）、研究会、基金会等，不再获得直接财政拨款，单位的国有资产信息按照社会团体国有资产管理系统报告，会计核算依据民间非营利组织会计核算标准。因此，这些单位不纳入政府单位会计管理，不属于政府单位会计主体。

（4）挂靠政府部门（单位）且没有财政预算拨款关系的社会组织以及非法人性质的学术团体等，不使用财政拨款资金，其组织的资产往往也不属于国有资产。这些单位或组织的会计报告，既不纳入政府部门预算的决算报告，也不纳入政府部门财务报告。因此，这些单位或组织不属于政府单位会计主体。

（5）参照执行政府单位执行的会计制度进行会计核算的民办医院、民办学校等，属于民间非营利组织，不属于政府单位会计主体。

1.1.4 执行政府单位会计标准的政府单位会计主体

1. 执行政府单位会计核算标准的政府单位会计主体范围

各级政府中，与本级政府财政部门直接或者间接发生预算拨款关系的政府单位，以及没有实行企业化管理的自收自支事业单位、国有企业集团中的事业单位等会计主体，都应当执行政府会计准则、行政事业单位统一执行的政府单位会计制度等会计标准（以下简称“政府单位会计标准”）。但是以下几种政府单位会计主体除外：

（1）军队。中国人民解放军和中国人民武装警察部队各级组织和单位，执行军队专门的会计制度等会计标准，不执行政府单位会计标准。

（2）军工科研事业单位。执行《军工科研事业单位会计制度》的事业单位，按照该制度进行会计核算和编制本单位会计报告，不执行统一的政府单位会计制度。

（3）已经纳入企业财务管理体系的事业单位。部分事业单位基本能够通过提供服务从市场取得单位运营所需要的全部财务资源，不再需要财政拨款。其中有的单位已经转制为企业，登记为企业法人；还有的单位，虽然仍然登记为事业单位法人，但是已经纳入企业财务管理体系，执行企业的财务制度和会计准则。这些事业单位不执行政府单位会计标准。

（4）执行《民间非营利组织会计制度》的社会团体。属于政府单位会计主体的社会团体等其他组织，如果按照规定执行《民间非营利组织会计制度》，那么就不适用政府单位会计标准。

2. 政府单位会计主体按照政府单位会计标准进行财务会计核算和预算会计核算

适用政府单位会计标准的政府单位会计主体，都应当按照政府单位会计标准进行财务会计核算。

纳入政府部门预算管理的政府单位会计主体，都应当对纳入单位预算管理的全部现金收支业务，按照政府单位会计标准进行预算会计核算。

需要注意的是，属于政府单位会计主体，但是没有经常性财政拨款、自收自支的事业单位，只要纳入了部门预算管理范围，也应当按照政府单位会计标准进行预算会计核算。

未纳入政府部门预算管理的事业单位，可以不按照政府单位会计标准进行预算会计核算。

国有企业集团中的事业单位，如果纳入政府部门预算管理范围，应当按照政府单位会计标准进行预算会计核算；如果未纳入政府部门预算管理范围，可以不按照政府单位会计标准进行预算会计核算。

政府单位未纳入年初批复收支预算、但纳入决算报表编制范围的非财政拨款收支，也应按照政府单位会计标准进行预算会计核算。

1.2　政府单位会计核算依据的会计标准

2014 年 12 月国务院批转财政部制定的《权责发生制政府综合财务报告制度改革方案》，要求建立健全政府会计核算体系，通过构建统一、科学、规范的政府会计标准体系，为建立政府综合财务报告制度奠定基础。截至目前，中国已经基本构建了以“准则 + 制度”为基本形式的政府会计标准体系。

1.2.1　政府会计准则

1. 政府会计基本准则

政府会计基本准则是政府会计标准体系中的统领性文件。政府会计基本准则规定了政府会计主体，政府预算会计和财务会计的会计目标、会计核算基础、会计要素、会计报告，政府会计信息质量要求等，构建了中国政府会计核算的基本概念框架和基本原则。政府会计基本准则的规定是制定各项政府会计具体准则和会计制度的依据。

2. 政府会计具体准则

政府会计具体准则的作用主要是规范政府会计主体的会计要素项目在核算中的确认、计量和信息披露等。对于一些确认、计量情况复杂的会计要素项目或者经济活动事项的核算，需要单独制定会计准则，按照细分或者不同情况进行的会计确认、计量和信息披露予以规范，以保证各个会计主体在相关核算上保持统一性和会计信息可比性。为此单独制定的会计准则又可称为政府会计具体准则。到目前为止，财政部已经发布施行的政府会计具体准则包括：

①《政府会计准则第 1 号——存货》。

②《政府会计准则第 2 号——投资》。

③《政府会计准则第 3 号——固定资产》。

④《政府会计准则第 4 号——无形资产》。

⑤《政府会计准则第 5 号——公共基础设施》。

⑥《政府会计准则第 6 号——政府储备物资》。

⑦《政府会计准则第 7 号——会计调整》。

⑧《政府会计准则第 8 号——负债》。

⑨《政府会计准则第 9 号——会计报表编制和列报》。

⑩《政府会计准则第 10 号——政府和社会资本合作项目合同》。

以上政府会计具体准则全部适用于政府单位会计主体。由于不存在实物资产、无形资产等经济业务的核算，上述政府会计具体准则只有部分适用于政府财政会计主体和政府基金会计主体。

3. 政府会计准则应用指南

政府会计准则应用指南是针对政府会计具体准则制定的。其内容是对政府会计具体准则中的部分条款或条款中的概念作出说明，或者对政府会计具体准则中提出的标准进行规定，或者对标准的辨认判断作出规定，以及对政府会计具体准则涉及的特殊业务进行账务处理、报表反映的规定等。

目前财政部已经颁布施行的政府会计准则应用指南有两个，即《政府会计准则第 3 号——固定资产》应用指南和《政府会计准则第 10 号——政府和社会资本合作项目合同》应用指南。以后随着对政府会计具体准则的完善，财政部还会陆续出台其他政府会计准则应用指南。

1. 2. 2　政府会计制度

政府会计制度的作用主要是规范政府会计主体在核算中的会计记账，以及依据账簿记录编制会计报表。适用于政府单位会计主体的会计制度包括以下两种：

1. 统一会计制度

统一会计制度是指适用于全部会计主体的会计制度。在中国政府会计中，按照适用会计主体的性质不同，又分为统一适用政府财政会计的会计制度和统一适用政府单位会计的会计制度。

目前，中国统一适用于政府单位的会计制度是财政部颁布、要求在 2019 年开始施行的《政府会计制度——行政事业单位会计科目和报表》（以下简称“政府单位会计制度”）。

政府单位会计制度对会计核算的规定，基本涵盖了政府单位各种经济业务的会计核算。各地区、各政府部门的政府单位会计，在会计科目设置、经济业务和事项的账务处理以及会计报表填报等方面，均以政府单位会计制度的规定为基准。对相同性质的经济业务，各个单位都使用相同的会计科目、进行相同的账务处理；对性质不同的经济业务，各个单位都采用一样的口径登记不同的会计科目进行账务处理；对会计报表，所有政府单位都采用一致的方法和口径列报会计报表项目，填报统一格式的会计报表。这样才能达到各个政府单位会计记账和报表编制的一致性，为汇总编制政府部门会计报表和政府综合会计报表奠定基础。

2. 政府单位会计制度补充规定

（1）行业事业单位会计制度补充规定。部分行业的事业单位，有着带有行业特殊性的经济业务，或者有着行业特殊要求的报表项目。对于这类有行业特殊要求的核算，财政部有针对性地制定了政府单位会计制度的补充规定。在会计制度补充规定中，增设了几个行业特殊业务核算使用的会计科目，增设了若干行业特殊要求报表项目，以及为了满足填列行业特殊要求报表项目而设置的明细会计科目。目前，行业事业单位的会计制度补充规定包括：

①关于高等学校执行《政府会计制度——行政事业单位会计科目和报表》的补充规定。

②关于中小学校执行《政府会计制度——行政事业单位会计科目和报表》的补充规定。

③关于科学事业单位执行《政府会计制度——行政事业单位会计科目和报表》的补充规定。

④关于医院执行《政府会计制度——行政事业单位会计科目和报表》的补充规定。

⑤关于基层医疗卫生机构执行《政府会计制度——行政事业单位会计科目和报表》的补充规定。

⑥关于测绘事业单位执行《政府会计制度——行政事业单位会计科目和报表》的补充规定。

⑦关于地质勘查事业单位执行《政府会计制度——行政事业单位会计科目和报表》的补充规定。

⑧关于国有林场和苗圃执行《政府会计制度——行政事业单位会计科目和报表》的补充规定。

⑨关于彩票机构执行《政府会计制度——行政事业单位会计科目和报表》的补充规定。

这些行业事业单位会计制度补充规定与政府单位会计制度具有同等的效力。

通过执行行业事业单位会计制度补充规定，事业单位解决了带有行业特点的特殊业务核算和报告问题。执行行业事业单位会计制度补充规定的事业单位，最后编制的本单位会计报表，还要能够与统一格式会计报表保持衔接，调整为政府部门财务报告和部门决算报告规定的统一格式会计报表。这样既照顾了事业单位行业特殊业务的个性核算要求，又满足了所有政府单位会计的共性核算要求。

（2）其他政府单位会计制度的补充规定。除行业事业单位会计制度补充规定以外，财政部还制定了针对特定情况的政府单位会计核算的规定，作为政府单位会计制度的补充。目前财政部颁布的这类规定有：

①《关于进一步加强公路水路公共基础设施政府会计核算的通知》。

②《关于行政事业单位划转撤并相关会计处理规定》。

③《关于进一步加强市政基础设施政府会计核算的通知》。

这些补充规定与政府单位会计制度具有同等效力。

1.2.3 政府会计准则制度解释

政府会计准则制度解释是在已经施行的政府会计具体准则和政府单位会计制度的基础上，对政府单位会计核算中一些具体问题的核算处理规定。

政府会计具体准则和政府单位会计制度开始施行以后，各地区政府、政府各部门、各政府单位在执行时遇到了一些问题。对这些问题如果不能及时解决会直接影响政府会计准则、制度有效实施。因此，在短时间内不能通过制定政府会计具体准则或应用指南、修订政府单位会计制度的方式予以规范情况下，财政部针对在执行政府会计准则、制度过程中带有一定普遍性的问题，以制定政府会计准则制度解释的形式对准则制度规定进行完善。政府会计准则制度解释的内容主要包括以下几个方面：

1. 补充规定政府会计准则、制度施行中适用的会计主体范围

除了适用政府单位会计制度的一般政府单位会计主体，政府会计准则制度解释还对政府单位财务部门核算的工会会费等资金，企业集团中的事业单位，与行政机关脱钩的行业协会商会等，挂靠政府部门或单位的社会组织，在适用会计制度或政府单位会计制度中的预算会计和财务会计核算规定，汇总编报政府部门决算报告和部门财务报告范围等方面作出规定。

2. 对政府会计准则、制度相关内容作出进一步解释说明

在已经颁布的政府会计准则、制度中，有的内容规定较为原则或可操作性不强，会计人员在研读和具体应用时对同一业务的会计处理可能会出现不同理解。如果不对此类问题作进一步的解释说明，会导致会计人员无所适从，或者同样业务在不同单位的会计处理各异，影响汇总、合并编制的会计报表质量。所以通过准则制度解释对政府会计准则、制度相关内容作出进一步解释说明。这些说明主要包括：政府单位某些复杂经济活动在各种情况下的核算，如投资的核算，公共基础设施的核算，工程建设核算等；对一些具体资产、负债、收入、费用项目的划分和确认记账；对某些具体业务的账务处理，如财政资金“归垫”的账务处理，接受捐赠资产分配的账务处理，会计报表日后事项的账务处理等。

3. 对已经颁布的政府会计准则、制度等的某些规定进行补充和修改

政府会计准则、制度施行以后，会出现一些新的问题或者新的情况。这些问题或情况的会计核算在已经颁布的准则、制度中没有规定，或者新情况的出现使得已经颁布的准则、制度的某些内容不再适应政府会计核算目标要求。因此，在准则、制度修订或出台新具体准则以前，需要暂时在准则制度解释中进行规定或修改原有规定内容。

目前财政部颁布施行的政府会计准则制度解释包括政府会计准则制度解释第 1 号、

第2号、第3号、第4号和第5号，以后还会根据需要继续出台政府会计准则制度解释。这些政府会计准则制度解释与政府会计具体准则和政府单位会计制度具有同等效力。

1.2.4 政府会计报告制度

政府会计报告制度的作用主要是规范政府会计主体编制会计报告。根据编制会计报告的目的和内容，适用于政府单位会计主体的会计报告制度包括财务报告制度和决算报告制度。

1. 财务报告制度

财务报告制度规范政府单位编制本单位的财务报告，以及政府部门中各级会计单位汇总编制部门财务报告。包括规定政府部门财务报告编制的范围，财务报告应当包含的基本内容，部门财务报告汇总编报流程，部门财务报告的汇总编制方法，财务报告数据质量审核和数据资料管理，政府部门财务报告各级编制单位的职责分工等。

目前政府单位执行的财务报告制度是财政部颁布的《政府财务报告编制办法（试行)》中关于政府部门财务报告的规定和《政府部门财务报告编制操作指南》。

2. 决算报告制度

决算报告制度规范政府单位编制本单位的决算报告，以及政府部门中各级预算单位汇总编制部门决算报告。包括规定政府部门决算报告编制的范围，政府部门决算的组成和组织实施，决算报告应当包含的基本内容，决算报告的编制，决算报告的汇总报送，决算报告的批复和信息公开，决算资料分析应用和数据资料管理，参与政府部门决算报告工作的相关单位的管理职责分工等。

目前政府单位执行的决算报告制度是财政部颁布、于2022年开始施行的《部门决算管理办法》。

随着政府部门预算管理的完善或调整，政府单位决算需要编制的决算报表种类或报表内容还可能会有少量调整。因此，除《部门决算管理办法》以外，财政部门还要每年下达当年的部门决算报表及编制说明。政府单位要根据财政部门当年下达的部门决算报表及编制说明，编制本单位决算报告的决算报表。

1.2.5 政府单位会计制度规定的会计科目

为了最大限度地保证各个政府单位之间会计信息的可比性，便于汇总编制政府部门及政府综合会计报表，政府单位会计制度统一规定了适用于各个政府单位通用的会计科目及其账务处理要求。除此以外，在部分行业事业单位会计制度补充规定和其他补充规定、政府会计准则制度解释和会计准则应用指南中，又增加了若干会计科目，适用于行业事业单位特殊业务核算和政府单位某些特定情况核算。为了便于简化表述，除特别说明以外，以下均简称“会计制度”规定的会计科目。行政事业单位会计科目见表1-1。

表1-1　　行政事业单位会计科目表

科目编号	一级科目名称	科目适用限定单位范围
一、财务会计科目		
（一）资产类		
1001	库存现金	
1002	银行存款	
1011	零余额账户用款额度	
1021	其他货币资金	
1101	短期投资	事业单位专用
1201	财政应返还额度	
1211	应收票据	事业单位专用
1212	应收账款	事业单位专用
1214	预付账款	
1215	应收股利	事业单位专用
1216	应收利息	事业单位专用
1218	其他应收款	
1219	坏账准备	事业单位专用
1301	在途物品	
1302	库存物品	
1303	加工物品	
1401	待摊费用	
1501	长期股权投资	事业单位专用
1502	长期债券投资	事业单位专用
1601	固定资产	
1602	固定资产累计折旧	
1611	工程物资	
1613	在建工程	
1614	营林工程	国有林场（苗圃）专用
1615	代建项目	
1701	无形资产	
1702	无形资产累计摊销	
1703	研发支出	
1801	公共基础设施	
1802	公共基础设施累计折旧（摊销）	

续表

科目编号	一级科目名称	科目适用限定单位范围
1811	政府储备物资	
1821	文物文化资产	
1831	保障性住房	
1832	保障性住房累计折旧	
1841	林木资产	国有林场（苗圃）专用
1841	PPP 项目资产	PPP 项目政府方单位专用
1842	PPP 项目资产累计折旧（摊销）	PPP 项目政府方单位专用
1891	受托代理资产	
1901	长期待摊费用	
1902	待处理财产损溢	
（二）负债类		
2001	短期借款	事业单位专用
2101	应交增值税	
2102	其他应交税费	
2103	应缴财政款	
2201	应付职工薪酬	
2301	应付票据	事业单位专用
2302	应付账款	
2303	应付政府补贴款	行政单位专用
2304	应付利息	事业单位专用
2305	预收账款	事业单位专用
2307	其他应付款	
2308	待结算医疗款	基层医疗卫生机构专用
2308	彩票销售结算	彩票机构专用
2309	应付返奖奖金	彩票机构专用
2310	应付代销费	彩票机构专用
2401	预提费用	
2501	长期借款	事业单位专用
2502	长期应付款	
2601	预计负债	
2901	受托代理负债	
（三）净资产类		
3001	累计盈余	
3101	专用基金	事业单位专用
3201	权益法调整	事业单位专用

续表

科目编号	一级科目名称	科目适用限定单位范围
3301	本期盈余	
3302	本年盈余分配	
3401	无偿调拨净资产	
3501	以前年度盈余调整	
3601	PPP 项目净资产	PPP 项目政府方单位专用
	清算净损益※	
（四）收入类		
4001	财政拨款收入	
4101	事业收入	事业单位专用
4201	上级补助收入	事业单位专用
4301	附属单位上缴收入	事业单位专用
4401	经营收入	事业单位专用
4601	非同级财政拨款收入	
4602	投资收益	事业单位专用
4603	捐赠收入	
4604	利息收入	
4605	租金收入	
4609	其他收入	
	清算收入※	
（五）费用类		
5001	业务活动费用	
5101	单位管理费用	事业单位专用
5201	经营费用	事业单位专用
5301	资产处置费用	
5401	上缴上级费用	事业单位专用
5501	对附属单位补助费用	
5701	利息费用	
5801	所得税费用	事业单位专用
5901	其他费用	
	清算费用※	
二、预算会计科目		
（一）预算收入类		
6001	财政拨款预算收入	
6101	事业预算收入	事业单位专用
6201	上级补助预算收入	事业单位专用

续表

科目编号	一级科目名称	科目适用限定单位范围
6301	附属单位上缴预算收入	事业单位专用
6401	经营预算收入	事业单位专用
6501	债务预算收入	事业单位专用
6601	非同级财政拨款预算收入	
6602	投资预算收益	事业单位专用
6603	捐赠预算收入	
6604	利息预算收入	
6605	租金预算收入	
6609	其他预算收入	
（二）预算支出类		
7101	行政支出	行政单位专用
7201	事业支出	事业单位专用
7201	教育支出	事业单位专用
7202	科研支出	事业单位专用
7203	医疗支出	事业单位专用
7204	行政管理支出	事业单位专用
7205	后勤保障支出	事业单位专用
7301	经营支出	事业单位专用
7401	上缴上级支出	事业单位专用
7501	对附属单位补助支出	
7601	投资支出	事业单位专用
7701	债务还本支出	事业单位专用
7901	其他支出	
7902	利息支出	
7903	捐赠支出	
（三）预算结余类		
8001	资金结存	
8101	财政拨款结转	
8102	财政拨款结余	
8201	非财政拨款结转	
8202	非财政拨款结余	
8301	专用结余	事业单位专用
8401	经营结余	事业单位专用
8501	其他结余	
8701	非财政拨款结余分配	事业单位专用

注1：表1－1中科目编号1841、2308为两个会计科目的相同编号，相同编号的两个会计科目分别由不同的政府单位使用。

注2：表1－1中“5701利息费用”科目为发生利息费用较多的单位，可以单独设置的总账科目。不单独设置“5701利息费用”总账科目的单位，发生的利息费用在“5901其他费用”科目中核算。

注3：表1－1中“6603捐赠预算收入”、“6604利息预算收入”、“6605租金预算收入”科目为发生捐赠预算收入、利息预算收入、租金预算收入金额较大或业务较多的单位，可以单独设置的总账科目。不单独设置这些总账科目的单位，发生的捐赠预算收入、利息预算收入、租金预算收入在“6609其他预算收入”科目中核算。

注4：表1－1中“7201教育支出”、“7202科研支出”、“7203医疗支出”、“7204行政管理支出”、“7205后勤保障支出”科目，为发生教育、科研、医疗、单位行政管理、后勤保障等活动的事业单位，可以单独设置的总账科目。不单独设置这些总账科目的事业单位，发生的教育、科研、医疗、单位行政管理、后勤保障等活动的支出，在“7201事业支出”科目中核算。

注5：表1－1中“7902利息支出”、“7903捐赠支出”科目为发生利息支出、捐赠支出金额较大或业务较多的单位，可以单独设置的总账科目。不单独设置这些总账科目的单位，发生的利息支出、捐赠支出在“7901其他支出”科目中核算。

注6：参照公务员法管理的事业单位，执行《行政单位财务规则》的，应当适用表1－1中行政单位专用的会计科目；执行《事业单位财务规则》的，应当适用表1－1中事业单位专用的会计科目。

注7：标记※的会计科目为非持续运行前提下清算单位设置的会计科目。

各个政府单位在会计核算实务中，要根据表1－1设置本单位经济活动核算需要的会计科目；本单位会计核算不需要表1－1中的会计科目，可以不设置。

出于核算的需要，政府单位可以在不影响报表编制的前提下，增加设置表1－1中没有的会计科目。在编制会计报表时，要将增加设置的会计科目的余额填列在会计制度规定的会计报表的相关项目中。

有关法律法规、财务制度规定了禁止部分政府单位进行某些经济活动。各个政府单位应当开展有关法律、法规允许的经济活动，不得以会计制度规定了表1－1中会计科目为理由，进行被禁止的经济活动及其会计核算。

政府单位会计制度除规定总账科目以外，还从编制决算报告和财务报告等角度，对政府单位设置明细科目或进行明细核算进行了规定。政府单位应当遵循会计制度规定，设置明细科目进行明细核算。政府单位对会计制度规定的明细科目中本单位没有相关业务核算不需要使用的，可以不设置。政府单位除遵循会计制度规定以外，还应当增加设置编制本单位决算报表和财务会计报表及报表附注需要的明细科目，设置编制政府部门决算报告、政府部门财务报告需要的其他明细科目。政府单位也可以增加设置本部门、本单位管理需要的明细科目进行明细核算，但是要以不妨碍会计制度规定格式的会计报表编制为前提。

第2章 政府单位预算收入的核算[①]

2.1 政府单位预算收入的定义及其判定

2.1.1 政府单位预算收入的定义

根据《政府会计准则——基本准则》规定，预算收入是指政府会计主体在预算年度内依法取得的并纳入预算管理的现金流入。对于政府单位来说，预算收入是指政府单位在预算年度内依法取得的并纳入单位预算管理的现金流入。

2.1.2 判定政府单位预算收入的界限

对政府单位预算收入的判定，要注意以下几个方面：

1. 政府单位的预算收入必须是依法取得的

政府单位的预算收入依法取得的含义是：预算收入的资金来源是法律法规允许的。如政府单位依照预算法规从财政部门取得的财政预算拨款，政府单位取得不被法律法规禁止的其他收入。如果法律法规禁止政府单位将取得的资金作为收入，那么政府单位收到资金时在会计核算中就不能将这些资金作为单位的预算收入核算。比如，政府规定已经取消的行政事业单位收费，规定由政府单位执收并上缴财政的政府性收费、政府罚没款项，要求实行“收支两条线”的政府单位处置资产、行政单位出租资产收到的资金等。

---

① 为了突出阐述和便于初学者学习预算会计核算知识，本书第2章、第3章（除3.6部分以外）、第4章对预算会计核算介绍时，不介绍与预算会计平行记账的相关财务会计核算（确认及账务处理），相关的财务会计核算参见本书第5章~第10章有关内容。

2. 政府单位属于预算收入的资金要纳入单位预算管理

政府单位属于预算收入的资金要纳入单位预算管理要求：政府单位的全部收入要纳入单位预算，统一核算，统一管理。这里能够纳入政府单位预算管理的收入是指本单位能够使用、分配的资金。政府单位取得的资金能够为本单位使用、分配，能够作为本单位预算支出的资金来源，才能够纳入政府单位的预算管理，才能作为单位的预算收入核算。

事业单位按照规定允许从银行等金融机构的借款，是单位为使用而筹集的资金，能够作为单位预算支出的资金来源，因此，要纳入单位预算管理，借款取得的资金就属于债务预算收入。而政府单位收取其他单位或个人的押金，收到暂收转付的资金，收到受托代理的资金等，因单位不能分配或使用，就不能纳入单位预算管理，自然也不属于单位的预算收入。

事业单位收到要求建立留本基金的捐赠款项，因为留本基金的本金只能用于投资增值，单位不能使用留本基金的本金，因此，留本基金的本金不能形成单位预算支出的资金来源，也就不能纳入单位预算管理，不能作为单位的预算收入。

依照政府部门预算管理的相关规定，对各单位之间财政结转结余资金的调剂，不纳入单位预算收支管理的范围。因此，政府单位获得财政部门从其他单位调剂调入的财政拨款结余资金，就不作为单位的预算收入，只作为预算结余的增加。

采用实拨资金方式进行财政拨款的地方，上级单位收到的同级政府财政部门拨款中包含了下级单位的财政拨款，由于下级单位的财政拨款列入的是下级单位的预算，不在收到拨款的上级单位预算之中。所以，上级政府单位对收到的下级单位的财政拨款，就不能作为本单位的预算收入。

如果财政部门因某种原因，暂时拨付给政府单位使用但尚未批准纳入财政支出预算和单位财政拨款收入预算的财政资金，政府单位就不能将其作为预算收入。政府单位要待到使用的财政资金被批准追加纳入当年财政支出预算和单位的财政拨款收入预算，才能将该收到的财政资金确认为当年预算收入。

3. 政府单位属于预算收入的资金要纳入本年度预算管理

政府单位的财政拨款预算收入也都纳入本级政府财政预算管理。财政部门按照财政预算拨付给政府单位的财政资金，既是政府单位的本年预算收入，同时也是财政部门的本年预算支出。所以，财政部门如果因某种需要，将纳入下年度财政预算的资金在本年度提前预拨给政府单位，财政部门拨款时就不能列入当年财政预算支出，接受拨款的政府单位也不能将收到的财政资金列入当年预算收入。政府单位要待到下个财政预算年度，再将预收的财政资金确认为下一年度的预算收入。

在国库集中支付的情况下，对已经纳入本年度财政预算和政府单位预算的财政资金，即使政府单位尚未使用（财政部门尚未付款），如果财政部门采用权责发生制基础确认本年度财政预算支出，政府单位对应地也要按照权责发生制基础确认本年度的财政拨款预算收入。

4. 政府单位的预算收入是取得的货币资金

根据预算收入的定义，预算收入核算的对象属于广义现金的范畴，即货币资产。在政府单位持有的资产中，准备随时用于单位支付的资产为货币资产，包括：库存现金、银行存款、其他货币资金、零余额账户用款额度、财政应返还额度。政府单位一般只有在取得货币资产时，才可能形成预算收入。

如果政府单位只是取得了非货币资产，而没有取得货币资产，就不作为预算收入核算。比如，政府单位接受捐赠的实物资产和无形资产等，就只能作资产和收入增加的核算，而不确认预算收入。

在国库集中支付的情况下，当进行财政直接支付或预算管理一体化实行后的国库集中支付（见本章2.3.1）时，政府单位通过财政部门直接向单位购买商品和劳务的供应商支付了财政资金，这相当于政府单位从财政部门取得了货币资金的同时又耗用了货币资金。因此，政府单位在获得财政直接支付或预算管理一体化实行后的国库集中支付时，既确认预算收入，也同时确认预算支出。

在政府单位的经济活动中，如果发生单位取得收入的付款方根据单位要求将应付资金直接支付（不通过单位银行账户）给单位发生支出的收款方情况，这相当于政府单位从付款方取得了货币资金的同时又耗用了单位支付给收款方的货币资金。对此，政府单位要在这种支付发生时，既确认预算收入，也同时确认预算支出。政府单位通过将收到的商业汇票背书转让用于购买商品和服务的支付，也属于这种情况。

政府单位如果出现货币资金的溢余（如库存现金盘盈），可以视为单位能够使用的货币资产增加，作为预算收入处理。

5. 政府单位的预算收入是相对于单位会计主体外部的预算收入

根据预算收入的定义，政府单位的预算收入是以本单位为会计主体立场上的预算收入。政府单位从单位外部取得的预算资金增加，才能确认为单位的预算收入。如果为了单位内部机构的内部核算，将单位内部不同机构之间的资金转移作为内部预算收入、内部预算支出核算，在单位对外的决算报告中，应当将这种内部预算收入与内部预算支出予以抵销。同样道理，政府单位在编制汇总决算报告的预算收入支出表时，也要将报告主体内部不同单独记账或报告的子主体之间转移资金形成的预算收入与预算支出予以抵销。

2.2 政府单位预算收入的划分

2.2.1 政府单位预算收入的分类

政府单位对预算收入一般按照构成预算收入的资金来源渠道进行分类，其目的是向会计信息使用者反映政府单位获得预算收入资金的各种不同资金来源渠道及其获得数量。按照资金来源划分的预算收入包括：

1. 财政拨款预算收入

财政拨款预算收入又称为财政补助预算收入，是指政府单位从同级政府财政部门取得的各类财政拨款。这里同级政府是指政府单位和拨款的财政部门同属于某一级政府，又称为本级政府。同级政府财政部门根据政府财政预算向作为本级政府财政预算执行单位①的政府单位代为支付或拨付财政资金，政府单位获得这种财政资金收入就形成单位的财政拨款预算收入。

2. 事业预算收入

事业预算收入是指事业单位通过开展专业业务活动及其辅助活动取得的现金流入。所谓专业业务活动是指事业单位根据本单位专业特长所从事或开展的主要业务活动，如教育事业单位的教学活动、科学事业单位的科研活动、卫生健康事业单位的医疗保健服务活动、文化事业单位的文化演出等活动。辅助活动是指与专业业务活动相关、直接为专业业务活动服务的技术支持活动、后勤保障活动及其他有关活动。通过开展上述活动取得的收入均作为事业预算收入核算。因开展专项事业活动而取得的本级政府横向转拨财政款和非本级政府的财政专项拨款，也属于事业预算收入。事业单位实行“收支两条线”管理上缴财政专户的财政专户管理资金，从财政专户拨回时也属于事业预算收入。

3. 上级补助预算收入

上级补助预算收入是指事业单位从主管部门或上级单位取得的非财政资金补助的现金流入。事业单位的上级单位有时会出于帮助事业单位解决活动中的资金需要，定期或定向给事业单位一些财政拨款以外的资金。这种资金包括上级单位自己可分配使用的非财政资金，以及上级单位集中其他下级单位的资金。事业单位收到上级单位拨付的这类非财政拨款资金，就作为单位的上级补助预算收入。

---

① 财政预算执行单位是指向本级政府财政部门申请本单位财政资金预算，领取或申请国库集中支付财政资金，与财政部门对账，提交本单位财政预算资金决算报告的单位。

4. 附属单位上缴预算收入

附属单位上缴预算收入是指事业单位取得附属独立核算单位根据有关规定上缴的现金流入。包括附属单位上缴的收入和经营利润等。附属单位因偿还事业单位为附属单位在支出中垫支的各种费用而交还给事业单位的资金，不能作为附属单位上缴预算收入，其中事业单位已经列入预算支出的，应当冲减事业单位的相关预算支出。

5. 经营预算收入

经营预算收入是指事业单位在专业业务活动以及辅助活动之外开展非独立核算营利性活动取得的现金流入。有些事业单位在为社会提供公益服务的同时，利用自身资源开展一些以营利为目的的业务，如单位非独立核算的单位食堂对外提供市场定价的餐饮服务，事业单位招待所按市场价格对外提供住宿服务，事业单位按市场价格出售单位制作的产品等。事业单位开展这些活动的目的不是为了完成单位的事业任务，而是为了获得营利性收益，补充事业单位的资金来源。因此，这些活动属于单位的经营活动，其收入纳入单位预算管理，成为事业单位的经营预算收入。

6. 债务预算收入

债务预算收入是指事业单位按照规定从银行和其他金融机构等借入、纳入部门预算管理、不以财政资金作为偿还来源的债务本金。政府单位如果按照财政部门要求以本单位的名义从银行及其他金融机构借款，其还款责任由财政部门承担，这种借款资金借入及偿还不纳入单位预算管理（但是借款资金的使用和还款财政资金的拨入纳入单位预算管理），借入时不作为单位的债务预算收入。事业单位在向金融机构借款过程中支付的银行贷款手续费等，应当作为其他预算支出，不能冲减债务预算收入。政府单位在业务活动中因资金周转困难，从上级部门、其他单位取得的临时借款，其借款和还款都不纳入单位预算管理，不属于债务预算收入。

7. 非同级财政拨款预算收入

非同级财政拨款预算收入又称为非本级财政补助预算收入，是指政府单位从非同级政府财政部门取得的财政拨款和政府其他部门或单位横向转拨财政款。政府单位通常不直接取得跨政府层级的财政拨款，但有时因为特殊原因，政府单位也能从上级或下级政府的财政部门或主管部门获得财政拨款。政府单位获得这种财政拨款就属于非同级财政拨款预算收入。有些本级政府财政资金由财政部门按照财政预算切块初次分配给某些政府主管部门，这些政府主管部门是初次分配的财政资金的预算执行单位。尔后再由这些政府主管部门二次分配给具体的资金使用单位，即将本级政府财政资金横向转拨。作为这种横向转拨财政资金使用单位的政府单位，获得有关主管部门转拨来的财政资金，就属于本单位的非同级财政拨款预算收入。

隶属同一政府部门的上下级单位，上级单位将按照本单位预算取得的财政资金再次分配转拨给下级单位使用，下级单位也作为非同级财政拨款预算收入核算。

8. 投资预算收益

投资预算收益是指事业单位取得的按照规定纳入部门预算管理的属于投资收益性质的现金流入，包括股权投资收益、出售或收回债券投资所取得的收益和债券投资利息收入。其中股权投资收益又包括：事业单位收到的被投资企业向股东分配的现金股利或利润；转让股权投资取得的现金净收入留给单位的部分（如果留给单位的部分包括原投资支出，要扣除原投资支出）。出售或收回债券投资所取得的收益是指出售或收回债券投资所得的现金净收入中扣除原投资支出后的差额。

9. 其他预算收入

其他预算收入是指政府单位除财政拨款预算收入、事业预算收入、上级补助预算收入、附属单位上缴预算收入、经营预算收入、债务预算收入、非同级财政拨款预算收入、投资预算收益以外的纳入单位预算管理的现金流入，包括捐赠预算收入、利息预算收入、租金预算收入、现金盘盈收入等。其中，捐赠预算收入不包括政府单位收到的捐赠款项中捐赠人指定其他受赠人的资金；利息预算收入不包括事业单位债券投资取得的债券利息；租金预算收入不包括规定出租国有资产租金要上缴财政的行政单位出租本单位控制国有资产取得的租金。

由于政府单位会计制度没有规定行政单位使用“上级补助预算收入”、“附属单位上缴预算收入”科目进行核算，所以行政单位如果获得主管部门、上级单位和附属单位给予的非财政资金收入，作为其他预算收入处理。

政府单位获得非同级政府所属的政府单位和本级政府其他部门的单位给予的不属于事业收入、经营收入的非财政资金收入，也作为其他预算收入处理。

2.2.2 政府单位各类预算收入区分辨析

政府单位对预算收入进行会计处理时，要注意区分具有相同特征、容易混淆的预算收入。

1. 财政拨款预算收入与上级补助预算收入

在财政拨款采用实拨资金方式下，财政拨款和上级补助都是从上级单位拨入本单位实有资金银行账户的资金。但前者是上级单位转付由财政部门拨付给本单位的财政资金；后者是主管部门或上级单位用自身组织的收入或者集中下级单位的收入拨给政府单位的非财政资金。

2. 财政拨款预算收入与财政专户返还的事业预算收入

财政拨款预算收入与财政专户返还的事业预算收入都是由财政部门按照单位预算拨付给事业单位的资金。但前者是财政部门从国库拨给事业单位的财政预算资金；后者是财政部门从财政专户拨付给学校等事业单位的实行“收支两条线”管理的事业活动收入资金。

3. 非同级财政拨款预算收入与财政拨款预算收入

政府单位取得的非同级政府财政拨款中，从同级政府的其他部门、单位取得的财政资金是本级政府的财政资金，政府单位的财政拨款预算收入也是本级政府的财政资金。如何区分两者，要看这些财政资金的财政预算执行单位是否为本单位。本单位属于该财政资金的财政预算执行单位，本单位向财政部门直接报告该财政资金决算，就是本单位的财政拨款预算收入；同级政府的其他部门、单位是财政预算执行单位，按照该单位预算取得的本级政府财政资金，尔后又再转拨给本单位的，本单位不属于该财政资金的财政预算执行单位，也不向财政部门直接报告该财政资金决算，就属于本单位的非同级财政拨款预算收入。

4. 非同级财政拨款预算收入与事业预算收入

政府单位收到同级政府的其他部门、单位或者非同级政府的财政部门或业务主管部门、单位的非同级财政拨款，有两种情况：第一种情况是要求接受资金的政府单位为这种拨款提供对等的专项服务，或者按照拨款单位要求提供对价数量的公益服务，如接受项目资金的条件是要完成项目并提供项目研究成果等；第二种情况是接受资金没有这种对等提供服务的交换要求。显然，前者属于政府购买服务，所以收到的非同级政府财政资金属于单位提供服务获得的事业收入，按照事业预算收入处理；后者属于单位的非同级财政拨款预算收入。

5. 事业预算收入与经营预算收入

事业单位取得经营预算收入的经营活动有些和单位取得事业预算收入的事业活动形式一样，从形式上看都是专业业务活动及其辅助活动，都进行收费。如何判定单位活动取得的现金流入是事业预算收入还是经营预算收入，就要看该活动是否具有营利性。如果事业单位开展该活动的目的不是为了完成单位的事业任务，而是为了获取高于活动成本的收入，那就属于以营利为目的的经营活动，从而取得的现金流入就属于经营预算收入；否则，就属于事业预算收入。

6. 附属单位上缴预算收入与投资预算收益

事业单位的附属单位中，有一些已经转化为企业。这类企业上缴事业单位的收入是附属单位上缴预算收入还是投资预算收益，要看事业单位与其所属的企业化单位之间的产权关系及经济关系。如果事业单位与所属企业化单位在产权、资产、职工福利等方面没有厘清，事业单位还承担着所属企业的职工福利、负债偿还，或者还由所属企业化单位免费使用事业单位的经济资源等，那么事业单位所属企业化单位上缴的收入在某种程度上是对使用事业单位经济资源的货币补偿，上缴事业单位的收入就属于附属单位上缴预算收入。如果事业单位与其举办的企业化单位之间产权明晰、财务上各自完全独立，则事业单位与所属企业化单位是投资与被投资的关系，进而事业单位所属企业化单位上缴收入的性质是因为投资关系而向投资者分配的企业利润，就属于事业单位的投资预算收益。

7. 附属单位上缴预算收入与经营预算收入

隶属于事业单位的单位从事经营活动取得并上缴事业单位的收入属于经营预算收入还是属于附属单位上缴预算收入，要看上缴收入的单位是不是独立核算的会计主体。如果事业单位从事经营活动的所属单位是完全独立核算的单位，该所属单位是独立于事业单位会计主体的另一个会计主体，那么即使该单位将经营活动取得的收入上缴给事业单位，也不是事业单位自身的经营预算收入，而是属于附属单位上缴预算收入。事业单位中不属于独立核算会计主体的单位上缴的经营性收入是事业单位的经营预算收入。

有些事业单位的内部机构只是在一定程度上进行独立核算。例如，事业单位的后勤等部门从事经营活动，只在人员经费、运行费用等方面独立核算，而在资产占用甚至水电、供暖和离退休人员经费等方面仍然由事业单位负担并由事业单位统一核算，就不属于真正的独立核算。该后勤部门等将经营活动收入的一部分上缴事业单位，就要作为经营预算收入处理。

2.3 政府单位预算收入的确认

政府单位预算收入的确认与单位取得、使用资金的收付方式密切相关。不同的资金收付方式下，政府单位预算收入的确认乃至账务处理会有所不同。

2.3.1 国库集中支付方式概述

中国政府财政部门对政府单位的财政拨款实行国库集中支付制度以前，财政拨款采用的是实拨资金方式。在实拨资金方式下，由财政部门按照下达的部门预算，将财政资金从国库拨付到一级预算单位的实有资金银行账户，并通过一级预算单位按照预算级次层层下拨到各级预算单位的实有资金银行账户，各个基层预算单位（包括一级预算单位和二级预算单位本单位使用的财政预算资金）再根据有关规定及业务需要，通过实有资金银行账户支付各种款项等，形成财政资金实际使用支出。

实拨资金方式存在两个弊病：一是财政部门对预算单位是否严格按照预算使用财政资金要等到期末单位编制的会计报告才能知晓，这导致财政部门对财政资金使用的监督滞后；二是大量尚未使用的财政资金滞留在各个政府单位的实有资金账户中，降低了财政资金利用效率。

中国政府财政部门实施《财政国库管理制度改革试点方案》以后，各级、各地政府财政部门逐步对财政拨款采用了国库集中支付方式。与财政拨款的实拨资金方式相比较，财政拨款采用国库集中支付方式的要义是财政部门通过国库单一账户体系，将财政资金按照基层预算单位使用要求直接支付给单位使用财政资金时的相对收款人，形成财政资金实际使用支出。

自从财政部门对政府单位的财政拨款实行国库集中支付方式以来，以实施预算管理一体化为分界点，可以分为两个阶段：一是实施预算管理一体化之前的国库集中支付，可以简称为“一体化实施前国库集中支付”；二是实施预算管理一体化之后的国库集中支付，可以简称为“一体化实施后国库集中支付”。

1. 一体化实施前国库集中支付

适用于财政拨款采用国库集中支付方式，形成了政府单位取得、使用财政拨款的相应业务流程。该业务流程决定了政府单位通过国库集中支付取得、使用财政拨款的会计核算节点和账务处理内容。

（1）财政直接支付方式。财政直接支付的基本业务流程是：政府单位（也是财政预算执行单位和财政拨款使用单位）在预算和用款计划内向财政部门提出财政直接支付用款申请；财政部门经过对单位用款申请审核批准，向财政部门开设财政零余额账户的代理商业银行签发财政直接支付令；代理银行根据财政直接支付令将批准支付的资金支付给单位使用财政资金时的相对收款人，并通知用款单位，用款单位会计据此进行财政拨款预算收入（以及财政拨款支出）的会计处理；付款当日财政部门在中国人民银行设立的国库账户通过银行间的清算，将财政资金支付到财政零余额账户，财政会计据此进行财政预算支出及国库存款减少的会计处理。

财政直接支付方式由于需要先审批、后支付，所以财政部门对财政资金使用的监督前置到资金支付之前，避免了不符合预算的支出发生。但是由于每笔支付都需要财政部门人工审批，使得审批工作量很大。所以财政直接支付方式一般只适用于特定方面的支出（如财政统发工资，政府采购，“三公”支出，转移拨款等），以及基建工程、购买商品和服务的大额资金支付。

（2）财政授权支付方式。财政授权支付的基本业务流程是：财政部门按照单位预算向政府单位下达授权支付用款额度，政府单位据此进行财政拨款预算收入的会计处理；财政部门同时通知财政部门开设预算单位零余额账户的代理商业银行，要求代理银行对政府单位的支付以授权支付用款额度为限进行控制；政府单位在授权支付用款额度内根据预算和使用资金需要向预算单位零余额账户代理银行签发财政授权支付令，代理银行在财政部门批准的授权支付用款额度内，根据财政授权支付令将资金支付到收款人账户，用款单位会计据此进行财政拨款支出等的会计处理；付款当日财政部门在中国人民银行设立的国库账户通过银行间的清算，将财政资金支付到预算单位零余额账户，财政会计据此进行财政预算支出及国库存款减少的会计处理。

财政授权支付方式与财政直接支付方式相比，由于不需要财政部门逐一审批，所以适用于除财政直接支付以外的各种小额资金支付和提取零星现金，使得财政资金使用全面通过国库集中支付得以实现。然而，财政授权支付虽然通过代理银行进行授权支付用款额度的总量控制，但是对于具体每一笔财政资金的使用是否符合预算要求，财政部门还做不到事前控制与监督。

2. 一体化实施后国库集中支付

随着政府预算管理一体化体系建设的推进，财政部门将国库集中支付的资金支付纳入预算管理一体化体系的全流程电子化管理系统（以下简称“一体化系统”）。财政拨款的资金支付通过一体化系统进行后，国库集中支付的基本业务流程有所改变，从而导致政府单位通过国库集中支付取得、使用财政拨款的会计核算也部分地发生变化。

财政拨款的国库集中支付一般通过预算单位零余额账户支付，没有设置预算单位零余额账户的政府单位，通过财政零余额账户进行支付。财政拨款资金实行国库集中支付的基本流程包括：

——政府单位按照单位预算，在批准的用款计划内通过一体化系统提出财政拨款的资金支付申请，该申请内容的主要元素包括：用款单位、动用预算指标类型、财政资金性质、支出功能分类科目、政府预算支出经济分类科目、所属预算项目、申请支付金额、收款人。

——一体化系统根据财政部门预设的校验规则对单位的资金支付申请进行自动校验（检验支付申请是否符合财政支出预算），其中系统自动校验不通过的，按规定通过主管部门或财政部门人工审核后再通过系统校验。

——一体化系统校验（审核）通过后，经过一体化系统将支付凭证发送至零余额账户代理银行。

——代理银行按照支付凭证向政府单位使用财政资金的相对收款人支付资金，并通过一体化系统向使用财政拨款的政府单位发送国库集中支付凭证回单，政府单位会计据此进行财政拨款预算收入和财政拨款支出的会计处理。

——付款当日通过国库账户银行与零余额账户代理银行的银行间清算，将财政资金从国库支付到预算单位零余额账户或财政零余额账户，财政会计据此进行财政预算支出及国库存款减少的会计处理。

一体化实施后的国库集中支付取消了原来财政直接支付方式的财政部门人工审核，以及取消了通过代理银行进行财政授权支付用款额度的控制。代之以通过一体化系统校验对政府单位使用财政拨款进行把关控制。这样的做法实现了财政部门对财政资金使用的实时监控，减少资金支付的预算执行工作环节，提高了对财政资金使用的控制效率。

一体化实施后国库集中支付方式中，财政部门不再对政府单位下达财政授权支付额度，政府单位也不再根据下达的财政授权支付额度进行会计核算。

3. 国库集中支付结余的权责发生制确认

对政府单位的财政拨款采用国库集中支付方式以后，财政部门按照规定将全部或部分截至年末政府单位采用国库集中支付方式尚未使用的本年度财政预算资金（称为国库集中支付结余），推移到下一年度继续按照原预算（不计入新的年度预算）拨付单位使用。为此，财政会计在年末对国库集中支付结余资金按照权责发生制确认本年财政预算支出，同时确认对政府单位的负债（应付国库集中支付结余）。与此相对应，政府单位会计对财政会计按照权责发生制确认本年财政预算支出的财政资金，也同时按照权责发生制确认财政拨款预算收入和对财政部门的资产（财政应返还额度）。

对按照权责发生制确认本年财政预算支出的国库集中支付结余，以后年度政府单位通过国库集中支付使用这些以前年度财政预算资金时，财政会计不再确认使用时的财政预算支出，而是确认对政府单位负债的减少。与此相对应，政府单位也不再确认使用时的财政拨款预算收入，而是确认对财政部门资产的减少。

为了更加精准地进行财政资金预算管理，盘活财政存量资金，完善结余资金回收使用机制，国务院进一步规定[①]：“规范按权责发生制列支事项，市县级财政国库集中支付结余不再按权责发生制列支”。财政部门取消了对国库集中支付结余按照权责发生制当年列支处理后，国库集中支付结余资金重新编入以后年度的财政预算，按照新的预算进行拨付及使用。相应地，财政部门年末不再因此按照权责发生制确认财政预算支出和对政府单位的负债（应付国库集中支付结余），政府单位年末也不再因此按照权责发生制确认财政拨款预算收入和对财政部门的资产（财政应返还额度）。对于取消年末按照权责发生制确认财政应返还额度的政府单位，也就不存在以后年度通过国库集中支付使用以前年度财政预算资金的情况了。

2.3.2 国库集中支付方式的预算收入确认

1. 一体化实施前国库集中支付方式的预算收入确认

（1）财政直接支付方式下的预算收入确认。政府单位在获得财政直接支付时，按照支付的金额确认财政拨款预算收入（同时确认预算支出）。

财政部门年末将国库集中支付结余列支并确认负债（应付国库集中支付结余）的相对应政府单位，要在年末对尚未直接支付财政拨款的预算资金确认财政拨款预算收入（同时确认增加资金结存中的财政应返还额度）。

但是对于财政部门年末不将国库集中支付结余列支并确认负债（应付国库集中支付结余）的相对应政府单位，年末不对尚未财政直接支付的预算资金确认财政拨款预算

① 见《国务院关于进一步深化预算管理制度改革的意见》（国发〔2021〕5号）。

收入。

（2）财政授权支付方式下的预算收入确认。政府单位在收到财政部门下达的本年度财政授权支付额度（授权支付额度到账通知书）时，按照下达的额度确认财政拨款预算收入（同时确认增加资金结存的零余额账户用款额度）。

财政部门年末将国库集中支付结余列支并确认负债（应付国库集中支付结余）的相对应政府单位，要在年末对尚未下达本年度授权支付额度确认财政拨款预算收入（同时确认增加资金结存中的财政应返还额度），并按照已经下达尚未使用的零余额账户用款额度，将资金结存中的零余额账户用款额度转为财政应返还额度。

2. 一体化实施后国库集中支付方式的预算收入确认

政府单位在获得国库集中支付时，按照支付的金额确认财政拨款预算收入（同时确认预算支出）。

政府单位通过国库集中支付取得现金时，按照取得现金的金额确认财政拨款预算收入（同时确认增加资金结存）。

财政部门年末将国库集中支付结余列支并确认负债（应付国库集中支付结余）的相对应政府单位，要在年末对尚未进行国库集中支付的财政资金确认财政拨款预算收入（同时确认增加资金结存中的财政应返还额度）。

对于财政部门年末不将国库集中支付结余列支并确认负债（应付国库集中支付结余）的相对应政府单位，年末不对尚未进行国库集中支付的财政资金确认财政拨款预算收入（也不确认资金结存中财政应返还额度）。

2.3.3 其他支付方式的预算收入确认

从总的原则看，政府单位预算收入的确认时点是纳入预算管理的货币资金（包括银行存款、库存现金、其他货币资金，下同）流入单位之时。但是在一些具体情况下，预算收入确认的时点不尽相同。

在不采用国库集中支付方式的其他方式下（包括采用实拨资金方式取得财政拨款），政府单位的各项预算收入确认可以分为两种情况。

1. 收到货币资金时确认预算收入

在大多数情况下，政府单位收到货币资金时，确认相应的预算收入。

由政府单位取得收入的付款方直接将应付资金支付给单位发生支出的收款方，以及单位通过应收票据背书转让进行支付，属于单位收到并同时使用了该货币资金，应当确认相应的预算收入，并同时确认预算支出。

2. 收到货币资金时不确认预算收入

在有些情况下，政府单位收到货币资金时不确认预算收入，这些情况包括两种类型：一是收到的货币资金不纳入单位的预算管理；二是收到的货币资金暂时不能纳入单位预算管理或者不属于本期预算。

收到的货币资金不纳入单位预算管理的情况主要包括以下几种：

（1）收到其他应付款中支付的押金、转付等暂收资金。因为将来需要退回或支付给第三方，不能纳入单位的收入预算，因此不确认预算收入。

（2）收到其他单位和个人归还本单位垫付的资金，因为不纳入单位的预算管理，所以不确认预算收入。

（3）收到计入专用基金的留本基金，因为不纳入单位的预算管理，所以不确认预算收入。

（4）收到处置资产、行政事业性收费的资金，因为要上缴财政，不纳入单位收入预算，因此不确认预算收入。

（5）收到单位受托代理业务的资金，因为不属于单位的自有资金，不能纳入单位的预算管理，所以不确认预算收入。但是委托代理方支付的代理费，要纳入单位的收入预算，需要确认预算收入。

在收到的货币资金暂时不能纳入单位预算管理或者不属于本期预算情况下，预算收入的确认参见本节 2.3.4 相关内容。

2.3.4 几种特定情况的预算收入确认

（1）在采用实拨资金方式进行财政拨款的地方，当单位收到财政部门或上级单位拨来给予下级预算单位的财政拨款，应当确认为负债（其他应付款），不确认预算收入。但是，当尚不能确定下级单位的预算具体数额、将下级单位的预算包含在本级政府的上级单位预算之中的情况下，政府上级单位收到财政拨款（含下级单位的预算，但数额尚未确定）时，全部都确认预算收入；待到确定了下级单位的预算数（此时原包含在上级单位预算中的下级单位预算已经从上级单位预算中分割出来，转为下级单位的预算），上级单位需要对原登记的预算收入进行冲减，而下级单位则对收到的财政拨款（由上级单位转拨）确认预算收入。

（2）学校等事业单位对纳入“收支两条线”管理的事业活动收入资金不能在从服务对象收到资金时就确认预算收入，而是要按照财政管理要求上缴财政专户存放。因此要先确认负债。经过财政部门按照单位预算审核批准拨付事业单位时，事业单位才能将收到财政专户拨付的资金确认为单位的事业预算收入。

（3）政府单位对收到财政部门预拨的属于下年财政预算的款项，在到下年预拨款项所属的预算年度，确认预算收入；政府单位收到财政部门暂付的没有列入财政拨款预算的款项，待到该财政款项被批准纳入了单位的财政拨款预算时，按照批准纳入预算的款项金额确认预算收入。政府单位收到其他单位预拨的属于以后年度预算的非财政资金款项，在到该预拨款项所属的预算年度，确认预算收入。

（4）退回已经确认预算收入的资金，属于本年确认预算收入的，冲减本年的预算收入；属于以前年度确认预算收入的，不冲减本年预算收入（如果冲减本年预算收入会导致登记的预算收入不能真实反映本年的预算收入执行情况），减少预算结余。

（5）政府单位处置资产时，对于规定资产处置现金净收入留归单位使用的，在取得资产处置现金流入时暂不确认预算收入。待到资产处置完毕，计算出资产处置流入现金扣除资产处置流出现金后的现金增加净额时，将资产处置现金净收入确认为预算收入。

（6）进行代理业务并收取代理费的，收取代理业务资金但是没有明确代理费的，暂时不能确认预算收入；待到明确了收取代理业务资金中包含代理费并确定代理费的金额后，才能确认代理费的预算收入。

（7）属于增值税一般纳税人的事业单位，在销售产品收到购买方支付的销项税额时，作为预算收入确认。

2.4 核算预算收入的科目设置①

2.4.1 核算资金结存的科目设置②

政府单位要设置“资金结存”总账科目，核算单位各种纳入预算管理的资金的流入、流出、调整和滚存等情况。平时，“资金结存”科目的借方登记资金结存的增加数，贷方登记资金结存的减少数，期末余额为借方余额，反映单位尚未使用的纳入预算管理的资金滚存数。

需要注意的是，资金结存不一定等于财务会计中的货币资产。政府单位没有纳入预算管理的货币资金，不在“资金结存”科目中核算、反映。也就是说，“资金结存——货币资金”科目的余额，很可能不等于相关货币资金的财务会计科目（“库存现金”、“银行存款”和“其他货币资金”科目）余额。

在“资金结存”总账科目下，会计制度规定了需要统一设置的明细科目。

（1）“零余额账户用款额度”明细科目。本明细科目核算实行国库集中支付的单位根据财政部门批复的用款计划收到和支用的零余额账户用款额度。年末结账注销单位的零余额账户用款额度后，本明细科目应无余额。

---

① 本节所述的核算预算收入各个总账科目中，对明细科目设置的仅包括政府单位会计制度中的规定，不含行业事业单位会计制度补充规定、政府会计准则制度解释等对明细科目设置的要求。

② “资金结存”属于预算结余类的会计科目，为了便于介绍预算收支的核算，将“资金结存”账户知识提前放在这里介绍。

（2）“货币资金”明细科目。本明细科目核算单位以库存现金、银行存款、其他货币资金形态存在的纳入预算管理的资金。本明细科目年末借方余额，反映单位尚未使用的纳入预算管理的货币资金。为了全面反映单位资金结存中的财政拨款资金，在某些特定情况下按规定从本单位零余额账户向本单位实有资金账户划转资金用于后续相关支出的单位，可以在“资金结存——货币资金”科目下设置“财政拨款资金”明细科目。

（3）“财政应返还额度”明细科目。本明细科目核算实行国库集中支付的单位可以使用的以前年度财政直接支付资金额度和财政应返还的财政授权支付资金额度。本明细科目下可设置“财政直接支付”、“财政授权支付”两个明细科目进行明细核算。本明细科目年末借方余额，反映单位尚未使用的以前年度的财政资金额度。

预算管理一体化实施后的政府单位，在“资金结存”总账科目下，不需要设置“零余额账户用款额度”明细科目；财政部门年末不将国库集中支付结余列支的相对应政府单位，在“资金结存”总账科目下，不需要设置“财政应返还额度”明细科目；财政部门年末将国库集中支付结余列支的相对应政府单位，在“资金结存”总账科目下“财政应返还额度”明细科目下，不需要设置“财政直接支付”、“财政授权支付”两个明细科目。

2.4.2 核算财政拨款预算收入的科目设置

政府单位要设置“财政拨款预算收入”总账科目，核算政府单位从同级政府财政部门取得的各类财政拨款。平时，“财政拨款预算收入”科目的贷方余额，反映单位获得财政资金拨款的本年累计数。年终结账时，将本科目本年发生额转入“财政拨款结转”科目。年终结转后，本科目应无余额。

在“财政拨款预算收入”总账科目下，会计制度规定了需要设置的明细科目。

根据财政预算管理的要求，政府单位的财政资金预算管理要与财政部门的财政资金预算管理对接。政府单位财政拨款预算收入首先要与不同财政预算的预算资金拨款对接，还要按照部门预算财政资金的基本支出拨款和项目支出拨款分别管理。基本支出拨款要按人员经费和公用经费分别管理；项目支出拨款还要按每个项目分别管理。预算管理一体化实施后，根据财政部颁布的《预算管理一体化规范（试行）》要求：新的部门（单位）资金预算管理将预算项目作为预算管理的基本单元，全部资金预算支出以预算项目的形式纳入项目库。资金预算项目按照预算支出性质和用途，分为人员类项目、运转类项目和特定目标类项目三类。因此，预算管理一体化实施后，新的资金预算“项目”与预算管理一体化实施之前的预算“项目”口径和内涵有所不同。新的资金预算中人员类项目和运转类项目中的公用经费项目对应部门预算中的基本支出；其他运转类项目和特定目标类项目对应部门预算中的项目支出。

为满足预算管理要求，对财政拨款预算收入的会计核算需要分别反映一般公共预算拨款、政府性基金预算拨款等不同的财政预算拨款，也要反映基本支出拨款和项目支出拨款，还要反映人员经费拨款和公用经费拨款。

有两种或两种以上财政拨款的单位，首先应当在“财政拨款预算收入”总账科目下，按照财政预算的种类或财政资金的类别分别设置二级明细科目进行明细核算。包括“一般公共预算拨款”、“政府性基金（××基金）预算拨款”等。按照预算管理要求需对财政拨款预算资金中的政府债券资金单独反映的，还需要单独设置二级明细科目“地方政府一般债券资金拨款”、“地方政府专项债券（××专项债券）资金拨款”科目。

根据编制政府部门决算报表的需要，单位应当按照《政府收支分类科目》中支出功能分类科目的项级科目设置三级明细科目进行明细核算。

单位还应当在三级明细科目下，设置“基本支出拨款”和“项目支出拨款”两个明细科目，分别核算单位按照单位基本预算（人员类项目和运转类项目中的公用经费项目）和项目预算（其他运转类项目和特定目标类项目）取得用于基本支出和项目支出的财政拨款资金。其中在“基本支出拨款”明细科目下，应当按照“人员经费拨款”和“公用经费拨款”进行明细核算；在“项目支出拨款”明纽科目下，应当按照每个项目进行明细核算。

大多数政府单位只使用一般公共预算财政资金拨款，在“财政拨款预算收入”总账科目下可以不设置上述二级明细科目，其他层级的明细科目随之提升层级。表 2－1 为财政拨款预算收入明细科目表示例[①]。

表 2－1　　财政拨款预算收入明细科目表示例

<table>
<tr><th>总账科目</th><th>二级明细科目</th><th>三级明细科目</th><th>四级明细科目</th><th>五级明细科目</th></tr>
<tr><td rowspan="6">财政拨款预算收入</td><td rowspan="2">一般公共预算拨款</td><td rowspan="4">政府支出功能分类的项级科目</td><td rowspan="2">基本支出拨款</td><td>人员经费拨款</td></tr>
<tr><td>公用经费拨款</td></tr>
<tr><td rowspan="2">地方政府一般债券资金拨款</td><td rowspan="2">项目支出拨款</td><td>××项目</td></tr>
<tr><td>××项目</td></tr>
<tr><td>政府性基金（××基金）预算拨款</td><td rowspan="2">同上</td><td rowspan="2">同上</td><td rowspan="2">同上</td></tr>
<tr><td>地方政府专项债券（××专项债券）资金拨款</td></tr>
</table>

2.4.3　核算事业预算收入的科目设置

事业单位要设置“事业预算收入”总账科目，核算本单位开展专业业务活动及辅

---

① 政府单位会计制度没有对会计账户中各层级明细科目的层级设置顺序作出统一规定。本书对会计科目各层级明细科目的设置遵循的原则是：会计制度有规定的按照制度规定设置；上下层级科目具有逻辑关系的按照逻辑关系设置；其他一般按照项目少的明细科目放在上层级、项目多的放在下层级设置。在实务中，政府单位可以根据自己的会计核算系统条件，自行决定各级明细科目的层级顺序。

助活动取得的现金流入。平时，“事业预算收入”科目的贷方余额，反映单位取得事业收入资金的本年累计数。年终结账时，将本科目本年发生额转入“其他结余”、“非财政拨款结转”科目。年终结转后，本科目应无余额。

在“事业预算收入”总账科目下，会计制度规定了需要设置的明细科目。

根据编制政府部门决算报表的需要，单位应当按照《政府收支分类科目》中支出功能分类科目的项级科目设置二级明细科目进行明细核算。

单位还应当在二级明细科目下，设置“非专项收入”和“专项收入”两个三级明细科目。其中在“非专项收入”明细科目下，应当按照事业预算收入的类别或来源等进行明细核算，在“专项收入”明细科目下，还应当按照每个专项项目进行明细核算。

对于因开展科研及辅助活动等，从非同级财政部门取得的财政资金拨款，应当在三级明细科目“专项收入”科目下先设置“非同级财政拨款”明细科目和“其他资金收入”四级明细科目，分别核算单位因从事事业活动取得的非同级财政拨款资金和其他资金，再按照每个项目进行明细核算。

如果单位的事业预算收入中没有专项收入，在“事业预算收入”总账科目下不需要设置“项目收入”明细科目及以下明细科目。如果单位的事业预算收入中没有非同级财政拨款的专项收入，在“项目收入”明细科目下可以直接按照每个项目设置明细科目。

为了便于在汇总编制部门决算报表时抵销重复计算的汇总数，还要按照事业预算收入资金的付款单位，分为“本部门内部单位”、“本部门以外本级政府单位”、“其他单位等”三类以及具体政府单位，采用设置明细科目、辅助账或系统标记等方式进行明细核算。

如果事业单位或事业主管部门对事业预算收入有其他明细核算要求，在“非项目收入”明细科目下还可以设置满足其要求的明细科目进行明细核算。表2－2为事业预算收入明细科目表示例。

表2－2　　事业预算收入明细科目表示例

<table>
<tr><th>总账科目</th><th>二级明细科目</th><th>三级明细科目</th><th>四级明细科目</th><th>五级明细科目</th><th>六级明细科目</th></tr>
<tr><td rowspan="6">事业预算收入</td><td rowspan="6">政府支出功能分类的项级科目</td><td rowspan="2">非专项收入</td><td>××收入</td><td rowspan="2">付款单位</td><td rowspan="2"></td></tr>
<tr><td>××收入</td></tr>
<tr><td rowspan="4">专项收入</td><td rowspan="2">非同级财政拨款</td><td>××项目</td><td>付款单位</td></tr>
<tr><td>××项目</td><td>同上</td></tr>
<tr><td rowspan="2">其他专项资金收入</td><td>××项目</td><td>同上</td></tr>
<tr><td>××项目</td><td>同上</td></tr>
</table>

部分行业的事业单位，会计制度规定在“事业预算收入”总账科目下设置该行业要求设置的二级及二级以下会计科目。比如，高等学校的“教育事业预算收入”、“科

研事业预算收入”科目；科学事业单位的“科研预算收入”、“非科研预算收入”科目；医院的“医疗预算收入”、“科教预算收入”科目；等等。设置了这些行业要求的二级及二级以下会计科目的事业单位，“事业预算收入”总账科目下的其他各层级明细科目向下顺延层级。

2.4.4 核算上级补助预算收入和附属单位上缴预算收入的科目设置

有上级补助预算收入的事业单位，要设置“上级补助预算收入”总账科目，核算从主管部门和上级单位取得的非财政补助现金流入。平时，“上级补助预算收入”科目的贷方余额，反映单位取得主管部门和上级单位收补助资金的本年累计数。年终结账时，将本科目本年发生额转入“其他结余”、“非财政拨款结转”科目。年终结转后，本科目应无余额。

在“上级补助预算收入”总账科目下，会计制度规定了需要设置的明细科目。

根据编制政府部门决算报表的需要，单位应当按照《政府收支分类科目》中支出功能分类科目的项级科目设置二级明细科目进行明细核算。

有两个以上发放补助的上级单位的，单位还应当在二级明细科目下，按照发放补助单位设置三级明细科目。

上级补助预算收入中如有专项资金收入，单位还应当在三级明细科目下设置“非专项补助”和“专项补助”两个四级明细科目。其中在“专项补助”明细科目下，还应当按照每个专项项目进行明细核算。

单位的上级补助预算收入如果没有专项资金，可以直接在三级明细科目下，按照补助项目进行明细核算。表2－3为上级补助预算收入明细科目表示例。

表2－3　上级补助预算收入明细科目表示例

<table>
<tr><th>总账科目</th><th>二级明细科目</th><th>三级明细科目</th><th>四级明细科目</th><th>五级明细科目</th></tr>
<tr><td rowspan="5">上级补助预算收入</td><td rowspan="5">政府支出功能分类的项级科目</td><td rowspan="4">××上级单位</td><td rowspan="2">非专项补助</td><td></td></tr>
<tr><td></td></tr>
<tr><td rowspan="2">专项补助</td><td>××项目</td></tr>
<tr><td>××项目</td></tr>
<tr><td>××上级单位</td><td>同上</td><td>同上</td></tr>
</table>

有附属单位上缴预算收入的事业单位，要设置“附属单位上缴预算收入”总账科目，核算单位取得附属独立核算单位根据有关规定上缴的现金流入。“附属单位上缴预算收入”科目的科目设置，与“上级补助预算收入”科目的科目设置相似，这里不再赘述。

2.4.5 核算经营预算收入的科目设置

有经营活动的事业单位，要设置“经营预算收入”总账科目，核算单位在专业业务活动及其辅助活动之外开展非独立核算经营活动取得的现金流入。平时，“经营预算收入”科目的贷方余额，反映单位取得经营活动收入资金的本年累计数。年终结账时，将本科目本年发生额转入“经营结余”科目。年终结转后，本科目应无余额。

在“经营预算收入”总账科目下，会计制度规定了需要设置的明细科目。

根据编制政府部门决算报表的需要，单位应当按照《政府收支分类科目》中支出功能分类科目的项级科目设置二级明细科目进行明细核算。

单位还应当在二级明细科目下，应当按照经营活动的种类设置三级明细科目；在三级明细科目下，按照经营活动收入的具体项目设置四级明细科目进行明细核算。

单位还要按照经营收入资金的付款单位，分为“本部门内部单位”、“本部门以外本级政府单位”、“其他单位等”三类以及具体政府单位，采用设置明细科目、辅助账或系统标记等方式进行明细核算。表2－4为经营预算收入明细科目表示例。

表2－4　　经营预算收入明细科目表示例

<table>
<tr><th>总账科目</th><th>二级明细科目</th><th>三级明细科目</th><th>四级明细科目</th><th>五级明细科目</th></tr>
<tr><td rowspan="3">经营预算收入</td><td rowspan="3">政府支出功能分类的项级科目</td><td rowspan="2">××活动</td><td>××收入</td><td>付款单位</td></tr>
<tr><td>××收入</td><td>同上</td></tr>
<tr><td>××活动</td><td>同上</td><td>同上</td></tr>
</table>

2.4.6 核算债务预算收入的科目设置

有银行等金融机构借款的事业单位，要设置“债务预算收入”总账科目，核算单位按照规定从银行和其他金融机构等借入的、纳入部门预算管理的、不以财政资金作为偿还来源的债务本金。平时，“债务预算收入”科目的贷方余额，反映事业单位本年截至期末从银行和其他金融机构等借入的贷款本金的本年累计数。年终结账时，将本科目本年发生额转入“其他结余”、“非财政拨款结转”科目。年终结转后，本科目应无余额。

在“债务预算收入”总账科目下，会计制度规定了需要设置的明细科目。

根据编制政府部门决算报表的需要，单位应当按照《政府收支分类科目》中支出功能分类科目的项级科目设置二级明细科目进行明细核算。

单位还应当在二级明细科目下，应当按照贷款单位、贷款种类设置三级、四级明细科目进行明细核算。

债务预算收入中如有专项资金收入，单位还应当在四级明细科目下设置“非专项贷款”和“专项贷款”两个五级明细科目。其中在“专项贷款”明细科目下，还应当按照每个专项项目进行明细核算。

有银行等金融机构借款的事业单位，如果只有一家贷款单位或贷款种类，或者没有专项贷款，可以适当减少债务预算收入明细科目的层级。表 2－5 为债务预算收入明细科目表示例。

表 2－5　　债务预算收入明细科目表示例

总账科目	二级明细科目	三级明细科目	四级明细科目	五级明细科目	六级明细科目
债务预算收入	政府支出功能分类的项级科目	××银行	××贷款	非专项贷款	
				专项贷款	××项目贷款
					××项目贷款
			××贷款	同上	同上
		××银行	同上	同上	同上

2.4.7　核算非同级财政拨款预算收入的科目设置

有非同级财政拨款的政府单位，要设置“非同级财政拨款预算收入”总账科目，核算单位从上下级政府财政部门或主管部门取得的财政拨款，以及从本级政府主管部门取得横向转拨的财政款项。平时，“非同级财政拨款预算收入”科目的贷方余额，反映政府单位取得非同级财政拨款预算收入的本年累计数。年终结账时，将本科目本年发生额转入“其他结余”、“非财政拨款结转”科目。年终结转后，本科目应无余额。

在“非同级财政拨款预算收入”总账科目下，会计制度规定了需要设置的明细科目。

根据编制政府部门决算报表的需要，单位应当按照《政府收支分类科目》中支出功能分类科目的项级科目设置二级明细科目进行明细核算。

单位还应当在二级明细科目下，应当按照收入的非本级政府财政部门、财政转拨款来源单位设置三级、四级明细科目进行明细核算。

非同级财政拨款预算收入中如有专项资金收入，单位还应当在四级明细科目下设置“非专项拨款”和“专项拨款”两个五级明细科目。其中在“专项拨款”明细科目下，还应当按照每个专项项目进行明细核算。

有非同级财政拨款的政府单位，如果只有一个拨款单位或拨款种类，或者没有专项拨款，可以相应减少非同级财政拨款预算收入明细科目的层级。表 2－6 为非同级财政拨款预算收入明细科目表示例。

表 2 -6 非同级财政拨款预算收入明细科目表示例

总账科目	二级明细科目	三级明细科目	四级明细科目	五级明细科目	六级明细科目
非同级财政拨款预算收入	政府支出功能分类的项级科目	非本级财政拨款	××拨款财政部门	非专项拨款	
				专项拨款	××项目拨款
					××项目拨款
			××拨款财政部门	同上	同上
		其他部门转拨财政款	××拨款单位	同上	同上
			××拨款单位	同上	同上

2.4.8 核算投资预算收入的科目设置

有对外投资的事业单位，要设置“投资预算收益”总账科目，核算单位取得的按照规定纳入部门预算管理的属于投资收益性质的现金流入，包括股权投资收益、出售或收回债券投资所取得的收益和债券投资利息收入。平时，“非同级财政拨款预算收入”科目的贷方发生额，反映事业单位因投资取得纳入单位预算管理的属于投资收益性质的现金流入的本年累计数，借方发生额反映事业单位出售或到期收回本年度取得的短期、长期债券价款小于投资支出的金额。年终结账时，将“投资预算收益”科目本年贷方发生额减去借方发生额后的净额转入“其他结余”科目。年终结转后，本科目应无余额。

在“投资预算收益”总账科目下，会计制度规定了需要设置的明细科目。

根据编制政府部门决算报表的需要，单位应当按照《政府收支分类科目》中支出功能分类科目的项级科目设置二级明细科目进行明细核算。

单位还应当在二级明细科目下，还可以按照投资收益的来源等设置三级、四级明细科目进行明细核算。表 2 -7 为投资预算收益明细科目表示例。

表 2 -7 投资预算收益明细科目表示例

总账科目	二级明细科目	三级明细科目	四级明细科目
投资预算收益	政府支出功能分类的项级科目	股权投资	现金股利和利润
			收回投资收益
		债券投资	债券利息
			收回投资收益

2.4.9 核算其他预算收入的科目设置

政府单位应当设置“其他预算收入”总账科目，核算单位除财政拨款预算收入、事业预算收入、上级补助预算收入、附属单位上缴预算收入、经营预算收入、债务预算收入、非同级财政拨款预算收入、投资预算收益以外的纳入部门预算管理的现金流入，包括捐赠预算收入、利息预算收入、租金预算收入、现金盘盈收入等。平时，“其他预算收入”科目的贷方余额，反映政府单位取得其他预算收入的本年累计数。年终结账时，将本科目本年发生额转入“其他结余”、“非财政拨款结转”科目。年终结转后，本科目应无余额。

政府单位发生的捐赠预算收入、利息预算收入、租金预算收入金额较大或业务较多的，可单独设置“6603 捐赠预算收入”、“6604 利息预算收入”、“6605 租金预算收入”等总账科目。

在“其他预算收入”总账科目下，会计制度规定了需要设置的明细科目。

根据编制政府部门决算报表的需要，单位应当按照《政府收支分类科目》中支出功能分类科目的项级科目设置二级明细科目进行明细核算。

不单独设置“6603 捐赠预算收入”、“6604 利息预算收入”、“6605 租金预算收入”总账科目的政府单位，可以在二级明细科目下，设置“捐赠预算收入”、“利息预算收入”、“租金预算收入”、“现金盘盈收入”三级明细科目。

其他预算收入中如有专项资金收入，单位还应当在三级明组科目下设置“非专项收入”和“专项收入”两个四级明细科目。其中在“专项收入”明细科目下，还应当按照每个专项项目进行明细核算。

单位还要按照其他预算收入资金的付款单位，分为“本部门内部单位”、“本部门以外本级政府单位”、“其他单位等”三类以及具体政府单位，采用设置明细科目、辅助账或系统标记等方式进行明细核算。

表 2－8 为其他预算收入明细科目表示例 1，表 2－9 为其他预算收入明细科目表示例 2。

表 2－8　　其他预算收入明细科目表示例 1

<table>
<tr><th>总账科目</th><th>二级明细科目</th><th>三级明细科目</th><th>四级明细科目</th><th>五级明细科目</th><th>六级明细科目</th></tr>
<tr><td rowspan="6">其他预算收入</td><td rowspan="6">政府支出功能分类的项级科目</td><td rowspan="3">捐赠预算收入</td><td>非专项收入</td><td>付款单位</td><td></td></tr>
<tr><td rowspan="2">专项收入</td><td>××项目</td><td>付款单位</td></tr>
<tr><td>××项目</td><td>付款单位</td></tr>
<tr><td>利息预算收入</td><td>同上</td><td>同上</td><td></td></tr>
<tr><td>租金预算收入</td><td>同上</td><td>同上</td><td>付款单位</td></tr>
<tr><td>现金盘盈收入</td><td>同上</td><td>同上</td><td></td></tr>
</table>

表 2－9　　其他预算收入明细科目表示例 2

<table>
<tr><th>总账科目</th><th>二级明细科目</th><th>三级明细科目</th><th>四级明细科目</th><th>五级明细科目</th></tr>
<tr><td rowspan="3">其他预算收入/捐赠预算收入/利息预算收入/租金预算收入</td><td rowspan="3">政府支出功能分类的项级科目</td><td>非专项收入</td><td>付款单位</td><td></td></tr>
<tr><td rowspan="2">专项收入</td><td>××项目</td><td>付款单位</td></tr>
<tr><td>××项目</td><td>付款单位</td></tr>
</table>

2.5 核算预算收入的账务处理

2.5.1 国库集中支付方式下预算收入的账务处理

1. 一体化实施前国库集中支付方式的账务处理

（1）财政直接支付。其具体分为以下两种情况：

①使用本年财政直接支付预算指标数。政府单位采用财政直接支付方式使用当年预算指标支付款项时，按照实际支付的财政资金金额，借记“行政支出”、“事业支出”等科目，贷记“财政拨款预算收入”科目。因退货等原因发生当年支付并已经列收列支的财政资金退回时，按照实际退回财政零余额账户的资金金额，借记“财政拨款预算收入”科目，贷记“行政支出”、“事业支出”等科目。

②期末按照权责发生制确认财政直接支付的财政应返还额度。财政部门期末按照权责发生制对国库集中支付结余确认财政预算支出的，相对应的政府单位在年末与财政部门确定本年度财政直接支付预算指标数与实际财政直接支付本年财政预算拨款数的差额时，根据两者的差额中允许结转使用的金额，借记“资金结存——财政应返还额度——财政直接支付”科目，贷记“财政拨款预算收入”科目。

（2）财政授权支付。其具体分为以下四种情况：

①获得财政部门下达的财政授权支付额度。政府单位获得财政部门下达的财政授权支付额度到账通知时，按照下达的本年财政授权支付额度，借记“资金结存——零余额账户用款额度”科目，贷记“财政拨款预算收入”科目；按照下达的恢复以前年度财政授权支付的财政拨款额度，借记“资金结存——零余额账户用款额度”科目，贷记“资金结存——财政应返还额度——财政授权支付”科目。

②从预算单位零余额账户提取现金。政府单位按照预算单位零余额账户使用规定提取现金时，按照提取的金额，“资金结存——货币资金”科目，贷记“资金结存——零余额账户用款额度”科目。

③年末按照权责发生制确认财政授权支付的财政应返还额度。财政部门期末按照权责发生制对国库集中支付结余确认财政预算支出的，相对应的政府单位在年末与财政部门确定本年度财政授权支付预算指标数与实际下达的财政授权支付额度的差额时，根据两者的差额中允许结转使用的金额，借记“资金结存——财政应返还额度——财政授权支付”科目，贷记“财政拨款预算收入”科目。

④冲销尚未使用的财政授权支付额度。年末政府单位根据财政部门确定本年度实际下达的财政授权支付额度（包括本年额度和恢复上年额度）与实际财政授权支付财政

预算拨款数的差额，借记“资金结存——财政应返还额度——财政授权支付”科目，贷记“资金结存——零余额账户用款额度”科目。如果财政部门期末不按照权责发生制对国库集中支付结余确认财政预算支出的，相对应的政府单位按照本年度实际下达的财政授权支付额度与实际财政授权支付财政预算拨款数的差额，借记“财政拨款预算收入”科目，贷记“资金结存——零余额账户用款额度”科目。

2. 一体化实施后国库集中支付方式的账务处理

政府单位采用国库集中支付方式使用当年预算指标支付款项时，按照实际支付的财政资金金额，借记“行政支出”、“事业支出”等科目，贷记“财政拨款预算收入”科目或“非同级财政拨款预算收入”科目（通过国库集中支付方式取得非同级财政拨款）。

政府单位在某些特定情况下按规定本单位零余额账户向本单位实有资金账户划转资金用于后续相关支出的，按照实际划转的金额，借记“资金结存——货币资金”科目，贷记“财政拨款预算收入”等科目（使用本年度预算指标）或“资金结存——财政应返还额度”科目（使用以前年度预算指标）。

财政部门期末按照权责发生制对国库集中支付结余确认财政预算支出的，政府单位在年末与财政部门确定本年度预算指标数与实际国库集中支付本年财政拨款数的差额时，根据两者的差额中允许结转使用的金额，借记“资金结存——财政应返还额度”科目，贷记“财政拨款预算收入”科目。

财政部门（如市县级政府财政部门）期末不按照权责发生制对国库集中支付结余确认财政预算支出的，政府单位在年末不对本年度财政预算指标数与实际国库集中支付本年财政拨款数的差额进行确认预算收入的账务处理。

2.5.2 其他支付方式下预算收入的账务处理

国库集中支付以外的其他方式下，政府单位按照本期预算收到属于预算收入的货币资金时，或者对以前收到的货币资金确认本期预算收入时，按照实际收到或者确认本期预算收入的金额，借记“资金结存——货币资金”科目，贷记有关预算收入科目。

由政府单位取得收入的付款方直接将应付资金支付给单位发生支出的收款方，以及单位通过应收票据背书转让进行支付时，按照该项支付的金额，借记有关预算支出科目，贷记有关预算收入科目。

政府单位因退回收入等原因退回当年已经列收的货币资金时，按照实际支付的货币资金金额，借记有关预算收入科目，贷记“资金结存——货币资金”科目。

第3章 政府单位预算支出的核算

3.1 政府单位预算支出的定义及其判定

3.1.1 政府单位预算支出的定义

根据《政府会计准则——基本准则》规定，预算支出是指政府会计主体在预算年度内依法发生并纳入预算管理的现金流出。对于政府单位来说，预算指支出是指政府单位在预算年度内依法发生并纳入单位预算管理的现金流出。

3.1.2 判定政府单位预算支出的界限

对政府单位预算支出的判定，要注意以下几个方面：

1. 政府单位属于预算支出的资金要纳入单位预算管理

与政府单位预算收入的预算管理要求一样，政府单位的全部支出也要纳入单位预算，统一核算，统一管理。这里能够纳入政府单位预算管理的支出是指本单位因为使用、分配而耗费资金。政府单位因为使用、分配资金使得单位的货币资金减少，形成单位货币资金的耗费，才能作为单位的预算支出核算。如果单位发生的资金支付，因某种原因还能收回，以后再继续使用，就不属于货币资金的耗费，也不能作为预算支出核算。如政府单位为其他单位和个人垫付、将来需要收回的资金等。

事业单位归还从银行借款的本金，单位发生投资而支付的现金，都减少了单位能够使用的资金，形成了货币资金的耗费，因此，要纳入单位支出预算管理，作为预算支出核算。

政府单位支付不能纳入单位预算管理的资金，不能作为预算支出核算。依照政府部门预算管理的相关规定，对各单位之间财政结转结余资金的调剂，不纳入单位预算收支管理的范围。因此，政府单位被财政部门向其他单位调剂调出的财政拨款结转结余资金，就不作为单位的预算支出，只作为预算结余的减少。

政府单位支付暂时没有纳入单位预算的资金，支付时不能作为预算支出核算，待其追加纳入单位预算时，再作为预算支出核算；对于没有能够追加预算的，应当及时收回。

政府单位发生预付或暂付资金，且预期将来不能收回货币资金，那么就应当确认预算支出。如单位支付的预付账款、差旅费或职工因公购买商品的暂付款等。

政府单位对纳入预算管理、且没有可能收回的资金支付（不包括属于下期预算的预拨款项），应当及时确认预算支出。单位不应当通过对实际已经发生的预算资金支出采用会计不列支记账的方式，规避预算法要求“未列入预算不得支出”的规定。

2. 政府单位属于预算支出的资金要纳入本年度单位预算管理

财政部门如果因某种需要，将纳入下年度财政预算的资金在本年度提前预拨给政府单位，预拨的财政资金要列入下年的财政预算和政府单位预算。因此，政府单位收到且使用的财政预拨资金，要在该资金的预算年度（即下一年度）确认为预算支出。

如果财政部门采用权责发生制管理，将政府单位尚未使用（财政部门没有拨款）的预算年度内的财政拨款额度确认为当年的预算支出，并延后到以后年度支付。那么，这种财政部门已经确认财政预算支出、延后支付的财政资金就称为财政应返还额度。财政应返还额度作为政府单位预算支出的资金来源，纳入财政应返还额度使用时预算年度的单位支出预算管理。因此，政府单位在使用财政应返还额度时，作为当年的预算支出处理。

3. 政府单位的预算支出是货币资金的使用或分配

与政府单位预算收入核算的对象一样，政府单位的预算支出核算的对象也是货币资金。根据预算支出的定义，预算支出属于现金从会计主体的流出。政府单位一般只有在发生货币资金的耗费，或者因分配导致货币资金流出单位时，才产生预算支出。

如果政府单位只是减少了非货币资产，而没有减少货币资金，就不作为预算支出核算。比如，政府单位无偿划出或对外捐赠实物资产和无形资产等就不能确认预算支出。

当政府单位出现货币资金的损失（如库存现金盘亏），导致政府单位可以使用的现金减少，可以视为纳入预算管理的货币资金耗费，作预算支出处理。

4. 政府单位的预算支出是相对于单位会计主体外部的预算支出

政府单位对单位外部消耗的预算资金，才能确认为单位的预算支出。如果为了单位内部机构的内部核算，将单位内部不同机构之间的资金转移作为内部预算收入、内部预算支出核算，在单位编制本单位对外反映预算执行情况的决算报告中，应当将这种内部预算支出与内部预算收入予以抵销。同样道理，政府单位在编制汇总决算报告的预算收入支出表时，也要将报告主体内部不同单独记账或报告的子主体之间转移资金形成的预算支出与预算收入予以抵销。

3.2 政府单位预算支出的划分

政府单位对预算支出一般按照预算资金使用活动或分配用途进行分类，其目的是向会计信息使用者反映政府单位的各种预算资金在各种活动中使用数量、分配去向及其数量。按照预算资金的使用活动和分配去向划分，预算支出包括：

1. 行政支出

行政支出是指行政单位履行其职责实际发生的各项现金流出。行政单位依据所赋予的政府职能，进行相应的政府管理等活动，以及为了保障政府管理等活动顺利进行的单位运转活动，如行政单位进行其职能业务活动，单位后勤保障活动，单位自身的党政管理活动等。行政单位所有这些从事的活动中所消耗的预算资金，都属于行政支出。

2. 事业支出

事业支出是指事业单位开展专业业务活动及其辅助活动实际发生的各项现金流出。形成事业支出的专业业务活动及其辅助活动与第 2 章在事业预算收入介绍中所阐述的一样，这里不再赘述。

3. 经营支出

经营支出是指事业单位在专业业务活动及其辅助活动之外开展非独立核算营利性活动实际发生的各项现金流出。形成经营支出的非独立核算经营活动与第 2 章在经营预算收入介绍中所阐述的一样，这里不再赘述。

4. 上缴上级支出

上缴上级支出是指事业单位按照财政部门和主管部门的规定上缴上级单位款项发生的现金流出。上缴上级支出的资金来源都属于非财政资金，一般由事业活动或经营活动等形成。事业单位因国有资产处置、实行“收支两条线”管理等上缴财政的资金流出，因财政拨款结余归集上缴而支付给上级单位的财政资金结余流出，都不属于上缴上级支出。

5. 对附属单位补助支出

对附属单位补助支出是指事业单位用财政拨款预算收入之外的收入对附属单位补助发生的现金流出。事业单位有时会出于帮助附属单位解决活动中的资金需要，定期或定向给附属单位一些财政拨款以外的资金。这种资金包括事业单位自己可使用分配的非财政资金，或是从其他单位筹集的资金。事业单位向附属单位支付的这类非财政拨款资金，就成为单位的对附属单位补助支出。

6. 投资支出

投资支出是指事业单位以货币资金对外投资发生的现金流出。事业单位在开展单位各种活动中会结存、积淀一些非财政资金。为了提高这些资金的使用效益，事业单位可以根据相关规定，采用购买国债或地方政府债券等方式进行投资。有些事业单位为了更好地发挥专业特长进行股权投资，如高校、科研单位投资举办企业等。事业单位投资使用的货币资金也要纳入单位预算管理，事业单位以货币资金投资发生的现金流出，就是单位的投资支出。

7. 债务还本支出

债务还本支出是指事业单位偿还从银行等金融机构举借的债务本金的现金流出。事业单位自身承担还款责任的借款在归还借款时，支付的还款本金耗用了单位可以使用的现金，因此要纳入单位支出预算管理。所以，偿还这些纳入预算管理的债务本金的现金流出，就形成事业单位的债务还本支出。事业单位因举借债务引起的利息、手续费等支出，则属于事业单位的其他支出。

8. 其他支出

其他支出是指行政单位除行政支出、事业支出、经营支出、上缴上级支出、对附属单位补助支出、投资支出、债务还本支出以外的各项纳入单位预算管理的现金流出，包括利息支出、对外捐赠现金支出、现金盘亏损失、接受捐赠和对外捐赠非现金资产发生的税费支出、无偿划转资产发生的相关税费支出、资产置换过程中发生的相关税费支出、罚没支出等。

由于政府单位会计制度没有规定行政单位使用“上缴上级支出”科目，所以行政单位如果用纳入本单位预算管理的非财政资金上缴上级单位，作为其他支出处理。

3.3 政府单位预算支出的确认

3.3.1 不同支付方式的预算支出确认

1. 国库集中支付方式的预算支出确认

（1）一体化实施前国库集中支付方式的预算支出确认。其具体分为以下几种情况：

①财政直接支付方式下的预算支出确认。政府单位在通过财政直接支付使用本年度预算资金进行付款时，按照支付的金额确认财政拨款的预算支出（同时确认财政拨款预算收入）。

政府单位年末按照权责发生制对尚未支付财政拨款的资金确认财政应返还额度的，在单位以后使用财政应返还额度（以前年度预算资金）进行财政直接支付时，按照支付的金额确认财政拨款的预算支出（同时确认资金结存中的财政应返还额度减少）。

②财政授权支付方式下的预算支出确认。政府单位在通过财政授权支付进行付款时，按照支付的金额确认财政拨款的预算支出（同时确认资金结存中的零余额账户用款额度减少）。

（2）一体化实施后国库集中支付方式的预算支出确认。政府单位在通过国库集中支付使用本年度财政预算资金进行付款时，按照支付的金额确认财政拨款的预算支出（同时确认财政拨款预算收入）。

政府单位年末按照权责发生制对尚未支付本年财政预算资金确认财政应返还额度的，在单位以后使用财政应返还额度进行国库集中支付时，按照支付的金额确认财政拨款的预算支出（同时确认资金结存中的财政应返还额度减少）。

年末不按照权责发生制对尚未支付本年财政预算资金确认财政应返还额度的政府单位，不存在使用财政应返还额度（以前年度预算资金）支付及相应确认预算支出的情况。

2. 其他支付方式的预算支出确认

从总的原则看，政府单位预算支出的确认时点是纳入预算管理的货币资金流出单位之时。但是在一些具体情况下，预算支出确认的时点不尽相同。

在不采用国库集中支付方式的其他支付方式下，政府单位的各项预算支出确认可以分为以下两种情况：

（1）支付货币资金时确认预算支出。在大多数情况下，政府单位支付货币资金时，确认相应的预算支出。

（2）支付货币资金时不确认预算支出。在有些情况下，政府单位支付货币资金时不确认预算支出。这些情况又包括两种类型：一是支付的货币资金不纳入单位的预算管理；二是支付的货币资金暂时不能纳入单位预算管理或者不属于本期预算。

支付的货币资金暂时不纳入单位预算管理的情况主要包括以下几种：

①支付其他应收款中的押金，为其他单位或个人垫付的资金等，因为单位将来需要收回，所以不纳入单位的预算管理，因此不确认预算支出。

②支付直接计入专用基金的资金，因为不纳入单位的预算管理，所以不确认预算支出。

④支付其他应付款中退回的押金、暂收转付的资金等，不确认预算支出。

⑤支付属于单位受托代理资产的资金，因为不纳入单位的预算管理，所以不确认预算支出。

在支付的货币资金暂时不纳入单位预算管理或者不属于本期预算情况下，预算支出的确认参见本节 3.3.2 相关内容。

3.3.2 几种特定情况的预算支出确认

(1) 政府单位因单位职工出差、用现金购买商品等因公借款形成的暂付款项，可以选择以下两种方式中的一种确认预算支出：

①在支付因公借款时确认预算支出。职工借取因公借款时，按照借款金额确认预算支出。

②在职工报销时确认预算支出。职工借取因公借款时，不确认预算支出。待到年内职工报销时，按照实际报销金额确认预算支出；如果年底职工尚未报销，按照借款金额确认预算支出。

(2) 政府单位使用财政部门预拨的属于下年财政预算的款项，以及使用其他途径收到的属于下年单位预算的款项，使用时不确认预算支出，待到财政预拨、单位预收款项所属的预算年度，再确认预算支出。

(3) 政府单位使用财政部门暂付的没有列入财政预算的款项，使用时不确认预算支出，待到该财政款项被批准纳入财政预算和单位预算时确认预算支出。

(4) 按照科研项目收入提取项目管理费或间接费，提取时不确认预算支出，使用提取的项目管理费或间接费时确认预算支出。

(5) 事业单位按规定提取专用基金（不包括留本基金），提取时不确认预算支出，使用提取的专用基金时确认预算支出。

(6) 事业单位向金融机构等归还借款的本金，纳入单位预算管理，归还时确认预算支出。

(7) 因退货等原因收回已经确认预算支出的资金，属于本年确认预算支出的，冲减本年的预算支出；属于以前年度确认预算支出的，不冲减本年预算支出，增加预算结余。事业单位收回使用现金资产取得投资的资金，按照规定留归单位的部分，比照收回已经确认预算支出的资金的账务处理。

(8) 政府单位按规定报经财政部门审核批准，用本单位非财政资金垫付、尔后用财政拨款资金归垫的，在用本单位实有资金账户资金垫付相关支出时，暂时不确认预算支出，待到用财政拨款资金归还原垫付的实有资金时，确认预算支出。

(9) 政府单位处置资产时，对于支付资产处置费用的现金流出时暂不确认预算支出。待到资产处置完毕，计算出资产处置流出现金扣除资产处置流入现金后的现金减少净额时，将资产处置现金净支出确认为预算支出。

(10) 属于增值税一般纳税人事业单位，在购买商品或服务支付增值税进项税额时，或者向增值税税收部门支付本单位应缴的增值税时，将支付的增值税款项确认预算支出。

（11）政府单位发放职工工资并在应发工资中扣款时，预算支出的确认参见本书第8章8.3相关部分。

3.4 核算预算支出的科目设置①

3.4.1 核算行政支出、事业支出的科目设置

1. 行政支出的总账科目设置

行政单位要设置“行政支出”总账科目，核算行政单位履行其职责活动中实际发生的各项现金流出。平时，“行政支出”科目的借方余额，反映行政单位行政支出的本年累计数。年终结账时，将本科目本年发生额转入“其他结余”科目。年终结转后，科目应无余额。

2. 事业支出的总账科目设置

事业单位要设置“事业支出”总账科目，核算事业单位从事专业业务活动及其辅助活动中实际发生的各项现金流出。平时，“事业支出”科目的借方余额，反映事业单位事业支出的本年累计数。年终结账时，将本科目本年发生额转入“其他结余”科目。年终结转后，本科目应无余额。

事业单位发生教育、科研、医疗、行政管理、后勤保障等活动的，可在本科目下设置相应的明细科目进行核算，或根据会计制度规定，单独设置“7201 教育支出”、“7202 科研支出”、“7203 医疗支出”、“7204 行政管理支出”、“7205 后勤保障支出”等总账科目进行核算。

3. “行政支出”、“事业支出”总账科目下明细科目设置

在“行政支出”、“事业支出”总账科目（包括单独设置的“教育支出”、“科研支出”、“医疗支出”、“行政管理支出”、“后勤保障支出”总账科目）下，会计制度规定了需要统一设置的明细科目。

政府单位的行政支出和事业支出首先要设置不同资金来源的支出二级明细科目，核算各种资金来源的支出，包括“财政拨款支出”、“非财政拨款专项资金支出”、“其他资金支出”。其中，“财政拨款支出”明细科目核算使用同级财政拨款资金形成的支出，不包括使用非同级财政拨款形成的支出；使用非同级财政拨款专项资金形成的支出，在“非财政拨款专项资金支出”明细科目中核算，使用非同级财政拨款非专项资金形成的

① 本节所述的核算预算支出各个总账科目中，对明细科目设置的仅包括政府单位会计制度中的规定，不含行业事业单位会计制度补充规定、政府会计准则制度解释等对明细科目设置的要求。

支出，在“其他资金支出”明细科目中核算。

使用两种以上财政预算资金的，还要按照不同财政预算的财政资金支出分别设置三级明细科目核算支出，包括“一般公共预算拨款支出”、“政府性基金（××基金）预算拨款支出”等。按照预算管理要求需对财政拨款预算资金中的地方政府债券资金单独反映的，还需要单独设置三级明细科目“地方政府一般债券资金支出”、“地方政府专项债券（××专项债券）资金支出”科目。

事业单位在事业活动中使用从预算结余中提取专用基金的，还应当在“其他资金支出”明细科目下单独设置“使用专用结余”明细科目或在辅助核算中注明“使用专用结余”，以归集使用从预算结余中提取的专用基金的事业支出。

根据编制政府部门决算报表的需要，政府单位应当按照《政府收支分类科目》中支出功能分类科目的项级科目设置明细科目进行支出明细核算。

根据部门预算管理的要求，单位预算的预算支出要按照基本支出和项目支出分别管理及核算。其中项目支出还要按照每个项目分别管理及核算。在行政支出、事业支出核算中，使用财政拨款预算收入中的项目支出拨款资金形成的支出，要通过“财政拨款支出”科目下的“项目支出”明细科目中核算；使用事业预算收入、上级补助预算收入、附属单位上缴预算收入、非同级财政拨款预算收入、债务预算收入、其他预算收入中专项资金形成的支出，都要通过“非财政专项资金支出”科目下的“项目支出”明细科目中核算。

为了反映政府单位在履行职能活动中使用经费的具体用途，政府单位还应当按照《政府收支分类科目》中的部门预算支出经济分类款级科目设置明细科目进行明细核算。其中，购买商品和服务的支出中，属于纳入政府采购预算的，还应当对政府采购支出进行单独核算。

为了解决政府单位发生暂付款业务确认支出时尚不能确认具体的部门预算支出经济分类款级科目，还应当在核算部门预算支出经济分类科目的明细科目同级设置“待处理”明细科目进行核算。

为了便于在汇总编制部门决算报表时抵销重复计算的汇总数，政府单位还要按照行政支出、事业支出等支出资金的收款单位，分为“本部门内部单位”、“本部门以外本级政府单位”、“其他单位等”三类以及具体政府单位，采用设置明细科目、辅助账或系统标记等方式进行明细核算。表3－1为行政支出、事业支出明细科目表示例。

大多数政府单位只使用一般公共预算财政资金拨款，在“行政支出”、“事业支出”总账科目下可以不设置表3－1中财政拨款支出下的三级明细科目，其下属层级的明细科目随之上提层级。

表 3－1 行政支出、事业支出明细科目表示例

<table>
<tr><th>总账科目</th><th>二级明细科目</th><th>三级明细科目</th><th>四级明细科目</th><th>五级明细科目</th><th>六级明细科目</th><th>七级明细科目</th><th>八级明细科目</th></tr>
<tr><td rowspan="25">行政支出/事业支出（教育支出、科研支出、医疗支出、行政管理支出、后勤保障支出）</td><td rowspan="14">财政拨款支出</td><td rowspan="3">一般公共预算拨款支出</td><td rowspan="7">支出功能分类项级科目</td><td rowspan="3">基本支出</td><td rowspan="2">部门预算支出经济分类款级科目</td><td>政府采购</td><td></td></tr>
<tr><td>非政府采购</td><td></td></tr>
<tr><td>待处理</td><td>同上</td><td></td></tr>
<tr><td rowspan="4">地方政府一般债券资金支出</td><td rowspan="4">项目支出</td><td rowspan="3">××项目</td><td rowspan="2">部门预算支出经济分类款级科目</td><td>政府采购</td></tr>
<tr><td>非政府采购</td></tr>
<tr><td>待处理</td><td>同上</td></tr>
<tr><td>××项目</td><td>同上</td><td>同上</td></tr>
<tr><td rowspan="3">政府性基金（××基金）预算拨款支出</td><td rowspan="7">支出功能分类项级科目</td><td rowspan="3">基本支出</td><td rowspan="2">部门预算支出经济分类款级科目</td><td>政府采购</td><td></td></tr>
<tr><td>非政府采购</td><td></td></tr>
<tr><td>待处理</td><td>同上</td><td></td></tr>
<tr><td rowspan="4">地方政府专项债券（××专项债券）资金支出</td><td rowspan="4">项目支出</td><td rowspan="3">××项目</td><td rowspan="2">部门预算支出经济分类款级科目</td><td>政府采购</td></tr>
<tr><td>非政府采购</td></tr>
<tr><td>待处理</td><td>同上</td></tr>
<tr><td>××项目</td><td>同上</td><td>同上</td></tr>
<tr><td rowspan="4">非财政专项资金支出</td><td rowspan="4">支出功能分类项级科目</td><td rowspan="4">项目支出</td><td rowspan="3">××项目</td><td rowspan="2">部门预算支出经济分类款级科目</td><td>政府采购</td><td></td></tr>
<tr><td>非政府采购</td><td></td></tr>
<tr><td>待处理</td><td>同上</td><td></td></tr>
<tr><td>××项目</td><td>同上</td><td>同上</td><td></td></tr>
<tr><td rowspan="7">其他资金支出</td><td rowspan="3">使用专用结余</td><td rowspan="3">支出功能分类项级科目</td><td rowspan="3">基本支出</td><td rowspan="2">部门预算支出经济分类款级科目</td><td>政府采购</td><td></td></tr>
<tr><td>非政府采购</td><td></td></tr>
<tr><td>待处理</td><td>同上</td><td></td></tr>
<tr><td rowspan="4">非使用专用结余</td><td rowspan="4">同上</td><td rowspan="4">项目支出</td><td rowspan="3">××项目</td><td rowspan="2">部门预算支出经济分类款级科目</td><td>政府采购</td></tr>
<tr><td>非政府采购</td></tr>
<tr><td>待处理</td><td>同上</td></tr>
<tr><td>××项目</td><td>同上</td><td>同上</td></tr>
</table>

不在事业活动中使用从预算结余中提取专用基金的事业单位，不设置表 3－1 中其他资金支出下的三级明细科目，其下属层级的明细科目随之上提层级。

3.4.2 核算经营支出的科目设置

有经营活动的事业单位，要设置“经营支出”总账科目，核算单位在专业业务活动及其辅助活动之外开展非独立核算经营活动发生的各项现金流出。平时，“经营支出”科目的借方余额，反映单位从事经营活动消耗资金的本年累计数。年终结账时，将本科目本年发生额转入“其他结余”科目。年终结转后，本科目应无余额。

在“经营支出”总账科目下，会计制度规定了需要设置的明细科目。

事业单位在经营活动中使用从预算结余中提取专用基金的，应当在“经营支出”总账科目下单独设置“使用专用结余”明细科目或在辅助核算中注明“使用专用结余”，以归集使用从预算结余中提取专用基金的经营支出。

根据编制政府部门决算报表的需要，事业单位应当按照《政府收支分类科目》中支出功能分类科目的项级科目设置明细科目进行明细核算。

事业单位应当按照经营活动类别、项目设置三级和四级明细科目进行明细核算。

事业单位还应当按照《政府收支分类科目》中的部门预算支出经济分类款级科目设置五级明细科目进行明细核算。

为了解决政府单位发生暂付款业务确认支出时尚不能确认具体的部门预算支出经济分类款级科目，单位可以比照“事业支出”科目设置“待处理”明细科目的方法设置“待处理”明细科目进行核算。

事业单位还要按照经营支出资金的收款单位，分为“本部门内部单位”、“本部门以外本级政府单位”、“其他单位等”三类以及具体政府单位，采用设置明细科目、辅助账或系统标记等方式进行明细核算。表 3－2 为经营支出明细科目表示例。

表 3－2　　经营支出明细科目表示例

<table>
<tr><th>总账科目</th><th>二级明细科目</th><th>三级明细科目</th><th>四级明细科目</th><th>五级明细科目</th><th>六级明细科目</th></tr>
<tr><td rowspan="4">经营支出</td><td rowspan="2">使用专用结余</td><td rowspan="4">政府支出功能分类的项级科目</td><td rowspan="2">××活动</td><td>××项支出</td><td>部门预算支出经济分类款级科目</td></tr>
<tr><td>××项支出</td><td>待处理</td></tr>
<tr><td rowspan="2">非使用专用结余</td><td rowspan="2">××活动</td><td rowspan="2">同上</td><td>同上</td></tr>
<tr><td>同上</td></tr>
</table>

不在经营活动中使用从预算结余中提取的专用基金的事业单位，不设置表 3－2 中的二级明细科目，其下属层级的明细科目随之上提层级。

3.4.3 核算上缴上级支出和对附属单位补助支出的科目设置

1. 核算上缴上级支出的账户

有上缴上级支出的事业单位，要设置“上缴上级支出”总账科目，核算单位按照财政部门和主管部门的规定上缴上级单位款项发生的现金流出。平时，“上缴上级支出”科目的借方余额，反映单位上缴上级资金的本年累计数。年终结账时，将本科目本年发生额转入“其他结余”科目。年终结转后，本科目应无余额。

在“上缴上级支出”总账科目下，会计制度规定了需要设置的明细科目。

根据编制政府部门决算报表的需要，事业单位应当按照《政府收支分类科目》中支出功能分类科目的项级科目设置二级明细科目进行明细核算。

单位应当按照上缴款项的项目设置三级明细科目进行明细核算。

单位还应当按照《政府收支分类科目》中的部门预算支出经济分类科目的款级科目设置四级明细科目进行明细核算。表 3－3 为上缴上级支出明细科目表示例。

表 3－3 上缴上级支出明细科目表示例

总账科目	二级明细科目	三级明细科目	四级明细科目
上缴上级支出	政府支出功能分类的项级科目	××上缴资金项目	部门预算支出经济分类款级科目
		××上缴资金项目	同上

如果单位上缴资金的收缴单位为两个以上，还应当按照收缴上缴款项的收缴单位设置三级明细科目进行核算，表 3－3 中的三级、四级明细科目层级随之下移。

2. 核算对附属单位补助支出的账户

有对附属单位补助支出的政府单位，要设置“对附属单位补助支出”总账科目，核算单位用财政拨款预算收入之外的收入对附属单位补助发生的现金流出。平时，“对附属单位补助支出”科目的借方余额，反映单位对附属单位补助支出资金的本年累计数。年终结账时，将本科目本年发生额转入“其他结余”科目。年终结转后，本科目应无余额。

在“对附属单位补助支出”总账科目下，会计制度规定了需要设置的明细科目。

根据编制政府部门决算报表的需要，单位应当按照《政府收支分类科目》中支出功能分类科目的项级科目设置二级明细科目进行明细核算。

单位应当按照补助支出的补助项目和接受补助单位设置三级、四级明细科目进行明细核算。

单位还应当按照《政府收支分类科目》中的部门预算支出经济分类科目的款级科目设置五级明细科目进行明细核算。表 3－4 为对附属单位补助支出明细科目表示例。

表 3－4 对附属单位补助支出明细科目表示例

总账科目	二级明细科目	三级明细科目	四级明细科目	五级明细科目
对附属单位补助支出	政府支出功能分类的项级科目	××补助项目	××单位	部门预算支出经济分类款级科目
		××补助项目	××单位	同上
			同上	同上

如果单位补助资金的补助项目或被补助单位只有一个，可以减少表 3－4 中的三级明细科目或四级明细科目，减少明细科目的下属层级明细科目随之上移层级。

3.4.4 核算投资支出的科目设置

有对外投资的事业单位，要设置“投资支出”总账科目，核算单位以货币资金对外投资发生的现金流出。平时，“投资支出”科目的借方余额，反映单位对投资支出资金的本年累计数。年终结账时，将本科目本年发生额转入“其他结余”科目。年终结转后，本科目应无余额。

在“投资支出”总账科目下，会计制度规定了需要设置的明细科目。

根据编制政府部门决算报表的需要，单位应当按照《政府收支分类科目》中支出功能分类科目的项级科目设置二级明细科目进行明细核算。

单位应当按照投资支出的投资类型和投资对象设置三级、四级明细科目进行明细核算。

单位还应当按照《政府收支分类科目》中的部门预算支出经济分类科目的款级科目设置五级明细科目进行明细核算。表 3 –5 为投资支出明细科目表示例。

表 3 –5　　投资支出明细科目表示例

总账科目	二级明细科目	三级明细科目	四级明细科目	五级明细科目
投资支出	政府支出功能分类的项级科目	股权投资	××企业	部门预算支出经济分类款级科目
			××企业	同上
		长期债券投资	××债券	同上
			××债券	同上
		短期投资	同上	同上

如果单位只有一种投资类型或者只有一个投资企业或只有一个债券投资品种，可以减少表 3 –5 中的四级明细科目，减少明细科目的下属层级明细科目随之上移层级。

3.4.5　核算债务还本支出的科目设置

有银行等金融机构借款的事业单位，要设置“债务还本支出”总账科目，核算单位向银行等金融机构偿还贷款本金的现金流出。平时，“债务还本支出”科目的借方余额，反映单位本年债务还本支出资金的累计数。年终结账时，将本科目本年发生额转入“其他结余”科目。年终结转后，本科目应无余额。

在“债务还本支出”总账科目下，会计制度规定了需要设置的明细科目。

根据编制政府部门决算报表的需要，单位应当按照《政府收支分类科目》中支出功能分类科目的项级科目设置二级明细科目进行明细核算。

单位应当按照取得贷款的贷款单位和贷款种类设置三级、四级明细科目进行明细核算。

单位还应当按照《政府收支分类科目》中的部门预算支出经济分类科目的款级科目设置五级明细科目进行明细核算。表 3 –6 为债务还本支出明细科目表示例。

表 3-6 债务还本支出明细科目表示例

总账科目	二级明细科目	三级明细科目	四级明细科目	五级明细科目
债务还本支出	政府支出功能分类的项级科目	××银行	××贷款	部门预算支出经济分类款级科目
			××贷款	同上
		××银行	同上	同上

单位的贷款只有一个贷款银行，或者只有一种贷款的，可以减少表 3-6 中三级或四级明细科目，减少明细科目的下属层级明细科目随之上移层级。

3.4.6 核算其他支出的科目设置

政府单位要设置“其他支出”总账科目，核算单位除行政支出、事业支出、经营支出、上缴上级支出、对附属单位补助支出、投资支出、债务还本支出以外的各项现金流出，包括利息支出、对外捐赠现金支出、现金盘亏损失、接受捐赠和对外捐赠非现金资产发生的税费支出、资产置换过程中发生的相关税费支出、罚没支出等。平时，“其他支出”科目的借方余额，反映单位本年其他支出资金流出的累计数。年终结账时，将本科目本年发生额转入“其他结余”科目。年终结转后，本科目应无余额。

单位发生利息支出、捐赠支出等其他支出金额较大或业务较多的，可单独设置“7902 利息支出”、“7903 捐赠支出”等总账科目。

在“其他支出”总账科目下，会计制度规定了需要设置的明细科目。

首先，单位的其他支出要按照各种其他支出的大类设置二级明细科目，包括“利息支出”、“对外捐赠现金支出”、“现金盘亏损失”、“接受和对外捐赠非现金资产费用支出”、“资产置换费用支出”、“资产调拨费用支出”、“罚没支出”等。

其次，单位的其他支出要划分核算各种来源资金支出的三级明细科目，包括“财政拨款支出”、“非财政专项资金支出”、“其他资金支出”明细科目。其中使用两种以上财政预算资金的，还要按照不同财政预算的财政资金支出分别设置四级明细科目核算支出，包括“一般公共预算拨款支出”、“政府性基金（××基金）预算拨款支出”等。

根据编制政府部门决算报表的需要，单位的其他支出应当按照《政府收支分类科目》中支出功能分类科目的项级科目设置明细科目进行支出明细核算。

根据部门预算管理的要求，单位预算的预算支出要按照基本支出和项目支出分别管理及核算。其中项目支出还要按照每个项目分别管理及核算。在其他支出核算中，使用财政拨款预算收入中的项目支出拨款资金形成的支出，要通过“财政拨款支出”科目下的“项目支出”明细科目核算；使用事业预算收入等预算收入中专项资金形成的其他支出，都要通过“非财政专项资金支出”科目下的“项目支出”明细科目核算。

为了反映单位其他支出资金的具体用途，单位还应当按照《政府收支分类科目》中的部门预算支出经济分类科目的款级科目在“其他支出”科目中设置明细科目进行明细核算。

单位还要按照其他支出资金的收款单位，分为“本部门内部单位”、“本部门以外本级政府单位”、“其他单位等”三类以及具体政府单位，采用设置明细科目、辅助账或系统标记等方式进行明细核算。表3－7为其他支出明细科目表示例。

表3－7　　其他支出明细科目表示例

<table>
<tr><th>总账科目</th><th>二级明细科目</th><th>三级明细科目</th><th>四级明细科目</th><th>五级明细科目</th><th>六级明细科目</th><th>七级明细科目</th><th>八级明细科目</th></tr>
<tr><td rowspan="16">其他支出</td><td rowspan="11">利息支出</td><td rowspan="6">财政拨款支出</td><td rowspan="3">一般公共预算拨款支出</td><td rowspan="3">支出功能分类项级科目</td><td>基本支出</td><td>部门预算支出经济分类款级科目</td><td></td></tr>
<tr><td rowspan="2">项目支出</td><td>××项目</td><td rowspan="2">部门预算支出经济分类款级科目</td></tr>
<tr><td>××项目</td></tr>
<tr><td rowspan="3">政府性基金（××基金）预算拨款支出</td><td rowspan="3">支出功能分类项级科目</td><td>基本支出</td><td>部门预算支出经济分类款级科目</td><td></td></tr>
<tr><td rowspan="2">项目支出</td><td>××项目</td><td rowspan="2">部门预算支出经济分类款级科目</td></tr>
<tr><td>××项目</td></tr>
<tr><td rowspan="2">非财政专项资金支出</td><td rowspan="2">支出功能分类项级科目</td><td rowspan="2">项目支出</td><td>××项目</td><td rowspan="2">部门预算支出经济分类款级科目</td><td rowspan="2"></td></tr>
<tr><td>××项目</td></tr>
<tr><td rowspan="3">其他资金支出</td><td rowspan="3">支出功能分类项级科目</td><td>基本支出</td><td>部门预算支出经济分类款级科目</td><td></td><td></td></tr>
<tr><td rowspan="2">项目支出</td><td>××项目</td><td rowspan="2">部门预算支出经济分类款级科目</td><td rowspan="2"></td></tr>
<tr><td>××项目</td></tr>
<tr><td rowspan="3">对外捐赠现金支出</td><td rowspan="3">其他资金支出</td><td rowspan="3">支出功能分类项级科目</td><td>基本支出</td><td>部门预算支出经济分类款级科目</td><td></td><td></td></tr>
<tr><td rowspan="2">项目支出</td><td>××项目</td><td rowspan="2">部门预算支出经济分类款级科目</td><td rowspan="2"></td></tr>
<tr><td>××项目</td></tr>
<tr><td>现金盘亏损失</td><td>支出功能分类项级科目</td><td>基本支出</td><td>部门预算支出经济分类款级科目</td><td></td><td></td><td></td></tr>
<tr><td>……</td><td></td><td></td><td></td><td></td><td></td><td></td></tr>
</table>

大多数政府单位只使用一般公共预算财政资金拨款，在“其他支出”总账科目下可以不设置表3－7中财政拨款支出下的四级明细科目，其下属层级的明细科目随之上提层级。其他层级的明细科目中，如果单位业务核算中不需要的（如没有非财政专项资金支出、其他资金的项目支出等），也可以取消该层级明细科目。

单独设置“7902 利息支出”、“7903 捐赠支出”等总账科目的单位，在“其他支出”总账科目下不设置“利息支出”、“对外捐赠现金支出”二级明细科目，并在“利息支出”、“捐赠支出”等总账科目下参照“其他支出”总账科目下设置的明细科目设置需要使用的明细科目。

3.5 核算预算支出的账务处理

3.5.1 国库集中支付方式下预算支出的账务处理

1. 一体化实施前国库集中支付方式的账务处理

（1）财政直接支付。政府单位在通过财政直接支付使用当年财政预算资金进行支付时，按照实际支付的金额，借记“行政支出”、“事业支出”等科目，贷记“财政拨款预算收入”科目。因退货等原因发生当年支付并已经列收列支的财政资金退回财政零余额账户时，按照实际退回财政零余额账户的资金金额，借记“财政拨款预算收入”科目，贷记“行政支出”、“事业支出”等科目。

期末按照权责发生制对尚未支付财政拨款的资金确认财政应返还额度的政府单位，在以后使用财政应返还额度进行财政直接支付时，按照实际支付的金额，借记“行政支出”“事业支出”等科目，贷记“资金结存——财政应返还额度——财政直接支付”科目。因退货等原因发生使用财政应返还额度支付的财政资金退回财政零余额账户时，按照实际退回的资金金额，借记“资金结存——财政应返还额度——财政直接支付”科目，贷记“行政支出”、“事业支出”等科目。

（2）财政授权支付。政府单位在通过财政授权支付进行付款时，按照实际支付的金额，借记“行政支出”、“事业支出”等科目，贷记“资金结存——零余额账户用款额度”科目。因退货等原因发生当年支付并已经列支的财政资金退回预算单位零余额账户时，按照实际退回的资金金额，借记“资金结存——零余额账户用款额度”科目，贷记“行政支出”、“事业支出”等科目。

2. 一体化实施后国库集中支付方式的账务处理

政府单位在通过国库集中支付使用本年度财政预算资金进行付款时，按照实际支付的金额，借记“行政支出”、“事业支出”等科目，贷记“财政拨款预算收入”等科目。因退货等原因发生当年支付并已经列支的财政资金退回相关零余额账户时，按照实际退回的资金金额，借记“财政拨款预算收入”等科目，贷记“行政支出”、“事业支出”等科目。

将本单位实有资金账户中从零余额账户划转的资金用于相关支出时，按照实际支付的金额，借记“行政支出”、“事业支出”等支出科目下的“财政拨款支出”明细科目，贷记“资金结存——货币资金”科目。

期末按照权责发生制对尚未支付本年财政预算资金确认财政应返还额度的政府单位，以后使用财政应返还额度支付资金时，按照实际支付的财政资金金额，借记“行政支出”、“事业支出”等科目，贷记“资金结存——财政应返还额度”科目。因退货等原因发生使用财政应返还额度支付的财政资金退回相关零余额账户时，按照实际退回的资金金额，借记“资金结存——财政应返还额度”科目，贷记“行政支出”、“事业支出”等科目。年末不按照权责发生制对尚未支付本年财政预算资金确认财政应返还额度的政府单位，不存在使用财政应返还额度支付财政资金的情况。

3.5.2 其他支付方式下预算支出的账务处理

国库集中支付以外的其他方式下，政府单位按照本期预算支付属于预算支出的货币资金时，或者对以前支付的货币资金确认本期预算支出时，按照实际支付或者确认本期预算支出的金额，借记有关支出科目，贷记“资金结存——货币资金”科目。

政府单位因退货等原因发生当年已经列支的货币资金收回时，按照实际收到的货币资金金额，借记“资金结存——货币资金”、“财政拨款预算收入”科目，贷记有关支出科目。

3.6 几种业务的预算会计核算

3.6.1 报销业务的预算会计核算

1. 报销业务预算会计核算概述

政府单位在发生单位职工因公出差和为单位购买商品等业务时，如果没有使用公务卡，往往需要当事人先到财务部门请领银行转账支票或库存现金等，可称为因公借款；待出差归来和购买商品后，因公借款当事人再凭借办理业务取得的资金支付报销凭证，到财务部门结算并冲销对应的因公借款，可称为报销。

一般来说，因公借款在绝大多数情况下都会经由当事人支付出去，不会退回单位，从而形成单位的资金耗费。所以，因公借款应当列入单位的当期预算支出。

按照收付实现制核算基础，对因公借款的预算会计列支应当在发生因公借款时进行，即采用在借款时进行预算会计列支的账务处理方式（可简称“借款时预算会计列支方式”）。但是，借款时预算会计列支方式存在两个不利情况：一是列支的金额（按照借款的金额）与最后实际支出的金额（按照报销的金额）可能存在差异，需要在报销时进行账务调整；二是借款时有的按照部门预算支出经济分类科目划分的支出明细尚不能确定，也需要在报销时进行账务调整。这两个不利情况都增加了报销业务核算的工作量。

因此，政府单位会计制度规定政府单位也可以采用因公借款在报销时预算会计列支的账务处理方式（可简称“报销时预算会计列支方式”）。这样就不会产生上述借款时预算会计列支方式存在的两个不利情况。但是，如果因公借款当事人没有在同一会计年度内报销，就会造成资金已经耗费的因公借款无法在本年预算支出中反映，违反预算支出按照收付实现制核算的原则。为此，会计准则制度解释又补充规定，如果借款的年末因公借款当事人未报销，年末预算会计应当按照借款的金额列支。

上述报销业务的两种预算会计列支的账务处理方式，政府单位在同一会计期间只能选择采用其中一种。并且，为了保持会计信息时间上的可比性，政府单位不得频繁更换预算会计列支的账务处理方式。

2. 借款时预算会计列支的报销核算

政府单位在采用借款时预算会计列支方式下，发生单位职工因公业务借款时，财务会计按照借款的金额，借记“其他应收款”科目，贷记“银行存款”、“库存现金”、“财政拨款收入”、“零余额账户用款额度”等科目；同时预算会计按照相同的金额，借记“事业支出”、“行政支出”、“经营支出”等科目，贷记“财政拨款预算收入”、“资金结存”科目。

借款当事人报销并冲销因公借款时，财务会计按照实际报销的金额，借记“业务活动费用”、“单位管理费用”、“经营费用”等科目，按照借款人退回借款或单位补付借款人的金额，借记或贷记“库存现金”等科目，按照冲销借款的金额，贷记“其他应收款”科目；同时预算会计按照实际报销金额小于或大于借款金额的差额，借记或贷记“资金结存”等科目，贷记或借记“事业支出”、“行政支出”、“经营支出”等科目（当年列支），或者贷记或借记有关的结转结余科目（以前年度列支）。

3. 报销时预算会计列支的报销核算

政府单位在采用报销时预算会计列支方式下，发生单位职工因公业务借款时，财务会计按照借款的金额，借记“其他应收款”科目，贷记“银行存款”、“库存现金”、“零余额账户用款额度”等科目。预算会计不记账。

借款当事人在年内报销并冲销因公借款时，财务会计按照实际报销的金额，借记“业务活动费用”、“单位管理费用”、“经营费用”等科目，按照借款人退回借款或单位补付借款人的金额，借记或贷记“库存现金”等科目，按照冲销借款的金额，贷记“其他应收款”科目；同时预算会计按照实际报销的金额，借记“事业支出”、“行政支出”、“经营支出”等科目，贷记“资金结存”等科目。

借款的年末，单位借款当事人未报销的，预算会计按照借款的金额，借记“事业支出”、“行政支出”、“经营支出”等科目，贷记“资金结存”等科目。

以后年度借款当事人报销并冲销因公借款时，财务会计按照实际报销的金额，借记“业务活动费用”、“单位管理费用”、“经营费用”等科目，按照借款人退回借款或单位补付借款人的金额，借记或贷记“库存现金”等科目，按照冲销借款的金额，贷记“其他应收款”科目；同时预算会计按照借款人退回借款或单位补付借款人的差额，借记或贷记“资金结存”科目，贷记或借记有关的结转结余科目。

4. 报销业务中部门预算支出经济分类明细科目的“待处理”科目使用

政府单位会计制度中，在“行政支出”、“事业支出”、“经营支出”科目中按照部门预算支出经济分类款级科目这一明细科目层级，设置了“待处理”明细科目。这是因为在单位的报销业务中，预算会计在尚未报销按照借款金额列支时，可能因为还未得到报销的原始凭证，有些列支选择的具体部门预算支出经济分类明细科目尚不能确定。对于这一问题可以通过“待处理”明细科目进行过渡核算来解决。

在预算会计按照借款金额列支时因为尚未得到报销原始凭证，列支的部门预算支出经济分类款级科目不能确定情况下，按照属于不能确定部门预算支出经济分类款级科目的支出金额，借记“行政支出”、“事业支出”、“经营支出”等科目中的“待处理”明细科目，贷记“资金结存”等科目。待到借款当事人年内报销并冲销因公借款时，预算会计根据该报销原始凭证信息，确定归属于部门预算支出经济分类科目的款级科目，按照确定明细科目的金额，借记有关部门预算支出经济分类款级科目的明细科目，贷记“待处理”明细科目。

如果借款当事人报销并冲销因公借款时为列支以后的年度，由于该借款在“待处理”明细科目列支的金额在借款年末已经转入相关结转结余科目，而且各个结转结余科目中没有按照部门预算支出经济分类款级科目设置的明细科目，所以报销时就不再需要对以前年度记入“待处理”明细科目列支的金额进行冲销。

3.6.2 其他应收款业务的预算会计核算

政府单位的其他应收款业务一般都涉及单位资金的流出和流入。但是由于其他应收款包含的业务内容庞杂，各种不同情况较多，所以发生其他应收款业务时预算会计的核算，需要根据资金流出流入的时点，参照预算支出或预算收入的性质判断：何时进行预算会计账务处理，或者不进行预算会计账务处理。下面主要介绍几种不同其他应收款业务的预算会计核算：

1. 职工因公出差和购买商品等的因公借款形成其他应收款

该项业务的预算会计核算参见 3. 6. 1 报销业务的预算会计核算。

2. 支付职工尚未报销的公务卡欠款形成的其他应收款

政府单位在公务卡使用人尚未报销时，为了减少利息支出，单位可先为还款到期的公务卡还款，尔后再由公务卡使用人报销。这样就形成了单位已经支付资金而还未报销的情形。这种情形与单位的报销业务情形一样，都是单位已经支付资金，尚待以后报销。所以，单位支付尚未报销的公务卡欠款的账务处理，可以比照上述报销业务的账务处理。单位按照采用的支付公务卡欠款时预算会计列支或者报销时预算会计列支的核算方式，对单位支付职工尚未报销的公务卡欠款形成的其他应收款业务，进行财务会计和预算会计的账务处理。

3. 为其他单位或个人垫付资金、向单位职工因私暂借款、支付押金等需要收回的资金形成的其他应收款

政府单位在支付这些情况的款项时，发生了资金流出。但是这种流出的资金预期未来可以收回，不属于资金的耗费，因而不确认预算支出。所以这些情况下支付款项时，财务会计借记“其他应收款”科目，贷记“银行存款”、“库存现金”等科目，预算会计不记账。待以后资金收回时，财务会计借记“银行存款”、“库存现金”等科目，贷记“其他应收款”科目，预算会计也不记账。

4. 支付单位内部机构领取备用金形成的其他应收款

政府单位财务部门支付内部机构领取的备用金时，资金并未流出单位，所以不确认预算支出。财务会计按照支付的备用金金额，借记“其他应收款”科目，贷记“库存现金”科目；预算会计不记账。当领取备用金的内部机构报销备用金时，不仅资金已经流出单位，而且确定了资金耗费的金额，因此在这时确认预算支出。财务会计按照报销备用金的金额，借记有关费用或资产科目，贷记“其他应收款”科目。同时，预算会计按照相同的金额，借记“行政支出”、“事业支出”、“经营支出”等科目，贷记“资金结存——货币资金”科目。

5. 应收赔款形成的其他应收款

政府单位应收赔款形成其他应收款可分为两种情况：第一种情况是资产损毁、丢失等资产处置发生的赔款，比如，资产损毁后确认应收保险公司的财产保险赔款，确认应收过失人的赔款等。资产处置发生其他应收款的，应当视收到的赔款是否规定上缴财政来确定预算会计是否记账。如果预算会计记账，具体的预算会计账务处理参见第 7 章 7.5.3 和 7.5.4 相关内容。第二种情况是单位业务活动等活动中发生的应收赔款，比如，确认其他单位或个人因合同违约等原因应当交付给本单位的赔款等。这种情况确认应收赔款时，财务会计借记“其他应收款”科目，贷记“其他收入”科目；收到赔款时财务会计借记“银行存款”等科目，贷记“其他应收款”科目。同时，预算会计借记“资金结存——货币资金”科目，贷记“其他预算收入”科目。

6. 使用应当纳入下一年度预算的暂收款项形成的其他应收款

政府单位使用收到本级政府财政部门预拨下一年度的财政拨款，或者收到其他单位提前拨付的属于下一年度预算的拨款时，由于收到的款项不属于本年预算，所以应当在被使用款项编列预算的年度列支。使用时财务会计按照实际使用的金额，借记“其他应收款”科目（使用资金未形成非债权资产的）或相关资产科目（使用资金形成非债权资产的），贷记“银行存款”等科目；本年度不作预算会计处理。待下一年初，财务会计按照上年使用时计入其他应收款的金额，借记有关费用科目，贷记“其他应收款”科目。同时，预算会计按照上年使用的全部金额，借记“行政支出”“事业支出”等科目，贷记“财政拨款预算收入”、“资金结存”等科目。

在3.6.1中说明的报销业务的预算会计核算，如果因公借款使用了纳入下一年度预算的资金，无论是借款时还是在本年报销时，预算会计的列支均需要待到下一年初进行账务处理。采用报销时预算会计列支方式中，如果因公借款当事人在下一年度内报销的，报销时预算会计按照报销的金额进行列支的账务处理；如果因公借款当事人在下一年度以后的会计期间报销的，预算会计在下一年度末按照借款的金额进行列支的账务处理。

7. 财政拨款归垫形成的其他应收款

政府单位的财政拨款资金归垫是指单位在财政授权支付用款额度或财政直接支付用款计划下达之前，用本单位实有资金账户资金垫付相关支出，再通过财政授权支付方式或财政直接支付方式将资金归还原垫付资金账户的特定行为。因为财政部门要求单位归垫取得财政拨款的收入要与支出反映在同一年度，所以单位归垫的财政拨款预算收入和支出需要同时确认。政府单位在有关归垫规定允许的范围内，经财政部门批准后，以单位自有资金垫付相关支出时，财务会计借记“其他应收款”科目（垫付未形成非债权资产的）或相关资产科目（垫付形成非债权资产的），贷记“银行存款”等科目；预算会计不记账。单位通过财政直接支付或财政授权支付方式以财政拨款归还垫付资金时，财务会计按照转入单位实有资金账户归垫资金的金额，借记“银行存款”科目，贷记“财政拨款收入”、“零余额账户用款额度”科目，并按照垫付时计入其他应收款的金额，借记“业务活动费用”等科目，贷记“其他应收款”科目。同时，预算会计按照财政拨款归垫的全部金额，借记“行政支出”、“事业支出”等科目，贷记“财政拨款预算收入”、“资金结存——零余额账户用款额度”科目。

8. 因无法收到购买商品和服务导致预付账款转为其他应收款

政府单位在确定无法收到供应方提供的商品或服务，并且没有收到退回的预付账款时，应当将预付账款转为其他应收款。预付账款转为其他应收款时，财务会计借记“其他应收款”科目，贷记“预付账款”科目。由于预付账款转为其他应收款时没有现金流动，所以预算会计不记账。以后单位收到退回的预付账款时，由于预付账款支付时预算会计已经确认过预算支出，所以预算会计作冲减预算支出或增加结转结余的账务处理。单位收到已经计入其他应收款的退回的预付账款时，财务会计按照收到的金额，借记“银行存款”等科目，贷记“其他应收款”科目。同时，预算会计按照相同的金额，借记“资金结存”科目，贷记“行政支出”、“事业支出”等科目（当年支付的预付账款）或有关结转结余科目（以前年度支付的预付账款）。

9. 核销其他应收款

政府单位对其他应收款确定了无法收回应当收回的资金时，应当予以核销。单位在按照规定核销其他应收款时，要看发生其他应收款支付资金时是否预算会计已经列支。对为其他单位或个人垫付资金、向单位职工因私暂借款、支付押金等形成的其他应收款，发生时资金已经流出单位，但因预期资金可以收回所以没有确认预算支出。因为这种应当收回的资金在核销时已经确认无法收回，因而就转变成为单位的资金耗费，所以核销时需要确认预算支出。核销时财务会计按照核销金额，借记“坏账准备”科目（计提坏账准备的）或“资产处置费用”科目（未计提坏账准备的），贷记“其他应收款”科目；预算会计按照相同的金额，借记“事业支出”、“行政支出”等科目，贷记“资金结存”科目。对核销预付账款转成的其他应收款，由于支付预付账款时已经确认了预算支出，所以核销时只财务会计记账，预算会计不记账。

如果核销的其他应收款以后又追收回资金，按照以下不同情况处理：

（1）对其他应收款计提坏账准备的，财务会计按照实际收回的金额，借记“其他应收款”科目，贷记“坏账准备”科目，借记“银行存款”等科目，贷记“其他应收款”科目。

（2）对其他应收款未计提坏账准备的，财务会计按照实际收回的金额，借记“银行存款”等科目，贷记“资产处置费用”科目（本年度核销）或“以前年度盈余调整”科目（以前年度核销）。

（3）核销的其他应收款收回资金时，预算会计按照实际收回的金额，借记“资金结存”科目，贷记“非财政拨款结余”等科目。

3.6.3 其他应付款业务的预算会计核算

政府单位发生其他应付款业务时预算会计的核算，需要根据资金流入流出的时点，参照预算收入或预算支出的性质判断：何时进行预算会计账务处理，或者不进行预算会计账务处理。下面主要介绍几种不同其他应付款业务的预算会计核算：

1. 收到纳入下一年度预算的暂收款项形成的其他应付款

政府单位收到本级政府财政部门预拨下一年度的财政拨款，或者收到其他单位提前拨付的属于下一年度预算的拨款时，由于收到的款项不属于本年预算，所以本年收到时不能确认预算收入。收到时财务会计按照实际收到的金额，借记“银行存款”等科目，贷记“其他应付款”科目；本年度不作预算会计处理。待下一年初，财务会计应当按照上年暂收预拨款项的金额，借记“其他应付款”科目，贷记“财政拨款收入”等科目。同时，预算会计按照相同的金额，借记“资金结存”等科目，贷记“财政拨款预算收入”等科目。

2. 收到尚未批准财政预算的财政资金形成的其他应付款

政府单位收到本级政府财政部门应急拨付、尚未批准单位收入预算的财政拨款，由于收到的财政款项尚不属于本年预算，所以收到时不能确认预算收入。收到应急拨付款项时，财务会计按照实际收到的金额，借记“银行存款”等科目，贷记“其他应付款”科目；不作预算会计处理。待到有关部门批准了应急拨款的预算，财务会计应当按照之前暂收拨款的金额，借记“其他应付款”科目，贷记“财政拨款收入”科目。同时，预算会计按照相同的金额，借记“资金结存”科目，贷记“财政拨款预算收入”科目。如果应急拨款的预算没有得到批准，单位以其他款项归还财政部门应急拨付的款项，还款时财务会计按照还款的金额，借记“其他应付款”科目，贷记“银行存款”科目；不作预算会计处理。

3. 报销公务卡支付形成的其他应付款

政府单位在公务卡还款日前，公务卡使用人就公务卡使用资金进行因公付款报销时，应当确认对发卡银行的其他应付款。尔后单位向公务卡发卡银行支付公务卡欠款时，发生单位的资金流出，形成单位的资金耗费，所以在支付公务卡欠款时要确认预算支出。单位的公务卡使用人在还款日期前报销时，财务会计按照实际报销的金额，借记“业务活动费用”、“单位管理费用”等科目，贷记“其他应付款”科目；不作预算会计处理。单位向公务卡发卡银行支付公务卡欠款时，财务会计按照实际支付的金额，借记“其他应付款”科目，贷记“财政拨款收入”、“零余额账户用款额度”、“银行存款”等科目。同时，预算会计按照相同的金额，借记“行政支出”、“事业支出”等科目，贷记“财政拨款预算收入”、“资金结存”科目。

4. 取得需要分成上缴财政但是尚未确定金额的收入形成的其他应付款

一些事业单位的事业收入规定要按照分成部分上缴财政。事业单位收到需要分成的收入时，尽管资金已经流入单位，但由于平时尚不清楚本期最终收到收入的总额，不能分别计算出具体的上缴财政和留归单位的金额，所以暂时不确认收入。待到期末确定了分成收入总额，并据此计算出上缴财政和留归单位的金额，再确认单位的预算收入。事业单位平时收到需要分成的收入时，财务会计按照收到的金额，借记“银行存款”等科目，贷记“其他应付款”科目；不作预算会计处理。期末单位计算出上缴财政和留归单位的收入金额时，财务会计按照本期累计收到的金额，借记“其他应付款”科目，按照应当上缴财政的金额，贷记“应缴财政款”科目，按照留归单位的收入金额，贷记“事业收入”科目；同时预算会计按照留归单位的收入金额，借记“资金结存”科目，贷记“事业预算收入”科目。

5. 收到其他单位或个人的押金、暂收转付款项等形成的其他应付款

政府单位在收到某些情况的款项时，发生了资金流入。但是这种流入的资金预期未来应当退回或转付，不属于单位取得能够使用的资金，因而不确认预算收入。所以在这些情况下收到款项时，财务会计借记“银行存款”、“库存现金”科目，贷记“其他应付款”科目，预算会计不记账。待以后资金退回或转付时，财务会计借记“其他应付款”科目，贷记“银行存款”、“库存现金”科目，预算会计也不记账。

6. 扣留工程建设等质保金形成的其他应付款

政府单位因工程建设、购入固定资产等扣留施工方或供货方的质保金的方式有两种：

一种方式是单位将工程价款或购买价款的一定比例（即尾款）予以暂扣不支付，待到质保期满时再支付给施工方或供货方。这种方式扣留的质保金是工程价款或购买价款的一部分，支付时形成单位的资金耗费，所以要确认预算支出。单位结算价款并扣留质保金时，财务会计借记“在建工程”等科目，贷记“其他应付款”等科目；预算会计不记账。待到支付质保金时，财务会计按照原扣留质保金的金额，借记“其他应付款”等科目，按照支付质保金的金额，贷记“零余额账户用款额度”、“银行存款”等科目，按照因工程或产品出现质量问题而不再给付质保金的金额，贷记“其他收入”等科目。同时，预算会计按照支付质保金的金额，借记“行政支出”、“事业支出”等科目，贷记“资金结存”、“财政拨款预算收入”科目。

另一种方式是单位将工程价款或购买价款全部支付给施工方或供货方，工程完工或交货时由施工方或供货方交付约定数量的质保金，待到质保期满时再退回给施工方或供货方。这种方式扣留的质保金，收到时不能增加单位可以使用的资金，退回时也不属于单位资金的耗费，所以不纳入单位预算管理。单位收到对方交付的质保金时，财务会计借记“银行存款”科目，贷记“其他应付款”等科目；预算会计不记账。待到质保期满退回质保金时，财务会计按照原收到质保金的金额，借记“其他应付款”等科目，按照支付退回质保金的金额，贷记“银行存款”科目，按照因工程或产品出现质量问题而不再退回质保金的金额，贷记“其他收入”科目。同时，预算会计按照不再退回质保金的金额，借记“资金结存”科目，贷记“其他预算收入”科目。

7. 发生应付赔款、罚款等形成的其他应付款

政府单位在业务活动和管理活动中，因出现过错应当向其他单位等赔款或支付罚款的，在支付时形成单位的资金耗费，需要确认预算支出。单位在确认应当支付赔款或罚款时，财务会计按照应当支付的金额，借记“其他费用”等科目，贷记“其他应付款”

科目；预算会计不记账。单位支付赔款或罚款时，财务会计按照实际支付的金额，借记“其他应付款”科目，贷记“银行存款”等科目。同时，预算会计按照相同的金额，借记“其他支出”科目，贷记“资金结存”科目。

8. 核销其他应付款

政府单位的其他应付款当确定无法退回或者无法转付且无法退回原付款人时，应当予以核销。对收到其他单位或个人的押金、暂收转付款项等形成的其他应付款，发生时资金已经流入单位，但因预期资金需要退回或者转付所以没有确认预算收入。因为这种应当退回或转付的资金核销时已经确认无法退回和转付，从而转变成为可以由单位使用和分配的资金，所以核销时需要确认预算收入。核销时财务会计按照核销金额，借记“其他应付款”科目，贷记“其他收入”科目；预算会计按照相同的金额，借记“资金结存”科目，贷记“其他预算收入”科目。

3.6.4　提取和使用科研项目间接费和管理费的预算会计核算

1. 提取和使用科研项目间接费和管理费的预算会计核算方法

政府单位对本单位承接的科研项目提取间接费和管理费，一般在收到项目款项时提取。计提项目间接费和管理费时，一是因提取项目间接费和管理费需要减少项目负责人控制使用的项目资金；二是提取项目间接费和管理费时还没有发生实际的资金支出，预算会计尚不能列支。为此，提取和使用项目间接费和管理费的预算会计列支有两种做法：第一种做法是提取时预算会计不记账，在单位统筹使用提取的项目间接费和管理费时预算会计列原项目的预算支出，这种做法可以称为“原项目列支方法”。第二种做法是提取时预算会计直接扣减被提取项目的结转资金，转为非项目结余资金，待单位统筹使用提取的项目间接费和管理费时预算会计列基本支出的预算支出，这种做法可以称之为“基本支出列支方法”。

2. 原项目列支方法

按照目前政府单位会计制度等的规定，提取和使用财政科研项目间接费和管理费的预算会计核算采用原项目列支方法。

（1）按照规定从财政科研项目预算收入中提取项目间接费和管理费时，财务会计按照计提的金额，借记“业务活动费用”、“单位管理费用”等科目，贷记“预提费用——项目间接费用或管理费”科目；预算会计不记账。

（2）按规定将提取的项目间接费和管理费从本单位零余额账户划转到实有资金账户的，按照从单位零余额账户向实有资金账户划转资金的金额，财务会计借记“银行存款——财政拨款资金”科目，贷记“财政拨款收入”、“零余额账户用款额度”科目。同时，预算会计按照相同的金额，借记“资金结存——货币资金”科目，贷记“财政拨款预算收入”、“资金结存——零余额账户用款额度”科目。

（3）单位使用提取的项目间接费和管理费时，财务会计按照实际支付的金额，借记“预提费用——项目间接费用或管理费”科目，贷记“银行存款——财政拨款资金”、“零余额账户用款额度”等科目。使用计提的项目间接费和管理费购买固定资产、无形资产等资产的，按照固定资产、无形资产等的成本金额，借记“固定资产”、“无形资产”等科目，贷记“银行存款——财政拨款资金”、“零余额账户用款额度”等科目，并按照相同的金额，借记“预提费用——项目间接费用或管理费”科目，贷记“累计盈余”科目。同时，预算会计按照实际支付的金额，借记“事业支出”等支出科目下的“财政拨款支出——项目支出——××项目[①]”明细科目，贷记“资金结存——零余额账户用款额度/货币资金”科目。

原项目列支方法的优点是：单位使用项目间接费和管理费时预算会计直接列支原项目的项目支出，不用调整支出预算，而且可以直接按照项目支出账户数据编报项目预算执行报告。其缺点是：提取、使用的项目间接费和管理费，要分项目核算提取数、使用数和剩余数；单位使用项目间接费和管理费的每笔资金时，还要选择使用哪个项目提取的项目间接费和管理费；单位如果未将某项目间接费和管理费使用完，该项目因全部支出尚未完成而难以结项。这些都给单位统筹使用项目间接费和管理费带来麻烦。

3. 基本支出列支方法

按照目前政府单位会计制度等的规定，提取和使用非财政科研项目间接费和管理费的预算会计核算采用基本支出列支方法。

（1）从非财政科研项目预算收入中提取项目管理费和间接费时，财务会计按照提取的金额，借记“业务活动费用”、“单位管理费用”等科目，贷记“预提费用——项目间接费用或管理费”科目。同时，预算会计按照相同的金额，借记“非财政拨款结转——项目间接费用或管理费——××项目”科目，贷记“非财政拨款结余——项目间接费用或管理费”科目。

（2）单位使用提取的项目间接费和管理费时，财务会计按照实际支付的金额，借记“预提费用——项目间接费用或管理费”科目，贷记“银行存款”等科目。使用提取的项目间接费和管理费购买固定资产、无形资产等资产的，按照固定资产、无形资产等的成本金额，借记“固定资产”、“无形资产”等科目，贷记“银行存款”等科目，并按照相同的金额，借记“预提费用——项目间接费用或管理费”科目，贷记“累计盈余”科目。同时，预算会计按照实际支付的金额，借记“事业支出”等支出科目下的“其他资金支出——基本支出”明细科目，贷记“资金结存——货币资金”科目。

基本支出列支方法的优点是：单位使用项目间接费和管理费时不必再分项目核算支

---

① 单位使用项目间接费和管理费时选择使用原提取项目间接费和管理费资金的项目。

出，便于单位统筹使用项目间接费和管理费，方便单位统筹使用的支出核算，也不会因单位未使用完项目间接费和管理费耽误项目结项。其缺点是：统筹使用提取的项目间接费和管理费时，预算会计列支是列入基本支出，而这些资金原来编制的预算是项目支出预算。所以需要将提取的项目间接费和管理费预算由项目支出预算调整为基本支出预算，并且在提交的项目预算执行报告中，要将单位从项目结转资金账上提取的项目间接费和管理费列报为项目支出。

第4章 政府单位预算结余的核算

4.1 政府单位预算结余的定义及其相关概念

4.1.1 政府单位预算结余的定义

根据《政府会计准则——基本准则》规定，预算结余是指政府会计主体预算年度内预算收入扣除预算支出后的资金余额，以及历年滚存的资金余额。对于政府单位来说，预算结余是指政府单位在预算年度内预算收入扣除预算支出后的资金余额，以及单位历年滚存的预算资金余额。

4.1.2 政府单位预算结余的相关概念

政府单位会计制度规定的政府单位预算结余包括：本期预算收支差额、各项结转结余、资金结存。

1. 本期预算收支差额

本期预算收支差额是指政府单位本期预算收入减去本期预算支出后的差额。由于一般所称的预算收入和预算支出都是代表一个预算期间的预算收入和预算支出，所以，又可以把本期预算收入和本期预算支出简称为预算收入和预算支出。政府单位的每个会计年（期）末都会得出单位本年（期）的预算收支差额。用公式表示为：

预算收入 - 预算支出 = 本期预算收支差额　①

2. 各项结转结余

各项结转结余是指政府单位历年滚存的预算资金余额。各项结转结余中“结转”和“结余”的概念起源于财政部颁布的《中央部门财政拨款结转和结余资金管理办法》（财预〔2010〕7号）。在该办法中，针对财政拨款资金定义了“结转”和“结余”的概念：财政拨款结转资金是指当年支出预算已执行但尚未完成，或因故未执行，下年需按原用途继续使用的财政拨款资金；财政拨款结余资金是指支出预算工作目标已完成，或由于受政策变化、计划调整等因素影响工作终止，当年剩余的财政拨款资金。

在2012年财政部颁布的《事业单位财务规则》（财政部令68号）、《行政单位财务规则》（财政部令71号）规定中，将“结转”和“结余”的概念扩大到财政拨款以外的预算资金。

在绝大部分情况下，各项结转结余由单位各个会计期间的本期预算收支差额累积而成。在少数情况下，有些结转结余变动时并不伴随着预算收支的变动，可称为“预算收支差额以外的结转结余变动”。如财政拨款结转资金在不同政府单位之间的调剂、财政部门收回单位的财政拨款结余资金、单位以前会计期间预算收入或预算支出的退回等导致的结转结余变动等。

对于某个预算期间来说，本期期初的各项结转结余数额加上本期预算收支差额、再加上本期预算收支差额以外的结转结余变动额，就等于本期期末的各项结转结余数额。用公式表示为：

期末各项结转结余 = 期初各项结转结余 + 本期预算收支差额 + 预算收支差额以外的结转结余变动额 ②

3. 资金结存

资金结存是指政府单位纳入预算管理的货币资金，政府单位期初的资金结存，也是单位以前各个预算期间累积的资金结存。当预算收入发生时，意味着纳入预算管理的资金流入，导致资金结存增加；当预算支出发生时，意味着纳入预算管理的资金流出，导致资金结存减少；预算收支差额以外的结转结余变动也会导致资金结存的变动。由此可知，对于某个预算期间来说，本期期初的资金结存数额加上预算收入、减去预算支出，再加上本期由预算收支差额以外的结转结余变动额，等于本期期末的资金结存数额。用公式表示为：

期末资金结存 = 期初资金结存 + 预算收入 − 预算支出 + 预算收支差额以外的结转结余变动额 ③

4. 预算结余各组成部分之间及其和预算收支的勾稽关系

根据公式③和公式①，预算期间资金结存的变动也就等于本期预算收支差额加上预算收支差额以外的结转结余变动额，从而累积资金结存与各项结转结余的数量结构相同。因此，累积的资金结存和各项结转结余相等。用公式表示为：

资金结存（账户为借方余额） = 各项结转结余（账户为贷方余额） ④

根据以上各个公式，可以推导出资金结存、预算收入、预算支出、各项结转结余的相互关系（见图4－1）。

资金结存	期初资金结存 + 预算收入的资金流入量 − 预算支出的资金流出量 + 预算收支差额以外结转结余变动额导致的资金结存变动 = 期末资金结存	=	期初各项结转结余 + 预算收入 − 预算支出 + 预算收支差额以外的结转结余变动额 = 期末各项结转结余	各项结转结余

图 4－1　资金结存、预算收入、预算支出、各项结转结余的相互关系

从图 4－1 可以看出，就会计账户设置的角度而言，资金结存账户是预算收入类账户、预算支出类账户、各项结转结余账户核算的对应账户。政府单位会计制度通过设置"资金结存"账户及其核算，从而使在预算会计账户之间进行借贷平衡记账得以实现。

4.2　政府单位预算结余的划分

在政府单位会计制度中，根据预算资金的来源、资金继续使用的预算管理约束、使用预算资金的活动，将政府单位的预算结余（除资金结存以外）分为：财政拨款结转、财政拨款结余[①]、非财政拨款结转、非财政拨款结余[②]、专用结余、经营结余、其他结余。

1. 财政拨款结转

财政拨款结转是指政府单位当年预算已执行但尚未完成，或因故未执行，下一年度需要按照原用途继续使用的财政拨款结转的滚存资金。它包括基本支出结转和项目支出结转。基本支出结转是指用于单位基本预算支出的当期和滚存财政拨款结转；项目支出结转是指用于单位项目预算支出、项目当年已执行但尚未完成形成的当期和滚存财政拨款结转，或项目因故当期未执行，需要推迟到下年执行形成的当期或滚存财政拨款结转。

财政拨款结转资金可以在以后预算期间仍由原政府单位使用；或者由财政部门收回

① 本书所说的财政拨款结转结余是指政府单位作为财政预算执行单位按照预算从同级政府财政部门取得的财政资金。不包括按照"非同级财政拨款预算收入"科目核算的资金。

② 本书所说的非财政拨款结转结余是指政府单位取得同级财政拨款以外的所有资金。包括各种非财政拨款资金，以及按照"非同级财政拨款预算收入"科目核算的资金。

用于以后年度安排新的财政预算。

2. 财政拨款结余

财政拨款结余是指政府单位支出预算工作目标已完成，或由于受政策变化、计划调整等因素影响工作终止，当年剩余的财政拨款结余的滚存资金。能称为财政拨款结余的只有已完成项目但尚未用完的财政拨款资金，或由于受政策变化、计划调整等因素影响，项目终止或撤销形成剩余的财政拨款资金。

财政拨款结余资金经由财政部门批准，可以在不同单位之间进行调剂，也可以由财政部门收回用于以后年度安排新的财政预算。

属于财政拨款结转的项目支出结转资金中，某一预算年度安排的项目支出连续两年未动用，或者连续三年仍未使用完形成剩余的财政拨款资金，也视同财政拨款结余资金管理。

3. 非财政拨款结转

非财政拨款结转是指政府单位财政拨款以外的预算资金来源中，具有专项项目使用限定，而项目尚未完成、需要继续用于原指定项目的剩余资金。政府单位的非财政拨款结转包括单位的事业预算收入、上级补助预算收入、附属单位上缴预算收入、非同级财政拨款预算收入、债务预算收入、其他预算收入中有限定项目使用的收入资金，在项目没有完成时的剩余资金。

非财政拨款结转资金由单位在以后预算期间继续用于原项目支出。当非财政拨款结转资金使用的项目完成或终止后，有的要求全部或部分缴回给项目的出资人；不要求缴回给出资人的，留归单位使用。留归单位使用的非财政拨款结转或转为非财政拨款结余，或转为单位同意的其他未完成项目结转资金。

4. 非财政拨款结余

非财政拨款结余是指政府单位财政拨款以外的预算资金来源中，无专项项目使用限定的剩余资金。非财政拨款结余由政府单位取得事业预算收入、上级补助预算收入、附属单位上缴预算收入、经营预算收入、非同级财政拨款预算收入、债务预算收入、投资预算收益、其他预算收入中的资金（扣除各收入中有限定项目使用的资金），与这些资金使用的预算支出收支相抵后的剩余资金累积形成。

非财政拨款结余资金由单位自行安排各种使用用途。

5. 专用结余

专用结余是指事业单位按照财务制度规定从非财政拨款结余中提取专用基金（如职工福利基金）的资金，使用后的剩余滚存金额。专用结余只能用于单位按照规定设立、从非财政拨款结余中提取的专用基金使用。

6. 经营结余

经营结余是指事业单位本年度经营活动预算收支相抵后的差额、在弥补以前年度经营亏损后的余额。经营结余属于当年的预算收支差额，在弥补以前年度经营亏损后仍有余额的，在年末分配后转为非财政拨款结余。

7. 其他结余

其他结余是指政府单位本年度除财政拨款预算收支、非财政拨款专项资金预算收支和经营预算收支以外的各项预算收支相抵后的资金差额。其他结余属于当年的预算收支差额，行政单位的其他结余年末转为非财政拨款结余（其他结余如为负数冲减非财政拨款结余），事业单位的其他结余年末在分配后转为非财政拨款结余（其他结余如为负数冲减非财政拨款结余）。

4.3 核算预算结余的科目设置

4.3.1 核算财政拨款结转的科目设置

政府单位要设置“财政拨款结转”总账科目，核算单位取得的财政拨款结转资金的调整、收支结转、调剂和滚存等情况。“财政拨款结转”总账科目借方登记财政拨款结转资金的减少，贷方登记财政拨款结转资金的增加，年末余额在贷方，反映财政拨款结转资金年末的累计余额。

在“财政拨款结转”总账科目下，会计制度规定了需要设置的明细科目。

为了说明财政拨款结转资金增加、减少变动的原因，应编制财政拨款预算收入支出表，要在“财政拨款结转”总账科目下设置以下二级明细科目：

“年初余额调整”明细科目，核算因发生会计差错更正、以前年度支出收回等原因，需要调整财政拨款结转的金额。

“归集调入”明细科目，核算按照规定从其他单位调入财政拨款结转资金时，实际调增的额度数额或调入的资金数额。

“归集调出”明细科目，核算按照规定向其他单位调出财政拨款结转资金时，实际调减的额度数额或调出的资金数额。

“归集上缴”明细科目，核算按照规定上缴财政拨款结转资金时，实际核销的额度数额或上缴的资金数额。

“单位内部调剂”明细科目，核算经财政部门批准对财政拨款结余资金改变用途，调整用于本单位其他未完成项目等，增加财政拨款结转的调整金额。

“本年收支结转”明细科目，核算单位本年度财政拨款收支相抵后的余额。

“累计结转”明细科目，核算单位滚存的财政拨款结转资金。

根据编制政府部门决算报表的需要，事业单位应当按照《政府收支分类科目》中支出功能分类科目的项级科目设置三级明细科目进行明细核算。

由于单位预算分为基本预算和项目预算，作为预算会计要反映财政拨款结转的基本预算和项目预算执行情况，因此，财政拨款结转的预算会计核算需要分别反映财政拨款基本支出结转和项目支出结转，以及每个项目的财政拨款结转。由于政府单位财政拨款的人员经费和公用经费不能混用，因此，对财政拨款结转的基本结转还要分为人员经费结转和公用经费结转。所以，为了满足对财政拨款结转资金的预算管理和资金管理要求，在“财政拨款结转”总账科目中，要设置“基本支出结转”、“项目支出结转”四级明细科目，并在“基本支出结转”明细科目下，设置“人员经费结转”和“公用经费结转”两个五级明细科目；在“项目支出结转”明细科目下，按照每个项目设置五级明细科目。

财政拨款结转的会计科目设置示例（假设单位只使用一种财政预算资金拨款）见表4－1。

表4－1　　财政拨款结转的会计科目设置示例

总账科目	二级明细科目	三级明细科目	四级明细科目	五级明细科目
财政拨款结转	年初余额调整	支出功能分类	基本支出结转	人员经费结转
				公用经费结转
			项目支出结转	××项目
				××项目
	归集调入		同上	同上
	归集调出		同上	同上
	归集上缴		同上	同上
	单位内部调剂		同上	同上
	本年收支结转		同上	同上
	累计结转		同上	同上

如果政府单位使用的财政拨款包括两种以上的财政预算资金，那么由于政府单位的财政拨款结转要和财政部门的财政预算对接，单位在进行财政拨款结转核算时，首先要按照一般公共预算拨款结转、政府性基金预算拨款结转等分别设置二级明细科目，其他的明细科目层级随之下移。

4.3.2　核算财政拨款结余的科目设置

政府单位要设置“财政拨款结余”总账科目，核算单位财政拨款结余资金的调整、转入、调剂和滚存等情况。“财政拨款结余”总账科目借方登记财政拨款结余资金的减少，贷方登记财政拨款结余资金的增加，年末余额在贷方，反映财政拨款结余资金年末的累计余额。

在“财政拨款结余”总账科目下，会计制度规定了需要设置的明细科目。

在“财政拨款结余”总账科目下，设置“结转转入”、“年初余额调整”、“归集上缴”、“单位内部调剂”和“累计结余”二级明细科目。其中：“结转转入”明细科目用于核算政府单位将本单位完成项目的财政拨款结余资金从“财政拨款结转”科目转入“财政拨款结余”科目的金额；“单位内部调剂”明细科目用于核算经财政部门批准对财政拨款结余资金改变用途，调整用于本单位其他未完成项目等而减少财政拨款结余的调整金额；“累计结余”明细科目用于核算单位滚存的财政拨款结余资金。

在“财政拨款结余”总账科目下，要按照《政府收支分类科目》中支出功能分类科目的项级科目设置三级明细科目进行明细核算。

在“财政拨款结余”总账科目下，还要按照每个结余资金的项目设置四级明细科目，核算各个项目的结余资金情况。

有一般公共预算拨款、政府性基金预算拨款两种或两种以上财政预算资金拨款的政府单位，还应当在“财政拨款结余”总账科目下，首先要按照一般公共预算拨款结余、政府性基金预算拨款结余等分别设置二级明细科目，其他层级的明细科目随之下移层级。财政拨款结余的会计科目设置示例（假设单位使用一般公共预算资金和政府性基金预算资金的财政拨款）见表4－2。

表4－2　财政拨款结余的会计科目设置示例

总账科目	二级明细账科目	三级明细账科目	四级明细账科目	五级明细科目
财政拨款结余	一般公共预算拨款结余	年初余额调整	支出功能分类项级科目	××项目
				××项目
		结转转入		××项目
				××项目
		归集上缴		同上
		单位内部调剂		同上
		累计结余		同上
	政府性基金预算拨款结余	同上	同上	同上

4.3.3 核算非财政拨款结转的科目设置

政府单位要设置“非财政拨款结转”总账科目，核算单位财政拨款以外的专项资金结转的调整、收支转入、完成项目剩余资金转出和未完成项目剩余资金滚存等情况。“非财政拨款结转”总账科目借方登记非财政拨款结转资金的减少，贷方登记非财政拨款结转资金的增加，年末余额在贷方，反映非财政拨款结转资金年末的累计余额。

在“非财政拨款结转”总账科目下，会计制度规定了需要设置的明细科目。

在“非财政拨款结转”总账科目下，设置“年初余额调整”、“缴回资金”、“项目间接费用或管理费”、“本年收支结转”和“累计结转”二级明细科目。其中：“缴回资金”明细科目用于核算单位按照规定向出资单位缴回完成或终止项目的非财政拨款结转资金；“项目间接费用或管理费”明细科目用于核算单位取得的科研项目预算收入中，按照规定计提项目间接费用或管理费；“累计结转”明细科目用于核算单位滚存的非财政拨款结转资金。

在“非财政拨款结转”总账科目下，要按照《政府收支分类科目》中支出功能分类科目的项级科目设置三级明细科目进行明细核算。

在“非财政拨款结转”总账科目下，还要按照每个非财政拨款结转资金的项目设置四级明细科目，核算各个项目的非财政拨款结转资金情况。为了便于单独反映事业单位经营活动的结转资金，有属于经营活动项目资金的单位，可以先在四级明细科目中设置“经营项目结转”明细科目，然后在该明细科目下按照经营活动具体项目设置五级明细科目。表 4 – 3 为非财政拨款结转的明细科目表示例。

表 4 – 3　　非财政拨款结转的明细科目表示例

<table>
<tr><th>总账科目</th><th>二级明细科目</th><th>三级明细科目</th><th>四级明细科目</th><th>五级明细科目</th></tr>
<tr><td rowspan="9">非财政拨款结转</td><td rowspan="5">年初余额调整</td><td rowspan="9">支出功能分类</td><td rowspan="2">经营项目结转</td><td>经营项目 1</td></tr>
<tr><td>经营项目 2</td></tr>
<tr><td>非经营项目 1</td><td></td></tr>
<tr><td>非经营项目 2</td><td></td></tr>
<tr><td>……</td><td></td></tr>
<tr><td>缴回资金</td><td>同上</td><td></td></tr>
<tr><td>项目间接费用或管理费</td><td>同上</td><td>同上</td></tr>
<tr><td>本年收支结转</td><td>同上</td><td>同上</td></tr>
<tr><td>累计结转</td><td>同上</td><td>同上</td></tr>
</table>

4.3.4　核算非财政拨款结余的科目设置

1. “非财政拨款结余”科目

政府单位要设置“非财政拨款结余”总账科目，核算单位财政拨款以外历年滚存的非专项资金结余的调整、收支转入和滚存等情况，主要为各年非财政拨款结余扣除结余分配后滚存的金额。非财政拨款结余的增加登记“非财政拨款结余”科目贷方，非财政拨款结余的减少登记“非财政拨款结余”科目借方，年末“非财政拨款结余”科目最终余额在贷方，反映单位历年滚存的非限定用途的非同级财政拨款结余资金。

在“非财政拨款结余”总账科目下，会计制度规定了需要设置的明细科目。

在“非财政拨款结余”总账科目下设置“年初余额调整”、“项目间接费用或管理费”、“结转转入”、“累计结余”二级明细科目。其中：“结转转入”明细科目核算按照规定留归单位使用，由单位统筹调配，纳入单位非财政拨款结余的非财政拨款专项剩余资金；“累计结余”明细科目核算单位历年滚存的非财政拨款、非专项结余资金。

年末经二级明细科目转账后的“累计结余”明细科目贷方余额，反映单位非财政拨款滚存的非专项结余资金数额。

在“非财政拨款结余”总账科目下，要按照《政府收支分类科目》中支出功能分类科目的项级科目设置三级明细科目进行明细核算。为了便于单独反映单位经营活动形成的结余资金，单位有经营活动的，还可以按照经营结余和非经营结余分别设置四级明细科目。表 4 -4 为非财政拨款结余的明细科目表示例。

表 4 -4 非财政拨款结余的明细科目表示例

总账科目	二级明细科目	三级明细科目	四级明细科目
非财政拨款结余	年初余额调整	支出功能分类	经营结余
			非经营结余
	项目间接费用或管理费		同上
	结转转入		同上
	累计结余		同上

2. “专用结余”科目

事业单位要设置“专用结余”总账科目，核算单位按照规定从预算结余中提取的具有专门用途的资金（专用基金）的变动和滚存情况。“专用结余”科目贷方登记单位按照规定从预算结余中提取专用基金的提取数，借方登记使用从预算结余中提取的专用基金的支出结转数。年末“专用结余”科目最终余额在贷方，反映单位历年从非财政拨款结余中提取具有专门用途的资金使用后的剩余资金滚存数。

在“专用结余”总账科目下，事业单位应当按照专用基金的类别设置明细科目进行明细核算。

4.3.5 核算本年非财政拨款结余资金的科目设置

政府单位要设置“经营结余”、“其他结余”、“非财政拨款结余分配”总账科目，核算单位预算年度财政拨款以外的非专项资金预算收支转账形成的当年结余资金。

1. “经营结余”科目

有经营活动的事业单位要设置“经营结余”科目，核算单位本年度经营活动预算收支相抵后余额弥补以前年度经营亏损后的余额。“经营结余”科目借方登记经营支出的年末结转数，贷方登记经营预算收入的年末结转数。经营预算收支结转后“经营结余”科目的余额如果在贷方（正结余），反映单位本年度经营预算收入减去经营支出的剩余金额；本科目年末预算收支结转后的余额如果在借方（负结余），反映单位本年度经营预算收入减去经营支出后的余额为“赤字”。年末事业单位将“经营结余”科目贷方余额转入“非财政拨款结余分配”科目后，“经营结余”科目应无余额；如果预算收入支出结转后“经营结余”科目为借方余额，则不将“经营结余”科目借方余额转入“非财政拨款结余分配”科目，“经营结余”科目留有期末借方余额，反映事业单位经营活动的亏损。

在“经营结余”总账科目下，事业单位可以按照经营活动的类别设置明细科目。

2. “其他结余”科目

政府单位要设置“其他结余”科目，核算单位本年度除财政拨款预算收支以外资金的非专项资金预算收支和经营活动预算收支的各项预算收支相抵后的余额。“其他结余”科目借方登记有关预算支出的年末结转数，贷方登记有关预算收入的年末结转数。预算收支结转后“其他结余”科目的余额如果在贷方（正结余），反映单位本年度非财政拨款非专项资金的预算收入（不含经营预算收入）减去支出（不含经营支出）的剩余金额；本科目年末预算收支结转后的余额如果在借方（负结余），反映单位本年度非财政拨款非专项资金的预算收入（不含经营预算收入）减去支出（不含经营支出）后的余额为“赤字”。年末行政单位将其他结余转入“非财政拨款结余”科目、事业单位将其他结余转入“非财政拨款结余分配”科目后，“其他结余”科目应无余额。

3. “非财政拨款结余分配”科目

事业单位要设置“非财政拨款结余分配”总账科目，核算单位本年度非财政拨款结余分配的情况和结果。“非财政拨款结余分配”科目借方登记本年其他结余（负结余）的转入数，以及提取专用基金的提取数，贷方登记本年其他结余、经营结余（正结余）的转入数。分配后将“非财政拨款结余分配”科目贷方余额或借方余额转入“非财政拨款结余”科目后，“非财政拨款结余分配”科目应无余额。

4.4 核算预算结余的账务处理

4.4.1 核算财政拨款结转结余的账务处理

（1）因会计差错更正收到或支出同级财政拨款资金。政府单位因发生会计差错更正退回以前年度国库直接支付、授权支付款项或财政性货币资金，或者因发生会计差错更正增加以前年度国库直接支付、授权支付支出或财政性货币资金支出，导致财政拨款结转结余资金变动，并且属于以前年度财政拨款结转资金的，借记或贷记“资金结存——财政应返还额度/零余额账户用款额度/货币资金”科目，贷记或借记“财政拨款结转——年初余额调整”科目；属于以前年度财政拨款结余资金的，借记或贷记“资金结存——财政应返还额度、零余额账户用款额度、货币资金”科目，贷记或借记“财政拨款结余——年初余额调整”科目。

（2）政府单位因购货退回、预付款项收回等发生以前年度支出又收回国库直接支付、授权支付款项或收回财政性货币资金，导致财政拨款结转结余资金变动，并且属于以前年度财政拨款结转资金的，借记“资金结存——财政应返还额度/零余额账户用款额度/货币资金”科目，贷记“财政拨款结转——年初余额调整”科目；属于以前年度财政拨款结余资金的，借记“资金结存——财政应返还额度/零余额账户用款额度/货币资金”科目，贷记“财政拨款结余——年初余额调整”科目。

（3）调剂财政拨款结转结余资金。其具体分为以下几种情况：

①调剂调出财政拨款结转资金。政府单位按照规定向其他单位调剂调出财政拨款结转资金，按照实际调减的额度数额或调出的资金数额，借记“财政拨款结转——归集调出”科目，贷记“资金结存——财政应返还额度/零余额账户用款额度/货币资金”科目。

②调剂调入财政拨款结转资金。政府单位按照规定从其他单位调剂调入财政拨款结转资金的，按照实际调增的额度数额或调入的资金数额，借记“资金结存——财政应返还额度/零余额账户用款额度/货币资金”科目，贷记“财政拨款结转——归集调入”科目。

③单位内部调剂财政拨款结余资金。经财政部门批准对财政拨款结余资金改变用途，调整用于本单位基本支出或其他未完成项目支出的，按照批准调剂的金额，借记“财政拨款结余——单位内部调剂”科目，贷记“财政拨款结转——单位内部调剂”科目。

（4）注销财政拨款结转结余资金额度或上缴财政拨款结转结余资金。政府单位被财政部门注销财政拨款结转结余资金额度或按照规定上缴财政拨款结转结余资金，属于财政拨款结转资金的，按照注销的资金额度数额或实际上缴资金数额，借记“财政拨款结转——归集上缴”科目，贷记“资金结存——财政应返还额度/零余额账户用款额度/货币资金”科目；属于财政拨款结余资金的，按照注销的资金额度数额或实际上缴资金数额，借记“财政拨款结余——归集上缴”科目，贷记“资金结存——财政应返还额度/零余额账户用款额度/货币资金”科目。

（5）财政拨款结转结余资金的年末转账。其具体分为以下几种情况：

①年末，政府单位要将财政拨款预算收入和财政拨款预算支出的本年发生额转入“财政拨款结转”科目。按照单位同级财政拨款收入本年发生额，借记“财政拨款预算收入”科目，贷记“财政拨款结转——本年收支结转”科目；按照单位同级财政拨款支出本年发生额，借记“财政拨款结转——本年收支结转”科目，贷记“行政支出”、“事业支出”科目或单独设置的“教育支出”、“科研支出”、“医疗支出”、“行政管理支出”、“后勤保障支出”等总账科目下的“财政拨款支出”科目。

在财政拨款预算收支转账中，有关层级明细账的转账如下：

第一，将“财政拨款预算收入”科目下“基本支出拨款”“项目支出拨款”科目余额分别转入“财政拨款结转”科目下“基本支出结转”“项目支出结转”科目贷方，将有关各项支出总账科目下的“财政拨款支出”科目下“基本支出”、“项目支出”科目余额分别转入“财政拨款结转”科目下“基本支出结转”“项目支出结转”科目借方。

第二，将“财政拨款预算收入”科目下“基本支出拨款”科目下“人员经费拨款”、“公用经费拨款”科目余额分别转入“财政拨款结转”科目下“基本支出结转”科目下“人员经费结转”、“公用经费结转”科目贷方，将有关各项支出总账科目的“财政拨款支出”科目下“基本支出”科目下有关人员经费支出明细科目①余额转入“财政拨款结转”科目下“基本支出结转”科目下“人员经费结转”科目借方，将有关各项支出总账科目的“财政拨款支出”科目下“基本支出”科目下有关公用经费支出明细科目②余额转入“财政拨款结转”科目下“基本支出结转”科目下“公用经费结转”科目借方。

第三，将“财政拨款预算收入”科目下“项目支出拨款”科目下各个项目明细科目余额分别转入“财政拨款结转”科目下“项目支出结转”科目下对应的各个项目明细科目贷方，将有关各项支出总账科目的“财政拨款支出”科目下“项目支出”科目下各个项目明细科目余额分别转入“财政拨款结转”科目下“项目支出结转”科目下对应的各个项目明细科目借方。

②冲销“财政拨款结转”科目有关二级明细科目余额。政府单位在年末财政拨款预算收支转账后，要将“财政拨款结转”科目下二级科目（“本年收支结转”、“年初余额调整”、“归集调入”、“归集调出”、“归集上缴”、“单位内部调剂”）余额转入“财政拨款结余——累计结转”科目。结转后，“财政拨款结转”科目除“累计结转”明细科目以外，其他二级明细科目应无余额。

③将符合财政拨款结余性质的项目余额转为财政拨款结余。政府单位在年末收支转账和冲销“财政拨款结转”科目的相关二级科目余额后，对财政拨款的各项目执行情

① 按照政府收支分类科目部门预算支出经济分类的“工资福利支出”、“对个人和家庭的补助”科目下有关人员经费支出的款级科目。

② 按照政府收支分类科目部门预算支出经济分类的“商品和服务支出”等科目下有关公用经费支出的款级科目。

况进行分析，按照有关规定将符合财政拨款结余性质的项目余额转入财政拨款结余，借记“财政拨款结转——累计结转”科目及其相关各项目明细科目，贷记“财政拨款结余——结转转入”科目及其对应的各项目明细科目。

④冲销“财政拨款结余”科目有关二级明细科目余额。政府单位在将财政拨款结余性质的项目余额转入“财政拨款结余”科目后，要将“财政拨款结余”科目下二级明细科目（“年初余额调整”、“归集上缴”、“单位内部调剂”、“结转转入”）余额转入“财政拨款结余——累计结余”科目。结转后，“财政拨款结余”科目除“累计结余”明细科目以外，其他二级明细科目应无余额。

政府单位完成财政拨款结转结余资金的年末转账后，“财政拨款结转——累计结转”科目和“财政拨款结余——累计结余”年末贷方余额，反映单位的财政拨款结转结余资金年末滚存金额。

4.4.2 核算非财政拨款结转结余的账务处理

1. 因会计差错更正收到或支出非财政拨款资金

政府单位因会计差错更正收到或支出非财政拨款的货币资金，属于以前年度非财政拨款结转资金的，按照收到或支出的金额，借记或贷记“资金结存——货币资金”科目，贷记或借记“非财政拨款结转——年初余额调整”科目；属于以前年度非财政拨款结余资金的，按照收到或支出的金额，借记或贷记“资金结存——货币资金”科目，贷记或借记“非财政拨款结余——年初余额调整”科目。

2. 因收回以前年度支出、退回以前年度收入而收到或支付非财政拨款资金

政府单位因收回以前年度支出而收到非财政拨款的货币资金，属于以前年度非财政拨款结转资金的，按照收到的金额，借记“资金结存——货币资金”科目，贷记“非财政拨款结转——年初余额调整”科目；属于以前年度非财政拨款结余资金的，按照收到的金额，借记“资金结存——货币资金”科目，贷记“非财政拨款结余——年初余额调整”科目。

政府单位因退回以前年度收入而支付非财政拨款的货币资金，属于以前年度非财政拨款结转资金的，按照退回的金额，借记“非财政拨款结转——年初余额调整”科目，贷记“资金结存——货币资金”科目；属于以前年度非财政拨款结余资金的，按照退回的金额，借记“非财政拨款结余——年初余额调整”科目，贷记“资金结存——货币资金”科目。

3. 提取非财政拨款科研项目的项目间接费用或管理费

政府单位按照规定从非财政拨款科研项目预算收入中提取项目管理费或间接费时，借记“非财政拨款结转——项目间接费用或管理费——××项目”科目，贷记“非财

政拨款结余——项目间接费用或管理费”科目。

4. 支付应缴纳的企业所得税

有企业所得税缴纳义务的事业单位，在实际缴纳企业所得税时，按照缴纳金额，借记“非财政拨款结余——累计结余”科目，贷记“资金结存——货币资金”科目。

5. 非财政拨款结转资金的预算收支转账、完成项目剩余资金处理

（1）年末将单位非财政拨款资金中专项资金预算收支转入“非财政拨款结转”科目。政府单位年末预算收支转账时，按照非财政拨款相关收入账户中专项资金本年发生额，借记“事业预算收入”、“上级补助预算收入”、“附属单位上缴预算收入”、“非同级财政拨款预算收入”、“债务预算收入”、“其他预算收入”科目下专项资金收入及其各项目明细科目，贷记“非财政拨款结转——本年收支结转”科目及其对应项目明细科目；按照非财政拨款相关支出账户本年专项资金发生额，贷记“行政支出”“事业支出”“其他支出”科目下“非财政专项资金支出”科目及其各项目明细科目，借记“非财政拨款结转——本年收支结转”科目及其对应项目明细科目。

（2）预算收支转账后，对其中非财政拨款的专项资金项目已经完成、按照项目协议规定将该项目剩余资金缴回项目资金出资人的，先将该项目的“非财政拨款结转”科目下相关二级科目余额冲销，借记或贷记“非财政拨款结转——年初余额调整/项目间接费用或管理费/本年收支结转——××项目”科目，贷记或借记“非财政拨款结转——累计结转——××项目”科目，结出该项目最后剩余资金（反映在“累计结转”明细科目该项目余额上）。将项目剩余资金缴回出资人时，按照缴回的金额，借记“非财政拨款结转——缴回资金——××项目”科目，贷记“资金结存——货币资金”科目。项目剩余资金缴回出资人后，冲销该项目在“非财政拨款结转——缴回资金”科目的余额，按照冲销的金额，借记“非财政拨款结转——累计结转——××项目”科目，贷记“非财政拨款结转——缴回资金——××项目”科目。

（3）预算收支转账后，对其中非财政拨款资金专项资金项目已经完成、按照项目协议规定将该项目剩余资金留给本单位的，先比照上述（2）的处理将该项目的“非财政拨款结转”科目下相关二级科目余额冲销，结出该项目最后剩余资金（反映在“累计结转”明细科目该项目余额上）。然后将该项目剩余资金转为单位的非财政拨款结余，借记“非财政拨款结转——累计结转——××项目”科目，贷记“非财政拨款结余——结转转入”科目；或者将该项目剩余资金转为单位其他未完成项目的非财政拨款结转，借记“非财政拨款结转——累计结转——××项目”科目（已完成项目），贷记“非财政拨款结转——累计结转——××项目”科目（转入的未完成项目）。

如果有非财政拨款资金的专项资金项目已经完成或终止，并且要求该项目的结项在预算期间内及时（不等到年末）完成，也可以将该项目的当年预算收支转账和项目剩余资金的处理在项目完成或终止后的结项时进行。

6. 非财政拨款结余资金的预算收支转账、结余分配

（1）年末，事业单位有经营活动的，将单位非财政拨款、非专项资金用于单位经营活动的预算收支转入“经营结余”科目，结出单位本年经营活动预算结余。年末，按照“经营预算收入”账户本年发生额，借记“经营预算收入”科目，贷记“经营结余”科目；按照“经营支出”账户本年发生额（不含经营支出中使用专用结余的发生额），借记“经营结余”科目，贷记“经营支出”科目。

如果事业单位本年经营活动产生亏损，或者预算收支转账后的经营结余在扣除以前年度经营亏损后仍为负数，则留在“经营结余”科目借方，待以后年度用经营结余弥补。

（2）年末，政府单位将单位非财政拨款、非专项资金中除经营活动收支以外的预算收支转入“其他结余”科目，结出单位本年其他结余。按照非财政拨款相关收入账户中非专项资金本年发生额，借记“事业预算收入”、“上级补助预算收入”、“附属单位上缴预算收入”、“非同级财政拨款预算收入”、“债务预算收入”、“其他预算收入”科目下非专项资金收入明细科目和“投资预算收益”科目，贷记“其他结余”科目；按照非财政拨款相关支出账户中非专项资金本年发生额（不含事业支出中使用专用结余的发生额），贷记“行政支出”、“事业支出”、“其他支出”科目下其他资金支出明细科目和“上缴上级支出”、“对附属单位补助支出”、“投资支出”、“债务还本支出”科目，借记“其他结余”科目。

（3）完成年末预算收支转账的事业单位，将“其他结余”科目余额、“经营结余”科目贷方余额转入“非财政拨款结余分配”科目。当“其他结余”、“经营结余”科目为贷方余额时，借记“其他结余”、“经营结余”科目，贷记“非财政拨款结余分配”科目；当“其他结余”、“经营结余”科目为借方余额时，借记“非财政拨款结余分配”科目，贷记“其他结余”科目（“经营结余”科目为借方余额不结转）。

事业单位根据有关规定提取专用基金时，按照提取的金额，借记“非财政拨款结余分配”科目，贷记“专用结余”科目。

事业单位在非财政拨款结余分配完毕后，要将单位本年分配完成后的本年非财政拨款结余转入“非财政拨款结余”科目中，贷记或借记“非财政拨款结余——累计结余”科目，借记或贷记“非财政拨款结余分配”科目。转账后，“非财政拨款结余分配”科目应无余额。

（4）完成年末预算收支转账后的行政单位，将“其他结余”科目余额转入“非财政拨款结余”科目。当“其他结余”科目为贷方余额时，借记“其他结余”科目，贷记“非财政拨款结余——累计结余”科目；当“其他结余”科目为借方余额时，借记“非财政拨款结余——累计结余”科目，贷记“其他结余”科目。

7. 年末对“非财政拨款结转”、“非财政拨款结余”科目的二级明细科目冲销转账

（1）年末冲销尚未完成专项资金项目在“非财政拨款结转”科目下相关二级明细科目余额。将“非财政拨款结转”科目的“年初余额调整”、“项目间接费用或管理费”、“本年收支结转”明细科目余额转入“非财政拨款结转——累计结转”科目。冲销后，除“累计结转”明细科目以外，未完成专项资金项目在“非财政拨款结转”科目的其他二级明细科目应无余额。

（2）年末冲销“非财政拨款结余”科目有关二级明细科目余额。将“非财政拨款结余”科目的“年初余额调整”、“项目间接费用或管理费”、“结转转入”明细科目余额转入“非财政拨款结转——累计结余”科目。冲销后，除“累计结余”明细科目以外，“非财政拨款结转”科目的其他二级明细科目应无余额。

政府单位年末对“非财政拨款结转”、“非财政拨款结余”科目的二级明细科目冲销转账后，“非财政拨款结转——累计结转”科目余额和“非财政拨款结转——累计结余”科目余额即为单位非财政拨款结转、结余资金年末滚存金额。

事业单位有从预算结余中提取专用基金的，核算专用结余的全部账务处理参见第10章10.3.2相关内容，这里不再介绍。

第5章 政府单位资产的核算（上）

5.1 政府单位资产的概念及资产核算范围

5.1.1 政府单位资产的定义和概念

根据《政府会计准则——基本准则》规定，资产是指政府会计主体过去的经济业务或者事项形成的，由政府会计主体控制的，预期能够产生服务潜力或者带来经济利益流入的经济资源。对于政府单位来说，资产是指过去的经济业务或者事项形成，由政府单位控制的，预期能够产生政府单位的服务潜力或者给单位带来经济利益流入的经济资源。

对政府单位资产的理解，主要包括以下方面：

（1）政府单位获得资产的活动包括：依法占有、依法征收、预算分配、交易、其他事项等。这些活动是报告日已经发生的活动，不包括尚未发生的活动。

（2）政府单位的资产是由政府单位控制的资源，是指单位拥有资源的控制权，在实务中也往往称单位拥有产权。

（3）作为资产的经济资源的本质特征是预期会为政府单位产生服务潜力和带来经济利益。其中能够给单位带来经济利益的资源是指单位的货币资金和最终能够转化为货币资金的资源，包括货币资产、债券投资和应收款项；预期能够产生政府单位的服务潜力的资源是指该资源虽然不能为单位带来经济利益，但是使用该资源能够形成政府单位提供公共管理服务和公益服务的潜在能力，这些资源包括预付账款、存货、长期股权投资、固定资产、无形资产、经管资产等。

（4）政府单位的资产只包括政府单位相对于单位外部持有的资产，不包括单位内部不同单独记账的内部机构之间对应对方负债登记的债权资产。政府单位在编制汇总财务报告的资产负债表时，也要将报告主体内部不同单独记账或报告的子主体之间对应对方负债的债权资产予以抵销。

5.1.2 政府单位核算资产的范围

政府单位的资产属于国有资产，其所有权的代行机构是中央人民政府（国务院）。国务院通过授权给各级政府，由各级政府分级监管国有资产，各级政府的各个管理部门、各个政府单位直接支配、管理具体的国有资产。因此，政府单位的资产是政府单位代表国家管理的资产。

对于某个政府单位来说，纳入其管理资产的范围是该单位拥有资产控制权。是否拥有资产控制权是区分政府单位核算的资产与其他非政府会计主体核算的资产的界线，也是区分不同政府单位各自核算的资产的依据。

资产的控制权是一种排他性的权力，对资产的控制是指政府单位能够利用资产达到其公共服务目标或利用资产获得经济利益，能够防止或监管其他主体利用这些资产得到经济利益，并对所控制的国有资产负有保护、维护的义务。例如，政府单位享有对自己拥有控制权的固定资产有使用权，以完成本单位的工作任务；可以不允许其他单位或个人使用本单位的固定资产；可以通过出借、出租的方式允许其他单位暂时使用本单位的固定资产，并且有权收回出借、出租的本单位固定资产；对本单位的固定资产负有维护、维修乃至更新改造的责任。

政府单位对所有本单位拥有控制权的资产都要作为本单位资产进行会计核算。政府单位的大多数资产都存放在本单位，单位对这些资产不仅能够控制，而且还实际占有、使用这些资产。这些资产都是该政府单位核算的资产。除此以外，在政府单位的资产核算中，有以下几种情况要加以注意：

1. 不在本单位存放，本单位拥有控制权的实物资产

政府单位有的资产是由别的单位实际占有或使用。例如，政府单位无偿出借、有偿出租的固定资产，政府单位委托加工的物资等。这些资产存放地点虽然不在本单位，但是对资产的控制权仍然属于出借、出租固定资产和委托加工物资的政府单位。因此，这些出借、出租以及委托加工物资的资产，由出租、出借和委托加工的政府单位作为本单位资产进行核算。

2. 在本单位存放、使用和加工，本单位不拥有控制权的实物资产

在政府单位使用的资产中，对有些资产本单位并不享有控制权。这些资产存放地点在本单位，由单位占有、使用和加工。例如，政府单位无偿借入、经营租赁租入的固定资产，政府单位受托加工的物资等。但是，这些资产的控制权仍然属于资产的出借、出租方和委托加工物资方。因此，这些资产不能纳入该政府单位资产核算的范围。

3. 本单位管理或维护，社会公众使用的资产

在政府单位拥有控制权的资产中，有公共基础设施、文物文化资产、保障性住房、政府储备物资。这些资产由政府单位控制及管理维护，由全体或部分社会公众使用。作为控制及管理维护这些政府资产的政府单位，要将这些资产纳入单位资产核算的范围。

4. 本单位管理，其他单位使用的实物资产

有的地方政府机关单位办公用房由政府的机关事务管理局统一管理，并负责维护维修乃至改建、扩建，以及负责对机关办公用房的处置。但是这些办公用房由同是独立会计主体的政府各个委、办、局使用。在这种情况下，政府的办公用房的控制权在机关事务管理局，机关事务管理局承担对这些办公用房维护、处置的职责义务。因此，办公用房要由机关事务管理局进行资产核算，使用办公用房的各个委、办、局不对办公用房进行资产核算。与此类似的情况是，有的政府主管部门实际控制的办公用房中，有部分是由属于独立会计主体的所属单位使用。那么这些所属单位使用的办公用房也是由对其拥有控制权的政府主管部门核算，使用办公用房的所属单位不能把办公用房确认为本单位的资产。

有的地方政府，政府办公用房的产权证在某一管理部门（如机关事务管理局）管理，但是办公用房由具体使用的政府单位负责维护维修乃至改建、扩建等。在这种情况下，政府办公用房实际控制权在各个使用、维护办公用房的政府单位，各个单位要将本单位拥有实际控制权的政府办公用房作为本单位的资产进行核算；而单纯管理政府办公用房产权证的管理部门，不将该产权证权属范围的办公用房作为本单位资产进行核算。

5. 单位接受委托方委托、代为管理的资产

有的政府单位接受其他会计主体委托，代为管理的某些现金及非现金资产，称为受托代理资产。这些资产存放在受托的政府单位，资产的某些管理活动由受托单位进行。但是，这些资产控制权仍然属于资产的委托方，有些还记在委托方资产账上，有些已经不在委托方的资产账上（如对外捐赠并委托受托方管理的资产）。为了加强政府单位对受托代理资产的管理，也避免这些资产在政府会计核算中出现空白，政府单位会计制度规定政府单位要对本单位的受托代理资产进行核算。

5.2 政府单位核算资产的划分

5.2.1 按照资产特性划分

政府单位核算的资产按照资产的特性可以进行以下分类：

1. 货币资产

政府单位的货币资产是指单位为了用于支付而持有的资产，包括库存现金、银行存款、其他货币资金、零余额账户用款额度、财政应返还额度。

（1）库存现金。库存现金是指单位存放的可以流通的纸币和金属货币。

（2）银行存款。银行存款是指单位在银行存放的各种活期存款和定期存款。

（3）其他货币资金。其他货币资金是指单位除定期和活期存款以外的银行存款和单位在其他机构存放用于支付的资金。包括银行本票存款、银行汇票存款、外埠银行存款，以及在证券交易机构、第三方交易平台（如支付宝和微信）等存放用于支付的资金。

（4）零余额账户用款额度。零余额账户用款额度是指预算管理一体化实施前财政经费拨款实行国库集中支付的单位根据财政部门批复的用款计划收到和支用的零余额账户用款额度。

（5）财政应返还额度。财政应返还额度是指财政经费拨款实行国库集中支付的单位经财政部门批准可以使用以前年度尚未使用的财政直接支付资金额度和财政授权支付资金额度。

单位的库存现金和银行存款中属于受托代理资产的资金，不作为单位的货币资产报告，而是作为单位的受托代理资产报告。

2. 应收及预付款项

政府单位的应收及预付款项是指单位因购买、出售、投资取得收益、往来结算等活动中预付资金和应收资金形成的债权性资产，包括预付账款、应收账款、应收票据、应收股利、应收利息、其他应收款。

（1）预付账款。预付账款是指单位按照购货、服务合同或协议规定预付给供应单位（或个人）的款项，以及按照合同规定向承包工程的施工企业预付的备料款和工程款。

（2）应收账款。应收账款是指事业单位提供服务、销售产品等应收取的款项，以及单位因出租资产、出售物资等应收取的款项。

（3）应收票据。应收票据是指事业单位因开展经营活动销售产品、提供有偿服务等而收到的到期可以兑付资金的商业汇票，包括银行承兑汇票和商业承兑汇票。

（4）应收股利。应收股利是指事业单位持有长期股权投资应当收取的现金股利或应当分得的利润。

（5）应收利息。应收利息是指事业单位长期债券投资应当收取的利息。

（6）其他应收款。其他应收款是指单位除预付账款、应收账款、应收票据、应收股利、应收利息以外的其他各项应收及暂付款项，如职工预借的差旅费、已经偿还银行尚未报销的本单位公务卡欠款、拨付给内部有关部门的备用金、应向职工收取的各种垫付款项、支付的可以收回的订金或押金、需要以后收回的对单位职工或其他单位的暂时借款等。

3. 投资

政府单位的投资又称对外投资，是指事业单位因持有政府债券或者对企业享有所有者权益形成的资产，包括短期投资、长期债券投资、长期股权投资。

（1）短期投资。短期投资是指事业单位按照的预计持有时间不超过 1 年（含 1 年）的债券投资。

（2）长期债券投资。长期债券投资是指事业单位取得的预计持有时间超过 1 年（不含 1 年）的债券投资。

（3）长期股权投资。长期股权投资是指事业单位取得的预计持有时间超过 1 年（不含 1 年）的股权性质的投资。

4. 存货

政府单位的存货是指是指单位在开展业务活动及其他活动中为耗用或出售而储存的资产，包括库存物品、加工物品、在途物品等。

（1）库存物品。库存物品是指单位作为库存物品管理的材料、产品、包装物和低值易耗品，未达到固定资产标准的用具、装具、动植物，以及单位生产完成的测绘成果、地质勘察成果、设计成果等不具有实物形态的产品。

（2）加工物品。加工物品是指单位自制或委托外单位加工的各种物资的实际成本，以及未完成的测绘、地质勘察、设计成果的实际成本。

（3）在途物品。在途物品是指单位采购物资时货款已付或已开出商业汇票但尚未验收入库的在途物资的采购成本。

政府单位为本单位工程建设、政府物资储备而存储的工程物资、政府储备物资，单位受托代管的物资，不作为单位的存货核算。

政府单位随买随用的零星办公用品，可以在购进时直接列作费用，不作为存货核算。

5. 待摊费用

政府单位的待摊费用是指单位已经支付资金或耗费资产等，但应当由本期和以后各期分别负担的各项费用，包括短期待摊费用和长期待摊费用。

（1）短期待摊费用。短期待摊费用是指分摊期限在 1 年以内（含 1 年）的待摊费用，如预付航空保险费、预付租金等。

（2）长期待摊费用。长期待摊费用是指分摊期限在 1 年以上（不含 1 年）的待摊费用，如租入固定资产改良支出和其他费用，固定资产等长期使用资产的不计入资产原值的大修理费等。

6. 在建工程和工程物资

政府单位的在建工程是指单位因工程建设项目发生实际成本形成的资产。单位购置需要安装的固定资产等，其购入成本和在安装过程中发生的安装成本，也作为在建工程核算。

政府单位的工程物资是指单位为在建工程准备的各种物资，包括工程用材料、单位采购的准备用于设备安装工程等的设备等。

7. 固定资产

政府单位的固定资产是指单位为满足自身开展业务活动或其他活动需要而控制的，使用年限超过 1 年（不含 1 年）、单位价值在规定标准（目前单位价值为 1 000 元，其中：行政单位专用设备单位价值为 1 500 元）以上，并在使用过程中基本保持原有物质形态的资产，包括房屋及构筑物、专用设备、通用设备、文物和陈列品、图书、档案、家具、用具、装具及动植物。

单位价值虽未达到规定标准，但是使用年限超过 1 年（不含 1 年）的大批同类物资，如图书、家具、用具、装具等，应当作为固定资产核算。这里的“大批同类物资”是指就本单位而言，总价值较大，如果领用时将其价值一次计入当期费用，会对各期会计报表的费用项目金额引起较大波动的资产。

政府单位确认固定资产时，应当考虑以下情况：

（1）固定资产的各组成部分具有不同使用年限或者以不同方式为政府会计主体实现服务潜力或提供经济利益，适用不同折旧率或折旧方法且可以分别确定各自原价的，应当分别将各组成部分确认为单项固定资产。

（2）应用软件构成相关硬件不可缺少的组成部分的，应当将该软件的价值包括在所属的硬件价值中，一并确认为固定资产；不构成相关硬件不可缺少的组成部分的，应当将该软件确认为无形资产。

（3）购建房屋及构筑物时，不能分清购建成本中的房屋及构筑物部分与土地使用权部分的，应当全部确认为固定资产；能够分清购建成本中的房屋及构筑物部分与土地使用权部分的，应当将其中的房屋及构筑物部分确认为固定资产，将其中的土地使用权部分确认为无形资产。

（4）有的政府单位固定资产中有单独计价的土地，这是因为该单位或取得土地来源的原单位资产账簿中由于历史原因（1950 年对私营企业的全国性清产核资，1956 年对私营企业实行公私合营时对财产清理估价，1995 年对国有企业和企业化管理事业单位的第五次全国性清产核资）存在单独计价的土地。单位以行政划拨方式取得建设用地时，如果支付了土地补偿费、拆迁费，以及交付的土地综合开发费用等，应当计入房屋建筑等的工程建设成本，建设完成时转入固定资产原值，不能因为这些费用能够单独计量而作为单独计价的土地入账，也不能计入无形资产中的土地使用权。

8. 营林工程和林木资产

营林工程和林木资产是指国有林场和苗圃（以下统称“林场”）在造林、营林活动中形成的生物性资产。其中营林工程是林场发生的育苗、造林、抚育、管护各种林木和苗木的生产成本，又分为苗木生产成本和林木生产成本；林木资产是指林场营造管理的各种活立木资产和苗木资产的累计成本，又分为苗木和林木两个小类资产，其中林木小类资产又区分为消耗性林木资产、生产性林木资产和公益性林木资产。

公共基础设施上种植的林木，不作为林木资产记账，由控制公共基础设施资产的政府单位作为公共基础设施记账。

政府单位为本单位场地绿化种植的树木，不作为林木资产记账，而是作为单位的固定资产记账。

9. 无形资产和研发支出

政府单位的无形资产是指单位控制的没有实物形态的可辨认非货币性资产，如专利权、商标权、著作权、土地使用权、非专利技术等。单位购入的不构成相关硬件不可缺少组成部分的软件，也应作为无形资产核算。属于无形资产的土地使用权是指政府单位取得的土地权属性质为出让且可以单独计价的土地使用权，不包括政府单位取得的土地权属权性质为划拨的土地使用权。

政府单位的研发支出是指单位自行研究开发中预计最终可以形成无形资产的项目，在开发阶段发生的成本。单位在工程建设项目中的软件研发支出，不作为研发支出资产核算，而是作为在建工程核算。

10. 经管资产

政府单位的经管资产是指国家以所有者身份和社会管理者身份控制的，由政府单位进行管理、维护，供社会公众或公共需求使用的资产。政府单位核算的经管资产包括公共基础设施、政府储备物资、文物文化资产、保障性住房。经管资产不包括用于保证政府单位自身职能正常运转所配备的资产。

（1）公共基础设施。公共基础设施是指政府单位为满足社会公共需求而控制的，同时具有以下特征的有形资产：①是一个有形资产系统或网络的组成部分；②具有特定用途；③一般不可移动。

公共基础设施主要包括市政基础设施（如城市道路、桥梁、隧道、公交场站、路灯、广场、公园绿地、室外公共健身器材，以及环卫、排水、供水、供电、供气、供热、污水处理、垃圾处理系统等）、交通基础设施（如公路、航道、港口等）、水利基础设施（如大坝、堤防、水闸、泵站、渠道等）和其他公共基础设施。

独立于公共基础设施、不构成公共基础设施使用不可缺少组成部分的管理维护用房屋建筑物、设备、车辆等，不作为公共基础设施核算，而是作为管理单位的固定资产核算。

属于文物文化资产的公共基础设施，不作为公共基础设施核算，而是作为文物文化资产核算。

公共基础设施一般应当由按规定对其负有管理维护职责的政府单位核算。在对公共基础设施等的管理中，不同层级的政府单位管理分工的职能不同，有的进行行政管理，有的进行规划、建设管理，有的进行维护管理。由于进行维护管理的政府单位一般是基层的管理单位，了解公共基础设施的最详细情况，而且掌握对资产维护修缮的原始价值资料。所以对公共基础设施资产的会计核算，一般由履行对其负有管理维护职责的政府单位进行。如果同一个公共基础设施资产由两个以上政府单位负责管理维护，应当由对该资产负有主要管理维护职责或者承担后续主要支出责任的政府单位进行核算。公共基础设施分为多个组成部分由不同政府单位分别管理维护的，应当由相关政府单位分别对其负责管理维护的公共基础设施的相应部分进行核算。

负有管理维护公共基础设施职责的政府单位通过政府购买服务方式委托企业或其他会计主体代为管理维护公共基础设施的，该公共基础设施应当由作为委托方的政府单位核算。

（2）政府储备物资。政府储备物资是指政府为满足实施国家安全与发展战略、进行抗灾救灾、应对公共突发事件等特定公共需求而控制的，同时具有下列特征的有形资产：①在应对可能发生的特定事件或情形时动用；②其购入、存储保管、更新（轮换）、动用等由政府及相关部门发布的专门管理制度规范。

政府储备物资包括战略及能源物资、抢险抗灾救灾物资、农产品、医药物资和其他重要商品物资。

政府储备物资由按规定对其负有行政管理职责［包括提出或拟定收储计划、更新（轮换）计划、动用方案，从财政部门取得和支配储备物资资金等］的政府单位进行核算。

接受对政府储备物资负有行政管理职责的政府单位委托、承储政府储备物资的政府单位，不将受托承储的政府储备物资作为政府储备物资核算，而是作为单位的受托代理资产核算。

政府单位储存的用于本单位、本部门所属单位开展自身业务活动（包括自身业务活动范围内的应急活动）的物资，不作为政府储备物资核算，而是作为单位的库存物品、工程物资或固定资产等核算。

（3）文物文化资产。文物文化资产是指政府单位用于对社会公众展览、教育或研究等目的而控制的文物文化资产。包括历史文物、艺术品以及其他具有文化或历史价值并作长期或永久保存的典藏等。

文物文化资产由履行管理、维护文物文化资产职能的政府单位进行核算。

政府单位为满足自身开展业务活动等活动需要而控制并长期保存的文物和陈列品，不作为文物文化资产核算，而是作为单位的固定资产核算。

（4）保障性住房。保障性住房是指政府控制的具有社会保障功能住房形成的资产。具有社会保障功能住房是指政府为社会公众中的中低收入住房困难家庭所提供的限定标准、限定价格或租金的住房。

保障性住房由履行政府管理保障性住房职能的政府单位进行核算。

政府单位主要为满足本单位职工住房需要而控制的住房，不作为保障性住房核算，而是作为单位的固定资产核算。

11. PPP 项目资产

PPP 项目资产是指政府根据 PPP 项目合同中确定的用来提供公共产品和服务的资产。

PPP 项目资产由政府授权或指定的 PPP 项目实施的政府有关职能部门或事业单位进行核算。

12. 政府单位的其他资产

政府单位的其他资产是指未划入上述 1 ~ 11 项资产分类中的类别，但符合政府单位资产定义的各项资产。比如，单位的待处理财产损溢，委托基金会进行投资的专用基金等。

13. 受托代理资产

受托代理资产是指单位接受其他单位或组织委托，对其他单位或组织资产进行部分管理的资产。受托代理资产由受托的政府单位对其单独进行核算。

5. 2. 2　按照资产流动性划分

政府单位核算的资产按照资产预计使用时间或者可变现的时间划分为流动资产和非流动资产。

1. 流动资产

政府单位的流动资产是指可以在 1 年内（含 1 年）耗用或者可以变现的资产，包括上述 5. 2. 1 资产划分中的货币资产、短期投资、应收及预付款项、存货、短期待摊费用和其他流动资产等。

有的主要核算流动资产中的会计科目，也核算其性质不属于流动资产的非流动资产。比如，在其他应收款中核算的留本基金委托投资，营林工程中生产性、公益性林木的营林成本。这些资产在会计报告中应当报告为非流动资产。

2. 非流动资产

政府单位的非流动资产是指预计在1年以上（不含1年）使用或者变现的资产，包括上述5.2.1资产划分中的长期债券投资和长期股权投资、固定资产、在建工程和工程物资、林木资产、无形资产和研发支出、各类经管资产、PPP项目资产、长期待摊费用和其他非流动资产等。

有的主要核算非流动资产中的会计科目，也核算其性质不属于非流动资产的流动资产。比如，一年内到期的长期债券投资，林木资产中的苗木资产和消耗性林木资产。这些资产在会计报告中应当报告为流动资产。

5.2.3 按照资产权属划分

政府单位核算的资产按照资产的权属划分为政府单位控制的资产和政府单位核算的受托代理资产。

1. 政府单位控制的资产

政府单位控制的资产是指由政府单位控制的、符合资产定义的资产，包括单位在履行职能等活动中使用和管理的各种资产。上述5.2.2资产划分中划入流动资产和非流动资产范围的资产都属于单位控制的资产。

2. 政府单位核算的受托代理资产

政府单位核算的受托代理资产是指单位不能控制、不符合资产定义，但是由单位接受委托方委托进行部分管理的资产。

一方面，政府单位作为受托方对受托代理资产只有部分管理权，没有控制权；另一方面，由于政府单位不可以自己使用或自行分配、处置受托代理资产，因此，受托代理资产不能给受托的政府单位带来服务潜力或经济利益，不符合政府单位资产的定义。所以，受托代理资产不属于单位控制的资产，或者说不属于单位自有的资产。受托单位对受托代理资产进行财务报告时，要在单位控制的资产以外单独报告。

5.3 政府单位投资的核算

5.3.1 投资概述

1. 政府单位的投资

（1）政府单位核算的投资。政府会计中的投资核算分为两个部分：一是政府财政会计核算的以政府名义持有的投资；二是政府单位会计核算的部分事业单位持有的投资。按照目前政府会计核算分工规定，由各级政府主管部门如国有资产主管部门、财政部门等代表本级政府履行出资人职责部门管理的国有企业和国家出资企业投资，以政府名义投资的国际金融组织投资、政府投资基金股权投资，以及政府财政部门使用财政资金购买的债券等，由政府财政会计核算；事业单位使用本单位控制的现金资产和非现金资产取得的投资，由政府单位会计核算。

由于有关规定行政单位不得进行投资，因此，政府单位会计核算的投资都是事业单位持有的投资。有的作为政府主管部门的行政单位也管理着下属国有企业，但是作为主管单位的行政单位与所属的国有企业之间属于行政管理的隶属关系，不构成行政单位对企业的股权投资关系。对行政单位所属国有企业的股权投资，由政府财政会计核算。如果行政单位发生对所属国有企业的财政资金等拨款，那么单位会计只核算对企业的财政拨款等资金收支（纳入单位预算）或往来款（不纳入单位预算），不核算股权投资资产；如果行政单位以本单位或其他政府单位划转转入本单位的非现金资产对所属国有企业投资，那么该行政单位会计只核算用于投资的非现金资产减少，不核算股权投资资产。

事业单位进行投资主要有五个方面的原因：一是将暂时不使用的现金购买债券，以获得资金的增值，补充事业活动资金；二是配合单位的教学、科研等业务活动需要，建立按照企业方式运营的产学研基地；三是发挥单位科研优势，以科研创新成果转化形成股权投资；四是有些事业单位进行后勤服务社会化改革，将单位的部分后勤服务部门独立转制为企业；五是事业单位的下属单位等转制为企业，规定由该单位履行出资人职责形成股权投资。此外，也有的事业单位因接受企业股票形式的捐赠，获得股权投资资产。事业单位的这些投资资产都由持有投资的事业单位进行核算。

有的行业的事业单位（如水利事业单位、地质勘查事业单位、测绘事业单位、国有林场等），由于经历过行业产业化发展，以前使用本单位的资产投资成立了一些企业。这些企业目前有部分还没移交由国资委等政府主管部门管理，对被投资企业履行出资人职责的单位仍然是出资成立企业的事业单位。对这些企业的投资仍延续由履行出资人职责的事业单位进行核算。

事业单位按规定出资成立的非营利法人单位，如事业单位、社会团体、基金会等，不属于企业，出资的事业单位对成立的非营利法人单位不享有所有者权益，也不存在股权投资关系，所以事业单位对此类出资不作为股权投资进行核算。

（2）事业单位核算的投资。鉴于事业单位的资产主要是用于事业活动，因此，政府对事业单位使用国有资产进行的投资有很多限制。比如，单位不得使用财政拨款资金进行投资，一般不得从事股票、期货、基金、企业债券和银行理财等有侵蚀资金风险的投资。

综上所述，事业单位会计核算的投资包括两种：股权投资和债权投资。其中，股权投资包括事业单位因上述原因成立（投资）企业形成的长期股权投资，不包括短期股权投资；债权投资主要是事业单位购买没有投资风险的政府债券形成的债券投资，分为短期债券投资和长期债券投资。

2. 事业单位投资取得收入的归属

（1）现金投资。事业单位持有的货币资金除财政拨款资金和非财政专项资金以外，是事业单位可以自主支配的。事业单位用以投资的资金也出自这部分资金。

事业单位出于使资金增值的目而进行债券投资，因投资而取得的现金收入，包括投资收益和收回的本金，仍然归单位所支配使用。

事业单位使用现金资产投资形成的股权投资，持有期间产生的投资收益，一般留归单位所支配使用。

按照中央级事业单位国有资产处置规定，事业单位使用现金资产投资形成的股权投资，处置投资时收回的投资成本和产生的处置投资收益都留归单位。大部分各级地方政府对事业单位使用现金资产投资取得股权投资的规定也采用这样的做法。

（2）非现金资产投资。其具体分为以下几种情况：

①股权投资持有期间投资收益。事业单位长期股权投资持有期间的投资收益来源于持有投资股权分享的被投资企业盈利。由于被投资企业的盈利与单位对被投资企业的管理有关，属于单位对被投资企业实施管理的结果。因此，在大多数情况下，事业单位在投资持有期间实现的投资收益留归单位使用。

有些地区出于某些原因，规定事业单位在持有股权投资期间实现的投资收益需要上缴财政部门。

②处置投资收回的投资成本和处置形成的投资收益。事业单位处置长期股权投资所获得现金收入中包括收回的投资成本和处置投资形成的投资收益。其中处置投资获得的现金净收入超过收回投资成本的部分属于处置投资形成的投资收益。

事业单位持有的资产都属于国有资产，单位对其持有的非现金资产（如固定资产、无形资产、存货等）有占有权和使用权，但是不具有自主的处置权以及全部处置收益权。政府单位对非现金资产处置取得的现金净收入，在大多数情况下要上缴财政。事业单位以非现金资产取得的长期股权投资，在进行投资处置（转让）时取得现金收入，相当于单位间接出售了用于取得长期股权投资的非现金资产（先以非现金资产取得长期股权投资，以后再将长期股权投资资产转让出售），所以也存在收回投资的现金净收入上缴财政的问题。

事业单位对以非现金资产取得的长期股权投资处置获得的现金收入归属有三种不同的情况：

一是将收回的投资成本上缴财政，处置投资取得的投资收益留归单位。目前大多数对事业单位因处置以非现金资产取得股权投资而取得现金收入的规定都采用这种做法。

二是以非现金资产取得长期股权投资的全部处置现金收入，包括收回投资成本和处置投资收益都留归投资单位。近几年来，出于促进事业单位将科技创新成果转化的目的，鼓励事业单位以本单位的科技创新成果作价进行投资等进行科技成果转化。因此，规定属于事业单位以本单位的科技成果作价投资形成的股权投资，收回的投资成本和处置投资收益全部留归投资单位。并且，规定投资单位在科技成果作价投资后，将投资形成的部分股权，或者投资处置取得的部分收入，奖励给完成科技成果以及对实现科技成果转化作出重要贡献的人员（以下简称“科技成果完成、转化人员”）。

三是将事业单位以非现金资产取得长期股权投资的全部处置现金收入，包括收回投资成本和处置投资收益都上缴财政。目前有部分地方对事业单位以非现金资产取得长期股权投资处置的规定采用的是这种做法。

5.3.2 债权投资的核算

1. 短期债券投资的核算

（1）核算短期债券投资的科目设置。事业单位核算短期债券投资，应当设置“短期投资”总账科目。对短期债券投资还要按照债券投资的种类进行明细核算。“短期投资”科目期末借方余额，反映单位持有的短期债券投资的成本。

在预算会计中，单位为了核算短期债券投资的预算资金支出，还应当设置“投资支出”、“投资预算收益”科目。

（2）核算短期债券投资的账务处理。其具体分为以下几种情况：

①事业单位取得短期债券时，财务会计按照确定的投资成本（包括购买价款和相关税费），借记“短期投资”科目，贷记“银行存款”科目。预算会计按照相同的金额，借“投资支出”科目，贷记“资金结存——货币资金”科目。

如果取得投资时实际支付价款中包含已到付息期但尚未领取的利息，在收到已到付息期但尚未领取的利息时，财务会计作为投资成本的收回，按照实际收到的金额，借记“银行存款”科目，贷记“短期投资”科目；预算会计作为投资支出的收回，按照实际收到的金额，借记“资金结存——货币资金”科目，贷记“投资支出”或“其他结余”科目［投资支出已结转］。

②事业单位收到短期投资持有期间的利息时，财务会计按照实际收到的金额，借记“银行存款”科目，贷记“投资收益”科目；预算会计按照实际收到的金额，借记“资金结存——货币资金”科目，贷记“投资预算收益”科目。

③事业单位出售短期投资或到期收回短期投资本息时，财务会计按照实际收到的金额，借记“银行存款”科目，按照出售或收回短期投资的账面余额，贷记“短期投资”科目，按照其差额，贷记或借记“投资收益”科目。在预算会计中，收到的款项大于投资支出的，按照实际收到的金额，借记“资金结存——货币资金”科目，按照取得投资时登记的投资支出金额，贷记“投资支出”科目或者“其他结余”科目［投资支

出已结转]，按照贷方差额，贷记“投资预算收益”科目；收到的款项小于或等于投资支出的，按照实际收到的金额，借记“资金结存——货币资金”科目，贷记“投资支出”科目或者“其他结余”科目。

2. 长期债券投资的核算

（1）核算长期债券投资的科目设置。事业单位核算长期债券投资，应当设置“长期债券投资”总账科目。其中核算到期一次还本付息的债券投资的，还应当在“长期债券投资”总账科目下设置“成本”和“应计利息”明细科目。对长期债券投资还要按照债券投资的种类进行明细核算。“长期债券投资”科目期末借方余额，反映单位持有的长期债券投资的成本和到期一次还本付息债券投资的利息。

事业单位核算分期付息的长期债券投资，还应当设置“应收利息”总账科目。

在预算会计中，事业单位为了核算长期债券投资的预算资金支出，还应当设置“投资支出”、“投资预算收益”科目。

（2）核算长期债券投资的账务处理。其具体分为以下几种情况：

①事业单位取得长期债券投资时，财务会计按照确定的投资成本（包括购买价款和相关税费），借记“长期债券投资——成本”科目［到期一次还本付息］或“长期债券投资”科目［分期付息］，按照支付的价款中包含的已到付息期但尚未领取的利息，借记“应收利息”科目，按照实际支付的金额，贷记“银行存款”等科目；预算会计按照支付的全部款项，借记“投资支出”科目，贷记“资金结存——货币资金”科目。

收到取得债券时所支付价款中包含已到付息期但尚未领取的利息时，财务会计按照实际收到的金额，借“银行存款”科目，贷记“应收利息”科目。预算会计按照相同的金额，借记“资金结存——货币资金”科目，贷记“投资支出”或“其他结余”科目［投资支出已结转］。

②事业单位在长期债券投资持有期间，按期以债券票面金额与票面利率计算确认利息收入时，如为到期一次还本付息的债券投资，借记“长期债券投资——应计利息”科目，贷记“投资收益”科目；如为分期付息、到期一次还本的债券投资，借记“应收利息”科目，贷记“投资收益”科目。

事业单位收到分期支付的债券利息时，财务会计按照实际收到的金额，借记“银行存款”科目，贷记“应收利息”科目。预算会计按照相同的金额，借记“资金结存——货币资金”科目，贷记“投资预算收益”科目。

③事业单位到期收回长期债券投资时，财务会计按照实际收到的金额，借记“银行存款”科目，按照长期债券投资的账面余额，贷记“长期债券投资”科目，按照收回长期债券投资在“应收利息”科目余额中的应收利息金额，贷记“应收利息”科目，按照其差额，贷记“投资收益”科目。预算会计按照实际收到的金额，借记“资金结存——货币资金”科目，按照取得债券投资时确认的投资支出金额，贷记“其他结余”

科目，按照贷方差额，贷记“投资预算收益”科目。

④事业单位对外出售长期债券投资时，财务会计按照实际收到的金额，借记“银行存款”科目，按照长期债券投资的账面余额，贷记“长期债券投资”科目，按照已记入“应收利息”科目但尚未收取的金额，贷记“应收利息”科目，按照其差额，贷记或借记“投资收益”科目。在预算会计中，收到的款项大于投资支出的，按照实际收到的金额，借记“资金结存——货币资金”科目，按照取得债券投资时登记的投资支出金额，贷记“其他结余”科目，按照贷方差额，贷记“投资预算收益”科目；收到的款项小于或等于投资支出的，按照实际收到的金额借记“资金结存——货币资金”科目，贷记“其他结余”科目。

5.3.3 长期股权投资的核算

1. 长期股权投资核算概述

（1）长期股权投资的核算方法及其适用范围。事业单位会计核算长期股权投资的方法包括成本法和权益法。其中，成本法是指对长期股权投资账面余额始终按照投资成本计量的方法；权益法是指对长期股权投资最初以投资成本计量，以后根据政府会计主体在被投资单位所享有的所有者权益份额的变动对长期股权投资的账面余额进行调整的方法。

事业单位持有的长期股权投资属于单位持有的国有资产，理应在单位的会计报表中反映。事业单位将持有被投资单位股权的国有资产，以单项资产，即长期股权投资资产的形式在会计报表中反映。一般来说，与采用成本法相比，采用权益法核算的长期股权投资能够以事业单位占有被投资企业的所有者权益反映投资资产，这更接近事业单位在被投资企业股权的市场价值，从而在政府会计报表中也更能反映作为政府资产的长期股权投资实际价值。所以，《政府会计准则第 2 号——投资》规定，政府单位会计对长期股权投资一般采用权益法核算。

《政府会计准则第 2 号——投资》规定，事业单位对无权决定或共同决定被投资单位的财务和经营政策，以及无权参与被投资单位的财务和经营政策决策的长期股权投资，采用成本法核算。

与企业会计对长期股权投资采用的核算方法不同的是：相对于投资企业对控制的被投资企业投资核算采用成本法，事业单位对相同情况（事业单位对投资的被投资企业有权决定其财务和经营政策）的被投资企业投资核算采用权益法。这是因为在企业会计中，投资与被投资企业都是按照企业会计准则编制相同格式的会计报表，通过期末投资企业和被投资企业的报表行对行合并，投资企业对被投资企业的所有者权益就反映在该合并报表之中。所以，企业会计采用成本法核算对控制企业的长期股权投资，既能简化核算工作，又不影响对被投资企业所有者权益的反映。而在政府会计中，作为投资单位的事业单位与被投资企业的会计报表格式并不一致，无法进行行对行的报表合并。因此，采用权益法核算长期股权投资才能方便做到事业单位对被投资企业的所有者权益反映到事业单位的报表之中。

2019 年为了降低高等学校新旧会计制度衔接的工作难度，财政部规定允许高等学校对已经持有，且处于停产、半停产、连年亏损、资不抵债、主要靠政府补贴和学校续贷维持经营的被投资单位的投资，在新旧制度转换时可继续采用成本法进行核算，不区别学校对这些经营状况的被投资企业是否有权决定或参与财务和经营政策。这种做法只是在会计制度新旧衔接过程中作出的一种例外安排。而且，对这个特殊安排的规定还应当理解两点：一是在新旧会计制度衔接以后，高等学校再有新出现这些经营状况的被投资企业，不适用这个规定；二是在 2019 年新旧会计制度衔接以后，适用规定列举这些经营状况的被投资企业的经营发生了好转，脱离了这个规定所列举的经营状况，高等学校就应当按照政府会计准则规定适用权益法的范围改用权益法核算，不再适用新旧会计制度衔接时的规定。

（2）长期股权投资核算的科目设置。事业单位核算长期股权投资，应当设置“长期股权投资”总账科目。其中采用权益法核算长期股权投资的，还应当在“长期股权投资”总账科目下设置“成本”、“损益调整”、“其他权益变动”和“新旧制度转换调整”明细科目。对“长期股权投资”科目，还应当按照被投资单位和长期股权投资取得方式等设置明细科目进行明细核算。按照权益法核算的“长期股权投资”科目期末借方余额，反映单位持有长期股权投资的投资成本和取得投资后享有被投资单位的所有者权益；按照成本法核算的“长期股权投资”科目期末借方余额，反映单位持有长期股权投资的投资成本。

事业单位核算长期股权投资的被投资单位派发股利或利润，还应当设置“应收股利”总账科目。

事业单位采用权益法核算长期股权投资的其他权益变动，还应当设置净资产类的“权益法调整”科目。

在预算会计中，事业单位为了核算长期股权投资的预算资金支出和取得的投资收益资金，还应当设置“投资支出”、“投资预算收益”科目。

2. 权益法下长期股权投资取得①的核算

（1）用现金取得长期股权投资。事业单位以现金取得长期股投资时，财务会计按照确定的投资成本（投资金额加相关税费），借记“长期股权投资——成本”科目，按照支付的价款中包含已宣告但尚未发放的现金股利，借记“应收股利”科目，按照实

① 由于无偿划转、接受捐赠等活动取得长期股权投资的核算，参见第 7 章其他资产在相同活动中的核算介绍。

际支付的全部价款，贷记“银行存款”等科目。同时，预算会计按照支付的全部价款，借记“投资支出”科目，贷记“资金结存——货币资金”科目。

收到取得投资时确认的应收股利时，财务会计按照实际收到的金额，借记“银行存款”科目，贷记“应收股利”科目。预算会计按照相同的金额，借记“资金结存——货币资金”科目，贷记“投资支出”科目（当年投资）、“其他结余”科目（上年投资）。

（2）用非现金资产取得长期股权投资。事业单位以非现金资产取得长期股权投资，实际上相当于用非现金资产交换长期股权投资资产，属于资产置换①。

事业单位以非现金资产取得长期股权投资时，财务会计按照非现金资产的评估价值加上取得长期股权投资相关税费（如股权过户费用等），作为长期股权投资的入账成本，借记“长期股权投资——成本”科目，按照取得的股权投资中已宣告但尚未发放的现金股利，借记“应收股利”科目，按照投资的非现金资产的账面余额，贷记“固定资产”、“无形资产”、“库存物品”等资产科目［其中用以投资的固定资产、无形资产已经计提折旧（摊销）的，还要按照已经计提的累计折旧（摊销）额，借记“固定资产累计折旧”、“无形资产累计摊销”等科目］，按照取得长期股权投资发生的相关税费和交付非现金资产发生的相关费用，贷记“银行存款”等科目，按照上述贷方差额，贷记“其他收入”科目，或者按照上述借方差额，借记“资产处置费用”科目。

预算会计按照支付交付非现金资产发生的相关费用的金额，借记“其他支出”科目，按照支付取得长期股权投资发生的相关税费的金额，借记“投资支出”科目，按照支付全部相关费用的金额，贷记“资金结存”科目。

（3）用账面基本没有反映价值的无形资产取得长期股权投资。事业单位持有某些可以有偿转让的自创无形资产，如刊物的名称、产品的品牌等。但是因为这些无形资产的成本不能可靠地计量，所以不能确认，没有无形资产账面余额。另外，政府单位自行开发的无形资产（如专利权等）在研究阶段就产生了，所以该无形资产确认时，由于研究阶段的支出没有计入成本，因此计量的成本很低，使得无形资产账面价值大大低于其市场价值。当事业单位以这种性质的无形资产取得长期股权投资时，入账成本是按照反映无形资产市场价值的评估价值，或者以技术交易市场的市场交易价格计量确认的。这样，事业单位在以账面基本没有反映价值的无形资产取得长期股权投资时，确认的资产就会因此增加。也就是说，原来在账面上无法反映的无形资产实际价值通过转换为长期股权投资资产反映出来。由此，单位账面资产增加也就形成了单位的资产增值收入。

事业单位以账面基本没有反映价值的无形资产取得长期股权投资时，财务会计按照确定的入账成本（无形资产的评估价值或市场价格加上取得长期股权投资相关税费），

---

① 这里介绍的是没有补价的资产置换核算。如果政府单位在以非现金资产取得长期股权投资时，还支付补价，那么就按照以现金和非现金资产取得长期股权投资处理；如果是收到补价的，参见第7章资产置换核算中收到补价的核算进行账务处理。

借记“长期股权投资——成本”科目，按照取得的股权投资中已宣告但尚未发放的现金股利，借记“应收股利”科目，按照“无形资产”科目余额（如有），贷记“无形资产”科目（其中用以投资的无形资产已经计提摊销的，还要按照已经计提的累计摊销额，借记“无形资产累计摊销”科目），按照以无形资产取得长期股权投资发生的全部相关费用，贷记“银行存款”等科目，按照上述贷方差额，贷记“其他收入”科目。

预算会计按照支付转让无形资产发生的相关费用的金额（含无形资产价格评估费），借记“其他支出”科目，按照支付取得长期股权投资发生的相关税费金额，借记“投资支出”科目，按照支付全部相关费用的金额，贷记“资金结存”科目。

事业单位在已有长期股权投资基础上追加投资，也比照上述取得长期股权投资的核算进行。

（4）因事业单位的部分机构分立转企改制或下属单位转企改制，单位履行出资人职责获得长期股权投资。事业单位按规定对改制为企业的单位行使出资人职责的，应当确认相关长期股权投资，并相应调增净资产的账面余额。单位应当按照报经批准确定的改制企业净资产金额和国有资本出资比例，确定应享有的企业净资产份额，借记“长期股权投资——成本”科目，贷记“累计盈余”科目。

3. 权益法下长期股权投资持有期间的核算

（1）损益调整的核算。事业单位在持有长期股权投资期间，被投资单位实现净利润的，按照应享有的份额，借记“长期股权投资——损益调整”科目，贷记“投资收益”科目；被投资单位发生净亏损的，按照应分担的份额，借记“投资收益”科目，贷记“长期股权投资——损益调整”科目。但是将亏损分担额登记在“长期股权投资——损益调整”科目贷方，要以“长期股权投资”总账科目的账面余额减记至零为限，否则长期股权投资资产在账面上就为负数了。如果“长期股权投资”总账科目余额已经减至为零，被投资单位还发生净亏损，就要将未能在正式账上确认的亏损分摊额在辅助账中登记累计亏损额。发生累计净亏损的被投资单位以后年度又实现净利润的，要先将收益分享额弥补未登记正式账的累计亏损分担额，即冲减辅助账的累计亏损额。待全部累计亏损分摊额弥补完成，即辅助账登记的累计亏损额冲减至零后，再按照收益分享额弥补未确认的亏损分担额以后的金额，借记“长期股权投资——损益调整”科目，贷记“投资收益”科目。

（2）分配现金股利或利润的核算。其具体分为以下几种情况：

①投资收益留归投资单位。被投资单位宣告分派现金股利或利润时，投资的事业单位按照应享有的份额，借记“应收股利”科目，贷记“长期股权投资——损益调整”科目。收到派发的股利或利润时，财务会计按照实际收到的金额，借记“银行存款”科目，贷记“应收股利”科目。同时，预算会计按照相同的金额，借记“资金结存——货币资金”科目，贷记“投资预算收益”科目。

②投资收益上缴财政。被投资单位宣告发放现金股利或利润时，投资的事业单位按照应享有的份额，借记“应收股利”科目，贷记“长期股权投资——损益调整”科目；收到派发的现金股利或利润时，按照实际收到金额，借记“银行存款”科目，贷记“应缴财政款”科目，同时，按照此前确定的应收股利金额，借记“投资收益”科目、“本期盈余”科目（此前确认的投资收益本年已经结转的）、“以前年度盈余调整”科目（此前确认的投资收益上年已经结转的），贷记“应收股利”科目；将取得的现金股利或利润上缴财政时，借记“应缴财政款”科目，贷记“银行存款”科目。预算会计不记账。

（3）其他权益变动的核算。被投资单位发生除净损益和利润分配以外的所有者权益总额变动时，也会导致投资的事业单位享有的所有者权益发生变动。事业单位享有的这种所有者权益及其变动，不是因为被投资单位实现利润形成的，称为其他权益变动。由于其他权益变动没有对应的投资单位可以分享的实现利润，因此，在因其他权益变动登记长期股权投资账面余额不能同时确认投资收益。所以在政府单位会计制度设计中，为此专门设置了一个净资产类的科目，称为“权益法调整”科目。通过登记“权益法调整”科目对应登记“长期股权投资”科目中的其他权益变动。当被投资单位发生除净损益和利润分配以外的所有者权益变动时，投资的事业单位按照应享有或应分担的份额，借记或贷记“长期股权投资——其他权益变动”科目，贷记或借记“权益法调整”科目。当长期股权投资处置时，处置的长期股权投资中的其他权益能够变现或取得其他非现金资产收入，从而有了实现的收入来源。这时就可以确认长期股权投资中其他权益变动对应的投资收益，并冲销处置的长期股权投资对应在“权益法调整”科目余额。

4. 权益法下长期股权投资处置的核算①

事业单位处置长期股权投资是指事业单位将持有的长期股权投资按照对价转让，获取现金或非现金资产。

（1）用现金取得的长期股权投资处置。一般来说，事业单位用现金取得的长期股权投资，在处置时取得的收入都为现金。

事业单位处置长期股权投资时，财务会计按照处置投资取得的价款，借记“银行存款”科目，按照处置的长期股权投资账面余额，贷记“长期股权投资”科目，按照尚未领取的现金股利或利润，贷记“应收股利”科目，按照支付处置长期股权投资的相关税费，贷记“银行存款”科目，按照上述贷方或借方的差额，贷记或借记“投资收益”科目。

有与该长期股权投资账面余额对应的“权益法调整”科目余额的，按照该余额借

---

① 这里所说的长期股权投资的处置核算只包括因对被投资单位撤资将长期股权投资转让和被投资企业破产。对于无偿划转、对外捐赠等活动导致的长期股权投资的处置核算，参见第7章中在资产无偿划转、资产捐赠活动中的核算介绍。

记或贷记“权益法调整”科目，贷记或借记“投资收益”科目。

如果取得的价款大于原取得投资的现金资产金额和支付处置长期股权投资的相关税费，预算会计按照取得的价款减去支付相关税费的差额，借记“资金结存”科目，按照原取得投资支付的现金资产金额，贷记“其他结余”科目（以前年度发生投资支出的）或“投资支出”科目（当年发生投资支出的），按照取得的价款大于原取得投资支付的现金资产金额和支付相关税费的差额，贷记“投资预算收益”科目。如果取得的价款小于或等于原取得投资支付的现金资产金额和支付的相关税费，按照取得的价款减去支付相关税费的差额，借记“资金结存”科目，贷记“其他结余”科目（以前年度发生投资支出的）或“投资支出”科目（当年发生投资支出的）。

（2）用非现金资产取得的长期股权投资处置且处置收入为现金。其具体分为以下几种情况：

①收回投资成本及处置投资收益全部上缴财政，且投资持有期间投资收益上缴财政。事业单位处置长期股权投资取得现金收入时，财务会计按照处置长期股权投资的账面余额，借记“资产处置费用”科目，贷记“长期股权投资”科目（部分明细科目为贷方余额的，借记该明细科目）；按照该长期股权投资账面余额对应的“权益法调整”科目余额，先借记或贷记“权益法调整”科目，贷记或借记“投资收益”科目，然后按照相同的金额借记或贷记“投资收益”科目，贷记或借记“资产处置费用”科目；按照宣告派发尚未收到的现金股利或利润（如有），借记“投资收益”科目/“本期盈余”科目（此前确认的投资收益本年已经结转的）/“以前年度盈余调整”科目（此前确认的投资收益上年已经结转的），贷记“应收股利”科目；按照处置投资取得的价款，借记“银行存款”科目，按照发生处置长期股权投资的相关税费等，贷记“银行存款”等科目，按照取得的价款减去处置长期股权投资的相关税费后的差额，贷记“应缴财政款”科目。预算会计不记账。

这种情况下的会计分录如下：

财务会计	预算会计
借：资产处置费用 　　贷：长期股权投资（部分明细科目余额可能在借方） 借或贷：权益法调整 　　贷或借：投资收益 借或贷：投资收益 　　贷或借：资产处置费用 如有宣告派发尚未收到的现金股利或利润 借：投资收益/本期盈余/以前年度盈余调整 　　贷：应收股利	不记账

续表

财务会计	预算会计
借：银行存款（处置投资取得的价款） 　　贷：银行存款（相关税费） 　　　　应缴财政款	不记账

②收回投资成本及处置投资收益全部上缴财政，且投资持有期间投资收益留归单位。事业单位处置长期股权投资收到现金收入时，财务会计按照处置长期股权投资的账面余额，借记“资产处置费用”科目，贷记“长期股权投资”科目（部分明细科目为贷方余额的，借记该明细科目）；按照该长期股权投资账面余额对应的“权益法调整”科目余额，先借记或贷记“权益法调整”科目，贷记或借记“投资收益”科目，然后按照相同的金额借记或贷记“投资收益”科目，贷记或借记“资产处置费用”科目；按照处置投资取得的价款，借记“银行存款”科目，按照宣告派发尚未收到的现金股利或利润（如有），贷记“应收股利”科目，按照发生处置长期股权投资的相关税费等，贷记“银行存款”等科目，按照取得的价款减去应收股利和处置长期股权投资的相关税费后的差额，贷记“应缴财政款”科目。预算会计按照处置收入中收回应收股利的金额（如有），借记“资金结存——货币资金”科目，贷记“投资预算收益”科目。

这种情况下的会计分录如下：

财务会计	预算会计
借：资产处置费用 　　贷：长期股权投资（部分明细科目余额可能在借方） 借或贷：权益法调整 　　贷或借：投资收益 借或贷：投资收益 　　贷或借：资产处置费用 借：银行存款（处置投资取得的价款） 　　贷：应收股利（如有） 　　　　银行存款（相关税费） 　　　　应缴财政款	借：资金结存——货币资金 　　贷：投资预算收益（收回应收股利的金额）

③处置收入中非现金资产投资成本净收入上缴财政（投资持有期间投资收益留归单位）。事业单位在这种情景下处置以现金以外的其他资产取得的长期股权投资时，分别以下两种情况处理：

第一种情况：长期股权投资的账面余额大于其投资成本。

财务会计应当按照被处置长期股权投资的成本，借记“资产处置费用”科目，贷记“长期股权投资——成本”科目。

按照处置投资取得的价款，借记“银行存款”等科目，按照尚未领取的现金股利或利润（如有），贷记“应收股利”科目，按照发生的相关税费等支出，贷记“银行存款”等科目，按照长期股权投资的账面余额减去其投资成本的差额，贷记“长期股权投资——损益调整、其他权益变动”科目（损益调整、其他权益变动明细科目为贷方余额的，借记该明细科目），按照投资成本（取得的价款减去投资成本、收回的现金股利或利润、相关税费支出后的差额大于等于零情况下），或者按照取得的价款减去收回的现金股利或利润、相关税费支出后的正差额（取得的价款减去投资成本、收回的现金股利或利润、相关税费支出后的差额小于零情况下），贷记“应缴财政款”科目，按照上述贷方或借方差额，贷记或借记“投资收益”科目。

按照与该长期股权投资账面余额对应的“权益法调整”科目余额，借记或贷记“权益法调整”科目，贷记或借记“投资收益”科目。

如果取得的价款大于相关税费支出，预算会计同时按照取得价款减去相关税费支出和应缴财政款后的正差额，借记“资金结存”科目，贷记“投资预算收益”科目。

如果取得的价款等于或小于相关税费支出的金额，预算会计不记账。

这种情况下的会计分录如下：

财务会计	预算会计
借：资产处置费用 　　贷：长期股权投资——成本 借：银行存款（处置投资取得的价款） 　　贷：应收股利（如有） 　　　　长期股权投资——损益调整、其他权益变动（部分明细科目余额可能在借方） 　　　　银行存款（相关税费） 　　　　应缴财政款 　　　　投资收益（可能在借方） 借或贷：权益法调整 　　贷或借：投资收益	如果取得的价款大于相关税费支出： 借：资金结存——货币资金 　　贷：投资预算收益 如果取得的价款小于或等于相关税费支出则不记账。

第二种情况：长期股权投资的账面余额小于或等于其投资成本。

财务会计应当按照被处置长期股权投资的账面余额，借记“资产处置费用”科目，按照长期股权投资各明细科目的余额，贷记“长期股权投资——成本”科目，借记或贷记“长期股权投资——损益调整、其他权益变动”科目。

按照处置投资取得的价款，借记“银行存款”等科目，按照尚未领取的现金股利或利润（如有），贷记“应收股利”科目，按照发生的相关税费等支出，贷记“银行存款”等科目，按照投资成本（实际取得的价款减去投资成本、收回的现金股利或利润、相关税费支出后的差额大于等于零的情况下），或者按照实际取得的价款减去收回的现金股利或利润、相关税费支出后的正差额（实际取得的价款减去投资成本、收回的现金股利或利润、相关税费支出后的差额小于零的情况下），贷记“应缴财政款”科目，按照上述贷方或借方差额，贷记或借记“投资收益”科目①。

按照与该长期股权投资账面余额对应的“权益法调整”科目余额，借记或贷记“权益法调整”科目，贷记或借记“投资收益”科目。

如果实际取得的价款大于相关税费支出，预算会计同时按照取得价款减去相关税费支出和应缴财政款后的正差额，借记“资金结存”科目，贷记“投资预算收益”科目。

如果实际取得的价款等于或小于相关税费支出的金额，预算会计不记账。

这种情况下的会计分录如下：

财务会计	预算会计
借：资产处置费用（投资账面余额） 　　长期股权投资——损益调整、其他权益变动（部分明细科目余额可能在贷方） 　　贷：长期股权投资——成本 借：银行存款（处置投资取得的价款） 　　贷：应收股利（如有） 　　　　银行存款（相关税费） 　　　　应缴财政款 　　　　投资收益（可能在借方） 借或贷：权益法调整 　　贷或借：投资收益	如果取得价款大于相关税费支出： 借：资金结存——货币资金 　　贷：投资预算收益 　　如果取得价款小于或等于相关税费支出则不记账。

④收回投资成本和处置投资收益全部留给投资单位（投资持有期间投资收益留归单位）。事业单位处置长期股权投资取得现金收入，应当按照处置投资取得的价款，借记“银行存款”等科目，按照被处置长期股权投资的账面余额，贷记“长期股权投资”科目（部分明细科目为贷方余额的，借记相关明细科目），按照尚未领取的现金股利或利润（如有），贷记“应收股利”科目，按照发生的相关税费等支出，贷记“银行存款”等科目，按照上述借方或贷方差额，借记或贷记“投资收益”科目。

按照与该长期股权投资账面余额对应的“权益法调整”科目余额，借记或贷记

① 由于应缴财政款的金额是根据国有资产处置管理规定计算的确定数，因此，应当先贷记应缴财政款，然后根据贷方或借方的差额，倒挤出投资收益的金额。

“权益法调整”科目，贷记或借记“投资收益”科目。

在预算会计中，对处置投资取得的价款超过支付的相关税费的净现金收入，依照收回的现金股利或利润、收回的投资成本、处置投资收益的顺序，按照收回的现金股利或利润金额，贷记“投资预算收益”科目，按照收回的投资成本金额，贷记“其他预算收入”科目，按照处置投资收益金额，贷记“投资预算收益”科目，按照前三者的合计数，借记“资金结存——货币资金”科目。

这种情况下的会计分录如下：

财务会计	预算会计
借：银行存款（处置投资取得的价款） 贷：长期股权投资（投资账面余额，部分明细科目余额可能在借方） 应收股利（如有） 银行存款（相关税费） 投资收益（可能在借方） 借或贷：权益法调整 贷或借：投资收益	借：资金结存——货币资金 贷：投资预算收益（现金股利） 其他预算收入 投资预算收益（处置投资收益）

如果事业单位处置的长期股权投资中，既有以非现金资产取得的部分，也有以现金资产取得的部分。那么，应当将处置的长期股权投资账面（包括明细科目）余额、取得的价款以及处置投资的相关费用等按照非现金资产投资和现金投资的比例分开，并按照上述对非现金资产和现金取得投资处置的介绍分别计算有关项目并进行账务处理。

（3）处置长期股权投资且处置收入为非现金资产（投资持有期间投资收益留归单位）。事业单位处置长期股权投资并取得非现金资产，实际上是用长期股权投资资产交换非现金资产，属于资产置换。

当事业单位处置长期股权投资并取得非现金资产时，财务会计按照处置长期股权投资的评估价值加上取得非现金资产发生的相关费用（如运费、安装费等），借记“固定资产”等取得非现金资产的资产科目，按照处置的长期股权投资账面余额，贷记“长期股权投资”科目，按照尚未领取的现金股利或利润（如有），贷记“应收股利”科目，按照处置长期股权投资发生的全部相关费用（包括取得非现金资产发生的相关费用和处置长期股权投资发生的相关费用如股权过户税费等），贷记“银行存款”等科目，按照上述贷方差额，贷记“其他收入”科目，或者按照上述借方差额，借记“资产处置费用”科目。

按照与该长期股权投资账面余额对应的“权益法调整”科目余额，借记或贷记“权益法调整”科目，贷记或借记“投资收益”科目。

预算会计按照支付取得非现金资产发生的相关费用的金额，借记“事业支出”等科目，按照支付处置长期股权投资发生的相关费用的金额，借记“其他支出”科目，按照支付全部相关费用的金额，贷记“资金结存”科目。

如果事业单位处置长期股权投资取得的处置收入中，既有现金，又有非现金资产。那么，可以比照上述对处置收入为现金和非现金资产的介绍分别进行账务处理。

事业单位因撤资减少部分长期股权投资，也比照上述长期股权投资处置相同情况的核算进行。

（4）被投资单位破产清算。事业单位因被投资方破产清算并损失全部投资资产，应当将损失的长期股权投资资产确认为资产处置费用。长期股权投资账面余额中的其他权益变动余额，因为不能收回处置收入，因此处置时不能转作投资收益，而是应当作与“权益法调整”科目余额相互冲销的账务处理。事业单位在按照规定将长期股权投资损失报经批准后予以核销时，按照准予核销的长期股权投资的投资成本和损益调整账面余额，借记“资产处置费用”科目，贷记“长期股权投资——成本、损益调整”科目（如果损益调整明细科目余额在贷方，借记该科目）；按照准予核销的长期股权投资的其他权益变动账面余额，借记或贷记“权益法调整”科目，贷记或借记“长期股权投资——其他权益变动”科目。

事业单位因被投资方破产清算并收回部分处置资产，也比照上述长期股权投资处置相同情况的核算进行。

（5）用科技成果取得的长期股权投资奖励科技成果完成、转化人员。其具体分为以下几种情况：

①将长期股权投资的股权转让给科技成果完成、转化人员。使用本单位开发的科技成果作价投资的事业单位，采用将科技成果取得投资的股权奖励科技成果完成、转化人员的，在取得投资以后奖励股权时，按照约定或本单位规定奖励股权的比例，将股权转让给科技成果完成、转化人员。事业单位向科技成果完成、转化人员转让股权，也属于单位对长期股权投资资产的处置，因此，转让股权而导致长期股权投资的减少，要确认资产处置费用。

事业单位奖励的股权转让过户后，按照转让给科技成果完成、转化人员的股权占单位转让前长期股权投资的比例，计算出转让股权的长期股权投资账面余额，贷记“长期股权投资”科目，按照转让股权计算的尚未领取的现金股利或利润（如有），贷记“应收股利”科目，按照转让时发生的相关费用金额，贷记“银行存款”等科目，按照三者的合计数，借记“资产处置费用”科目。转让的长期股权投资在转让时有“权益法调整”科目余额的，还要按照转让股权计算的该权益法调整的余额，借记或贷记“权益法调整”科目，贷记或借记“投资收益”科目。预算会计在支付股权转让发生的相关费用时，按照实际支付的金额，借记“其他支出”科目，贷记“资金结存”科目。

②将长期股权投资的股权处置收入奖励给科技成果完成、转化人员。使用本单位开

发的科技成果作价投资的事业单位，采用将科技成果取得投资的处置收入奖励科技成果完成、转化人员的，在收回投资以后，以现金的形式将股权转让的净收入奖励给科技成果完成、转化人员。

由于有关规定要求将科技成果转化收入的现金奖励计入单位的工资总额，因此，对科技成果完成、转化人员支付的投资处置收入应当通过“应付职工薪酬”科目核算。同时，将因奖励投资处置净收入所形成的费用记入“业务活动费用”科目。

科技成果作价取得投资处置的账务处理与上述以非现金资产取得投资处置并取得现金方式中处置收入全部留给单位的账务处理一样，这里不再赘述。

当事业单位处置长期股权投资以后按照约定或本单位规定向科技成果完成、转化人员奖励投资处置净收入时，财务会计按照应当奖励的金额，借记“业务活动费用”科目，贷记“应付职工薪酬”科目。实际发放奖励时，按照实际发放的金额，借记“应付职工薪酬”科目，贷记“银行存款”科目。同时，预算会计按照相同的金额，借记“事业支出”等科目，贷记“资金结存——货币资金”科目。发放现金奖励时如果有代扣代缴个人所得税的，代扣代缴个人所得税的账务处理参见第 8 章应付职工薪酬的核算，这里不再赘述。

5. 成本法下长期股权投资的核算

（1）取得长期股权投资的核算。在成本法下，事业单位取得长期股权投资的核算，与在权益法下的账务处理相同，这里不再赘述。

（2）长期股权投资持有期间的核算。其具体分为以下几种情况：

①投资收益留归投资单位。被投资单位宣告发放现金股利或利润时，投资单位按照应收的金额，借记“应收股利”科目，贷记“投资收益”科目。收到现金股利或利润时，财务会计按照实际收到的金额，借记“银行存款”科目，贷记“应收股利”科目；同时预算会计按照相同的金额，借记“资金结存——货币资金”科目，贷记“投资预算收益”科目。

②投资收益上缴财政。被投资单位宣告发放现金股利或利润时，投资单位按照应收的金额，借记“应收股利”科目，贷记“投资收益”科目；收到派发的现金股利或利润时，按照实际收到的金额，借记“银行存款”科目，贷记“应缴财政款”科目。同时，按照此前确定的应收股利金额，借记“投资收益”等科目，贷记“应收股利”科目；将取得的现金股利或利润上缴财政时，借记“应缴财政款”科目，贷记“银行存款”科目。预算会计不记账。

（3）长期股权投资处置的核算。其具体分为以下几种情况：

①用现金取得长期股权投资的处置。在成本法下，用现金取得长期股权投资的处置核算，除没有对“权益法调整”科目余额的账务处理以外，其余的账务处理与权益法下的账务处理相同，这里不再赘述。

②用非现金资产取得长期股权投资的处置且处置收入为现金。其具体分为以下几种情况：

第一，收回投资成本和投资收益全部上缴财政，且投资持有期间投资收益上缴财政。

事业单位处置长期股权投资时，财务会计按照处置长期股权投资的账面余额，借记“资产处置费用”科目，贷记“长期股权投资”科目；按照尚未收到的应收股利或利润，借记“投资收益”等科目，贷记“应收股利”科目；按照处置投资收到的价款，借记“银行存款”科目，按照发生的相关税费等支出，贷记“银行存款”等科目，按照两者的贷方差额，贷记“应缴财政款”科目。预算会计不记账。

第二，收回投资成本和投资收益全部上缴财政，且投资持有期间投资收益留归单位。

事业单位处置长期股权投资时，财务会计按照处置长期股权投资的账面余额，借记“资产处置费用”科目，贷记“长期股权投资”科目；按照处置投资收到的价款，借记“银行存款”科目，按照尚未收到的应收股利或利润（如有），贷记“应收股利”科目，按照发生的相关税费等支出，贷记“银行存款”等科目，按照前者减去后两者的贷方差额，贷记“应缴财政款”科目。预算会计按照处置收入中收回应收股利的金额（如有），借记“资金结存——货币资金”科目，贷记“投资预算收益”科目。

第三，处置收入中非现金资产投资成本的净收入上缴财政（投资持有期间投资收益留归单位）。

事业单位处置长期股权投资时，财务会计按照被处置长期股权投资的账面余额，借记“资产处置费用”科目，贷记“长期股权投资”科目；按照处置投资取得的价款，借记“银行存款”等科目，按照尚未领取的现金股利或利润（如有），贷记“应收股利”科目，按照发生的相关税费等支出，贷记“银行存款”等科目，按照投资成本（实际取得的价款减去投资成本、收回的现金股利或利润、相关税费支出后的差额大于等于零的情况下），或者按照实际取得的价款减去收回的现金股利或利润、相关税费支出后的正差额（实际取得的价款减去投资成本、收回的现金股利或利润、相关税费支出后的差额小于零的情况下），贷记“应缴财政款”科目，按照上述贷方或借方差额，贷记或借记“投资收益”科目。

如果实际取得的价款大于相关税费支出，预算会计同时按照取得价款减去相关税费支出和应缴财政款后的正差额，借记“资金结存”科目，贷记“投资预算收益”科目。

如果实际取得的价款等于或小于相关税费支出的金额，预算会计不记账。

第四，收回投资成本和投资收益全部留给投资单位（投资持有期间投资收益留归单位）。

在成本法下，事业单位此种情况处置长期股权投资，除没有对“权益法调整”科目余额的账务处理以外，其余的账务处理与权益法下的账务处理相同，这里不再赘述。

③处置长期股权投资且处置收入为非现金资产。在成本法下，事业单位处置长期股权投资且处置收入为非现金资产的账务处理，除没有对“权益法调整”科目余额的账务处理以外，其余的账务处理与权益法下的账务处理相同，这里不再赘述。

④被投资单位破产清算。在成本法下，事业单位因被投资方破产清算并损失全部投资资产，按照规定报经批准后予以核销时，按照予以核销的长期股权投资的账面余额，借记“资产处置费用”科目，贷记“长期股权投资”科目。

事业单位因被投资方破产清算并收回部分处置资产，比照上述成本法下长期股权投资处置相同情况的核算进行。

⑤用单位科技成果取得的长期股权投资奖励科技成果完成、转化人员。在成本法下，用事业单位开发的科技成果取得的长期股权投资奖励科技成果完成、转化人员的账务处理，除没有对“权益法调整”科目余额的账务处理以外，其他的账务处理与权益法下奖励股权或股权处置收入的账务处理一致，这里不再赘述。

6. 权益法与成本法转换的核算

（1）权益法转换为成本法。事业单位因处置部分长期股权投资等原因而对处置后的剩余长期股权投资由权益法改为按照成本法核算的，应当将权益法下剩余的“长期股权投资”科目账面余额，作为成本法核算下的初始投资成本，转换为成本法下“长期股权投资”科目账面余额。转换时，按照权益法核算下“长期股权投资”科目余额，借记“长期股权投资”科目（不含“成本”、“损益调整”、“其他权益变动”、“新旧制度转换调整”明细科目），贷记“长期股权投资”科目（含“成本”、“损益调整”、“其他权益变动”、“新旧制度转换调整”明细科目余额）；冲销原来对应其他权益变动登记“权益法调整”科目的余额，借记或贷记“权益法调整”科目，贷记或借记“投资收益”科目。

原权益法下剩余长期股权投资账面余额大于其投资成本的部分（损益调整和其他权益变动等）也作为按照成本法核算的初始投资成本，但是要作为计入初始投资成本中的可收回现金股利或利润部分。转换为成本法以后，被投资单位再宣告分派现金股利或利润时，作为投资成本的收回，先冲减长期股权投资初始投资成本中的可收回现金股利或利润部分。按照应分得的现金股利或利润份额，借记“应收股利”科目，贷记“长期股权投资”科目。初始投资成本中可收回现金股利或利润部分冲减完以后，宣告分派的现金股利或利润计入投资收益，借记“应收股利”科目，贷记“投资收益”科目。

（2）成本法转换为权益法。事业单位因追加投资等原因对长期股权投资的核算从成本法改为权益法的，按照成本法下“长期股权投资”科目账面余额与追加投资成本的合计金额，借记“长期股权投资——成本”科目，按照成本法下“长期股权投资”

科目账面余额，贷记“长期股权投资”科目，按照追加投资的成本，贷记“银行存款”等科目。

在2019年事业单位开始执行新的政府单位会计制度时按照规定将原长期股权投资的核算从成本法改为权益法的，将原账面余额转入新账的“长期股权投资——成本”科目。并依据被投资单位2018年12月31日财务报表的所有者权益账面余额，以及单位持有被投资单位的股权比例，计算应享有或应分担的被投资单位所有者权益的份额，减去原投资成本后的差额，调整长期股权投资的账面余额，借记或贷记“长期股权投资——新旧制度转换调整”科目，贷记或借记“累计盈余”科目。

7. 长期股权投资业务核算举例

【例5-1】A. 某事业单位以一套自行研制使用的专用设备和银行存款100万元向某一创新企业投资，该套专用设备的账面余额为60万元，已提固定资产折旧10万元，经评估该套设备评估价格为100万元，通过银行转账支付该设备的拆卸费、运输费5 000元。投资后该事业单位占该被投资企业的全部股权比例为25%，有权对其参与经营决策，并按照股权比例享有净利润和其他所有者权益。

B. 该被投资企业在投资后第1年实现净利润100万元。

C. 第2年实现净利润230万元，其他所有者权益增加50万元。

D. 第3年实现净利润250万元，并分配现金股利200万元。

E. 第4年该事业单位将该股权投资占股20%的股份转让，获得转让投资价款300万元存入银行，通过银行转账支付转让投资的相关费用1万元。

F. 转让部分股权后，该事业单位的持股比例降至被投资企业全部股权的5%，不再享有对该企业参与经营决策的权力。

G. 第4年转让部分股权后，被投资企业分配现金股利450万元。

规定该投资持有期间的投资收益留归单位；用现金取得投资处置的投资收益和收回成本留归单位；用固定资产取得投资处置收回成本的净收入上缴财政，处置投资收益留归单位。

要求：根据上述业务，编制该事业单位进行会计记账的会计分录。

A. 取得投资时登记投资成本和注销固定资产账面余额：

借：长期股权投资——成本	2 000 000（1 000 000 + 1 000 000）	
固定资产累计折旧	100 000	
贷：固定资产		600 000
银行存款		1005 000
其他收入		495 000
借：投资支出	1 000 000	
其他支出	5 000	

贷：资金结存——货币资金 1 005 000

B. 投资后第 1 年记账（享有净利润 25 万元）：

借：长期股权投资——损益调整 250 000

贷：投资收益 250 000

C. 投资后第 2 年记账（享有净利润 57.5 万元，享有其他所有者权益 12.5 万元）：

借：长期股权投资——损益调整 575 000

——其他权益变动 125 000

贷：投资收益 575 000

权益法调整 125 000

D. 投资后第 3 年记账（享有净利润 62.5 万元，享有现金股利 50 万元）：

借：长期股权投资——损益调整 625 000

贷：投资收益 625 000

宣告派发现金股利：

借：应收股利 500 000

贷：长期股权投资——损益调整 500 000

收到现金股利：

借：银行存款 500 000

贷：应收股利 500 000

借：资金结存——货币资金 500 000

贷：投资预算收益 500 000

E. 转让部分投资及收到转让价款 300 万元：

转让前长期股权投资的账面余额 = 成本（200 万元）+ 损益调整（95 万元）+ 其他权益变动 12.5（万元）= 307.5（万元）

转让长期股权投资的账面余额 = 成本（160 万元）+ 损益调整（76 万元）+ 其他权益变动（10 万元）= 246（万元）

处置以现金取得投资的账面余额 = 246 ÷ 200 × 100 = 123（万元）（其中，成本 80 万元，损益调整 38 万元，其他权益变动 5 万元）

以现金取得投资的转让款 = 300 ÷ 200 × 100 = 150（万元）

以现金取得投资转让的相关费用 = 1 ÷ 200 × 100 = 0.5（万元）

以现金取得投资的转让投资收益 = 150 − 123 − 0.5 = 26.5（万元）

以现金取得投资转让的投资预算收益 = 150 −（100 + 0.5）= 49.5（万元）

以现金取得投资部分转让的账务处理：

借：银行存款 1 500 000

贷：长期股权投资——成本 800 000

——损益调整 380 000

——其他权益变动 50 000

银行存款 5 000

投资收益 265 000

借：资金结存——货币资金 1 495 000

贷：其他结余 1 000 000

投资预算收益 495 000

转让以固定资产取得投资的账面余额 = 246 ÷ 200 × 100 = 123（万元）（其中，成本80万元，损益调整38万元，其他权益变动5万元）

以固定资产取得投资的转让款 = 300 ÷ 200 × 100 = 150（万元）

以固定资产取得投资转让的相关费用 = 1 ÷ 200 × 100 = 0.5（万元）

以固定资产取得投资转让的应缴财政款 = 80 − 0.5 = 79.5（万元）

以固定资产取得投资的转让投资收益 = 150 −（38 + 5）− 0.5 − 79.5 = 27（万元）

以固定资产取得投资的转让投资预算收益 = 150 − 79.5 − 0.5 = 70（万元）

以固定资产取得投资部分转让的账务处理：

借：资产处置费用 800 000

贷：长期股权投资——成本 800 000

借：银行存款 1 500 000

贷：长期股权投资——损益调整 380 000

——其他权益变动 50 000

银行存款 5 000

应缴财政款 795 000

投资收益 270 000

借：资金结存——货币资金 700 000

贷：投资预算收益 700 000

冲销处置长期股权投资对应的“权益法调整”科目余额（10万元）：

借：权益法调整 100 000

贷：投资收益 100 000

F. 对剩余长期股权投资转换为成本法核算：

剩余长期股权投资的账面余额 = 成本（40万元）+ 损益调整（19万元）+ 其他权益变动（2.5万元）= 61.5（万元）

借：长期股权投资 615 000

贷：长期股权投资——成本 400 000

——损益调整 190 000

——其他权益变动　　25 000

借：权益法调整　　25 000

　　贷：投资收益　　25 000

G. 投资后第 4 年分配现金股利记账（享有分配现金股利 22.5 万元）：

转换成本法核算的初始投资成本中

属于可收回现金股利的金额 = 19 + 2.5 = 21.5（万元）

宣告派发现金股利时：

借：应收股利　　225 000

　　贷：长期股权投资　　215 000

　　　　投资收益　　10 000

收到现金股利时：

借：银行存款　　225 000

　　贷：应收股利　　225 000

借：资金结存——货币资金　　225 000

　　贷：投资预算收益　　225 000

第6章 政府单位资产的核算（中）

政府单位持有的实物资产和无形资产都是通过购买、自制、建造、无偿划入、接受捐赠等一些活动取得的；政府单位持有的实物资产和无形资产的减少也是因为使用消耗、出售、无偿划出、对外捐赠、报废等活动导致的。在同一种活动中的各种实物资产和无形资产增加或减少，其会计核算往往大同小异。因此，在本章和第7章主要按照政府单位资产增减的活动类型，分别介绍政府单位资产的核算知识。

6.1 资产购买的核算

政府单位的资产购买又称资产外购，是指政府单位通过支付与资产对价的货币资金，从销售方（也称供货方）取得资产的所有权或控制权。

政府单位委托软件公司开发软件，视同资产购买，按照资产购买核算。

政府单位在资产购买活动中，一方面购买导致单位购入资产的增加；另一方面，支付的货币资金导致单位的货币资产减少，有些购买活动还会导致预付款项和应付款项的发生。因此，对资产购买的核算内容主要包括购入资产的确认、支付货币资金引起的相关资产负债变动核算。政府单位购买资产的过程按照时间顺序可能包括：预付款项、购入资产在途、收到购入的资产并支付购买款项、以后支付购买资产所欠应付款项等几个阶段。

6.1.1 预付款项的核算

购买资产的预付款项有时又称定金，是指根据合同或协议规定，商品供货方在供货之前向商品购买方收取的资金。在购买定制商品的情况下，供货方需要根据购买方提出的要求专门加工生产或购买。如果购买方中途反悔，不再购买定购的商品，那么供货方生产或购买的特定产品又无法或很难卖给其他购买者，就会损失制造产品或购买的成本费用。为此，在商品购买方购买定制的商品时，供货方往往要求购买方先按照商品购买价格支付一定比例的货币资金，即定金。除非供货方的原因，定金在一般情况下不能退回。即使是购买方不再需要预定的商品，供货方也可以不再退还定金。为了促进商品购销双方诚信履约，即使不是购买定制产品，也存在购销双方约定支付定金等预付款项的情况。

政府单位购买资产支付的定金等预付款项，其财产权利（债权）仍旧属于付款的政府单位，直到供货方交付了商品，预先支付的定金等抵销了部分购货款，单位对定金等的财产权利才消失。因此，政府单位支付的定金等预付款项，要作为政府单位的资产核算，称为预付账款。

由于政府单位支付的预付款项一般不能退回，因此，政府单位支付定金等时，就发生了单位的资金耗费，形成单位的预算支出。

如果政府单位购买商品预先支付的款项可以退回（如订金），那么就不属于预付账款，而是其他应收款。

政府单位通过设置“预付账款”总账科目核算预付的定金等款项。在“预付账款”总账科目下，还应当按照供应单位（或个人）及购买商品的具体种类等设置明细科目进行明细核算。

政府单位根据购货合同或协议规定预付款项时，财务会计按照付款金额，借记“预付账款”科目，贷记“财政拨款收入”、“零余额账户用款额度”、“银行存款”等科目。同时，预算会计按照相同的金额，借记“事业支出”、“行政支出”、“经营支出”等科目，贷记“资金结存”、“财政拨款预算收入”科目。

6.1.2 在途物资的核算

政府单位在异地购买、付现购入实物资产的活动中，买卖双方一般都约定供货方向政府单位交付货物和政府单位支付货款的条件，这些条件可以归纳为三种情况：①货到付款，需要供货方先行发出销售的商品，购买方收到货物即付款；②款到发货，需要政府单位先支付购买款项，供货方收到款项即发货；③在约定的时间双方的付款和发货同时进行。对于作为购买方的政府单位来说，如果是款到发货或双方同时付款及发货，就造成购货款项已经支付但尚未收到货物的“空窗期”。购买物资的政府单位按照约定支付了款项，就获得了取得所购物资的权力，因此，政府单位需要在这个“空窗期”确认在途资产。

这里的“在途”并非仅指所购物资物理意义上的“在途”，而是包括从付款（包括开出商业汇票）时到收到物资并验收合格时这一完整时间段的“在途”。政府单位所购物资已经运到单位、但是尚未验收合格的，仍旧属于核算在途物资的“在途”。

政府单位通过设置“在途物品”总账科目核算购买资产的在途物资。在本科目下，可按照供应单位和物资种类设置明细科目进行明细核算。

政府单位购入资产约定卖方款到发货和双方同时发货及付款的，单位在支付购买款项时，财务会计按照支付的款项金额中属于物资采购成本的金额，借记“在途物品”科目，按照可以抵扣的增值税进项税额（如有），借记“应交增值税”科目，按照两者的合计金额，贷记“财政拨款收入”、“零余额账户用款额度”、“银行存款”等科目。预算会计按照与支付的款项相同的金额，借记“事业支出”、“行政支出”、“经营支出”等科目，贷记“资金结存”、“财政拨款预算收入”科目。

6.1.3 收到购入资产及支付购买款项的核算

1. 购入资产的确认和计量

政府单位收到购入的商品，除少量零星办公用品等计入当期费用以外，都要确认资产。单位购买的资产，要在取得了资产的控制权并经过验收合格时，予以确认。

政府单位对确认的购入资产，要按照确定的成本入账。购入资产的入账成本包括：购买资产的价款，购入资产的相关税费，购入资产的运费、装卸费和运输过程中的保险费，购入资产入库前的挑选整理费，购入资产的检测费、安装费和专业人员服务费等，以及可以归属于购入资产达到目的地和预定用途前所发生的归属于购入资产成本的其他支出。

有些购入资产发生的支出或损失不能计入购入资产的入账成本，包括：

（1）属于增值税一般纳税人的政府单位支付购买价款中可以抵扣应缴增值税的进项税额。

（2）购入资产运输过程中的非正常损失或消耗。

（3）不能归属于使购入资产达到目的地场所和状态所发生的其他支出，如采购人员采购支付的招待费等。

（4）医院等医疗卫生机构执行政府规定的药品、医疗用品价格零进销差政策，要求购进的药品、医疗用品向患者收费的价格等于其购进价格。因此，医院等医疗机构购买的药品、医疗用品单独支付的运费等相关支出，不计入药品、医疗用品的入账成本。

2. 收到购入资产及支付购买款项的账务处理

收到购入的资产是政府单位购入资产过程核算的关键节点。在这个节点上，一是确认单位购入的资产；二是单位如有预付账款、在途物品的，要冲销预付账款、在途物品；三是在这个节点以后单位的付款要作为应付款项核算。

政府单位收到、验收购入资产并支付购货款及运费等相关支出时，财务会计按照确定的购入资产的成本金额，借记“库存物品”、“固定资产”、“工程物资”、“无形资产”、“文物文化资产”、“政府储备物资”、“公共基础设施”、“保障性住房”等科目，购入资产支付可以抵扣的增值税进项税的，按照可以抵扣增值税进项税金额（不包含确认在途物品时已经登记的增值税进项税额），借记“应交增值税”科目，购入资产发生预付账款的，按照该预付账款的金额，贷记“预付账款”科目，购入资产有在途物资的，按照该物资登记“在途物品”科目的金额，贷记“在途物品”科目，扣留了供货方质量保证金的，按照质保金的金额，贷记“其他应付款”（质保期在1年以内）或“长期应付款”（质保期在1年以上）科目，按照支付的购货款及运费等相关费用的金额，贷记“财政拨款收入”、“零余额账户用款额度”、“银行存款”等科目，按照尚未支付的购货款等，贷记“应付账款”等科目。预算会计按照支付的购货款及运费等相关支出金额（包括支付的可以抵扣增值税进项税金额），借记“事业支出”、“行政支出”、“经营支出”等科目，贷记“资金结存”、“财政拨款预算收入”科目。

政府单位购入需要安装调试的设备等资产，由于在安装调试过程中还会发生成本费用，这些成本费用也需要计入购置设备资产的入账成本。因此，对需要进行安装调试并发生费用的购入资产，在收到验收合格时先通过“在建工程”科目核算，在“在建工程”科目中归集安装调试成本。待安装调试完成后，再将购入资产全部成本从“在建工程”科目转入购入的相关资产科目。

有些政府单位购入的设备等资产虽然需要安装调试，但是与卖方约定安装调试由卖方负责，安装调试的相关成本已经包含在购入设备的购买价格中。在这种情况下，作为购买方的政府单位无须再为购入设备安装调试单独支付费用，就不需要通过“在建工程”核算购入的设备资产的全部成本。而是在购入设备等资产安装、调试完成并验收合格时，按照确定的设备等的购入成本记入相关资产账户。

政府单位购入随买随用、不入库管理、且达不到固定资产标准的零星物品时，财务会计按照购入成本，借记“业务活动费用”、“单位管理费用”等科目，贷记“零余额账户用款额度”、“银行存款”、“库存现金”等科目。预算会计按照实际支付的金额，借记“行政支出”、“事业支出”等科目，贷记“资金结存”科目。

政府单位在以后支付所欠供货方的购货款和扣留的质保金时，财务会计按照支付的金额，借记“应付账款”、“其他应付款”、“长期应付款”等科目，贷记“财政拨款收入”、“零余额账户用款额度”、“银行存款”、“库存现金”等科目。同时，预算会计按照相同的金额，借记“行政支出”、“事业支出”、“经营支出”等科目，贷记“资金结存”、“财政拨款预算收入”科目。

6.1.4 分期付款购入资产和融资租入资产的核算

1. 分期付款购入资产的核算

分期付款购入资产是指政府单位和商品供应方约定，在收到购买的资产时只支付部分款项，其余购买资产的款项在收到资产的一段时间以后，再按照约定的时间分次支付。

政府单位分期付款购入资产的入账成本采用简易的计量方法。即对跨年度的分期付款购入资产的入账成本，不考虑分期付款的时间价值。分期付款购入资产的入账成本包括：购入资产的买价、运输费、途中保险费、安装调试费等。

政府单位采用分期付款方式购买资产收到资产验收时，财务会计按照确定的成本，借记“固定资产”、“无形资产”等购入资产的相关资产科目，按照验收之前支付的预付款项金额，贷记“预付账款”科目，按照收到购入资产时支付的部分购买价款，以及支付的运输费、途中保险费等金额，贷记“财政拨款收入”、“零余额账户用款额度”、“银行存款”等科目，按照合同确定的分期付款金额，贷记“应付账款”科目（付款时间在 1 年及 1 年以内）、“长期应付款”科目（付款时间在 1 年以上）；预算会计按照支付的购买价款、运输费、途中保险费、安装调试费等金额，借记“行政支出”、“事业支出”、“经营支出”等科目，贷记“资金结存”、“财政拨款预算收入”科目。

政府单位按照合同规定分期支付购货款时，财务会计按照实际支付金额，借记“应付账款”或“长期应付款”科目，贷记“财政拨款收入”、“零余额账户用款额度”、“银行存款”等科目。同时，预算会计按照相同的金额，借记“行政支出”、“事业支出”、“经营支出”等科目，贷记“资金结存”、“财政拨款预算收入”科目。

2. 融资租入资产的核算

（1）融资租入资产概述。有些政府单位的固定资产可以通过融资租赁的方式取得。政府单位融资租入固定资产是指单位借助于租赁公司或其他金融机构的资金而租入固定资产。在租赁期内，政府单位采用分期支付租金的方式，向融资的租赁公司或其他金融机构支付相当于固定资产全部或绝大部分价值的融资本金及其利息。在租赁期结束时，在大多数情况下，固定资产的所有权会转移给融资租入固定资产的政府单位。融资租入固定资产是实质上转移了与资产所有权有关的全部风险和报酬的租赁。因此，从整体时间上看，融资租入固定资产也可以看作一种类似分期付款购买固定资产的方式，只不过其付款期延长至固定资产的大部分使用期间。

由于融资租入固定资产实质上转移了与资产所有权有关的全部风险和报酬，按照实质重于形式的原则，政府单位对融资租入的固定资产同本单位自有产权的固定资产一样进行管理与核算。在融资租入固定资产时，一方面要确认固定资产；另一方面要确认应付租赁租金的负债。

（2）融资租入固定资产的入账成本。政府单位对于融资租入固定资产的入账成本核算采用了简易的计量方法，不考虑租金的时间价值。融资租入固定资产的入账成本为：租赁协议或者合同确定的租赁价款、相关税费以及固定资产交付使用前所发生的可归属于该项资产的运输费、途中保险费、安装调试费等。

有的融资租赁固定资产的租赁协议或者合同中规定了或有租金，即指租金金额不固定，以时间长短以外的如销售量、使用量、物价指数等其他因素为依据计算的租金。或有租金在租赁开始时并不能确定，如果计入融资租赁固定资产的入账成本，将会导致固定资产原值频繁变动，并给固定资产折旧带来很大麻烦。因此，或有租金不计入融资租入固定资产的入账成本，或有租金在实际发生时计入单位的当期费用。

（3）融资租入固定资产的账务处理。政府单位融资租入固定资产时，财务会计按照确定的成本，借记“固定资产”科目（不需要安装）或“在建工程”科目（需要安装），按照租赁协议或者合同确定的租赁付款总额，贷记“长期应付款”科目，按照支付的运输费、途中保险费、安装调试费等金额，贷记“财政拨款收入”、“零余额账户用款额度”、“银行存款”等科目。预算会计按照支付的运输费、途中保险费、安装调试费等金额，借记“事业支出”、“经营支出”等科目，贷记“资金结存”、“财政拨款预算收入”科目。

政府单位在租赁期内定期支付租金时，财务会计按照实际支付金额，借记“长期应付款”科目，贷记“财政拨款收入”、“零余额账户用款额度”、“银行存款”等科目。同时，预算会计按照相同的金额，借记“事业支出”、“经营支出”等科目，贷记“资金结存”、“财政拨款预算收入”科目。

6.2 产品生产、物资加工和无形资产研发的核算

产品生产是指政府单位从投入原材料开始进行产品生产过程，最终获得可以供单位使用或出售的产品。政府单位产出没有实物形态的产品如地质勘察成果、设计成果、测绘成果等，包括勘察测绘工作、成果制作的全过程也属于产品生产。

物资加工是指在原有的材料、半成品等的基础上，对其进行加工生产，获得加工完成的物资或产品。

按照对产品和物资的控制权与生产加工实施方划分，政府单位的产品和物资的生产加工包括：自制生产加工，委托加工，受托加工。

6.2.1 自制生产加工的核算

自制生产加工是指具有生产加工能力的政府单位生产本单位使用物资或销售的产品。

1. 自制加工生产的成本

自制生产加工的资产核算通过对生产加工成本的核算进行。政府单位生产加工产品都会预期获得产品等资产，因此，要通过会计核算把生产加工过程中发生的各种经济资源消耗进行归集，形成产品的生产加工成本，这个生产加工成本就是单位在生产加工过

程中形成的在产品资产。生产加工成本随着生产过程逐步增大，最终生产加工过程完成时，形成产品的产成品资产。

政府单位自行加工的资产，其成本包括加工过程中耗用的直接材料费用、发生的直接人工费用和按照一定方法分配的与资产自行加工有关的间接费用。但是下列各项应当在发生时确认为当期费用，不计入自行加工成本：

（1）非正常消耗的直接材料、直接人工和间接费用。

（2）仓储费用（不包括在加工过程中为达到下一个加工阶段所必需的费用）。

（3）不能归属于使存货达到目前场所和状态所发生的其他支出。

2. 核算科目设置

政府单位通过设置“加工物品”总账科目对产品或物资的生产加工成本进行核算。在“加工物品”总账科目下，应当设置“直接材料”、“直接人工”、“其他费用”二级明细科目。其中：“直接材料”明细科目归集生产加工耗用的直接原材料的费用；“直接人工”明细科目归集生产加工发生的直接人工（专门从事物品制造人员的人工费）费用；“其他费用”明细科目归集除直接材料、直接人工以外的其他生产加工直接费用，以及分配到某产品加工成本中的间接费用。在上述二级明细科目下，还应当按照生产加工产品的类别、品种、项目等，设置三级及三级以下明细科目。对于生产加工过程中发生的需要在两个以上产品成本中分摊的费用，通过在“加工物品”科目下单独设置“间接费用”一级明细科目予以归集，会计期末或者产品完工时，再按照一定的分配标准和方法，分配记入各个生产加工产品的“其他费用”明细科目。

3. 账务处理

为生产加工物品领用原材料等，按照材料成本，借记“加工物品——直接材料”科目，贷记“库存物品”科目。

对专门从事生产加工的人员发生的直接人工费用，按照实际发生的金额，借记“加工物品——直接人工”科目，贷记“应付职工薪酬”科目。

为生产加工发生的其他直接费用，按照实际发生的金额，借记“加工物品——其他费用”科目，贷记“财政拨款收入”、“零余额账户用款额度”、“银行存款”等科目。

为生产加工物品发生的间接费用，按照实际发生的金额，借记“加工物品——间接费用”科目，贷记“零余额账户用款额度”、“银行存款”、“应付职工薪酬”、“固定资产累计折旧”、“无形资产累计摊销”等科目。会计期末或者产品完工时对间接费用进行分摊，按照计算出间接费用对各个产品成本分配的金额，借记“加工物品——其他费用”科目及其按照产品下设的明细科目，贷记“加工物品——间接费用”科目。间接费用一般按照生产人员工资、生产人员工时、机器工时、耗用材料的数量或成本、直接费用（直接材料和直接人工）或产品产量等进行分配。单位可根据具体情况选择采用间接费用的分配方法。

自制生产加工过程中，因生产加工活动支付现金，预算会计按照实际支付的金额，借记“事业支出”或“经营支出”科目，贷记“财政拨款预算收入”、“资金结存”科目。

产品制造完成并验收时，按照分摊到产成品所发生的实际成本（包括生产加工完成的产品耗用的直接材料、直接人工、其他费用），借记“库存物品”等科目，贷记“加工物品——直接材料/直接人工/其他费用”科目。

6.2.2 委托加工的核算

委托加工是指政府单位委托其他单位对本单位提供的材料、半成品等物资进行加工，从而获得达到加工要求的半成品、产品。

政府单位将包括原材料采购的产品生产加工全过程交由其他供给方完成，单位只负责支付供给方资金的，其实质属于产品的购买，应当按照资产购买进行核算。

1. 委托加工的成本

政府单位委托加工的资产核算是通过核算委托加工成本进行的。政府单位在委托加工时，发出的委托加工材料、半成品等仍旧是单位的资产，在核算时要计入委托加工成本。除此以外，受托方收取的加工费，委托加工的材料、半成品往返的运费等，都构成委托加工成本内容。

2. 委托加工核算的科目及账务处理

只有委托加工业务的单位可以直接通过“加工物品”总账科目核算委托加工成本。

在“加工物品”总账科目下，设置“委托加工物资”、“委托加工费”二级明细科目。其中，“委托加工物资”明细科目核算委托加工物资的原成本；“委托加工费”明细科目核算委托加工支付的委托加工费，以及加工物资往返的运费等相关的其他费用。

当发出委托加工的物资时，按照发出物资的成本，借记“加工物品——委托加工物资”科目，贷记“库存物品”、“政府储备物资”等科目。发生、支付委托加工费、运费等时，借记“加工物品——委托加工费”科目，贷记“财政拨款收入”、“零余额账户用款额度”、“银行存款”等科目。当收到加工完成的委托加工物资时，按照委托加工完成的物资成本，借记“库存物品”、“政府储备物资”等科目，贷记“加工物品——委托加工物资/委托加工费”科目。

既有自制加工又有委托加工业务的政府单位，应在“加工物品”总账科目下分别设置“自制物品”、“委托加工物品”二级明细科目①，分别核算自制加工成本和委托加工成本。

---

① 原来因未区分自制加工和委托加工在“加工物品”科目下设置的各级明细科目在“自制物品”、“委托加工物品”二级明细科目下向下顺延一级设置。

自制加工的物资在加工过程中某个工序需要委托外单位加工的，也通过“加工物品——委托加工物品”科目，对委托加工的物资在发出加工至收回过程中进行委托加工成本核算。

自制加工过程中需要将加工工序委托外单位加工的，当发出委托加工的物资时，按照发出物资的成本，借记“加工物品——委托加工物品——委托加工物资”科目，贷记“加工物品——自制物品”科目及以下相关明细科目。支付委托加工费、运费等时，借记“加工物品——委托加工物品——委托加工费”科目，贷记“财政拨款收入”、“零余额账户用款额度”、“银行存款”等科目。当收回加工完成的委托加工物资时，按照委托加工完成的物资成本，借记“加工物品——自制物品”科目及以下相关明细科目，贷记“加工物品——委托加工物品”科目及以下相关明细科目（“委托加工物品——委托加工费”科目余额可以转入“自制物品——其他费用”科目）。

委托加工过程中，因委托加工活动支付现金，预算会计按照实际支付的金额，借记“事业支出”或“经营支出”科目，贷记“财政拨款预算收入”、“资金结存”科目。

6.2.3 受托加工的核算

受托加工是指具有加工生产能力的政府单位接受其他委托方委托，对委托方提供的材料、半成品进行加工，然后交付加工完成的产品。

政府单位负责提供全部生产加工所需的原材料、半成品，为其他需求方生产加工物资或产品，仅接受对方支付的生产加工费用资金的，其实质属于产品的出售，应当按照资产销售进行核算。

政府单位受托加工的会计核算分为两个部分：加工费用的核算和加工收入的核算。

1. 加工费用的核算

政府单位的受托加工费用包括在加工过程中发生的除受托加工物资以外的全部成本。政府单位在受托加工时，收到的受托加工材料、半成品等是委托方的资产，加工单位不能将其确定为本单位的资产。为了方便管理，加工单位可以通过辅助账等方式，对受托加工物资进行表外登记。

加工费用的核算可以采用两种方法：

一是先将发生的加工费用在“加工物品”科目中归集加工成本，当将受托加工产品完成加工向委托方发出时，再将加工成本转为当期费用。这样做的好处是可以提供受托加工活动的成本信息，为单位的内部成本管理以及制定加工价格提供数据支持。有受托加工业务的单位可以在“加工物品”总账科目下分别设置“自制物品”、“受托加工物品”二级明细科目，通过“受托加工物品”明细科目核算受托加工成本。在“受托加工物品”二级明细科目下按照与自制生产加工成本核算一样，设置“直接材料”、“直接人工”、“其他费用”、“间接费用”等三级及三级以下明细科目。受托加工成本的核算与自制生产成本的核算相仿，这里不再赘述。

二是将发生的加工费用直接计入当期费用。当发生加工产生的材料费、人工费、固定资产折旧费等时，借记“业务活动费用”或“经营费用”科目，贷记“库存物品”、“应付职工薪酬”、“固定资产累计折旧”、“无形资产累计摊销”、“财政拨款收入”、“零余额账户用款额度”、“银行存款”等科目。

受托加工过程中，因加工活动支付现金，预算会计按照实际支付的金额，借记“事业支出”或“经营支出”科目，贷记“财政拨款预算收入”、“资金结存”科目。

2. 加工收入的核算

加工收入是政府单位提供受托加工服务所取得的收入。如果把单位提供的加工服务看作是一个“产品”，那么加工收入就是出售这个“产品”的收入。因此，加工收入核算与政府单位资产销售的收入核算相仿，包括：收入确认的时点（在交付受托加工产品时）、收入确认的账务处理，以及相关预收账款或应收账款的账务处理等。受托加工收入的核算参见第 7 章 7.1.2 资产销售收入的账务处理。

6.2.4 无形资产自行研发的核算

1. 无形资产自行研发核算概述

（1）政府单位无形资产自行研发项目的识别。政府单位的无形资产自行研发是指通过单位对特定项目的研究、试验、试制等活动，以期形成具有无形资产性质的研制成果。

政府单位的无形资产自行研发项目，应当同时满足两个条件：

一是该项目以科技成果创造和运用为目的，通过科学研究与技术开发活动预期形成至少一项具有实用价值的科技成果。

二是该项目的研发活动起点可以明确。例如，利用财政资金等单位外部资金设立的科研项目，可以将立项之日作为起点；利用单位自有资金设立的科研项目，可以将单位决策机构批准同意立项之日，或科研人员将研发计划书提交单位科研管理部门审核通过之日作为起点。

在政府单位进行的科研活动中，存在很多不以形成无形资产为目的科研项目，如基础科学研究项目、人文社会科学研究项目等。这些项目研究完成时会形成对社会发展有利的项目研究成果。但是这些项目研究成果的绝大部分不具有无形资产的性质。因此，除非预期研究项目的成果能够有偿转让，或者确定该研究成果应用于本单位能够提升单位的服务能力，对这种科研项目的核算不适用无形资产自行研发的核算方式。

工程建设项目中的软件研发支出，按照工程建设资产进行核算，不适用无形资产自行研发的核算方式。

（2）无形资产自行研发不同阶段的核算。如果把无形资产研发形成的成果看作“产品”，无形资产自行研发也可以看作政府单位“生产”这个“产品”的过程。与一般产品生产不同的是，一般产品的生产在生产以前就可以确定能够生产出产品，而无形资产自行研发预期能够形成无形资产只是一种可能。由于科学研究具有探索性和不确定性的特性，所以无形资产自行研发的结果可能会形成无形资产，但不能形成无形资产的可能性也很大。

为了适应无形资产自行研发与形成无形资产之间的不确定性，对无形资产自行研发的会计核算也分为两种预期目标的核算：一是预期不能够形成无形资产的核算；二是预期能够形成无形资产的核算。依照无形资产研发规律，把无形资产自行研发分为研究阶段和开发阶段。

（1）无形资产自行研发的研究阶段。其是指为获取并理解新的科学或技术知识而进行有针对性、独创性的调查研究，为开发新材料、新装置、新产品奠定设计基础。对于研究阶段的预期是：可能会形成该阶段的研究成果，为无形资产开发阶段奠定基础，但是研究成果一般不会达到具有无形资产性质的程度。

由于研究阶段一般不会形成具有无形资产性质的成果，因此，政府单位对研究阶段的经济投入不会形成资产，研究阶段发生的费用应当计入单位的当期费用。

（2）无形资产自行研发的开发阶段。其是指在进行生产或使用前，将研究成果或其他知识应用于某项计划或设计，以生产出新的或具有实质性改进的材料、装置、产品等。对于开发阶段的预期是：很可能开发出新的或具有实质性改进的材料、装置、产品等，形成具有无形资产性质的开发成果。当单位自行研究开发项目预期形成的无形资产同时满足以下条件时，可以认定该自行研发项目进入开发阶段：

①单位预期完成该无形资产以使其能够使用或出售在技术上具有可行性。

②单位具有完成该无形资产并使用或出售的意图。

③单位预期该无形资产能够为单位带来经济利益或服务潜能。该无形资产自身或运用该无形资产生产的产品存在市场，或者该无形资产在内部使用具有有用性。

④单位具有足够的技术、财务资源和其他资源支持，以完成该无形资产的开发，并有能力使用或出售该无形资产。

⑤归属于该无形资产开发阶段的支出能够可靠地计量。

在通常情况下，单位满足上述 5 个条件的项目可以将样品样机试制成功、可行性研究报告通过评审等作为自行研究开发项目进入开发阶段的标志。

由于开发阶段很可能会形成具有无形资产性质的成果，因此，政府单位对开发阶段发生的费用应当予以资本化，作为无形资产入账成本的准备。

如果开发过程中评估不能最终形成无形资产，或者开发完成但是没有形成无形资产性质的成果，那么要将已经资本化的开发成本转为当期费用。

如果有的无形资产研发过程很难清晰地区分研究阶段和开发阶段，则将全部研发的费用都计入当期费用。

2. 无形资产自行研发的成本费用

归属于无形资产自行研发的费用范围包括：从事研究开发及其辅助活动（以下简称“研发活动”）人员计提的薪酬，研发活动领用的库存物品，研发活动使用的固定资产和无形资产计提的折旧和摊销，取得专利权时发生的注册费（不包括以后支付的专利权维护费）、聘请律师费用，为研发活动支付的其他各类费用等。其中，计提的薪酬包括：基本工资、国家统一规定的津贴补贴、规范津贴补贴（绩效工资）、改革性补贴、社会保险费、住房公积金等；为研发活动支付的其他各类费用包括：业务费、劳务费、水电气暖费用等。

3. 无形资产自行研发核算的科目设置

有无形资产研发活动的政府单位，应当设置“研发支出”总账科目，核算无形资产研发的成本费用。在“研发支出”总账科目下，应当设置“研究支出”、“开发支出”两个二级明细科目，对单位自行研究开发项目，按照研究阶段和开发阶段分别进行成本费用的核算。在“研究支出”、“开发支出”明细科目下，还应当按照单位自行研究开发的项目设置明细科目，分项目进行核算。在每个项目明细科目下，还可以根据归集成本费用的核算需要，设置“直接费”、“间接费”、“其他费用”等明细科目。

4. 无形资产自行研发的账务处理

政府单位对自行研究开发项目的研究阶段的费用，先在“研发支出——研究支出”科目进行归集。相关费用发生时，财务会计按照从事研究及其辅助活动人员计提的薪酬，研究活动领用的库存物品，发生的与研究活动相关的管理费、间接费和其他各项费用，借记“研发支出——研究支出”，贷记“应付职工薪酬”、“库存物品”、“财政拨款收入”、“零余额账户用款额度”、“固定资产累计折旧”、“银行存款”等科目。预算会计在研究阶段发生现金支出的同时，按照实际支出的金额借记“事业支出”等科目，贷记“资金结存”、“财政拨款预算收入”科目。期（月）末，将本期“研发支出——研究支出”归集的研究阶段的费用金额转为当期费用，财务会计借记“业务活动费用”等科目，贷记“研发支出——研究支出”科目。

政府单位自行研究开发项目时，无法分清研究阶段和开发阶段的，所有的研发费用都通过“研发支出——研究支出”科目归集，并于期（月）末转为当期费用。

政府单位对自行研究开发项目的开发阶段的费用，先在“研发支出——开发支出”科目进行归集。相关费用发生时，财务会计按照从事开发及其辅助活动人员计提的薪酬，开发活动领用的库存物品，发生的与开发活动相关的管理费、间接费和其他各项费用，借记“研发支出——开发支出”，贷记“应付职工薪酬”、“库存物品”、“财政拨款收入”、“零余额账户用款额度”、“固定资产累计折旧”、“银行存款”等科目。预算会计在开发阶段发生现金支出的同时，按照实际支出的金额借记“事业支出”等科目，贷记“资金结存”“财政拨款预算收入”科目。自行研究开发项目完成，达到预定用途形成无形资产的，按照“研发支出——开发支出”科目归集该项目的开发阶段的支出金额，借记“无形资产”科目，贷记“研发支出——开发支出”科目。

政府单位在研发支出核算中对研发费用中直接费、间接费等归集的账务处理，可以参考本节自制生产加工中“加工物品”账户下的相关账务处理，这里不再赘述。

政府单位应于每年年度终了评估开发阶段项目是否能达到预定用途，如预计不能达到预定用途（如无法最终完成开发项目并形成无形资产的），应当将已发生的开发支出金额全部转入当期费用，借记“业务活动费用”等科目，贷记“研发支出——开发支出”科目。

政府单位自行研究开发项目尚未达到开发阶段，或者因为无法分清研究阶段和开发阶段研发费用都通过“研发支出——研究支出”科目归集的，而研发项目已经按照法律程序等取得无形资产（如专利权）时，应当按照依法取得无形资产时发生的注册费、聘请律师费等费用为无形资产入账成本，确认为无形资产。按照确定的无形资产入账成本金额，借记“无形资产”科目，贷记“研发支出——研究支出”科目；按照该项目转为无形资产后的“研发支出——研究支出”科目余额，借记“业务活动费用”等科目，贷记“研发支出——研究支出”科目。如果该项目转为无形资产后的“研发支出——研究支出”科目余额为贷方余额，按照该余额借记“研发支出——研究支出”科目，贷记“业务活动费用”等科目。

6.3 工程建设资产的核算

6.3.1 工程建设资产核算概述

1. 工程建设及其核算的资产

（1）政府单位的工程建设。工程建设是指组织建筑物建造、购置并安装设备等工程活动及与此相关的工作。政府单位的固定资产、无形资产、公共基础设施、保障性住房等资产往往需要通过工程建设取得。作为组织工程建设的政府单位，需要进行工程前期各项报审批准工作，工程招标、发包工作，与工程设计、施工、监理等单位的对接工作（如支付工程款、工程分阶段验收、工程款结算等），完工工程产品的验收移交工作，完工工程的财务竣工决算工作，等等。

（2）政府单位工程建设中核算的资产。在政府单位组织工程建设过程中，政府单位要核算以工程建设成本表现的资产称为在建工程。在建工程核算的主要内容包括：单位新建、续建、改建、扩建固定资产、公共基础设施、保障性住房、无形资产等工程中形成的成本，单位进行工程建设、但是不能形成资产的工程建设成本，单位购入设备在安装调试过程中形成的成本。

（3）政府单位工程建设资产的核算主体。政府单位工程建设资产的核算主体是工程项目的建设单位。建设单位是指进行工程项目建设管理，将工程项目资金纳入本单位预算管理、编报工程项目预决算的政府单位。在工程建设的全过程中，建设单位都要对工程建设的资产进行核算。同一工程项目涉及多个单位的，按照全部工程建设资金的相关预算单位确定工程建设单位，工程相关各个建设单位对本单位的工程项目资金及工程建设资产进行会计核算，编报本单位关于工程建设资产的会计报告。

2. 在建工程核算的适用范围

政府单位一般对本单位通过自行建设或委托代建的工程建设，以及购入需要安装调试的设备等，都要进行在建工程的核算。

有的政府单位通过无偿借入或经营租赁固定资产的方式使用其他单位的固定资产，并且出于使用需要，对该固定资产进行了改建、扩建。在这种情况下，由于固定资产控制权仍旧属于出借、出租固定资产的单位，使用单位改建、扩建固定资产的投资就不能计入固定资产原值，而是计入单位的费用。政府单位在对单位使用的、其他单位的固定资产进行改建、扩建时，通过在“长期待摊费用”科目下设置明细科目归集改建、扩建费用（不含改建、扩建的原固定资产价值）。对于拥有改建、扩建固定资产控制权的出借、出租政府单位来说，由于并没有对该固定资产此时的改建、扩建工程出资，所以固定资产的历史成本没有增加，也就不因此增加固定资产原值。但是如果出借、出租的固定资产经过使用单位改建、扩建延长了资产的预计使用年限，出借、出租固定资产的政府单位就要按照新的固定资产预计使用年限计提固定资产折旧。

政府单位对固定资产、无形资产、公共基础设施、文物文化资产、保障性住房等要进行各种维护、维修。有些单位资产维护、维修一次性投入的资金数量还很大。但不管是何种名义的维护、维修，只要不能够提高或改变相关资产与该资产取得时设计能力相比的服务能力，或者不能够延长资产的预计使用年限，资产的维护、维修成本费用就不能通过在建工程计入相关资产的原值，而是直接计入单位的费用。

为了方便政府单位判断对大型修缮费用是否计入相关资产原值，可以借助形成资产修缮费用的资金支出的部门预算经济分类判断：如果大型修缮费用资金支出的部门预算经济分类属于资本性支出，则该修缮费用应当通过计入在建工程进而计入相关资产原值；如果大型修缮费用资金支出的部门预算经济分类不属于资本性支出，则该修缮费用应当记入相关费用科目。

在不能够提高或改变相关资产的服务能力或者不能够延长资产的预计使用年限前提

下，在政府单位对固定资产、公共基础设施、保障性住房、无形资产、文物文化资产等进行维护、维修时，要将发生的维护、维修工程费用记入“业务活动费用”、“单位管理费用”等科目。对于金额较大、维修结果可以在较长时间（1年以上）发挥作用的维修费用，可以在维修施工期间通过“长期待摊费用”科目下设置明细科目（例如“维修工程”）进行归集。待到维修工程结束以后，对该维修工程全部成本分期进行摊销。分期摊销时，按照本期摊销的金额，借记“业务活动费用”、“单位管理费用”等科目，贷记“长期待摊费用——维修工程”科目。

政府单位的工程建设项目内容如果仅为房屋或设备等购置、且无设备安装调试费用等支出的，在不影响编制工程项目报告前提下，可以按照资产购买进行核算，不作为在建工程进行核算。

6.3.2 工程自行建设的核算

工程自行建设是指建设单位自行组织的工程建设。

1. 工程建设成本

工程建设成本是指按照批准的建设内容由项目建设资金各项支出形成的成本费用，构成在建工程的具体内容。工程建设成本包括：建筑安装工程投资成本、设备投资成本、待摊投资成本、其他投资成本和待核销基建支出成本。

建筑安装工程投资成本是指项目建设单位按照批准的建设内容发生的建筑工程和安装工程的实际成本。在改建、扩建工程中，建筑安装工程成本中要加上改建、扩建资产的原账面价值；如果拆除原资产中的部分实物结构，还要从建筑安装工程成本中减去拆除这部分资产的原账面价值。

设备投资成本是指项目建设单位按照批准的建设内容发生的各种设备的实际成本。

待摊投资成本是指项目建设单位按照批准的建设内容发生的，应当分摊计入相关资产价值的各项费用和税金支出。

其他投资成本是指项目建设单位按照批准的建设内容发生的房屋购置支出、基本畜禽、林木等的购置、饲养、培育支出，办公生活家具、器具购置支出，软件研发和不能计入设备投资的软件购置等成本费用。

待核销基建支出成本是指非经营性工程项目发生的江河清障疏浚、航道整治、飞播造林、退耕还林（草）、封山（沙）育林（草）、水土保持、城市绿化、毁损道路修复、护坡及清理等工程完工后不能形成资产的基建投资的成本费用，取消项目的可行性研究费，以及项目因自然灾害等原因整体报废不能形成资产、已经发生的工程成本费用。

项目建设单位以下的工程费用不得列入项目建设成本：

（1）超过批准建设内容发生的支出。

（2）不符合合同协议的支出。

（3）非法收费和摊派。

（4）因设计单位、施工单位、供货单位等原因造成的工程报废等损失。

（5）项目符合规定的验收条件之日起3个月后发生的支出。

（6）不属于工程建设期间发生的工程专门借款的利息费用，工程非正常停工超过3个月、停工期间的专门借款的利息费用。

（7）其他不属于本工程项目应当负担的费用。

2. 核算工程建设资产的科目设置

政府单位通过设置"在建工程"总账科目，核算工程建设的全部成本。在"在建工程"总账科目下，根据工程建设内容及核算的需要设置以下二级明细科目：

（1）"建筑安装工程投资"明细科目。核算单位发生的构成建设项目实际支出的建筑工程和安装工程的实际成本，不包括被安装设备本身的价值以及按照合同规定支付给施工单位的预付备料款和预付工程款。固定资产等资产改建、扩建工程中，改建、扩建资产的原账面价值也通过该明细科目核算。该明细科目应当设置"建筑工程"和"安装工程"两个明细科目进行明细核算。

（2）"设备投资"明细科目。核算单位发生的构成建设项目实际支出的各种设备的实际成本。单位购置需要安装调试的设备购进成本及安装调试费用也通过该明细科目核算。

（3）"待摊投资"明细科目。核算单位发生的构成建设项目实际支出的、按照规定应当分摊计入有关工程成本和设备成本的各项间接费用和税费支出。"待摊投资"明细科目应当按照下述费用项目进行明细核算：

①勘察费、设计费、研究试验费、可行性研究费及项目其他前期费用。财政资金用于工程项目前期工作经费部分，在项目批准建设后，列入项目建设成本。

②土地征用及迁移补偿费、土地复垦及补偿费、森林植被恢复费及其他为取得土地使用权、租用权而发生的费用（不含土地出让金）。

③土地使用税、耕地占用税、契税、车船税、印花税及按照规定缴纳的其他税费。

④项目建设管理费、代建管理费、临时设施费、监理费、招投标费、社会中介审计（审查）费及其他管理性质的费用。项目建设管理费是指项目建设单位从项目筹建之日起至办理竣工财务决算之日止发生的管理性质的支出，包括不在原单位发工资的工作人员工资及相关费用、办公费、办公场地租用费、差旅交通费、劳动保护费、工具用具使用费、固定资产使用费、招募生产工人费、技术图书资料费（含软件）、业务招待费、施工现场津贴、竣工验收费等。

⑤项目建设期间发生的该工程专门借款利息费用或融资费用，发生已经借入、尚未使用的该工程专门借款的存款利息，应当冲减该工程借款利息费用。

⑥工程检测费、设备检验费、负荷联合试车费及其他检验检测类费用。

⑦固定资产损失、器材处理亏损、设备盘亏及毁损、单项工程或单位工程报废、毁损净损失及其他损失。

⑧系统集成等信息工程的费用支出。

⑨其他待摊性质费用。

（4）“其他投资”明细科目。核算单位项目建设中发生的其他投资成本。单位为进行可行性研究而购置的固定资产，以及取得土地使用权支付的土地出让金，也通过该明细科目核算。该明细科目下还设置“房屋购置”、“基本畜禽支出”、“林木支出”、“办公生活用家具、器具购置”、“可行性研究固定资产购置”、“无形资产”等明细科目。

（5）“待核销基建支出”明细科目。核算建设项目发生的不能形成资产部分的基建投资成本费用。在涉农和移民工程建设中形成实物资产，工程完工后移交给农民（移民）家庭、个人的工程成本，也通过该明细科目核算。该明细科目下还应按照待核销基建支出的类别进行明细核算。

（6）“基建转出投资”明细科目。核算为建设项目配套而建成的、产权不归属本单位的专用设施的实际成本。按照规定工程建成资产直接转入建设单位以外的其他单位的工程成本，也通过该明细科目核算。该明细科目下还应按照转出投资的类别进行明细核算。

政府单位对工程建设按照基本建设项目进行会计核算的，应当通过在有关会计科目下设置与基本建设项目相关的明细科目或增加标记，或设置基建项目辅助账等方式，满足基本建设项目竣工决算报表编制的需要。

3. 工程建设资产核算的账务处理

（1）工程开始的账务处理。因工程前期工作支付相关费用时，财务会计按照实际支付的金额，借记“在建工程——待摊投资——待摊投资”科目，贷记“财政拨款收入”、“零余额账户用款额度”、“银行存款”等科目。同时，预算会计按照相同的金额，借记“行政支出”、“事业支出”等科目，贷记“财政拨款预算收入”、“资金结存”科目。

在工程项目被批准前发生了前期费用且使用的资金是财政拨款的，发生时按照支付的金额，财务会计借记“业务活动费用”等科目，贷记“财政拨款收入”、“零余额账户用款额度”、“银行存款”等科目。同时，预算会计按照相同的金额，借记“行政支出”、“事业支出”等科目，贷记“财政拨款预算收入”、“资金结存”科目。当工程项目批准后，按照已经支付财政拨款资金的项目前期费用金额，财务会计借记“在建工程——待摊投资”科目，贷记“业务活动费用”等科目。

属于改建、扩建工程的，改建、扩建工程开始时，按照改建、扩建的固定资产等资产的账面价值，借记“在建工程”科目下的“建筑安装工程投资”等明细科目，按照资产已计提的折旧或摊销，借记“固定资产累计折旧”等科目，按照固定资产等资产的原值，贷记“固定资产”等科目。

（2）预付工程款的账务处理。向承包工程施工单位等支付预付工程款或预付备料款时，财务会计按照实际支付的金额，借记“预付账款——预付工程款/预付备料款”科目，贷记“财政拨款收入”、“零余额账户用款额度”、“银行存款”等科目。同时，预算会计按照相同的金额，借记“行政支出”、“事业支出”等科目，贷记“财政拨款预算收入”、“资金结存”科目。

（3）替换原资产部分建筑或设备的账务处理。改建、扩建工程替换拆除原资产某些组成部分时，财务会计按照替换部分的资产原账面价值，借记“待理处财产损溢”科目，贷记“在建工程”科目下的“建筑安装工程投资”等明细科目。

被替换部分的资产原账面价值难以确定的，单位可以采用合理的分配方法计算确定，或组织专家参照资产评估方法进行估价。

单位不能根据原账面记录计算或评估等方法确定被替换部分的资产原账面价值，或者确定被替换部分资产原账面价值的计量成本过高不符合成本效益原则的，可以不进行按照替换部分的资产原账面价值冲减工程成本的账务处理（但应当在报表附注中予以披露）。

拆除替换部分原资产获得残值变价收入时，按照规定留归单位的，财务会计按照收到的资金金额，借记“银行存款”等科目，贷记“在建工程——待摊投资”科目（要求冲减工程成本的）或“待处理财产损溢”科目。同时，预算会计按照相同的金额，借记“资金结存——货币资金”科目，贷记“行政支出”、“事业支出”等科目。如果残值变价收入按照规定要上缴财政，财务会计按照收到的资金金额，借记“银行存款”等科目，贷记“待处理财产损溢”科目。预算会计不作账务处理。处理收支结清后，按照应当上缴财政的金额，借记“待处理财产损溢”科目，贷记“应缴财政款”科目。

（4）工程建设投资的账务处理。发包工程与施工企业等结算工程进度款时，财务会计按照结算应付的工程价款，借记“在建工程——建筑安装工程投资/设备投资/其他投资”科目，按照预付工程款或预付备料款余额，贷记“预付账款——预付工程款/预付备料款”科目，按照结算实际支付款项的金额，贷记“财政拨款收入”、“零余额账户用款额度”、“银行存款”等科目，按照差额，贷记“应付账款”科目。同时，预算会计按照支付的资金金额，借记“行政支出”、“事业支出”等科目，贷记“财政拨款预算收入”、“资金结存”科目。

单位自行施工的小型建筑安装工程，发生工程投资费用时，财务会计按照发生的各项费用金额，借记“在建工程——建筑安装工程投资”科目，贷记“工程物资”、“零余额账户用款额度”、“银行存款”、“应付职工薪酬”等科目。同时，预算会计按照支付的资金，作相应支出的账务处理。

单位自行采购设备安装，购入设备验收时，财务会计按照购入成本，借记“在建工程——设备投资”科目，贷记“预付账款”、“财政拨款收入”、“零余额账户用款额度”、“银行存款”、“应付账款”等科目。同时，预算会计按照到货时支付的资金金额，借记“行政支出”、“事业支出”等科目，贷记“财政拨款预算收入”、“资金结存”科目。发生设备安装调试费用时，财务会计按照发生费用的金额，借记“在建工程——建筑安装工程投资——设备安装”科目，贷记“财政拨款收入”、“零余额账户用款额度”、“银行存款”等科目。同时，预算会计按照支付的资金，作相应的账务处理。

单位发生的构成待摊投资的各类费用，按照实际发生金额，财务会计借记“在建工程——待摊投资”科目，贷记“财政拨款收入”、“零余额账户用款额度”、“银行存款”、“应付利息”、“长期借款”、“其他应交税费”、“固定资产累计折旧”、“无形资产累计摊销”等科目。同时，预算会计按照支付属于待摊投资的资金金额，作相应的账务处理。

（5）待核销基建支出的账务处理。对于工程正常进行、完工后不能形成单位资产（包括形成的工程资产移交给个人和家庭）的工程，发生工程建设费用时，按照实际发生的金额，借记“在建工程——待核销基建支出”科目，贷记“财政拨款收入”、“零余额账户用款额度”、“银行存款”等科目。同时，预算会计按照实际支付工程建设资金的金额，借记“行政支出”“事业支出”等科目，贷记“财政拨款预算收入”、“资金结存”科目。

对于未获项目评审通过而取消的工程项目，按照已经发生的前期费用金额，借记“在建工程——待核销基建支出”科目，贷记“在建工程——待摊投资”等科目。

对于工程在进行过程中因自然灾害等原因整体报废，项目终止不再建设的，财务会计按照报废工程发生清除费用，借记“在建工程——待摊投资”科目，贷记“零余额账户用款额度”、“银行存款”等科目。同时，预算会计作支出的会计处理。报废工程取得残值变价收入的，按照收到的金额，财务会计借记“银行存款”等科目，贷记“在建工程——待摊投资”或“应缴财政款”科目。预算会计对留归单位的残值变价收入作冲减支出的账务处理，对规定上缴财政的残值变价收入不作处理。报废工程经有关部门审批后，按照该工程（含报废拆除工作）已经发生的净成本金额，借记“在建工程——待核销基建支出”科目，贷记“在建工程”科目下“建筑安装工程投资”、“待摊投资”等明细科目。

（6）工程完工的账务处理。工程完工时，根据工程项目情况（一次竣工完成，分期分批竣工完成）按照合理的分配方法（按照实际分配率分配，按照概算分配率分配等）分配待摊投资，借记“在建工程——建筑安装投资”科目，贷记“在建工程——待摊投资”科目。待摊投资中有按规定应当分摊计入基建转出投资和待核销基建支出的，还应当借记“在建工程——基建转出投资/待核销基建支出”科目，贷记“在建工程——待摊投资”科目。

工程竣工与工程承包单位最终结算时，财务会计按照上次工程进度结算至最终结算的应付工程价款，借记“在建工程”科目及其相应的明细科目，按照最终结算实际支付款项的金额，贷记“财政拨款收入”、“零余额账户用款额度”、“银行存款”等科目，按照在工程价款中扣留的质量保证金，贷记“其他应付款”或“长期应付款”科目，按照最终结算时尚未能支付的工程欠款（如有），贷记“应付账款”科目。同时，预算会计按照支付的资金金额，借记“行政支出”、“事业支出”等科目，贷记“财政拨款预算收入”、“资金结存”科目。

建设项目竣工验收、资产交付使用时，进行工程资产转为固定资产等资产的账务处理（以下简称“转固”）。财务会计按照分配待摊投资后的工程全部账面成本，借记“固定资产”、“无形资产”、“公共基础设施”、“保障性住房”等科目，贷记“在建工程”及其科目下的“建筑安装投资”、“设备投资”、“其他投资”等明细科目。预算会计不作账务处理。

对于为建设项目配套而建成的、产权不归属本单位的专用设施，财务会计按照分配待摊投资后专用设施的工程全部账面成本，借记“在建工程——基建转出投资”科目，贷记“在建工程”及其科目下的“建筑安装投资”、“设备投资”等明细科目。预算会计不作账务处理。

对于最终不能形成单位资产的工程建设成本，在工程竣工交付使用或工程终止时，冲销待核销基建支出。财务会计按照分配待摊投资后待核销基建支出的工程全部账面成本，借记“资产处置费用”科目，贷记“在建工程——待核销基建支出”科目。预算会计不作账务处理。

（7）完工工程资产移交给其他单位的账务处理。为建设项目配套而建成的、产权不归属本单位的专用设施，在项目竣工验收交付专用设施管理单位时，按照转出的专用设施的账面成本，借记“无偿调拨净资产”科目（交付给政府单位）或“资产处置费用”科目（交付给非政府单位），贷记“在建工程——基建转出投资”科目。

有的工程建设由专门组织工程建设的政府单位进行，工程完工后整体交给其他使用单位。在这种情况下，要看对工程建设单位在建工程完工资产管理的有关规定，进行相应的账务处理：

①规定直接交付给建设单位以外的政府单位或非政府单位的，建设项目竣工验收交付时，按照转出的建设项目的账面成本，借记“在建工程——基建转出投资”科目，贷记“在建工程——建筑安装工程投资/设备投资”科目；同时，借记“无偿调拨净资产”科目（交付给政府单位）或“资产处置费用”科目（交付给非政府单位），贷记“在建工程——基建转出投资”科目。

②规定先转入建设单位、再无偿划转给其他政府单位的，建设项目竣工验收交付使用时，建设单位应当按照完工的建设工程的账面成本，先从“在建工程”科目转入“固定资产”、“公共基础设施”等科目，再按照资产无偿划转进行账务处理（参见第7

章 7.3.3 无偿划出资产的核算）。

③移民安置工程、涉农工程等将完工工程资产产权移交给家庭、个人的，应当将完工资产的建设成本作为待核销基建支出处理。将完工工程资产交付时，先按照移交完工资产的建设成本，借记“在建工程——待核销基建支出”科目，贷记“在建工程——建筑安装工程投资”科目；然后按照相同金额，借记“资产处置费用”科目，贷记“在建工程——待核销基建支出”科目。

（8）转固后工程建造成本调整的账务处理。在建工程按照在建工程账面成本转固之后、办理竣工财务决算之前，发生调整已确认的应付工程价款等影响转固工程成本的事项，建设单位应当先通过“在建工程”科目进行会计处理，再由在建工程转入固定资产、公共基础设施等资产账面余额或相关费用。

调整转固后工程成本时，按照调整的金额，借记或贷记“在建工程”科目，贷记或借记“应付账款”等科目。

调整转固资产账面余额、费用等时，按照“在建工程”科目登记的调整金额，借记或贷记“固定资产”、“公共基础设施”、“无偿调拨净资产”、“资产处置费用”等科目，贷记或借记“在建工程”科目。并通知接受完工工程资产的其他单位，调整接受转固资产的账面余额。

（9）工程财务决算调整的账务处理。工程财务决算报告经有关部门批准，要求建设单位对工程决算价格进行调整的，单位要对已经转固资产的相关资产原值进行调整。

当按照要求调整减少工程建设最终成本时，根据需要调减的原因和按照要求调整的金额，借记“以前年度盈余调整”科目（如将不应计入建设成本的费用调减出成本）或“其他应收款”等科目（如将不当计算而多支付的工程款调减收回），贷记工程形成的固定资产等资产科目。

当按照要求调整增加工程建设最终成本时，根据需要调增的金额，借记工程形成的固定资产等科目，贷记“以前年度盈余调整”等科目。

根据批复的竣工决算调整工程形成的资产原值时，接受工程形成资产的建设单位以外的使用单位，也要相应地调整本单位接受的资产原值。接受工程形成资产的政府单位，按照建设单位调整工程建设成本相同的金额，借记或贷记相关的资产科目，贷记或借记“以前年度盈余调整”科目。

6.3.3 工程代建的核算

工程代建是指某个单位（代建单位）为政府单位（建设单位）代为组织管理工程建设。有的政府单位没有专门的工程建设管理能力，则将工程建设的管理工作委托交由代理工程建设工作的单位（代建单位）完成。这种做法称为工程建设的代建制。

工程建设代建制中的代建单位是指接受建设单位委托进行并完成工程建设管理工作

的单位。代建单位与建设单位的最大区别是：工程建设资金不纳入代建单位预算；工程建设完成形成的资产不由代建单位控制，代建单位不以本单位名义向上级有关部门报批工程项目财务决算。政府单位工程建设的代建单位可以是具有工程建设管理能力的政府单位，也可以是企业。

有的政府部门，由本部门专门组织工程建设的政府单位进行工程建设，完工后再将建成资产移交给本部门的各个工程建设完工资产使用单位。并将工程建设资金列入专门组织工程建设的政府单位的单位预算，由该单位报告工程决算。在这种情况下，专门组织工程建设的政府单位就是建设单位，工程建设不属于代建制。

工程建设实行代建制的，一方面，由于代建单位组织进行工程建设，直接与工程设计、施工、监理等单位对接，掌握工程建设第一手的核算资料；另一方面，建设单位是在建工程的会计核算主体。所以，在采用代建制的工程建设中，要先由代建单位根据第一手资料核算代建工程建设的成本，然后通过将工程成本过渡记账（代建单位将工程成本转出，建设单位同时确认登记工程成本）的方式，由建设单位根据代建单位提供的工程建设成本的详细记账资料核算在建工程。在采用代建制的工程建设过程中，建设单位和属于政府单位的代建单位，都要按照政府单位会计制度规定，对代建的工程建设资产进行会计核算。

1. 工程代建制下代建单位核算的科目设置和账务处理

代建单位为政府单位的，应当设置“代建项目”资产类科目，并与建设单位相对应，按照工程性质和类型在“代建项目”科目下设置“建筑安装工程投资”、“设备投资”、“待摊投资”、“其他投资”、“待核销基建支出”、“基建转出投资”等明细科目，对所承担的代建项目建设成本进行会计核算。同时，在“代建项目”科目下设置“代建项目转出”明细科目，通过与建设单位工程结算或年终对账确认在建工程成本的方式，将代建项目的成本转出，体现在建设单位相应的“在建工程”账上。年末，“代建项目”科目应无余额。

代建单位还应当设置“预收账款——预收工程款”负债类科目，作为与建设单位的工程资金结算账户。该账户登记建设单位预付或欠付的工程资金。工程完工与建设单位决算后，该账户应当无余额。

代建单位有关代建工程业务的主要账务处理如下：

（1）收到建设单位拨付的建设项目资金时，按照收到的款项金额，借记“银行存款”等科目，贷记“预收账款——预收工程款”科目。预算会计不作账务处理。

（2）改建、扩建工程替换拆除原资产某些组成部分时，取得拆除部分的残值变价收入的，按照收到的金额，借记“银行存款”等科目，贷记“其他应付款”科目［规定由建设单位上缴财政］或“代建项目——待摊投资”科目［规定冲减工程成本］。

（3）工程项目使用资金或发生其他耗费时，按照确定的金额，借记“代建项目”

科目下的“建筑安装工程投资”、“待摊投资”等明细科目，贷记“银行存款”、“应付职工薪酬”、“工程物资”、“累计折旧”等科目。预算会计不作账务处理。

（4）按工程进度与建设单位结算工程款或年终与建设单位对账确认在建工程成本并转出时，按照确定的金额，借记“代建项目——代建项目转出”科目，贷记“代建项目”科目下的“建筑安装工程投资”等明细科目，同时，借记“预收账款——预收工程款”科目，贷记“代建项目——代建项目转出”科目。

（5）确认代建费收入时，按照确定的金额，借记“预收账款——预收工程款”等科目，贷记有关收入科目。同时，预算会计按照实际收到的代建管理费金额，借记“资金结存”科目，贷记有关预算收入科目。

（6）代建项目完工摊销待摊投资时，按照摊销的待摊投资，借记“代建项目——建筑安装工程投资”等科目，贷记“代建项目——待摊投资”科目。结转基建转出投资等时，按照结转的建筑安装工程投资成本，借记“代建项目——基建转出投资”等明细科目，贷记“代建项目——建筑安装工程投资”科目。

（7）代建项目完成交付使用资产时，按照尚未转出的代建工程成本，借记“代建项目——代建项目转出”科目，贷记“代建项目”科目下的“建筑安装工程投资”等明细科目，同时，借记“预收账款——预收工程款”科目，贷记“代建项目——代建项目转出”科目。

（8）工程完工与建设单位进行竣工决算时，按照质保期结束需要支付给工程施工方的质保金（约定通过代建单位支付），借记“其他应收款——应收质保金”科目，贷记“预收账款——预收工程款”科目。按照代建项目的“预收账款——预收工程款”科目最后贷方余额，借记“预收账款——预收工程款”科目，贷记“其他应付款——应退预收代建工程款”科目；或者按照代建项目的“预收账款——预收工程款”科目最后借方余额，借记“应收账款——应收工程款”科目，贷记“预收账款——预收工程款”科目。竣工决算结账后，“预收账款——预收工程款”科目应当无余额。

（9）工程竣工决算后需要退回建设单位预付工程资金的，按照实际退回的金额，借记“其他应付款——应退预收代建工程款”科目，贷记“银行存款”科目。

工程竣工决算后需要建设单位补付工程资金的，按照收到的金额，借记“银行存款”等科目，贷记“应收账款——应收工程款”科目。对收到补付的代建管理费，预算会计还要借记“资金结存”科目，贷记有关预算收入科目。其他收到的款项，预算会计不作账务处理。

（10）代建工程质保期到期，建设单位支付质保金时，代建单位实有资金银行账户收到质保金资金的，按照收到的金额，借记“银行存款”科目，贷记“其他应收款——应收质保金”科目；预算会计不作账务处理。建设单位采用国库集中支付方式将质保金直接支付给施工单位的，按照支付的金额，借记“其他应付款——应付质保金”

（施工单位）科目，贷记“其他应收款——应收质保金”（建设单位）科目；预算会计不作账务处理。

实行工程建设代建制且代建单位为企业的，代建单位按照企业类会计准则制度相关规定进行账务处理。

2. 工程代建制下建设单位核算的科目设置和账务处理

在工程代建制核算中，建设单位仍要和自建工程一样设置“在建工程”科目及其明细科目。

建设单位还应当设置“预付账款——预付工程款”资产类科目，作为与代建单位的工程资金结算账户。该账户登记对代建单位预付或欠付的工程资金。工程完工与代建单位决算后，该账户应当无余额。

建设单位有关代建工程业务的主要账务处理如下：

（1）将固定资产等资产转入改建、扩建工程时，按照固定资产等资产的账面价值，借记“在建工程”科目，按照已计提的折旧或摊销，借记“固定资产累计折旧”等科目，按照固定资产等资产的原值，贷记“固定资产”等科目。

（2）拨付代建单位工程款时，按照拨付的款项金额，借记“预付账款——预付工程款”科目，贷记“财政拨款收入”、“零余额账户用款额度”、“银行存款”等科目。同时，预算会计借记“行政支出”、“事业支出”等科目，贷记“财政拨款预算收入”、“资金结存”科目。

（3）代建单位报告原资产部分拆除的情况时，按照改建、扩建资产替换拆除部分的资产原账面价值，借记“待处理财产损溢——待处理财产价值”科目，贷记“在建工程”科目。收到代建单位交来按照规定应当上缴财政的拆除部分残值变价收入时，按照收到的金额，借记“银行存款”科目，贷记“待处理财产损溢——处理净收入”科目；然后按照相同的金额，借记“待处理财产损溢——处理净收入”科目，贷记“应缴财政款”科目。

（4）按照工程进度与代建单位结算工程款或年终对账确认在建工程成本时，按照确定的金额，借记“在建工程”科目下的“建筑安装工程投资”等明细科目，贷记“预付账款——预付工程款”等科目。

（5）确认代建管理费时，按照确定的金额，借记“在建工程”科目下的“待摊投资”明细科目，贷记“预付账款——预付工程款”等科目。

（6）项目完工时，按照代建单位报告的待摊投资摊销的金额，借记“在建工程——建筑安装工程投资”等科目，贷记“在建工程——待摊投资”科目；按照代建单位报告的结转基建转出投资等的金额，借记“在建工程——基建转出投资”等明细科目，贷记“在建工程——建筑安装工程投资”科目。

（7）项目完工交付使用资产时，按照代建单位转来在建工程成本中尚未确认入账的金额，借记“在建工程”科目下的“建筑安装工程投资”等明细科目，贷记“预付账款——预付工程款”等科目；同时，按照完工在建工程全部成本，借记“固定资产”、“公共基础设施”、“保障性住房”等科目，贷记“在建工程”科目。

（8）工程完工与代建单位进行竣工决算时，按照质保期结束需要支付给工程施工方的质保金（约定通过代建单位支付），借记“预收账款——预收工程款”科目，贷记“其他应付款——应付质保金”等科目。按照代建项目的“预付账款——预付工程款”科目最后借方余额，借记“其他应收款——应收预付代建工程款”科目，贷记“预付账款——预付工程款”科目；或者按照代建项目的“预付账款——预付工程款”科目最后贷方余额，借记“预收账款——预收工程款”科目，贷记“应付账款——应付工程款”科目。竣工决算结账后，“预付账款——预付工程款”科目应当无余额。

（9）与代建单位竣工决算时涉及退回预付工程款的，应当在收到退回资金时，按照退回的金额，借记“其他应收款”科目，贷记“财政拨款收入”、“零余额账户用款额度”、“银行存款”等科目。同时，预算会计进行相应冲减支出的账务处理。

与代建单位竣工决算时需要补付工程资金和支付质保金的，应当在支付资金时，按照实际付款的金额，借记“应付账款”、“其他应付款”等科目，贷记“财政拨款收入”、“零余额账户用款额度”、“银行存款”等科目。同时，预算会计进行相应列支的账务处理。

实行工程建设代建制且代建单位为企业的，建设单位仍按照上述做法进行账务处理。

6.3.4 工程建设资产核算举例

【例6-1】 甲行政单位（以下简称“甲单位”）改建办公楼项目获得批准，办公楼改建工程采用代建制方式建设。甲单位与乙事业单位（以下简称“乙单位”）签订代建协议，将该工程全部建设工作委托乙单位完成，乙单位的代建活动定位为事业活动。乙单位与丙建筑施工企业（以下简称“丙单位”）签订协议，将该工程建造全部发包给丙单位。甲单位工程建设的财政拨款采用一体化实施前国库集中支付方式。

要求：根据以下经济业务和资料，编制该工程建设的代建双方对经济业务进行会计记账的会计分录。

（1）甲单位办公楼改建工程开始。该办公楼在甲单位原会计账中的固定资产原值为8 000万元，已经计提累计折旧3 500万元。

甲单位：

借：在建工程——建筑安装工程投资	45 000 000	
固定资产累计折旧	35 000 000	
贷：固定资产——房屋及建筑物——办公楼		80 000 000

（2）甲单位根据乙单位要求，通过财政直接支付向丙单位支付预付工程款 1 000 万元，并将财政直接支付到账通知告知了乙单位；甲单位还通过财政授权支付向乙单位实有资金账户支付了用于工程建设前期工作等款项 200 万元。

甲单位：

借：预付账款——乙单位——预付工程款	12 000 000	
贷：财政拨款收入		10 000 000
零余额账户用款额度		2 000 000
借：行政支出	12 000 000	
贷：财政拨款预算收入		10 000 000
资金结存——零余额账户用款额度		2 000 000

乙单位：

借：预付账款——丙单位——预付工程款	10 000 000	
银行存款	2 000 000	
贷：预收账款——甲单位——预收工程款		12 000 000

（3）该办公楼改建拆除了部分旧设施，拆除设施的原账面价值为 500 万元。乙单位对此通知甲单位，甲单位根据乙单位通知核减在建工程资产，并将办公楼改建拆除的旧设施向有关部门申请报废，获得批准。

甲单位：

借：待处理财产损溢——待处理资产价值	5 000 000	
贷：在建工程——建筑安装工程投资		5 000 000
借：资产处置费用	5 000 000	
贷：待处理财产损溢——待处理资产价值		5 000 000

（4）乙单位与丙单位对部分已经完成工程进行结算，结算款项为 1 600 万元，其中抵扣预付工程款 1 000 万元。

乙单位：

借：代建项目——建筑安装工程投资	16 000 000	
贷：预付账款——丙单位——预付工程款		10 000 000
应付账款——丙单位——应付工程款		6 000 000

（5）乙单位用银行存款支付工程待摊费用 100 万元。

乙单位：

借：代建项目——待摊投资	1 000 000	
贷：银行存款	1 000 000	

（6）乙单位年末与甲单位对账结转代建工程成本，结转的工程成本为：建筑安装工程投资 1 600 万元，待摊投资 100 万元。另外按照代建协议约定，确认本年代建管理

费收入100万元，抵扣甲单位的预付工程款。

乙单位：

①确认转出代建工程成本。

借：代建项目——代建项目转出　　17 000 000

　　贷：代建项目——建筑安装工程投资　　16 000 000

　　　　　　　　——待摊投资　　1 000 000

②核销转出代建工程成本。

借：预收账款——甲单位——预收工程款　　17 000 000

　　贷：代建项目——代建项目转出　　17 000 000

③确认本年代建管理费收入。

借：预收账款——甲单位——预收工程款　　1 000 000

　　贷：事业收入——代建管理费收入　　1 000 000

借：资金结存——货币资金　　1 000 000

　　贷：事业预算收入——代建管理费预算收入　　1 000 000

甲单位：

借：在建工程——建筑安装工程投资　　16 000 000

　　　　　　——待摊投资　　2 000 000（含100万元代建管理费）

　　贷：预付账款——乙单位——预付工程款　　18 000 000

本次对账结算后，甲单位对乙单位的预付工程款为负600万元。

（7）第3年办公楼改建工程完工，乙单位与丙单位进行最后竣工结算。竣工结算后乙单位有关工程建设的相关账户余额见表6－1。

表6－1　　乙单位有关账户余额表

总账科目	明细科目	借贷方向	金额（万元）
代建项目	建筑安装工程投资	借	3 000
	其中：人防设施工程	借	800
代建项目	待摊投资	借	500
预收账款	预收工程款——甲单位	贷	500
应付账款	应付工程款——丙单位	贷	2 000
其他应付款	应付工程质保金——丙单位	贷	1 000

①乙单位结转待摊投资和基建转出投资。

乙单位摊销代建项目的待摊投资1 000万元（包含以前向甲单位转出的待摊投资500万元），其中，人防设施工程应当分摊100万元，结转作为专用设施的人防设施工程成本900万元。

借：代建项目——建筑安装工程投资　　10 000 000
　　贷：代建项目——待摊投资　　10 000 000
借：代建项目——基建转出投资　　9 000 000
　　贷：代建项目——建筑安装工程投资　　9 000 000

②乙单位确认转出代建工程成本。

分摊待摊投资和结转基建转出

投资后的建筑安装工程投资 = 3 000 + 1 000 - 900 = 3 100（万元）

尚未转出的待摊投资 = 500 - 1 000 = -500（万元）

尚未转出的代建项目转出成本 = 建筑安装工程投资 + 待摊投资 + 基建转出投资

= 3 100 - 500 + 900 = 3 500（万元）

借：代建项目——代建项目转出　　35 000 000
　　　　　　——待摊投资　　5 000 000
　　贷：代建项目——建筑安装工程投资　　31 000 000
　　　　　　　　——基建转出投资　　9 000 000

（8）乙单位向甲单位报告分摊待摊投资和结转基建转出投资前、后的代建项目成本，与甲单位竣工对账并核销代建项目转出投资，确认当年代建管理费用 180 万元。

乙单位：

①核销转出代建工程成本。

借：预收账款——甲单位——预收工程款　　35 000 000
　　贷：代建项目——代建项目转出　　35 000 000

②确认本年代建管理费收入。

借：预收账款——甲单位——预收工程款　　1 800 000
　　贷：事业收入——代建管理费收入　　1 800 000

甲单位：

①按照乙单位报告的分摊待摊投资和结转基建转出投资前的代建项目成本记账。

借：在建工程——建筑安装工程投资　　30 000 000
　　　　　　——待摊投资　　5 000 000
　　贷：预付账款——乙单位——预付工程款　　35 000 000

②按照乙单位报告数分摊待摊投资和结转基建转出投资。

借：在建工程——建筑安装工程投资　　10 000 000
　　贷：在建工程——待摊投资　　10 000 000
借：在建工程——基建转出投资　　9 000 000
　　贷：在建工程——建筑安装工程投资　　9 000 000

③确认本年代建管理费并全部摊入建筑安装工程投资成本。

借：在建工程——待摊费用　　1 800 000
　　贷：预付账款——乙单位——预付工程款　　1 800 000
借：在建工程——建筑安装工程投资　　1 800 000
　　贷：在建工程——待摊费用　　1 800 000

本次对账结算后，甲单位对乙单位的预付工程款为负 3 180 万元，其中包括：建设单位尚未支付的完工工程款 2 000 万元，约定由乙单位代支付的 1 000 万元工程质量保证金（保质期 1 年），当年应支付乙单位的代建管理费 180 万元。

（9）甲单位验收完工代建工程资产，工程总成本为 2. 3 亿元，其中应当转为办公楼固定资产的成本为 2. 21 亿元；将人防设施移交给人防管理单位，人防设施建造成本为 900 万元。

甲单位：

借：固定资产——房屋及建筑物——办公楼　　221 000 000
　　贷：在建工程——建筑安装工程投资　　221 000 000
借：无偿调出净资产　　9 000 000
　　贷：在建工程——基建转出投资　　9 000 000

（10）甲单位与乙单位对代建工程项目办理竣工决算。

甲单位：

借：预付账款——乙单位——预付工程款　　31 800 000
　　贷：应付账款——应付工程款　　21 800 000
　　　　其他应付款——应付质保金　　10 000 000

乙单位：

借：应收账款——应收工程款　　21 800 000
　　其他应收款——应收质保金　　10 000 000
　　贷：预收账款——甲单位——预收工程款　　31 800 000

（11）甲单位根据乙单位要求，通过财政直接支付向丙单位支付除质量保证金以外的应付工程款 2 000 万元，并将财政直接支付到账通知告知了乙单位；甲单位还通过财政授权支付向乙单位实有资金账户支付了第 3 年的代建项目管理费 180 万元。

甲单位：

借：应付账款——乙单位——应付工程款　　21 800 000
　　贷：财政拨款收入　　20 000 000
　　　　零余额账户用款额度　　1 800 000
借：行政支出　　21 800 000
　　贷：财政拨款预算收入　　20 000 000
　　　　资金结存——零余额账户用款额度　　1 800 000

乙单位：

借：应付账款——丙单位——应付工程款　20 000 000

　　银行存款　1 800 000

　　贷：应收账款——甲单位——应收工程款　21 800 000

借：资金结存——货币资金　1 800 000

　　贷：事业预算收入——代建管理费预算收入　1 800 000

（12）办公楼工程保质期到期，甲单位根据乙单位要求，通过财政直接支付向丙单位支付工程质量保证金 1 000 万元，并将直接支付到账通知告知了乙单位。

甲单位：

借：其他应付款——应付质保金　10 000 000

　　贷：财政拨款收入　10 000 000

借：行政支出　10 000 000

　　贷：财政拨款预算收入　10 000 000

乙单位：

借：其他应付款——丙单位——应付质保金　10 000 000

　　贷：其他应收款——甲单位——应收质保金　10 000 000

6.4 资产折旧和摊销的核算①

6.4.1 资产折旧和摊销概述

资产的折旧是在固定资产等非流动实物资产的使用年限内按照一定的方法将资产的价值耗损分摊到各个会计期间的费用中，同时减少折旧资产的净值；资产的摊销是在无形资产的使用年限内按照一定的方法将资产的价值耗损分摊到各个会计期间的费用中，同时减少无形资产的净值。政府单位需要计提折旧的资产包括固定资产、公共基础设施、保障性住房等，政府单位需要计提摊销的资产包括无形资产、公共基础设施中的无形资产。

一方面，固定资产、无形资产等非流动资产都是在政府单位的活动中长期使用；另一方面，这些资产在使用过程中自身的价值在不断消耗，如固定资产等实物资产的磨损老化，无形资产的先进性、保护使用无形资产垄断性的时间逐步减少，都导致这些资产的价值逐步降低。因此，按照权责发生制，资产价值的耗损也应当在其使用的多个会计

① 本节不包括 PPP 项目资产的折旧（摊销）。PPP 项目资产的折旧（摊销）参见第 7 章 7.6 相关内容。

期间分摊。

资产价值的耗损在多个会计期间分摊，是通过对资产的账面价值进行折旧和摊销核算、计入各个会计期间的费用实现的。

在固定资产、无形资产等非流动资产中，有的资产价值不会随着时间的推移而减少（如文物和陈列品，文物文化资产，固定资产账上单独计价的土地），或者是无法确定资产的使用期（如动植物、使用年限不确定的无形资产等）。那么，对这些情况下的资产就不计提折旧（摊销）。还有的资产理论上有永久的使用期，比如，公共基础设施中的某些输送管线，在使用运行中哪部分损坏了就更换哪部分，永久性地保持管线整体的完好使用。对这种情况也不必计提折旧，而是将维修、更换时的成本计入当期费用。

长期使用的资产，折旧（摊销）与不折旧（摊销）相比，前者因资产价值逐步降低而在各个会计期间分摊费用更符合权责发生制，也使得单位的资产折旧（摊销）费用在不同会计期间更加均衡。但是进行折旧（摊销）的会计核算，比不进行折旧（摊销）核算的工作量更大。有些单价较低并长期使用的资产，折旧（摊销）的金额很小，即使不进行分期折旧（摊销），对各个会计期间的费用变化影响也不大。所以从核算工作成本效益的角度考虑，对长期使用、单价较低的资产不进行分期折旧（摊销）。

政府单位对单价较低的资产不进行分期折旧（摊销），采用两种方法：一是设定一个确认为折旧（摊销）资产的单价起点标准，单价较低的资产由于达不到标准而被排除在折旧（摊销）的资产之外，政府单位的固定资产就是采用这种方法（按照目前固定资产确认的起点标准）；二是设定一个分期折旧（摊销）的单价起点标准，对折旧（摊销）资产中单价达不到分期折旧（摊销）标准的，将其全部价值在取得资产的会计期间一次性折旧（摊销）为当期费用，政府单位的无形资产（目前为单价小于1 000元的无形资产）就是采用这种方法。

政府单位可能存在同时取得的同类资产数量（总金额）较大，但是单个资产价格低于起点标准的长期使用资产。如果因为这些资产单价低于起点标准而将它们排除在折旧资产范围以外，就会致使将这些资产全部价值在取得的会计期间一次性记为当期费用，导致总的资产折耗费用在不同会计期间波动太大。对于这种情况可以作为例外，将其纳入分期折旧资产的核算范围。例如，政府单位将大批使用的低于固定资产单价起点标准的图书、家具、工具等也纳入固定资产核算。由于各个政府单位的固定资产规模不同，从而导致固定资产折旧费总额不一样，是否对低于固定资产单价起点标准的批量资产计提折旧对单位费用波动影响程度也不一样。因此，政府单位会计制度并没有对纳入固定资产管理的大批低于固定资产单价起点标准资产中所说的“大批”作出界定。不同规模的政府单位，对批量取得的需要计提固定资产折旧、低于固定资产单价标准的长期使用资产规模，要根据其如果不计提折旧对本单位费用波动的影响程度确定。

有的政府单位的固定资产是通过融资租赁获得的。政府单位融资租入的固定资产应当与购买或建造的固定资产一样，采用同样的方法计提折旧。

有的政府单位的固定资产存在经营租赁或无偿借用的情况。作为固定资产出租方或出借方的政府单位，要对出租、出借的固定资产计提折旧；作为固定资产承租方或借入方的政府单位，不对承租、借入的固定资产计提折旧。

资产折旧和摊销的核算，需要确定几个基本因素：折旧（摊销）总额、折旧（摊销）年限、折旧（摊销）方法、折旧（摊销）确认时点、折旧（摊销）的账务处理。

6.4.2 折旧（摊销）总额的确定

资产的折旧（摊销）总额又称为应提折旧（摊销）总额，是资产在折旧或摊销的全过程最终需要累计计提的折旧（摊销）金额。政府单位资产的应提折旧（摊销）总额为资产的原值。

固定资产等实物资产有的在报废时可能有残值收入，因此，在企业会计中，固定资产的应提折旧总额还要从资产原值中减去预计净残值。但是对于政府单位来说，由于固定资产等实物资产处置的净收入一般需要上缴国库，固定资产等使用全过程的资产价值减少就是固定资产等的原值。因此，对有净残值的固定资产等，其应提折旧总额不考虑净残值的因素，依然按照固定资产等的原值确定。

对于通过工程建设形成的资产，由于存在有关部门对工程建设竣工价格（竣工决算）的审批，因此，当资产建造完成投入使用时，据以记账的资产原值是未经审批的竣工价格。此时开始计提折旧（摊销）的应提折旧（摊销）总额，也按照这时的资产原值确定。如果后来经过审批的竣工决算价格与原来记账的未经审批的竣工价格不符，则需要按照批准的竣工决算价格调整资产的账面原值，同时应提折旧（摊销）总额也要调整。调整后的应提折旧（摊销）总额如下：

应提折旧（摊销）总额 = 调整后的账面原值 − 已经计提的累计折旧（摊销）额

竣工决算批准前已经按照原来完工时确定的应提折旧（摊销）总额计提的折旧费或摊销费，不再追溯调整。

由于资产的更新改造等原因导致资产的原值发生变动，应提折旧（摊销）总额要按照新的资产原值确定，已经计提的折旧费或摊销费，不再追溯调整。

6.4.3 折旧（摊销）年限的确定

资产的折旧（摊销）年限是资产折旧或摊销的全过程的时限，通常以年或者月来表示。

1. 有形资产的折旧年限

对于有形资产来说，资产的折旧年限按照资产的预计使用年限来确定。

有形资产由于物理上的磨损、老化，或者更新换代等原因，都有一定的使用寿命。

随着资产使用时间的推移直至使用寿命终结，资产能够为单位带来总的服务能力或经济利益价值逐步减少直至为零。因此，有形资产的预计使用年限就成为确定资产折旧年限的依据。

不同类别的有形资产，往往有不同的预计使用年限。资产的折旧年限也要按照不同资产的预计使用年限来确定。同一大类的有形资产中，其小类的资产之间预计使用年限也会不同。比如，房屋建筑中，有木结构、砖木结构、钢筋混凝土结构和钢结构，其预计使用年限都不相同。所以资产折旧年限还要按照细分的小类资产的预计使用年限来分别确定。

在同一项资产中，可能包含不同预计使用年限类别的资产。如一幢房屋，既有建筑物，又有房屋中安装的电梯，还有房屋的空调设备、监控设备等，这些资产预计使用年限相差很多。所以，对于一项综合性资产（这里是指包含了不同使用年限类别的资产）来说，资产的折旧年限要按照其不同分类资产的预计使用年限来确定。为此，对综合性资产也要按照其中不同预计使用年限的小类资产分别记账，以使其包含的各小类资产能够按照相应的预计使用年限计提折旧。

为了保持各个政府单位会计核算口径的一致性，政府单位各类资产折旧依据的预计使用年限一般由政府有关部门统一规定，政府单位要按照规定的资产预计使用年限作为基准，在规定内确定本单位资产具体的预计使用年限。大部分政府规定的资产预计使用年限可以直接作为本单位资产折旧的预计使用年限。有的资产规定的预计使用年限只是一个范围，如10～12年。那么政府单位就需要根据本单位的实际情况，在规定的范围内确定一个本单位资产折旧适用的具体的预计使用年限。也有的政府单位由于资产使用存在特殊情况，其资产预计使用年限与规定的有较大差距。在理由充分的情况下，也可以根据本单位资产的实际使用情况确定单位资产的预计使用年限。

政府单位取得旧的需要折旧的有形资产，应当按照该资产尚可使用的年限确定预计使用年限。

政府单位融资租入的固定资产等，能够合理确定租赁期届满时将会取得租入固定资产所有权的，应当以租入固定资产尚可使用年限为折旧年限；无法合理确定租赁期届满时能够取得租入固定资产所有权的，应当以租赁期与租入固定资产尚可使用年限两者中较短者为预计使用年限。

政府单位计提折旧的资产，如果经过更新改造，其预计使用年限有所延长，那么要按照新的预计使用年限进行折旧。

2. 无形资产的摊销年限

对于无形资产来说，摊销年限由法律、合同等保护的知识产权期限，以及无形资产能够给单位带来服务能力或经济利益的预期时间来确定。

政府单位对无形资产的控制是取得了对无形资产的使用权力，这种权力不存在物理上的磨损。单位对无形资产的使用，可以带来比不使用无形资产更多的服务能力或经济利益，即超额服务能力或经济利益。单位对无形资产这种超额能力的拥有是通过法律（包括受法律保护的合同等）对无形资产的知识产权保护实现的。无形资产的价值损耗主要是源于无形资产的知识产权保护期的剩余时间逐步减少，或使用无形资产能够带来的超额服务能力或经济利益逐步减少。因此，无形资产的知识产权保护时间或带来超额服务能力或经济利益的预期持续时间就成为确定无形资产摊销年限的依据。

无形资产的摊销年限按照以下原则确定：

（1）法律规定了无形资产知识产权保护有效年限或国有土地出让年限的，按照法律规定的有效年限作为摊销年限。

（2）法律没有规定无形资产知识产权保护有效年限的，按照相关合同或单位申请书中资产使用的受益年限作为摊销年限。

（3）法律没有规定无形资产知识产权保护有效年限、相关合同或单位申请书也没有规定无形资产使用受益年限的，应当根据无形资产能够为政府单位带来服务能力或经济利益的可能时间预计其使用年限。

6.4.4 折旧（摊销）的方法

资产计提折旧（摊销）的方法是指在对资产计提折旧（摊销）过程的各个会计期间，计提折旧（摊销）时计算当期折旧（摊销）额的方法。

计算资产折旧（摊销）额的方法包括：年限平均法（或称直线法）、双倍余额递减法、年数总和法、工作量法。这四种折旧方法中，年限平均法、双倍余额递减法和年数总和法属于按照资产使用时间计量折旧额的方法；工作量法属于按照资产使用产生的工作量计量折旧额的方法。

在企业会计中，除了无形资产摊销一般使用年限平均法，固定资产折旧可以使用上述四种方法。

在按照资产使用时间计量折旧额的三种方法中，双倍余额递减法和年数总和法又属于快速折旧的方法。快速折旧方法的特点是在资产使用全过程的前期折旧额多，在资产使用全过程的后期折旧额少。

在企业会计中往往采用快速折旧的方法，这样可以对企业产生两个方面的有利后果：一是使得资产使用过程中的总成本（包括折旧费用和维修费用，其中维修费用一般前期费用少而后期费用多）在各个会计期间更加均衡，从而使企业不同会计期间的利润水平比较均衡；二是由于前期计提折旧额多，可以给企业带来税收方面的利益（前期折旧数额大导致前期所得税税赋降低，从而减少前期资金支出）。

对于政府单位来说：一方面单位活动不追求营利，会计核算也不核算利润；另一方面政府单位一般没有所得税，不需要税收方面的利益。政府单位资产折旧（摊销）的基本目的是反映资产价值损耗，所以政府单位按照资产使用时间计算折旧（摊销）额的资产折旧（摊销）都采用平均年限法。

按照时间计量折旧额的方法偏重于资产使用时间对资产价值损耗的影响；按照工作量计量折旧额的方法偏重于资产使用强度对资产价值损耗的影响。两者对比来看，如果资产使用的工作量在不同的会计期间相差较大，甚至有的固定资产仅仅是在一年当中某个季节很短的时间内使用，其他时间基本不使用，那么按照工作量来计提固定资产折旧，则更能反映资产实际的价值损耗。所以，在政府单位中，对少部分使用工作量在不同的会计期间相差较大、季节性使用的固定资产可以采用工作量法计提折旧。

6.4.5 折旧（摊销）的确认时点

折旧（摊销）导致资产账面价值减少，因此，可以将折旧（摊销）过程看作一个对资产账面价值不断减少的确认过程。这个确认过程的起止时点包括初始确认，暂停确认，终止确认。

1. 初始确认

折旧（摊销）的初始确认又称为开始折旧（摊销），是指资产初始进行计提折旧（摊销）。一般来说，政府单位需要折旧（摊销）的资产自取得时，都要开始按月计提折旧（摊销）。

有的政府单位取得需要折旧（摊销）的资产后暂时尚未使用，但是这时资产的价值损耗已经开始。因此，政府单位对于取得需要折旧（摊销）的资产，无论是否已经投入使用，都应当自取得时开始按月计提折旧（摊销）。

开始折旧（摊销）的做法有两种：一是取得资产的当月，即按照每月月末的资产数量计提折旧（摊销），就是我们常说的当月取得的资产，当月计提折旧（摊销），当月减少的资产，当月不再计提折旧（摊销）；二是取得资产的下个月，即按照上月末的资产数量计提折旧（摊销），就是我们常说的当月取得的资产，下月计提折旧（摊销），当月减少的资产，当月仍然计提折旧（摊销）。由于上月末的资产数量就是本月初的资产数量，开始计提折旧（摊销）的上述两种做法又分别称为按照月末数计提和按照月初数计提。

按照月初数计提折旧（摊销）的优点是：可以在当月的任何一天或几天进行计提折旧（摊销）工作，因为据以计提折旧（摊销）的月初资产数量在当月不会有变化；缺点是：当资产减少的月份还要对其计提折旧（摊销），如果单位统一计提折旧（摊销）之日以前资产已经减少，就会造成资产账面余额（包括抵减账户）的账务处理麻烦：资产减少时需要冲减的抵减账户（累计折旧等）余额尚未包含当月的折旧额，需要先对减少的资产单独补提最后一个月的折旧（摊销），然后才能冲减减少资产的账面余额。

按照月末数计提折旧（摊销）的优点是：资产减少的月份不用计提折旧（摊销），从而不会造成冲减资产账面余额时需要资产最后补提折旧的账务处理上麻烦；缺点是：由于据以计提折旧（摊销）的月末资产数量当月可能变化，因此可能只有当月末的最后才能计提折旧（摊销），会计有时需要在月末最后一天完成当月资产的统计、折旧所需资料的准备、折旧额计算等，这可能造成核算工作的紧张。

在手工记账条件下，特别是在规模较大的单位，会计在一天内完成资产折旧核算的工作难度很大，所以过去的会计核算中对固定资产折旧都采取按照月初数计提折旧的做法。会计核算应用电算化后，大大加快了资产折旧（摊销）核算工作效率或报表编制工作效率，使得月末最后一天计提折旧（摊销）成为可能。因此，后来在对无形资产摊销核算时，采用了按照月末数计提摊销的做法，而与此同时固定资产折旧仍然沿袭了原来按照月初数计提折旧的做法。

2019 年政府单位会计制度实施以后，将资产折旧改为按照月末数计提，所以现在政府单位资产折旧（摊销）核算都采用了按照月末数计提折旧（摊销）的做法。

2. 暂停确认

折旧（摊销）的暂停确认又称为暂停折旧（摊销），是指资产的折旧（摊销）过程暂时停止，尔后再恢复计提折旧（摊销）。

政府单位计提折旧（摊销）的资产，有的在使用过程中要进行改建、扩建。资产改建、扩建时，其物理形态或使用功能要发生变化，资产价值也要增加。所以，对于改建、扩建的资产，自改建、扩建开始时暂停计提折旧（摊销），待到改建、扩建完成时，按照新的资产原值和折旧年限恢复计提折旧（摊销）。

政府单位长期使用的资产，有时会因某种原因暂停使用。即使在资产暂停使用期间，资产的价值损耗仍然在继续。因此，单位对处于不使用状态的资产，也要继续计提折旧（摊销），不能暂停折旧（摊销）。

只对部分进行改建、扩建的实物资产，在能够分清的前提下，不进行改建、扩建的部分，改建、扩建期间不暂停折旧。

按照工作量法计提折旧的固定资产，有时因没有使用而没有工作量，因而应提折旧额为零。但这时不能看作折旧过程的暂时停止，而只是因为折旧额为零，不用进行折旧的账务处理。所以，这种情况不属于暂停折旧。

政府单位资产折旧（摊销）暂停确认的开始时点为资产改建、扩建开始的当月，该月月末，不再对资产计提折旧（摊销）；政府单位资产折旧（摊销）暂停确认的结束时点为资产改建、扩建结束的当月，该月月末，对资产恢复计提折旧（摊销）。

3. 终止确认

折旧（摊销）的终止确认又称为停止折旧（摊销），是指最终停止折旧（摊销）过程，以后不再计提折旧（摊销）。

政府单位对资产停止折旧（摊销）分为两种情况：

第一种情况是由于各种资产处置的原因，折旧（摊销）资产不存在了。在这种情况下，计提折旧（摊销）的资产已经从资产账户中冲销了，作为与其对应的抵减账户的累计折旧、累计摊销也就无法登记了。因此，即使折旧（摊销）尚未提取完毕，也不再对减少的资产计提折旧（摊销）。我国政府单位对资产折旧（摊销）都采取按照月末数计提的做法，因此，在折旧（摊销）资产减少的当月，就不再计提折旧（摊销）。

第二种情况是资产尚未减少，而累计折旧（摊销）额已经达到应提折旧（摊销）总额。在这种情况下，资产的账面净值已经减至为零，再提折旧（摊销）就造成资产的账面净值为负。因此，资产提足折旧（摊销）后，累计计提的折旧（摊销）额达到应提折旧（摊销）总额，虽然资产还存在并且继续使用，也不再计提折旧（摊销）。

6.4.6 折旧（摊销）账务处理

1. 科目设置

为了进行资产折旧（摊销）的核算，政府单位根据需要设置“固定资产累计折旧”、“公共基础设施累计折旧（摊销）”、“保障性住房累计折旧”、“无形资产累计摊销”等账户。这些账户分别是“固定资产”、“公共基础设施”、“保障性住房”、“无形资产”账户的抵减账户，这些抵减账户的账户余额与相对应的被抵减资产账户的余额相抵，反映某项资产的净值。当因资产减少导致被抵减账户登记的资产金额冲销时，这些抵减账户对应的余额也随之冲销。

“固定资产累计折旧”、“公共基础设施累计折旧（摊销）”、“保障性住房累计折旧”、“无形资产累计摊销”账户的贷方登记因折旧（摊销）而增加的金额，借方登记因资产减少而冲销的金额，余额在贷方，反映对资产的累计折旧或累计摊销。

在“固定资产累计折旧”、“公共基础设施累计折旧（摊销）”、“保障性住房累计折旧”、“无形资产累计摊销”总账下，要按照资产的类别设置明细账户，从而可以与被抵减账户中按照资产类别设置的明细账户一起，反映不同类别资产的净值。

2. 账务处理

当政府单位计提资产折旧（摊销）时，按照计算出需要本期计提的金额，借记“业务活动费用”、“单位管理费用”、“经营费用”等科目，贷记“固定资产累计折旧”、“公共基础设施累计折旧（摊销）”、“保障性住房累计折旧”、“无形资产累计摊销”科目。

对于进行生产、建设活动中使用固定资产、无形资产的，资产的折旧（摊销）额要计入生产、建设成本。计提这些资产折旧（摊销）时，借记“加工物品”、“在建工程”、“研发支出”等科目，贷记“固定资产累计折旧”、“无形资产累计摊销”科目。

政府单位资产的折旧（摊销），不会引起现金的流出，因此，在进行折旧（摊销）账务处理时，预算会计不记账。

6.5 库存资产领用、动用的核算

6.5.1 库存资产领用、动用概述

政府单位的库存资产是指政府单位为了使用而储存的资产，包括库存物品、工程物资和政府储备物资。政府单位还有一些实物资产存放于其仓库保管，如部分固定资产、文物文化资产、受托代理实物资产等。但是，这些存放在仓库中的资产不作为会计上的库存资产核算，其领用出库也不改变原资产的核算科目。

政府单位的库存资产领用、动用是指因使用需要将库存资产出库（发出）。其中，库存物品和工程物资是给本单位使用，称为领用；政府储备物资是调拨给其他单位使用，从储备物资管理单位的角度，称为动用。

政府单位库存资产的出库还包括因出售、无偿划出、对外捐赠、置换换出等原因发出。因单位出售、无偿划出、对外捐赠、置换换出等原因发出库存资产的核算，在第7章有关章节中一并介绍。本节只介绍政府单位库存资产领用、动用的核算。

6.5.2 库存资产领用、动用的会计确认和计量

1. 库存资产领用、动用的会计确认

库存资产领用、动用的情形有几种：一是领用、动用后一次消耗；二是领用、动用后多次使用，在每次使用后又重新入库管理；三是领用后不再重新入库，在较长时间内使用，直至磨损耗费不能再使用。不同情形库存资产领用、动用的会计确认不同：

第一种情形，在领用、动用时即对出库的库存资产终止确认，同时将库存资产的账面价值确认为当期费用或确认为消耗库存资产的其他资产成本。

第二种情形，在动用时不对出库的库存资产进行终止确认，只是对库存资产的出库及在用状态转换进行会计记录；在使用后重新收回入库时，对库存资产的入库及在用状态转换进行会计记录。对领用后没能收回入库资产部分终止确认，并将终止确认的出库资产账面价值确认当期费用等。

第三种情形，在领用时不完全对出库的库存资产进行终止确认，只是对库存资产的出库及在用状态转换进行会计记录；在使用过程中根据采用的计量方法，对出库资产的价值分次确认减少，并将确认减少的部分确认为当期费用或其他资产成本；待到领用资

产不能使用报废时，终止确认。

2. 库存资产领用、动用的会计计量

（1）对于领用、动用的库存资产，根据实际情况采用先进先出法、加权平均法或者个别计价法确定出库（发出）资产的实际成本。其中，性质和用途相似的库存资产，应当采用相同的成本计价方法确定出库（发出）资产的成本；对于不能替代使用的库存资产、为特定项目专门购入或加工的库存资产，通常采用个别计价法确定出库（发出）库存资产的成本。

（2）对于领用后一次消耗的库存资产，以及动用出库后预期不能收回的政府储备物资，根据出库（发出）资产的实际成本计入相关成本费用。

（3）对于领用后多次使用或较长时间内使用的库存资产，如低值易耗品、包装物、周转性工程物资等，在领用物资使用期间，根据资产的使用消耗情况选用不同的摊销方法，计算其在使用期间的成本摊销额，摊入相关成本费用。可供选用的摊销方法主要包括：

①一次转销法。在初次领用库存资产时将全部成本计入在用库存资产成本摊销额。

②五五摊销法。其是一种简易的摊销方法，在初次领用时将领用库存资产成本的一半（50%）计算摊销额，并同时计入在用库存资产摊销额；在使用过程结束、在用库存资产报废时，将领用库存资产成本的另一半（50%）计算摊销额，并同时计入在用库存资产摊销额。

（4）对于动用后可以收回或预期可以收回的政府储备物资，在动用出库后又收回入库的，仍然按照前次动用出库的原出库实际成本作为入库成本；动用出库后未能收回入库的，按照未收回物资的原出库实际成本计入费用。

6.5.3 库存资产领用、动用的账务处理

为了核算库存资产及其领用、动用，政府单位应当设置核算相关库存资产的总账科目，并在总账科目下设置不同情形领用、动用库存资产核算的明细科目。

1. 核算库存物品和工程物资领用的科目设置和账务处理

持有库存物品和工程物资的政府单位应当设置“库存物品”和“工程物资”总账科目。对低值易耗品、包装物、周转性工程物资核算，可以在“库存物品”和“工程物资”总账科目下设置“在库”、“在用”、“摊销”明细科目。其中，“在库”明细科目核算库存管理的库存物品和工程物资实际成本；“在用”明细科目核算已经出库、正出于使用状态的库存物品和工程物资实际成本；“摊销”明细科目是“在用”、“在库”明细科目的抵减科目，核算已经摊销入费用或其他资产成本的库存物品和工程物资消耗的成本。会计期末，“在用”、“在库”明细科目借方余额减去“摊销”明细科目的贷方

余额后的差额，反映在使用中的库存物品和工程物资的账面价值。

政府单位开展业务活动、工程建设等领用一次性消耗的库存物品和工程物资，按照确定领用的实际成本，借记“业务活动费用”、“单位管理费用”、“经营费用”、“加工物品”、“在建工程”等科目，贷记“库存物品”、“工程物资”科目。领用的库存物品和工程物资没有使用，又退回入库的，作上述相反方向的账务处理。

政府单位领用低值易耗品、包装物、周转性工程物资等，按照领用的实际成本，借记“库存物品——在用”、“工程物资——在用”科目，贷记“库存物品——在库”、“工程物资——在库”科目。对在用的低值易耗品、包装物、周转性工程物资的成本进行摊销时，按照一次转销法或五五摊销法确定的摊销金额，借记“业务活动费用”、“单位管理费用”、“经营费用”、“加工物品”、“在建工程”等科目，贷记“库存物品——摊销”、“工程物资——摊销”科目。

在用过程中低值易耗品、包装物、周转性工程物资如果发生重新入库保管的情况，按照重新入库资产前次出库的成本，借记“库存物品——在库”、“工程物资——在库”科目，贷记“库存物品——在用”、“工程物资——在用”科目。

政府单位在用的低值易耗品、包装物、周转性工程物资等待到不能使用报废时，采用五五摊销法核算的，先进行库存资产成本摊销的账务处理，然后按照全部在用资产的成本，借记“库存物品——摊销”、“工程物资——摊销”科目，贷记“库存物品——在用”、“工程物资——在用”科目。

2. 核算政府储备物资动用的科目设置和账务处理

核算政府储备物资的单位应当设置“政府储备物资”总账科目。在“政府储备物资”总账科目下设置“在库”、“发出”明细科目。其中，“在库”明细科目核算库存管理的政府储备物资的实际成本；“发出”明细科目核算已经发出动用、预期可以收回的政府储备物资实际成本。

政府单位因动用而发出无须收回的政府储备物资，按照发出物资的账面余额，借记“业务活动费用”科目，贷记“政府储备物资——在库”科目。

政府单位因动用而发出需要收回或者预期可能收回的政府储备物资，在发出物资时，按照发出物资的账面余额，借记“政府储备物资——发出”科目，贷记“政府储备物资——在库”科目；按照规定的质量验收标准收回物资时，按照收回物资原账面余额，借记“政府储备物资——在库”科目，按照未收回物资的原账面余额，借记“业务活动费用”科目，按照物资发出时登记在本科目所属“发出”明细科目中的余额，贷记“政府储备物资——发出”科目。

第7章 政府单位资产的核算（下）

7.1 资产出售的核算

资产出售是指政府单位转让单位的资产控制权或所有权并换取与资产对价的货币资金。政府单位的资产出售分为两种：一是资产转让（偶发性资产出售）；二是资产销售（经常性资产出售）。

7.1.1 资产转让

资产转让是指政府单位将本单位为了使用而持有的资产变更资产占有、使用权并取得收益的行为。资产转让属于国有资产处置，需要经过国有资产处置的审批程序，经过有关部门批准才能转让。按照国有资产管理的有关规定，一般情况下政府单位处置资产取得的货币资金的净流入（因转让资产收到的货币资金减去为转让活动需要支付的货币资金后的差额）要上缴国库；个别情况下规定政府单位处置资产取得的货币资金，留归单位使用。

1. 转让资产取得的资金上缴国库

由于需要将转让资产取得的资金上缴国库，所以单位处置资产转让以后会造成单位总资产的减少，进而导致净资产减少。转让资产并将转让所得的资金上缴国库有一个特点，即单位的总资产一定是按照转让资产的原账面价值减少，因为无论单位转让资产换取的资金是多少都要上缴国库，且转让资产发生的相关支出要抵减应上缴国库的款项。所以在转让资产的会计核算中，采用了这样一种账务处理方式：将资产转让的账务处理分为对物的账务处理和对钱的账务处理。对物的账务处理就是按照转让资产的账面价值登记资产处置费用，同时冲减转让资产的原账面余额（包括抵减账户）；对钱的账务处理就是登记转让资产收到资金和因转让活动而支出的资金，并将前者减去后者的差额确认为负债。

当单位经过经批准转让资产时，按照转让资产的账面价值，借记“资产处置费用”科目，其中转让固定资产、无形资产、公共基础设施、保障性住房的，还应借记“固定资产累计折旧”、“无形资产累计摊销”、“公共基础设施累计折旧（摊销）”、“保障性住房累计折旧”科目，按照出售资产的账面余额，贷记“库存物品”、“固定资产”、“无形资产”、“公共基础设施”、“政府储备物资”、“保障性住房”等科目。

当单位收到资产转让取得货币资金时，财务会计按照取得的金额，借记“库存现金”、“银行存款”等科目，贷记“应缴财政款”科目，当转让资产过程中发生相关费用时，按照实际发生金额，借记“应缴财政款”科目，贷记“银行存款”、“库存现金”、“应交增值税”、“其他应缴税费”等科目。

当将转让资产取得的资金按照规定上缴国库时，按照实际支付的金额，借记“应缴财政款”科目，贷记“银行存款”科目。

由于单位在转让资产过程中，获得的款项需要上缴国库，因而不是单位能够使用的资金；为转让而支付的相关款项要抵减单位应缴国库的资金（即以转让资产收到的资金补偿单位相关支付的款项），也不会形成单位的资金耗费。因此，一般转让资产所得的款项和因转让活动而支付的款项，都不进行预算会计记账。

有些事业单位因转让资产需要缴纳相关税费，转让资产收到的转让收入要将缴纳税费的部分留给单位并抵减应缴财政款。对于这种情况可以采用以下两种预算会计账务处理方法：一是当单位转让资产取得转让收入时，预算会计不记账；单位将转让资产相关的应交税费单独记账，以后单位在缴纳与转让资产相关的税费时，预算会计也不记账。二是当单位转让资产取得转让收入时，预算会计按照抵减应缴财政款的应交税费部分，借记“资金结存”科目，贷记“其他预算收入”科目；以后单位在缴纳与转让资产相关的税费时，按照实际缴纳的金额，借记“其他支出”科目，贷记“资金结存”科目。

2. 转让资产取得的资金留归单位

资产转让取得资金留归单位的，对物的账务处理与转让资产取得资金上缴国库的账务处理相同，与转让资产取得资金上缴国库有所不同的是对钱的账务处理。由于资产转让所得资金留归单位，因此资产转让取得的资金成为单位的收入。同样，由于转让资产取得的资金属于单位可以使用的资金，也就形成了单位的预算收入。因转让资产需要支付税费的资金不抵减应缴财政款，所以形成单位的资产处置费用。同样，转让资产所支付的资金由于不能抵减应缴国库款，导致了单位的资金耗费，也就形成了单位的预算支出。

当收到资产转让取得货币资金时，财务会计按照取得的金额，借记“库存现金”、“银行存款”等科目，贷记“其他收入”科目；预算会计按照相同的金额，借记“资金结存”科目，贷记“其他预算收入”科目。当转让资产过程中发生相关费用时，财务会计按照实际发生金额，借记“资产处置费用”科目，贷记“银行存款”、“库存现金”、“应交增值税”、“应交其他税费”等科目；预算会计在支付相关费用的资金时，按照实际支付的金额，借记“其他支出”科目，贷记“资金结存”科目。

7.1.2 资产销售

资产销售是指政府单位将本单位为了销售而持有的资产出售（产品出售），或者因物资新旧轮换出售单位管理的储备物资。资产销售不需要经过国有资产处置的审批程序，单位可以自主决定出售及何时出售。政府单位资产销售取得的货币资金归单位所有，由单位支配使用，属于单位的收入和预算收入；资产销售发生的相关税费没有抵减应缴财政款的情况，是单位的资金耗费，属于单位的费用和预算支出。

资产销售的会计账务处理分为两个部分：一是确认销售费用的账务处理；二是确认销售收入的账务处理。

1. 销售费用的核算

在政府单位销售资产的过程中，当所售的资产的控制权转移给买方时（控制权转移后，出售的产品或物资上的风险和报酬就归于买方），财务会计要确认销售费用。单位所售产品或物资的控制权转移时点根据买卖双方约定（合同）来确定，或为政府单位发出所售产品或物资时，或为买方收到产品或物资时，或为销售产品安装调试完成、可以正常使用时等。

政府单位销售资产的销售费用包括产品或物资的原账面成本，以及为销售发生的直接费用，如由卖方承担的产品或物资运费、产品安装调试费等。

政府单位所售产品或物资控制权转移时，按照所售产品或物资的原账面成本和相关费用金额，借记“业务活动费用”或“经营费用”科目，按照所售产品或物资的账面成本，贷记“库存物品”、“政府储备物资”科目，按照发生的销售相关费用金额，贷记“银行存款”等科目。

如果政府单位销售产品或物资与买方约定所售产品或物资的控制权转移时点为买方验收货物的时间，且发出所售货物的运输或安装调试时间较长。在这种情况下，为了避免“库存物品”账户出现账实不符，也可以通过自行设置“发出商品”资产类科目①进行过渡。当政府单位发出所售产品或物资时，财务会计按照发出货物的成本，借记“发出商品”科目，贷记“库存物品”、“政府储备物资”科目。当完成所售产品或物资的控制权转移之时，按照出售产品或物资的原账面成本和相关费用金额，借记“业务活动费用”或“经营费用”科目，按照发出货物的成本，贷记“发出商品”科目，按照发生的销售相关费用金额，贷记“银行存款”等科目。

---

① 该科目期末余额在资产负债表中“其他流动资产”项目中填列。

预算会计在支付与出售相关的费用款项时，按照实际支付的金额，借记“事业支出”或“经营支出”科目，贷记“资金结存”科目。

2. 销售收入的核算

作为卖方的政府单位在销售资产的过程中，履行了将所售的产品或物资控制权交付给买方的义务时，单位就取得了获得价款的权力，因此，财务会计要确认销售收入，同时确认收到的款项或应收款资产。对于属于增值税一般纳税人的事业单位来说，收到的款项中可能会包含增值税销项税款，这部分款项需要交付税务部门，因此，不作为收入确认，而是确认为负债。

如果政府单位销售产品或物资过程中取得了买方预先支付的款项，在向买方转移所售产品或物资的控制权之前，要将收到的预收款确认为负债（预收账款），待所售产品或物资的控制权转移给买方时，才能按照权责发生制将预收账款转为销售收入。

如果政府单位销售产品或物资在向买方转移所售产品或物资的控制权之时，如果尚未收到买方支付的全部购货款项，那么仍然要按照权责发生制将已收和未收的全部销售款项确认销售收入（增值税一般纳税人单位还要确认应交增值税负债），尚未收到的销售款项要确认为应收账款。

由于资产销售取得的收入归单位所有，是单位可以使用的资金，因此属于单位的预算收入。销售单位在销售产品或物资过程中，对收到买方支付的款项要按照收付实现制确认预算收入。无论是预收账款，还是交付销售产品或物资时收到的现款，或者是以后收到的应收账款等，都应当在收到时确认预算收入（包含增值税一般纳税人事业单位收到的增值税销项税款）。

政府单位因销售产品或物资收到买方预付的款项时，财务会计按照实际收到的金额，借记“银行存款”等科目，贷记“预收账款”科目。同时，预算会计按照相同的金额，借记“资金结存”科目，贷记“事业预算收入”或“经营预算收入”科目。

政府单位将所售产品或物资的控制权转移给买方并收到买方的付款时，财务会计按照收到的款项金额，借记“银行存款”等科目，按照预收的款项金额，借记“预收账款”科目，按照买方扣留未付的质保金金额，借记“其他应收款”等科目，按照买方尚未支付的质保金以外的销售款项金额，借记“应收账款”科目，按照所售产品或物资价款的金额，贷记“事业收入”或“经营收入”科目，有收到需要缴纳增值税销项税的，按照收到或应收增值税销项税的金额，贷记“应交增值税”科目。同时，预算会计按照实际收到的款项金额（含增值税销项税），借记“资金结存”科目，贷记“事业预算收入”或“经营预算收入”科目。

以后收到应收的销售款项等时，财务会计按照实际收到的金额，借记“银行存款”等科目，贷记“应收账款”、“其他应收款”等科目。同时，预算会计按照相同的金额，借记“资金结存”科目，贷记“事业预算收入”或“经营预算收入”科目。

7.2 资产捐赠的核算

7.2.1 接受捐赠资产的核算

政府单位接受捐赠资产是指政府单位接受其他组织或个人无偿赠予的货币资金和非现金资产。

如果政府单位接收捐赠的资产是捐赠方指定向第三方转赠的，那么实际上捐赠资产的产权属于被指定转赠的第三方，接收转赠资产的政府单位对这些资产没有使用或分配的权力，那么就不能确认为单位的受赠资产，而是确认为单位的受托代理资产①。

1. 接受捐赠货币资金的核算

（1）接受捐赠货币资金的确认。政府单位接受捐赠的货币资金，一方面增加了单位的货币资产和净资产，所以单位对接受捐赠货币资金要确认收入；另一方面，单位接受捐赠的货币资金可以由单位使用或分配，所以单位对接受捐赠货币资金也要确认预算收入。但是如果有关规定要求单位接受捐赠的资金要上缴国库，单位就要对接受捐赠货币资金确认应缴财政的负债，而不能确认收入和预算收入。

如果货币资金的捐赠方要求对捐赠的货币资金采用留本基金方式运营和使用，那么政府单位对捐赠货币资金不能直接使用，就不能对收到捐赠货币资金确认收入和预算收入，而是确认专用基金的留本基金。

（2）接受捐赠货币资金的账务处理。当政府单位收到捐赠的货币资金时，财务会计按照实际收到的金额，借记"库存现金"、"银行存款"等科目，贷记"捐赠收入"科目。同时，预算会计按照相同的金额，借记"资金结存——货币资金"科目，贷记"其他预算收入——捐赠预算收入"科目。有关规定要求单位接受捐赠的资金要上缴国库的，财务会计按照实际收到的金额，借记"库存现金"、"银行存款"等科目，贷记"应缴财政款"科目；预算会计不记账。

政府单位收到捐赠人要求按照留本基金管理的捐赠货币资金的账务处理，参见第10章专用基金核算相关内容。

2. 接受捐赠非现金资产的核算

（1）接受捐赠非现金资产的确认和计量。接受捐赠的非现金资产包括接受捐赠的

---

① 有时，资产捐赠者虽然没有明确指定受赠的第三方，但是要求只能按照捐赠者提出的分配具体方法确定受赠的第三方。在这种情况下，接收捐赠资产的政府单位没有对受赠资产的自主分配权，也属于捐赠者指定受赠第三方的范畴。在这种情况下，政府单位接收的捐赠资产也应按照受托代理资产核算。

各种实物资产、无形资产、长期股权投资等。政府单位接受捐赠的非现金资产应当在取得资产的控制权时确认。

政府单位接受捐赠的资产不是通过等价交换取得的，因此，其入账成本无法按照单位取得捐赠资产的对价来确定。为了更加可靠地反映接受捐赠的非现金资产成本，其入账成本可以按照以下顺序依次优先采用：

①按照捐赠方提供的有关凭据注明的金额加上相关税费确定。

②按规定经过资产评估的，按照评估价加上相关税费确定。

③比照同类或类似资产的市场价格加上相关税费确定，如果有确凿证据表明捐赠方提供的凭据上注明的金额高于受赠资产同类或类似资产的市场价格 30% 或达不到其 70% 的，则该资产也应当以同类或类似资产的市场价格加上相关税费确定成本；如果单位接受捐赠的实物资产为旧的资产，按照本方式计算的入账成本还要按照资产的新旧程度折算。

④按照名义金额[①]确定。由于名义金额不属于能够可靠地计量的成本，因此，有关政府会计准则制度规定接受捐赠的资产中，只有存货、固定资产、无形资产在上述前三种成本计量条件都确实不能满足成本可靠地计量前提下，可以按照名义金额入账。

对成本不能可靠地计量且不能适用名义金额计量的受赠资产，如文物文化资产、公共基础设施等，不登记资产价值账，也不在资产负债表内反映；但是要登记资产实物账，以便在资产负债表的报表附注中披露。

（2）接受捐赠非现金资产的账务处理。政府单位接受捐赠非现金资产，引起资产及净资产的增加，因此，财务会计在登记资产账的同时要确认捐赠收入，登记收入账。政府单位接受捐赠非现金资产，并没有给单位带来现金，因此，对接受捐赠的非现金资产部分，预算会计不记账。但是如果单位因接受捐赠非现金资产发生了相关费用，预算会计要在支付相关费用的现金时，按照实际支付的金额登记预算支出。

接受捐赠非现金资产的账务处理分为两种情况：

①受赠资产成本能够可靠地计量。当政府单位取得接受捐赠的非现金资产控制权时，财务会计按照确定的成本，借记“库存物品”、“固定资产”、“无形资产”、“文物文化资产”等科目，按照发生的相关税费、运输费等，贷记“银行存款”等科目，按照其差额，贷记“捐赠收入”科目。

预算会计在支付接受捐赠非现金资产的相关支出时，按照实际支付的金额，借记“其他支出”科目，贷记“资金结存”科目。

②受赠资产成本按照名义金额计量。当政府单位取得接受捐赠的非现金资产控制权

---

① 名义金额是指实物资产以该资产在社会中惯常使用的实物计量单位（例如，个、件、套、棵，重量单位，长度单位，面积单位，体积单位等），每实物单位资产按照 1 元计价；无形资产以非价值数量单位（件、项等），每单位无形资产按照 1 元计价。

时，财务会计按照名义金额，借记“库存物品”、“固定资产”、“无形资产”等科目，贷记“捐赠收入”科目；同时，按照发生的相关税费、运输费等，借记“其他费用”科目，贷记“银行存款”等科目。

预算会计在支付接受捐赠非现金资产的相关支出时，按照实际支付的金额，借记“其他支出”科目，贷记“资金结存”科目。

3. 接受捐赠资产分配的核算

有的捐赠者将资产直接捐赠给作为政府主管部门的政府单位，再由这些单位分配给使用捐赠资产的其他政府单位和非政府组织等。而且，捐赠者并不指定确定的最终受赠第三方及受赠数量。在这种情况下，受赠单位对接受捐赠的资产具有分配权，要作为本单位以接受捐赠方式取得的资产，按照上述接受捐赠货币资金和非现金资产进行核算。政府单位将受赠资产分配给其他的政府单位和非政府组织时，要区别分配的货币资金和非现金资产、接受分配者的不同情况，作出不同的会计账务处理。

（1）受赠货币资金分配的账务处理。政府单位分配受赠的货币资金，造成本单位的货币资产减少，所以要确认财务会计的费用和预算会计的支出。其中，政府单位向本部门所属的附属单位分配受赠的货币资金，符合《政府会计制度——行政事业单位会计科目和报表》中“对附属单位补助费用（支出）”科目的规定，因此，要按照对附属单位补助费用（支出）进行账务处理；接受分配受赠货币资金的附属单位，要作为上级补助收入（预算收入）进行账务处理。政府单位向本部门所属附属单位以外的单位分配受赠的货币资金，应当作为其他费用（支出）进行账务处理；接受分配受赠货币资金的政府单位，要作为其他收入（预算收入）进行账务处理。

政府单位向本部门所属的附属单位分配受赠的货币资金时，财务会计按照实际分配支付的金额，借记“对附属单位补助费用”科目，贷记“银行存款”、“库存现金”等科目。预算会计借记“对附属单位补助支出”科目，贷记“资金结存——货币资金”科目。

政府单位向附属单位以外的其他单位分配受赠的货币资金时，财务会计按照实际分配支付的金额，借记“其他费用”科目，贷记“银行存款”、“库存现金”等科目。预算会计借记“其他支出”科目，贷记“资金结存——货币资金”科目。

如果接受分配受赠货币资金的政府单位再次将该资金进行分配，应比照上述做法，区分接受分配单位的不同情况（附属单位，附属单位以外的单位），进行不同的财务会计和预算会计账务处理。

如果接受分配受赠货币资金的政府单位不具有该资金的再次分配权和使用权，只是按照上级单位的分配要求将该资金原数转给其他单位，收到和转付该受赠货币资金时，财务会计通过“其他应付款”科目进行账务处理，预算会计不记账。

（2）受赠非现金资产分配的账务处理。政府单位分配受赠的非现金资产，要区分接受分配受赠资产的单位属性进行账务处理。如果接受分配的单位属于政府单位，那么分配的非现金资产在政府内部的单位之间发生无偿转移，并不导致政府整体的资产数量产生变化。所以分配非现金资产属于政府单位之间资产无偿划转的范畴，应当按照资产无偿划转的核算进行账务处理。如果将受赠非现金资产分配给非政府单位或家庭个人，从政府整体的角度看，减少了政府的资产，应当按照资产处置进行账务处理。

政府单位向其他政府单位分配受赠非现金资产时，按照本章7.3无偿划出资产的账务处理进行；接受分配受赠非现金资产的政府单位，按照本章7.3无偿划入资产的账务处理进行。

政府单位向非政府单位或家庭个人分配受赠非现金资产时，按照分配的受赠非现金资产的账面价值，借记“资产处置费用”科目，贷记“库存物品”等科目。如果分配受赠非现金资产交付时发生了相关费用，财务会计按照发生的相关费用金额，借记“资产处置费用”科目，贷记“银行存款”、“零余额账户用款额度”等科目。预算会计在支付分配资产过程中发生相关支出时，按照实际支付的金额，借记“其他支出”科目，贷记“资金结存”科目。

如果接受分配受赠非现金资产的政府单位再次将该资产进行分配，应比照上述做法，区分接受分配者的不同情况（政府单位，非政府单位或家庭个人），进行不同的账务处理。

7.2.2 对外捐赠资产的核算

政府单位对外捐赠资产是指行政事业单位依照《中华人民共和国公益事业捐赠法》，自愿无偿将其占有、使用的国有资产赠与合法受赠人的行为。

政府单位对外捐赠应当利用本单位闲置资产或者淘汰且具有使用价值的资产，不得将新购资产用于对外捐赠。

同一部门上下级单位之间和部门所属单位之间不得相互捐赠资产。

政府单位以罚没物资对外捐赠，不按照对外捐赠资产核算，按照受托代理资产处置核算。

1. 对外捐赠现金资产的核算

政府单位将本单位的现金捐赠给其他组织或个人，引起本单位可使用资金的减少，形成现金的耗费。因此，在对外捐赠现金资产时，要确认费用和预算支出。

当政府单位对外捐赠现金资产时，财务会计按照实际捐赠的金额，借记“其他费用”科目，贷记“银行存款”、“库存现金”等科目；在支付对外捐赠的现金资产时，预算会计按照实际支付的金额，借记“其他支出”科目，贷记“资金结存——货币资金”科目。

2. 对外捐赠非现金资产的核算

政府单位对外捐赠非现金资产属于资产处置，要按照国有资产处置的规定报批后才能进行。在会计核算上，要按照处置资产的核算进行账务处理，将对外捐赠非现金资产的原账面价值和捐赠过程中发生的归属于捐出方的相关费用，确认为资产处置费用。

当政府单位对外捐赠非现金资产时，财务会计按照对外捐赠非现金资产的原账面价值和捐赠过程中发生的归属于捐出方的相关费用金额，借记“资产处置费用”科目，按照对外捐赠的折旧（摊销）资产的累计折旧（摊销）金额，借记“固定资产累计折旧”、“无形资产累计摊销”、“公共基础设施累计折旧（摊销）”等科目，按照对外捐赠非现金资产账面余额，贷记“库存物品”、“长期股权投资”、“固定资产”、“无形资产”、“文物文化资产”、“公共基础设施”等科目，按照捐赠过程中发生的归属于捐出方的相关费用金额，贷记“银行存款”等科目。预算会计在支付捐赠过程中发生的归属于捐出方的相关支出时，按照实际支付的金额，借记“其他支出”科目，贷记“资金结存”科目。

7.2.3 资产捐赠核算举例

【例7－1】某大学自主决定向对口扶贫地区的一所小学捐赠本单位的一批电脑和现金50万元，电脑已经发送，捐赠款已经通过银行转账支付；该批电脑在大学的固定资产账面余额为100万元，累计折旧为30万元；大学用转账支票支付了运送该批电脑的运费4 000元。小学收到该批电脑，将电脑作为建设电教室项目工程的设备投入，并用转账支票支付这批电脑的市内运费1 000元，受赠现金50万元已经转入小学银行账户。

要求：编制该捐赠活动的双方对上述经济业务进行会计记账的会计分录。

大学：

借：资产处置费用	704 000（70 000＋4 000）	
其他费用	500 000	
固定资产累计折旧	300 000	
贷：固定资产——电脑		1 000 000
银行存款		504 000（500 000＋4 000）
借：其他支出	504 000	
贷：资金结存——货币资金		504 000

小学：

①收到大学捐赠款时：

借：银行存款	500 000	
贷：捐赠收入		500 000

借：资金结存——货币资金　　500 000
　　贷：其他预算收入——捐赠预算收入　　500 000

②收到大学捐赠电脑时：

借：在建工程——设备投资——电教室项目　　701 000（70 000 + 1 000）
　　贷：银行存款　　1 000
　　　　捐赠收入　　700 000

借：事业支出　　1 000
　　贷：资金结存——货币资金　　1 000

7.3 资产无偿划转（调拨）的核算

7.3.1 资产无偿划转（调拨）及其核算方法

资产无偿划转又称为资产无偿调拨（以下统称“资产无偿划转”），是指在不改变国有资产性质的前提下，非现金资产控制权按照规定或上级要求在不同的政府单位之间由一方无偿转移到另一方。从政府组织整体看，经常存在着资产在政府单位之间无偿划转的情况。政府单位资产的无偿划转主要源于四个方面：一是政府对国有资产在政府单位之间因使用的宽裕或紧缺程度不同而进行调剂形成资产无偿划转；二是政府单位的职能调整或隶属关系调整，某项政府工作职能由一个部门（单位）转移到另一个政府部门（单位），而且在调整中要求部分的资产控制权一并转移，从而形成的单位之间部分资产无偿划转；三是有的作为政府主管部门的单位，将本单位控制的非现金资产分配给附属单位或其他政府单位；四是其他原因形成的政府单位之间部分资产的无偿划转。

因政府单位整体划转、合并、分立而在政府单位之间移交资产也属于资产无偿划转。但是这种情况下的资产无偿划转包含在单位整体的资产、负债、净资产移交之中。单位整体的资产、负债、净资产移交在会计处理上应当采用划转、合并或分立单位全部会计账、会计报表的方式，不适用本节所介绍的资产无偿划转核算。

资产无偿划转往往涉及的资产金额很大，而且对当事的政府单位来说，资产无偿划转是偶发性的，一般不会经常发生。所以，如果将划出单位因划出资产的资产减少确认为费用（因为导致净资产减少），将划入单位因划入自产的资产增加确认为收入（因为导致净资产增加），那么就会造成无偿划转资产双方的收入费用表的收入或费用以及当期盈余产生畸形，形成不同于常年、数额很大的收入和本期盈余，或者形成不同于常年、数额很大的费用和本期负盈余。这样就会给收入费用表使用者，特别是连续会计期间的收入费用表使用者带来很大困惑。此外，资产无偿划转双方如果确认收入和费用，还要在编制政府部门财务报告或政府综合财务报告时进行抵销处理。

为了避免资产无偿划转核算对单位收入费用表数据产生异常波动等不利影响，政府单位会计制度对政府单位的资产无偿划转会计核算采用了一种特殊的方法：不对划入或划出资产确认收入或费用，而是通过设置净资产类会计科目进行核算，将划入、划出资产形成的净资产增加、减少直接调整净资产数额，从而做到了既维持借贷记账法和资产负债表的平衡，又在核算中绕开收入费用表，避免了对收入费用表解读的不利影响。

按照这种特殊方法核算资产无偿划转仅限于在政府单位之间。政府单位从非政府单位无偿取得资产，或者向非政府单位无偿提供资产，都不作为资产无偿划转核算。比如，政府单位从非政府单位或个人取得其捐赠的资产，作为捐赠收入核算；又如，政府单位从房地产开发企业无偿取得的公共配套设施（房地产开发企业将建成的基础设施、学校、医院等公共配套设施，作为实物地租无偿移交给政府），作为其他收入核算；再如，政府单位向非政府单位无偿分配受赠的非现金资产，应当按照资产处置核算，确认资产处置费用。

即使是在政府单位之间，资产控制权的无偿转移如果属于捐赠活动，那么也不按照资产无偿划转核算，而是按照资产捐赠核算。

7.3.2 核算资产无偿划转的科目设置

政府单位应当设置“无偿调拨净资产”科目，核算单位因无偿划入和划出非现金资产引起的净资产变动金额。本科目属于净资产科目，借方登记资产划出单位因无偿划出资产引起的净资产减少金额，贷方登记资产划入单位因无偿划入资产引起的净资产增加金额。

“无偿调拨净资产”科目借方发生额按照划出资产的账面价值确定，贷方发生额按照划入资产的入账成本（按照划出方划出资产账面价值确定）减去划入方承担的划转相关费用后的差额确定。

7.3.3 资产无偿划转的账务处理

1. 无偿划入资产

政府单位取得无偿划入存货、长期股权投资、固定资产、无形资产、公共基础设施、政府储备物资、文物文化资产、保障性住房等，财务会计按照确定的成本[①]，借记“库存物品”、“长期股权投资”、“固定资产”[②]、“无形资产”、“公共基础设施”、“政

① 无偿划入计提折旧（摊销）、且尚未提足折旧（摊销）的资产，按照无偿划入时该资产在划出方的净值确认入账成本。

② 需要安装调试才能使用的固定资产等设备，借记“在建工程”科目。

府储备物资”、“文物文化资产”、“保障性住房”等科目，按照划转过程中发生的归属于划入方的相关费用，贷记“财政拨款收入”、“零余额账户用款额度”、“银行存款”等科目，按照其差额，贷记“无偿调拨净资产”科目。

如果划入资产的原账面价值为零［即已经提足折旧（摊销）的资产］，财务会计按照该项资产在划出方的账面余额，借记“固定资产”、“无形资产”等科目，按照该项资产在划出方已经计提的折旧或摊销金额（与资产账面余额相等），贷记“固定资产累计折旧”、“无形资产累计摊销”等科目；按照划转过程中发生的归属于划入方的相关费用，借记“其他费用”科目，贷记“财政拨款预算收入”、“零余额账户用款额度”、“银行存款”等科目。

如果划入资产的原账面价值为名义金额，财务会计按照名义金额，借记“固定资产”、“无形资产”等科目，贷记“无偿调拨净资产”科目；按照划转过程中发生的归属于划入方的相关费用，借记“其他费用”科目，贷记“零余额账户用款额度”、“银行存款”等科目。

预算会计在支付划入资产的相关费用时，按照实际支付的金额，借记“其他支出”科目，贷记“财政拨款预算收入”、“资金结存”科目。

2. 无偿划出资产

政府单位经批准无偿划出存货、长期股权投资、固定资产、无形资产、公共基础设施、政府储备物资、文物文化资产、保障性住房等，财务会计按照划出资产的账面余额或账面价值，借记“无偿调拨净资产”科目，按照固定资产累计折旧、无形资产累计摊销、公共基础设施累计折旧或摊销、保障性住房累计折旧的金额，借记“固定资产累计折旧”、“无形资产累计摊销”、“公共基础设施累计折旧（摊销）”、“保障性住房累计折旧”科目，按照划出资产的账面余额，贷记“库存物品”、“长期股权投资”、“固定资产”、“无形资产”、“公共基础设施”、“政府储备物资”、“文物文化资产”、“保障性住房”等科目；同时，按照划转过程中发生的归属于划出方的相关费用，借记“资产处置费用”科目，贷记“财政拨款收入”、“零余额账户用款额度”、“银行存款”等科目。

预算会计在支付划出资产的相关费用时，按照实际支付的金额，借记“其他支出”科目，贷记“财政拨款预算收入”、“资金结存”科目。

7.3.4 资产无偿划转核算举例

【例 7-2】 由于政府部门职能调整，某省属 A 行政单位向承接其移交职能工作的 B 事业单位无偿划转一批业务用固定资产。该批固定资产原值共计 1 200 万元，固定资产计提累计折旧合计 560 万元，其中 40 万元原值的固定资产已经提足折旧。A 行政单位通过零余额账户（一体化实施后）支付了这批固定资产的运费 4 万元。B 事业单位接收了该批固定资产，其中接收账面价值 57 万元的一台专用设备需要安装，B 事业单位用转账支票支付了该台专用设备的安装费 9 000 元，设备安装完成。

要求：编制该资产无偿划转双方对上述经济业务进行会计记账的会计分录。

A 行政单位：

发出划出固定资产时：

借：无偿调拨净资产　　6 400 000
　　固定资产累计折旧　　5 600 000
　　贷：固定资产　　12 000 000

支付运费时：

借：资产处置费用　　40 000
　　贷：财政拨款收入　　40 000

借：其他支出　　40 000
　　贷：财政拨款预算收入　　40 000

B 事业单位：

收到划入固定资产时：

借：固定资产　　6 230 000（12 000 000 − 5 600 000 + 400 000 − 570 000）
　　在建工程　　570 000
　　贷：固定资产累计折旧　　400 000
　　　　无偿调拨净资产　　6 400 000

支付专用设备安装费时：

借：在建工程　　9 000
　　贷：银行存款　　9 000

借：其他支出　　9 000
　　贷：资金结存——货币资金　　9 000

专用设备安装完成时：

借：固定资产　　579 000
　　贷：在建工程　　579 000

7.4 资产置换的核算[①]

资产置换是指政府单位与其他政府单位之间以固定资产、无形资产或库存物品等进

① 本节的资产置换不包括股权投资的置换，股权投资的置换参见第 5 章长期股权投资核算中用非现金资产取得长期股权投资和处置长期股权投资且处置收入为非现金资产的相关核算。

行的资产交换，一般不涉及货币性资产或者只涉及用于补差价的少量货币性资产。

在资产置换中，当事单位换出资产相当于对换出资产的转让，换入资产相当于对换入资产的购买。

7.4.1 置换资产及相关收入费用的计量

如果资产置换的换入、换出资产价值大体相等，那么：

换入资产价值 = 换出资产价值

上式中，换出资产价值不是换出资产的账面价值，而是相当于该资产市场价值的评估价值。单位换出资产的账面价值如果高于评估价值，说明资产置换导致单位资产总额减少，其减少的数额形成单位的资产处置费用；单位换出资产的账面价值如果低于评估价值，说明资产置换导致单位资产总额增加，其增加的数额形成单位的其他收入。

如果资产置换的换入、换出资产价值不相等，那么可能由资产价值低的一方单位给予资产价值高的一方单位少量货币补偿，这种补偿称为“补价”。如果资产置换中发生了补价，那么：

收到补价的单位的换入资产价值 = 换出资产价值 - 补价

支付补价的单位的换入资产价值 = 换出资产价值 + 补价

补价是一笔货币资金。对于收到补价的政府单位来说，补价相当于转让换出资产收到的货币资金，按照国有资产处置的一般规定，在扣除了换出资产相关支出后要上缴财政。对于支付补价的政府单位来说，补价相当于购买换入资产支付的货币资金，要计入换入资产的入账成本。

政府单位在资产置换中收到补价并上缴财政，会导致单位在资产置换中资产总额减少，因此，上缴财政的款项会形成单位资产置换的资产处置费用或者抵减其他收入。

政府单位对资产置换过程中如果发生了由本单位承担的相关费用，应当区分换入资产的相关费用（如换入资产的运费、安装费等）和换出资产的相关费用（如换出资产的运费、拆卸费等）。根据政府单位取得资产计价的一般原则（取得资产发生的相关费用如运费、安装费等计入该资产入账成本），换入资产的相关费用应当计入换入资产的入账成本。换出资产的相关费用与换出资产一样，是换出资产导致的资产减少。因此，换出资产的相关费用和换出资产的账面价值一起与换出资产的评估价值相比较，可计算出资产处置费用或其他收入：当前两者大于后者时，资产置换导致总资产减少，前两者大于后者的差额形成单位的资产处置费用；当前两者小于后者时，资产置换导致总资产增加，前两者小于后者的差额形成单位的其他收入。

综上所述，在政府单位的资产置换中，换入资产的入账成本根据下式计算：

换入资产入账成本 = 换出资产的评估价值 + 支付的补价（或 - 收到的补价） + 换入资产的相关支出

对于同时换入多项资产的，按照各项换入资产的原账面价值的相对比例，将换出资产的评估价值总额（涉及补价的，加上支付的补价或减去收到的补价）分摊至各项换入资产（按照各项换入资产的市场评估价比例），加上各项换入资产应支付的相关税费，作为各项换入资产的入账成本。

在资产置换中产生的应缴财政款根据下式计算：

应缴财政款 =（收到的补价 – 换出资产的相关支出）> 0

在资产置换中产生的收入或费用根据下式计算：

其他收入 =［换出资产的评估价值 –（换出资产的账面价值 + 换出资产的相关费用 + 应缴财政款）］> 0

资产处置费用 =［换出资产的评估价值 –（换出资产的账面价值 + 换出资产的相关费用 + 应缴财政款）］< 0

7.4.2　资产置换的账务处理

1. 不涉及补价的资产置换

置换换入的资产验收，财务会计按照确定的成本（换出资产的评估价值加上换入资产的相关费用），借记“库存物品”、“固定资产”、“无形资产”等科目，按照换出资产的账面余额，贷记相关资产科目（换出资产为固定资产、无形资产的，还应当借记“固定资产累计折旧”、“无形资产累计摊销”科目），按照置换过程中发生的全部相关费用，贷记“银行存款”、“财政拨款收入”、“零余额账户用款额度”等科目，按照借贷方差额，借记“资产处置费用”科目或贷记“其他收入”科目。

预算会计在资产置换过程中，按照支付换入资产相关支出的金额，借记“行政支出”、“事业支出”、“经营支出”科目，按照支付换出资产的相关支出金额，借记“其他支出”科目，按照两者合计金额，贷记“资金结存”、“财政拨款预算收入”科目。

换入资产收到时间可能与换出资产发出时间存在一定的时间差。在这种情况下，对于进行资产置换的双方当事单位来说，单位在先发出换出资产时，就同时获得了索取换入资产的债权；单位在先收到换入资产时，就同时承担了给付换出资产的现实义务。为此，政府单位可以通过自行设置债权性资产类科目“应收换入资产”科目①和负债类科目“应付换出资产”科目②作为过渡，核算换入换出时间存在差异的资产置换。

（1）先收到换入资产后发出换出资产。置换换入的资产验收时，财务会计按照确定的成本，借记“库存物品”、“固定资产”等科目，按照换入资产发生的相关费用，贷记“银行存款”、“财政拨款收入”、“零余额账户用款额度”等科目，按照两者的差

---

① 在资产负债表日，该科目期末余额填列资产负债表“其他流动资产”项目。

② 在资产负债表日，该科目期末余额填列资产负债表“其他流动负债”项目。

额，贷记“应付换出资产”科目。

预算会计在支付换入资产的相关支出时，按照实际支付的金额，借记“行政支出”、“事业支出”、“经营支出”科目，贷记“资金结存”、“财政拨款预算收入”科目。

置换换出的资产发出时，财务会计按照换入资产入库时计入“应付换出资产”科目贷方的金额，借记“应付换出资产”科目，按照换出资产的账面余额，贷记相关资产科目（换出资产为固定资产的，还应当借记“固定资产累计折旧”科目），按照换出资产发生的相关费用，贷记“银行存款”、“财政拨款收入”、“零余额账户用款额度”等科目，按照借贷方差额，借记“资产处置费用”科目或贷记“其他收入”科目。

预算会计在支付换出资产的相关支出时，按照实际支付的金额，借记“其他支出”科目，贷记“资金结存”、“财政拨款预算收入”科目。

（2）先发出换出资产后收到换入资产。置换换出的资产发出时，财务会计按照换出资产的账面余额，贷记相关资产科目（换出资产为固定资产的，还应当借记“固定资产累计折旧”科目），按照换出资产发生的相关费用，贷记“银行存款”、“财政拨款预算收入”、“零余额账户用款额度”等科目，按照换出资产的账面价值和相关费用，借记“应收换入资产”科目。

预算会计在支付换出资产的相关支出时，按照实际支付的金额，借记“其他支出”科目，贷记“资金结存”、“财政拨款预算收入”科目。

置换换入的资产验收时，财务会计按照确定的成本，借记“库存物品”、“固定资产”等科目，按照换入资产发生的相关费用，贷记“银行存款”、“财政拨款预算收入”、“零余额账户用款额度”等科目，按照换出资产发出时计入“应收换入资产”科目借方的金额，贷记“应收换入资产”科目，按照借贷方差额，借记“资产处置费用”科目或贷记“其他收入”科目。

预算会计在支付换入资产的相关支出时，按照实际支付的金额，借记“行政支出”“事业支出”、“经营支出”科目，贷记“资金结存”、“财政拨款预算收入”科目。

2. 涉及补价的资产置换

（1）支付补价的。置换换入的资产验收，财务会计按照确定的成本（换出资产的评估价值加上补价，再加上换入资产的相关支出），借记“库存物品”、“固定资产”、“无形资产”等科目，按照换出资产的账面余额，贷记相关资产科目（换出资产为固定资产、无形资产的，还应当借记“固定资产累计折旧”、“无形资产累计摊销”科目），按照支付的补价和置换过程中发生的全部相关费用，贷记“银行存款”、“财政拨款收入”、“零余额账户用款额度”等科目，按照借贷方差额，借记“资产处置费用”科目或贷记“其他收入”科目。

预算会计在资产置换过程中，按照支付的补价、换入资产的相关支出金额，借记

“行政支出”、“事业支出”、“经营支出”科目，按照支付换出资产的相关支出金额，借记“其他支出”科目，按照两者合计金额，贷记“资金结存”、“财政拨款预算收入”科目。

（2）收到补价的。置换换入的资产验收，财务会计按照确定的成本（换出资产的评估价值减去补价，再加上换入资产的相关支出），借记“库存物品”、“固定资产”、“无形资产”等科目，按照收到的补价，借记“银行存款”等科目，按照换出资产的账面余额，贷记相关资产科目（换出资产为固定资产、无形资产的，还应当借记“固定资产累计折旧”、“无形资产累计摊销”科目），按照置换过程中发生的全部相关费用，贷记“银行存款”、“财政拨款收入”、“零余额账户用款额度”等科目，按照补价扣减换出资产相关支出后的净收入，贷记“应缴财政款”科目，按照借贷方差额，借记“资产处置费用”科目或贷记“其他收入”科目。

预算会计在资产置换过程中，按照支付换入资产的相关支出金额，借记“行政支出”、“事业支出”、“经营支出”科目，贷记“资金结存”、“财政拨款预算收入”科目。如果支付换出资产相关支出的金额大于收到的补价，按照换出资产相关支出的金额大于收到补价的差额，借记“其他支出”科目，贷记“资金结存”科目。

涉及补价的资产置换如果存在换入资产收到时间与换出资产发出时间有时间差的情况，也可以通过登记“应收换入资产”科目或“应付换出资产”科目核算换入换出时间存在差异的资产置换。具体的做法比照上述不涉及补价的资产置换的账务处理，这里不再赘述。

7.4.3 资产置换核算举例

【例7-3】 A事业单位用一批油料与B行政单位置换办公用品和办公设备。该批置换油料的账面成本为11万元，市场评估价为10万元；办公用品的账面成本为3.5万元，办公设备的账面余额为5万元，设备累计折旧为1.5万元，办公用品市场评估价的市场评估价为4万元，办公设备的市场评估价为5万元。经双方商定，B行政单位向A事业单位支付1万元的交换差价（补价）。20×2年6月1日，A事业单位发出油料，并用银行转账支票支付了油料运费2 000元；同日B行政单位收到油料验收入库，并用银行转账支票支付油料倒装费500元。同年7月15日，B行政单位发出办公用品和办公设备，并用银行转账支票支付了办公用品和办公设备的运费1 000元，通过财政授权支付（一体化实施前）向A事业单位银行存款账户支付了补价10 000元；同日A事业单位收到办公用品（已经入库）和办公设备，银行存款账户收到B行政单位支付的补价10 000元。

要求：编制该资产置换双方对上述经济业务进行会计记账的会计分录。

A事业单位关于该次资产置换的账务处理。

20×2年6月1日发出油料及支付运费时：

借：应收换入资产　112 000

　　贷：库存物品——油料　110 000

　　　　银行存款　2 000

同年7月15日收到办公用品、办公设备及补价时：

借：库存物品——办公用品

　　40 000［(100 000－10 000)÷90 000×40 000］

　　固定资产　50 000［(100 000－10 000)÷90 000×50 000］

　　银行存款　10 000

　　资产处置费用　20 000［100 000－(110 000＋2 000＋8 000)］

　　贷：应收换入资产　112 000

　　　　应缴财政款　8 000（10 000－2 000）

B行政单位关于该次资产置换的账务处理。

20×2年6月1日收到油料及支付油料倒装费时：

借：库存物品——油料　100 500（90 000＋10 000＋500）

　　贷：银行存款　500

　　　　应付换出资产　100 000

借：行政支出　500

　　贷：资金结存——货币资金　500

同年7月15日发出办公用品、办公设备及支付补价和办公用品、办公设备运费时：

借：应付换出资产　100 000

　　固定资产累计折旧　15 000

　　贷：库存物品——办公用品　35 000

　　　　固定资产　50 000

　　　　零余额账户用款额度　10 000

　　　　银行存款　1 000

　　　　其他收入　19 000［90 000－(35 000＋35 000＋1 000)］

借：行政支出　10 000

　　其他支出　1 000

　　贷：资金结存——零余额账户用款额度　10 000

　　　　　　　　——货币资金　1 000

7.5 资产清查的核算

7.5.1 资产清查核算概述

政府单位资产清查的核算主要通过设置并登记“待处理财产损溢”科目进行。“待处理财产损溢”科目主要具有两个功能：一是通过登记“待处理财产损溢”科目纠正资产的账实不符问题；二是通过“待处理财产损溢”科目归集计算处置资产的净损益，核算资产处置的收入和费用。

资产账实不符一般存在于资产盘盈、资产盘亏、资产损毁、资产报废这几种情况之中。除了这几种情况，其他的资产处置活动导致资产减少时，一般不会出现账实不符。因此，资产捐出、资产无偿划出、资产转让等资产处置不通过“待处理财产损溢”科目核算。

在工程建设中出现自然灾害等原因造成的工程整体报废也和资产损毁具有同样性质。但是由于“在建工程”科目下的“待核销基建支出”科目本身有“待处理”核算科目的性质，也是为了适应工程项目建设成本核销管理制度，因此，工程建设中出现自然灾害等原因造成的工程整体报废，不通过“待处理财产损溢”科目核算，而是通过“在建工程——待核销基建支出”科目核算。

7.5.2 资产盘盈的核算[①]

1. 资产盘盈的会计确认

资产盘盈表现为账面上没有该资产而资产却实际存在。产生盘盈情况的资产可以分为库存现金、流动性实物资产[②]、非流动资产[③]。

对资产盘盈的会计确认首先要通过登记资产及待处理财产损溢科目确认盘盈的资产。在确认盘盈资产以后还要根据盘盈资产的原因相应地确认有关收入等。

（1）库存现金。导致库存现金盘盈的可能原因有两个方面：一是登记现金账出现差错，如多记付款金额或少记收款金额；二是收付款的金额出现差错，如收付现金时多收或者少付。对于登记现金账出现差错导致的库存现金盘盈，应当作为会计差错更正，通过更正现金错账及相关账户记录进行处理。对于收付款的金额出现差错导致的库存现

① 这里不包含政府单位在划转撤并的清算活动中资产盘盈的核算。
② 为了表述方便，本节所说的流动性实物资产包含政府储备物资。
③ 为了表述方便，本节所说的非流动资产不包含政府储备物资。

金盘盈，应当通过查找被多收或者少付现金的当事人，退回多收的现金或补付少付的现金。如果无法查找到相关当事人，经过审批程序将盘盈的库存现金作为收入确认。由于无法退回多收的现金或补付少付的现金成为单位可以用于各种使用支付的现金，增加了属于单位预算管理的现金，因此，要在预算会计核算中增加资金结存及确认预算收入。

（2）流动性实物资产。流动性实物资产账面盈余的可能原因有两个方面：一方面是资产账记录错误，即少记入库资产或者多记发出资产导致资产账面数量小于实物数量。在资产记账发生的错误中，又可以分为两种：一是记账金额没有错但是记账实物数量错误；二是记账金额发生错误。另一方面是资产实物收发计量误差，即资产账记录正确，但是该资产实物的计量出库数量比计量入库数量少（因进出库使用不同规格的计量器具产生计量误差、温度湿度等自然条件原因）而导致库存资产数量大于账面数量。

对于资产账记录错误导致的资产盘盈，应当作为会计差错更正，通过更正资产错账进行处理。其中，属于记账金额没有错但是记账实物数量错误的，只更正资产账中的实物数量即可；属于记账金额错误的，要更正资产错账金额及相关对应账户的记录。

对于资产实物收发计量误差导致的资产盘盈会形成这样的结果：以往该资产减少时登记的费用（包括计入其他资产成本以后摊入费用）比实际应当登记的费用要多。因此，对于这种情况下资产盘盈处理，应当确认冲减以往多计的费用。由于这种情况下的资产盘盈应当属于管理问题，而且严格按照多计的具体费用项目进行冲减比较困难，所以对于资产实物收发计量误差导致的资产盘盈，一般采用冲减管理费用的做法。

（3）非流动资产。非流动资产盘盈比较少见，而且不会出现因为资产增减实物计量误差导致的盘盈。所以非流动资产盘盈的原因只可能是记账错误。比如，少登记了资产增加账或者多登记了资产减少账；登记资产账时金额没有错误、但是登记资产增加时少登记了增加的实物量或登记资产减少时多登记了减少的实物量；取得非流动资产没有记账。非流动资产盘盈的件数较少，一般能够查到盘盈具体资产的情况；又因为盘盈的非流动资产单件金额往往较大，也容易造成对会计报表的影响。所以对盘盈的非流动资产，应当在查清具体情况基础上分别处理：对于仅是因为错误登记资产实物数量导致的资产盘盈，应当更正资产实物账；属于资产收发记账金额错误的，要更正资产错账金额及相关对应账户记录。对于取得非流动资产没有记账导致的资产盘盈，按照资产取得的时间区别进行处理：盘盈的非流动资产是以前年度取得的，作为更正以前年度会计差错处理；盘盈的非流动资产是本年度取得的，按照盘盈资产取得的方式和成本补充记账，并调整原来错记的相关记账金额。

2. 盘盈资产的入账成本

除盘盈库存现金以外，由于盘盈资产是以前取得的，又没有账簿记录，所以不一定能够找到取得时的成本资料。确定盘盈库存现金以外盘盈资产的入账成本时，应当在保证可靠性的前提下，尽量接近原来取得时的历史成本，或者接近盘盈时的市场价格。盘盈库存现金以外盘盈资产的入账成本，可以按照以下顺序依次优先采用：

（1）有凭据能够证明该资产取得时的成本，按照该资产取得时的成本确定。

（2）参照盘盈资产取得时同期取得的其他相同资产的成本确定。

（3）按规定需要进行资产评估的，按照评估价确定。

（4）按照重置成本确定。

（5）按照名义金额确定。

只有盘盈资产中的存货、固定资产和无形资产在上述（1）~（4）成本计量条件都确实不能满足成本可靠地计量的前提下，才能按照名义金额入账。政府单位不应当在能够按照上述前四种成本计量条件可以可靠地计量成本情况下，按照名义金额将盘盈的存货、固定资产和无形资产入账。政府单位也不应当将除存货、固定资产和无形资产以外的其他盘盈资产按照名义金额入账。

盘盈的资产如果系旧的非流动资产，其入账成本（不包括以名义金额计价的成本）要考虑该盘盈实物资产的新旧程度，或者盘盈无形资产的剩余保护年限。

3. 资产盘盈的账务处理

政府单位在发生资产盘盈时，按照盘盈资产确定的入账成本，借记“库存现金”、“库存物品”、“固定资产”、“无形资产”、“长期股权投资”、“公共基础设施”、“政府储备物资”、“文物文化资产”、“保障性住房”等科目，贷记“待处理财产损溢”科目。资产金额账实相符但资产实物数量大于资产实物账数量的盘盈资产，以及当年取得没有记账的非流动资产，不必进行这一步账务处理。

对于资产金额账实相符但资产实物数量大于资产实物账数量的盘盈资产，更正增加资产实物账数量。

对于本年度取得、因没有登记资产账导致盘盈的非流动资产，按照本年取得时的成本进行资产增加的账务处理，并补充登记相关会计科目，或者更正原错误登记的相关会计科目记录。

对于记入“待处理财产损溢”科目的盘盈资产，按照以下方法进行处理：

（1）对于属于多记减少金额或少记增加金额的资产账错误导致的盘盈资产，按照错账部分的金额，借记“待处理财产损溢”科目，贷记错账登记时对应的会计科目。其中确定错账登记时对应的会计科目是以前年度收入费用的，按照错账部分的金额，借记“待处理财产损溢”科目，贷记“以前年度盈余调整”科目。涉及更正预算会计记账错误的，按照预算会计错账的金额，借记“资金结存”科目，贷记对应的预算会计科目。

（2）对于多收或者少付现金导致的盘盈库存现金，按照盘盈的金额，借记“待处理财产损溢”科目，贷记“其他应付款”科目。记入“其他应付款”科目的盘盈库存现金，在退回或补付给当事人时，按照支付的金额，借记“其他应付款”科目，贷记

“库存现金”科目；无法退回或补付给当事人的，报经批准核销。批准后处理时，按照批准核销的金额，财务会计借记“其他应付款”科目，贷记“其他收入”科目；预算会计按照相同的金额，借记“资金结存”科目，贷记“其他预算收入”科目。

（3）对于无法查清属于登记现金账错误还是属于少付或者多收现金导致的盘盈库存现金，比照少付或者多收现金导致的盘盈库存现金进行同样的账务处理。

（4）对于资产实物收发计量误差导致盘盈的流动性实物资产，报经批准后处理时，按照确定的入账成本，借记“待处理财产损溢”科目，贷记“单位管理费用”科目［事业单位］或者“业务活动费用”科目［行政单位］。

（5）对于以前年度取得、因没有登记资产账导致盘盈的非流动资产，按照确定的入账成本，借记“待处理财产损溢”科目，贷记“以前年度盈余调整”科目。

7.5.3 资产盘亏的核算[①]

1. 资产盘亏的会计确认

资产盘亏表现为账面上有该资产而资产实物却不存在。资产盘亏可以分为库存现金盘亏和非现金资产盘亏。

对资产盘亏的会计确认首先要通过将盘亏资产账面价值转入待处理财产损溢的方式对盘亏的资产终止确认。在终止确认盘亏资产以后还要根据盘亏资产的原因相应地确认有关费用等。

（1）库存现金。导致库存现金盘亏的可能原因有三个方面：一是登记现金账出现差错，如少记付款金额或多记收款金额；二是收付款的金额出现差错，如收付现金时少收或者多付；三是现金丢失。

对于登记现金账出现差错导致的库存现金盘亏，应当作为会计差错更正，通过更正现金错账及相关账户记录进行处理。

对于收付款的金额出现差错导致的库存现金盘亏，应当通过查找被少收或者多付现金的当事人，收回少收或多付的现金。如果无法查找到相关当事人，经过审批程序将盘亏的库存现金作为费用确认。由于无法收回少收的现金或多付的现金，导致单位可以使用现金的损失，减少了属于单位预算管理的现金，因此，要在预算会计核算中减少资金结存及确认预算支出。

对于现金丢失导致的库存现金盘亏，应当首先通过追查追回丢失现金；无法追回丢失现金的，按照国有资产处置程序将丢失库存现金的净损失报损；经报损批准后将盘亏库存现金净损失确认为资产处置费用。库存现金丢失导致单位可以使用现金的损失，减少了属于单位预算管理的现金，因此，要在预算会计核算中减少资金结存及确认预算支

① 这里不包含政府单位在划转撤并的清算活动中资产盘亏的核算。

出。对已经报损程序处置完成的丢失现金以后又追回的，财务会计要确认为其他收入，预算会计要确认为其他预算收入。

（2）非现金资产。导致非现金资产盘亏的可能原因有：资产账记录错误、流动资产实物收发计量误差、资产丢失。

对于资产账记录错误导致的资产盘亏，应当作为会计差错更正，通过更正资产错账进行处理。其中，属于记账金额没有错但是记账实物数量错误的，只更正资产账中的数量即可；属于记账金额错误的，要更正资产错账金额及相关对应账户记录。

流动资产实物收发计量误差（该资产实物的计量出库数量比计量入库数量多）导致的资产盘亏会形成这样的结果：以往资产减少时登记的费用（包括计入其他资产成本以后摊入费用）比实际应当登记的费用要少。因此，对于这种情况下资产盘亏处理，应当确认增加以往少计的费用，可以采用确认增加管理费用的做法。

对于资产丢失导致的非现金实物资产盘亏，应当首先通过追查追回丢失资产；无法追回丢失资产的，按照国有资产处置程序将丢失的资产报损失；经报损批准后将盘亏资产损失确认为资产处置费用。对已经报损程序处置完成的丢失资产以后又追回的，确认为其他收入。

2. 资产盘亏的账务处理

政府单位为了核算盘亏、损毁、报废资产处置，应当在“待处理财产损溢”总账科目下设置“待处理财产价值”和“处理净收入”明细科目。其中“待处理财产价值”科目登记盘亏、损毁、报废资产的原账面价值，“处理净收入”科目归集盘亏、损毁、报废资产处置发生的收入或费用。

政府单位在发生资产盘亏时，按照盘亏资产账面价值，借记“待处理财产损溢——待处理财产价值”科目，按照盘亏资产已经计提的累计折旧（摊销），借记“固定资产累计折旧”、“无形资产累计摊销”、“公共基础设施累计折旧（摊销）”、“保障性住房累计折旧”等科目，按照盘亏资产账面余额，贷记“库存现金”、“库存物品”、“固定资产”、“无形资产”、“公共基础设施”、“政府储备物资”、“文物文化资产”、“保障性住房”等科目。资产金额账实相符但资产实物数量小于资产实物账数量的盘亏资产，不必进行这一步账务处理。

对于资产金额账实相符但资产实物数量小于资产实物账数量的盘亏资产，更正减少资产实物账数量。

对于记入“待处理财产损溢”科目的盘亏资产，按照以下方法进行处理：

（1）对于属于少计减少金额或多计增加金额的资产账错误导致的盘亏资产，按照错账部分的金额，借记错账登记时对应的会计科目，贷记“待处理财产损溢——待处理财产价值”科目。其中确定错账登记对应的会计科目是以前年度收入费用的，按照错账部分的金额，借记“以前年度盈余调整”科目，贷记“待处理财产损溢——待处理财产价值”科目。涉及更正预算会计记账错误的，按照预算会计错账的金额，贷记“资金结存”科目，借记对应的预算会计科目。

（2）对于属于少收或者多付现金导致的盘亏库存现金，能够确定向当事人收回的，按照应当收回金额，借记“其他应收款”科目，贷记“待处理财产损溢——待处理资产价值”科目。记入“其他应收款”科目的盘亏库存现金在收回时，按照向当事人收回的金额，借记“库存现金”科目，贷记“其他应收款”科目。对盘亏库存现金无法确定向当事人收回的，按照盘亏库存现金损失报经批准核销，财务会计按照批准核销的金额，借记“资产处置费用”科目，贷记“待处理财产损溢——待处理资产价值”科目；预算会计按照批准核销的金额，借记“其他支出”科目，贷记“资金结存——货币资金”科目。

（3）对于现金丢失导致的盘亏现金，在收到追回的现金时，按照追回的金额，借记“库存现金”科目，贷记“待处理财产损溢——待处理资产价值”科目；确定责任人的赔款时，按照赔款的金额，借记“其他应收款”科目，贷记“待处理财产损溢——处理净收入”科目。经国有资产处置程序报损批准对丢失现金的净损失（丢失的盘亏现金减去追回的现金，再减去赔款后的差额）核销时，财务会计按照批准核销的金额，借记“资产处置费用”科目，按照赔款的金额，借记“待处理财产损溢——处理净收入”科目，按照盘亏现金减去追回现金后的差额，贷记“待处理财产损溢——待处理财产价值”科目；预算会计按照批准核销的金额，借记“其他支出”科目，贷记“资金结存——货币资金”科目。对已经报损程序处置完成的丢失现金以后又追回的，财务会计按追回的金额，借记“库存现金”科目，贷记“其他收入”科目；预算会计按照相同的金额，借记“资金结存——货币资金”科目，贷记“其他预算收入”科目。

（4）对于资产实物收发计量误差导致盘亏的流动性实物资产报经批准后处理时，按照盘亏的金额，借记“单位管理费用”科目［事业单位］或“业务活动费用”［行政单位］科目，贷记“待处理财产损溢——待处理资产价值”科目。

（5）对于资产丢失导致的非现金实物资产盘亏，在追回丢失资产时，按照丢失资产的原账面余额，借记盘亏资产的原科目，贷记“待处理财产损溢——待处理资产价值”科目［已经计提折旧（摊销）的，还应当贷记有关累计折旧（摊销）科目］。无法追回且应当由保险公司或责任人赔偿的，按照确定赔偿款的金额，借记“其他应收款”科目，贷记“待处理财产损溢——处理净收入”科目。收到赔偿款时，按照实际收到的金额，借记“银行存款”等科目，贷记“其他应收款”科目。经国有资产处置程序报损批准对丢失非现金实物资产处置时，按照批准报损的金额（盘亏丢失资产金额减去追回资产金额后的差额），借记“资产处置费用”科目，贷记“待处理财产损溢——待处理财产价值”科目。收到赔偿款的，财务会计按照赔偿款的金额，借记

“待处理财产损溢——处理净收入”科目，贷记“应缴财政款”科目［规定上缴财政］或者“其他收入”科目［规定留归单位］。同时，预算会计按照规定留归单位的赔偿款金额，借记“资金结存——货币资金”科目，贷记“其他预算收入”科目。对已经报损程序处置完成的丢失资产以后又追回的，按照追回资产确认的入账成本，借记相关资产科目，贷记“其他收入”科目。

7.5.4 资产损毁、报废的核算

1. 资产损毁、报废的会计确认

资产损毁是指资产实物因为损毁已经失去了资产的使用功能。资产报废是指资产实物尚能使用，但按照有关规定或者经有关部门、专家鉴定，对因技术原因确需淘汰，或者已超过使用年限且无法满足工作需要的资产终止使用。政府单位的无形资产预期不再能为单位带来服务能力或者经济利益的，也属于资产报废。

对损毁、报废资产的核算，首先，要通过将该资产的账面价值转入“待处理财产损溢”科目，并冲销资产的账面余额，对损毁、报废资产予以终止确认；其次，在经过报损、报废审批程序后，要将损毁、报废资产转入“待处理财产损溢”科目的账面价值确认为资产处置费用；最后，由于损毁、报废资产处置可能获得残值变价收入、赔偿收入及发生拆除费用等，因此还要对处置损毁、报废资产时发生的相关收入和费用等进行确认。

政府单位对于处置损毁、报废资产的相关收入中现金收入扣除处置费用的现金支出后为现金净收入的，如果按照国有资产处置管理规定上缴财政，应当确认为单位的应缴财政款。

政府单位对于损毁、报废资产处置中产生收入扣除处置费用再减去应缴财政款（如有）后为净收益的，应当确认为单位的其他收入。对于损毁、报废资产处置的相关收入扣除处置费用后为净损失的，应当确认为单位的资产处置费用。

政府单位在损毁、报废资产处置时发生处置收益或损失的现金净流入或者现金净流出，使得单位纳入预算管理的现金增加或者耗费，所以预算会计要对此确认预算收入或者预算支出。如果按照国有资产处置管理规定处置损毁、报废资产的现金净收入要上缴财政，那么与此相关的现金流入和现金流出，都不会增加或减少单位的预算资金，预算会计也就不必记账。

2. 资产损毁、报废的账务处理

政府单位对各种需要报损、报废的资产申请批准时，按照相关资产的账面价值，借记“待处理财产损溢——待处理资产价值”科目，按照报废、报损资产已经计提的累计折旧（摊销），借记“固定资产累计折旧”、“无形资产累计摊销”、“公共基础设施累计折旧（摊销）”、“保障性住房累计折旧”等科目，按照报废、报损资产的账面余额，贷记“库存物品”、“固定资产”、“无形资产”、“公共基础设施”、“政府储备物资”、“文物文化资产”、“保障性住房”等科目。

政府单位获得批准对损毁、报废资产核销时，按照报损、报废资产的原账面价值，借记“资产处置费用”科目，贷记“待处理财产损溢——待处理资产价值”科目。

政府单位处置损毁、报废资产收到残值变价收入、获得保险赔偿和过失人赔偿、取得可以使用的拆除旧料和部件等时，借记“银行存款”、“其他应收款”、“库存物品”等科目，贷记“待处理财产损溢——处理净收入”科目。发生拆除、废料运输等处置拆除、报废资产相关费用时，借记“待处理财产损溢——处理净收入”科目，贷记“银行存款”、“财政拨款收入”、“零余额账户用款额度”等科目。

处置损毁、报废资产的收入费用结清，如果收入大于费用的，财务会计按照相关收入减去费用后的净收益金额，借记“待处理财产损溢——处理净收入”科目，按照应当上缴财政的金额（如果有），贷记“应缴财政款”科目，按照净收益减去应缴财政款后的差额，贷记“其他收入”科目；如果收入小于费用，按照相关费用减去收入后的净损失，借记“资产处置费用”科目，贷记“待处理财产损溢——处理净收入”科目。

处置损毁、报废资产相关收入的现金收入和相关费用的现金支出结清，如果现金收入小于现金支出，预算会计按照相关现金支出减去现金收入后的现金净支出，借记“其他支出”科目，贷记“资金结存——货币资金”科目；如果现金收入大于现金支出，且规定处置损毁、报废资产的现金净收入留归单位的，预算会计按照相关现金收入减去现金支出后的现金净收入，借记“资金结存——货币资金”科目，贷记“其他预算收入”科目。如果规定处置损毁、报废资产的现金净收入上缴财政，预算会计不记账。

3. 资产清查核算举例

【例7－4】某事业单位对损毁的资产处置情况如下：

（1）因火灾严重损毁塑钢结构雨棚三座和通用设备一台，该三座雨棚作为固定资产管理，原值为30万元，已提累计折旧10万元；损毁的通用设备账面余额为15万元，已提累计折旧7万元。根据国有资产处置管理程序对该雨棚和通用设备报损处置。

（2）获得有关部门批准，对损毁的雨棚和通用设备予以核销，并要求该资产处置取得的现金净收入上缴国库。

（3）拆除损毁的雨棚用转账支票支付拆除费用2 000元；收回雨棚尚能作为其他用途使用钢材折价2万元，钢材已经入库；出售损毁雨棚的废钢材获得2 500元，款项已经存入银行账户。拆除损毁的通用设备用转账支票支付拆除费1 200元，该通用设备卖废品获得现金900元。

要求：编制该事业单位对上述经济业务进行会计记账的会计分录。

（1）将损毁的雨棚和通用设备账面价值转入待处理财产损溢。

借：待处理财产损溢——待处理财产价值——雨棚　　200 000
　　　　　　　　　　——通用设备　　80 000
　固定资产累计折旧　　170 000（100 000＋70 000）
　贷：固定资产——雨棚　　300 000
　　　　　　——通用设备　　150 000

（2）根据批准，将雨棚、通用设备的原账面价值计入资产处置费用。

借：资产处置费用　　280 000
　待处理财产损溢——待处理财产价值——雨棚　　200 000
　　　　　　　　　　——通用设备　　80 000

（3）处置收入和费用的账务处理。

①雨棚。

支付拆除费用2 000元：

借：待处理财产损溢——处理净收入——雨棚　　2 000
　贷：银行存款　　2 000

收回旧钢材20 000元：

借：库存物品　　20 000
　贷：待处理财产损溢——处理净收入——雨棚　　20 000

收到卖废钢材款2 500元：

借：银行存款　　2 500
　贷：待处理财产损溢——处理净收入——雨棚　　2 500

②通用设备。

支付拆除费用1 200元：

借：待处理财产损溢——处理净收入——通用设备　　1 200
　贷：银行存款　　1 200

损毁设备卖废品收到现金900元：

借：库存现金　　900
　贷：待处理财产损溢——处理净收入——通用设备　　900

（4）处理雨棚和通用设备收入费用及现金收支结清：

借：待处理财产损溢——处理净收入——雨棚　　20 500
　贷：待处理财产损溢——处理净收入——通用设备　　300
　　应缴财政款　　200（2 500＋900－2 000－1 200）
　　其他收入　　20 000

7.6 政府方单位 PPP 项目资产的核算

7.6.1 PPP 项目资产概述

1. PPP 项目合同

PPP 项目合同是指政府方与社会资本方就 PPP 项目合作所订立的合同。PPP 项目又称为政府与社会资本合作项目。PPP 项目就其合作内容不同，又分为不同形式的 PPP 项目。其中，包含政府赋予社会资本方特许经营权内容的 PPP 项目，称为特许经营 PPP 项目。为了规范政府会计对特许经营 PPP 项目的会计核算，财政部于 2019 年颁布了《政府会计准则第 10 号——政府和社会资本合作项目合同》（以下简称“PPP 项目合同准则”）。本章所介绍的 PPP 项目合同，即指属于 PPP 项目合同准则适用范围的 PPP 项目合同。

根据 PPP 项目合同准则规定，PPP 项目合同是指政府方与社会资本方依法依规就 PPP 项目合作所订立的合同。PPP 项目合同中的政府方是指政府授权或指定的 PPP 项目政府实施机构；PPP 项目合同中的社会资本方是指与政府方签署 PPP 项目合同的社会资本实体组织或项目公司。

为了执行 PPP 项目合同，一般都会成立代表社会资本方或社会资本方为主的 PPP 项目公司，以代表社会资本方提供政府方要求的公共产品和服务。政府也可以以国有企业、政府投资基金（产业基金）等向 PPP 项目公司直接投资，成为 PPP 项目公司的股东。

社会资本方运营 PPP 项目的资产实体是公共基础设施和公用事业服务设施（如教育、科技、文化、体育、医疗卫生、养老设施等），使用这些设施可以提供公共产品和服务的全部时间即为 PPP 项目资产的全部生命周期，也称为全生命周期。在 PPP 项目合同中都规定了政府方授予社会资本方进行运营（使用 PPP 项目资产提供公共产品和服务）的特许经营权。大多数 PPP 项目合同约定的社会资本方进行特许经营时间小于 PPP 项目资产的全生命周期，在这些情况下，在特许经营期结束时，社会资本方要将 PPP 项目的实物资产移交给政府方。

2. PPP 项目资产及其核算主体

（1）PPP 项目资产。PPP 项目资产是指根据 PPP 项目合同确定的用来提供公共产品和服务的资产。

从实物资产角度看，PPP 项目资产是用于 PPP 项目的公共基础设施和公用事业服务设施。这些资产来源于两个方面：一方面来源于社会资本方投资建造，或者由社会资本方从第三方购买，或者是社会资本方的现有资产及其改建、扩建；另一方面来源于政府方现有资产，或者由社会资本方对政府方原有资产进行改建、扩建。

从会计核算的角度看，PPP 项目资产是处于 PPP 项目合同约定的 PPP 项目运营期间相关会计主体确认的资产。

（2）核算 PPP 项目资产的会计主体。核算 PPP 项目资产的会计主体分为两方，即实施 PPP 项目合同的政府方和社会资本方。其中，政府方对 PPP 项目资产依据政府会计准则的 PPP 项目合同准则及其应用指南等核算；社会资本方对 PPP 项目资产依据企业会计准则企业会计准则解释第 14 号、无形资产准则、金融工具准则等进行核算。政府方和社会资本方对 PPP 项目资产采用“镜像互补”的核算原则：对满足政府资产确认条件的 PPP 项目资产，政府方作为 PPP 项目资产确认、核算；与此相对应，社会资本方同时作为无形资产或金融资产确认、核算。

如果政府方以实物资产或货币资金直接投资 PPP 项目公司，则政府方对出资的核算由政府财政会计按照股权投资资产进行核算，而不是作为 PPP 项目资产进行核算。

核算 PPP 项目资产的政府方会计主体为政府授权或指定的 PPP 项目实施机构。对于由多级政府跨区域或本级政府跨部门共同实施的 PPP 项目合同，以 PPP 项目合同中约定的 PPP 项目实施机构为政府方会计主体。PPP 项目实施机构通常为政府授权或指定的政府有关职能部门（行政单位）或事业单位。为了便于与本书阐述的政府单位会计主体协调，本书将核算 PPP 项目资产的政府实施机构称为“政府方单位”。

7.6.2 PPP 项目资产的确认与计量

1. PPP 项目资产的确认条件

依据 PPP 项目合同确定的政府方资产，只有满足 PPP 项目合同的“双特征”条件，并同时满足政府方单位对资产的“双控制”条件，还要符合政府资产确认的一般条件，才能够被政府方单位所确认。

（1）“双特征”条件具体为：

特征一：社会资本方在合同约定的运营期间内代表政府方使用 PPP 项目资产提供公共产品和服务。即指根据合同约定或政府方授权，社会资本方享有建设、运营、管理、维护本项目设施等权利，同时承担代表政府方提供公共产品和服务的义务。

特征二：社会资本方在合同约定的期间内就其提供的公共产品和服务获得补偿。即指根据合同约定，社会资本方就其在运营期内运营或维护项目资产等按照合同约定获得回报。

在通常情况下，采用建设—运营—移交（BOT）、转让—运营—移交（TOT）、改建—运营—移交（ROT）方式运作的 PPP 项目合同，满足 PPP 项目合同准则规定的

“双特征”的条件。

（2）“双控制”条件具体为：

控制标准一：政府方控制或管制社会资本方使用PPP项目资产必须提供的公共产品和服务的类型、对象和价格。

控制标准一中所说的“控制”，是指政府方通过具有法律效力的合同条款等方式，有权决定社会资本方提供的公共产品和服务的类型、对象和价格。在通常情况下，政府方和社会资本方在PPP项目合同中应当明确规定社会资本方提供的公共产品和服务的类型、对象和价格。

控制标准一中所说的“管制”，是指社会资本方提供的公共产品和服务的类型、对象和价格，虽未在PPP项目合同中进行明确规定，但受有关法律法规或监管部门规章制度的约束。

如果定价的基础或框架受到监管约束，政府方对价格的“控制或管制”不需要完全控制价格，这种情况仍然符合控制标准。比如，设定政府调价机制，进行调价前应当经过政府方审核同意，即满足控制标准一的价格控制要求。如果项目合同条款给予社会资本方自主定价权，但约定政府方有权参与分享PPP项目资产的超额收益部分，则仍然满足控制标准一中的价格控制要求。

控制标准二：PPP项目合同终止时，政府方通过所有权、收益权或其他形式控制PPP项目资产的重大剩余权益。

控制标准二中所说的“重大剩余权益”，是指PPP项目合同终止时，在项目资产剩余使用寿命内使用、处置该项目资产所能获得的权益。政府方对“重大剩余权益”的控制具体表现为两种情形：

①PPP项目合同终止时，社会资本方应当将项目资产移交给政府方，且移交的项目资产预期仍能为政府方带来经济利益流入或者产生服务潜力。

②政府方能够通过合同条款限制社会资本方处置或抵押项目资产，保障重大剩余权益不受损害。

对于约定特许经营期达到项目资产全寿命周期的项目合同，即使项目合同结束时项目资产不存在重大剩余权益，如果该项目合同满足前述“双控制”标准中的控制标准一，则仍然适用PPP项目合同准则。

（3）政府资产确认的一般条件。PPP项目资产的确认，除了要满足上述合同的“双特征”条件和“双控制”条件，还要满足政府资产确认的一般条件，即：与PPP项目资产相关的服务潜力很可能实现或者经济利益很可能流入政府方；PPP项目资产的成本或者价值能够可靠地计量。一般来说，当PPP项目资产建造完成交付使用或者开始运营时，就满足了政府资产确认的一般条件。

2. PPP 项目资产的初始确认与计量

（1）PPP 项目资产的各组成部分具有不同使用年限或者以不同方式提供公共产品和服务的，应当分别将各组成部分确认为一个单项 PPP 项目资产。

（2）由社会资本方投资建造形成的 PPP 项目资产。政府方单位应当在 PPP 项目资产验收合格交付使用时予以确认入账。PPP 项目资产入账成本包括该项资产至验收合格交付使用前所发生的全部必要支出，包括建筑安装工程投资、设备投资、待摊投资、其他投资等支出。已交付使用但尚未办理竣工财务决算手续的 PPP 项目资产，应当按照估计价值入账，待办理竣工财务决算后再按照实际成本调整原来的暂估价值。

同时，政府方单位还应当按照确认入账 PPP 项目资产的金额确认 PPP 项目净资产。办理竣工财务决算后再按照实际成本调整原来的暂估价值的 PPP 项目资产，也应当同时调整原来的暂估价值的 PPP 项目净资产。

（3）由社会资本方从第三方购买形成的 PPP 项目资产。政府方单位应当在 PPP 项目资产验收合格交付使用时予以确认入账。PPP 项目资产入账成本包括购买价款、相关税费以及验收合格交付使用前发生的可归属于该项资产的运输费、装卸费、安装费和专业人员服务费等。

同时，政府方单位还应当按照确认入账 PPP 项目资产的金额确认 PPP 项目净资产。

（4）使用社会资本方现有资产形成的 PPP 项目资产。政府方单位应当在 PPP 项目开始运营日予以确认入账。PPP 项目资产入账成本按照根据规定对该项资产的评估价值确定。

同时，政府方单位还应当按照确认入账 PPP 项目资产的金额确认 PPP 项目净资产。

（5）使用政府方现有资产形成的 PPP 项目资产。政府方单位应当在 PPP 项目开始运营日予以确认入账，同时对政府方该现有资产终止确认。按照规定对政府方现有资产不进行资产评估的，PPP 项目资产入账成本根据政府方该现有资产在 PPP 项目开始运营日终止确认时的账面价值确定；其中按照规定对政府方现有资产进行资产评估的，PPP 项目资产入账成本根据政府方该现有资产评估价值确定，资产评估价值与 PPP 项目开始运营日终止确认时资产账面价值的差额计入当期收入或当期费用。

（6）社会资本方对政府方原有资产进行改建、扩建形成的 PPP 项目资产。政府方单位应当在 PPP 项目资产验收合格交付使用时予以确认入账，同时对政府方该原有资产终止确认。PPP 项目资产入账成本按照该资产改建、扩建前的账面价值加上改建、扩建发生的支出，再扣除该资产被替换部分账面价值后的金额确定。

同时，政府方单位应当按照 PPP 项目资产初始入账金额减去政府方原有资产账面价值后的差额确认 PPP 项目净资产。

3. PPP 项目资产的后续支出

PPP 项目运营期间，社会资本方按照 PPP 项目合同约定，对 PPP 项目资产进行大修、改建、扩建等，增加了PPP项目资产的使用效能或延长其使用年限的，政府方单位应当在PPP项目资产验收合格交付使用时，将大修、改建、扩建等的支出计入PPP项目资产的成本。计入PPP项目资产的成本，按照大修、改建、扩建等的相关支出扣除PPP项目资产被替换部分账面价值的差额确定。

同时，政府方单位应当按照计入PPP项目资产成本的金额确认增加PPP项目净资产的账面金额。

PPP项目运营期间，社会资本方为维护PPP项目资产的正常使用而发生的定期更换部分设施、日常维修、养护等后续支出，政府方单位不计入PPP项目资产的成本。

4. PPP项目资产的折旧（摊销）

PPP项目资产在物理形态上属于政府提供公共产品和服务的公共基础设施、公用事业单位的固定资产等。这些资产在社会资本方运营期间也会产生资产的价值耗损。因此，政府方单位在PPP项目运营期间应当对PPP项目资产计提折旧（摊销），以反映PPP项目资产的价值减少。由于PPP项目资产的运营由社会资本方完成，所以对PPP项目资产计提的折旧（摊销）不能计入政府方单位的费用，而是采用冲减政府方单位PPP项目净资产的方式处理。

PPP项目资产的折旧（摊销）与公共基础设施折旧（摊销）、固定资产折旧的原理相仿。所以，对PPP项目资产计提折旧（摊销）可以参照公共基础设施折旧（摊销）、固定资产折旧的方法进行。对PPP项目资产计提折旧（摊销）还要注意以下几点：

（1）对社会资本方持续进行良好维护使得PPP项目资产性能得到永久维持的PPP项目资产不进行折旧（摊销）。

（2）对作为PPP项目资产单独计价入账的土地使用权，政府方单位应当按照有关无形资产的政府会计准则、制度规定进行摊销。

（3）对于政府方单位初始确认的PPP项目净资产金额等于PPP项目资产初始入账金额的，应当按照计提的PPP项目资产折旧（摊销）金额，等额冲减PPP项目净资产的账面余额。

（4）对于政府方单位初始确认的PPP项目净资产金额小于PPP项目资产初始入账金额的，应当按照计提的PPP项目资产折旧（摊销）金额的相应比例（该比例为PPP项目净资产初始入账金额占PPP项目资产初始入账金额的比例），冲减PPP项目净资产的账面余额；当期计提的折旧（摊销）金额与所冲减的PPP项目净资产金额的差额，计入当期费用。

（5）在国务院财政部门对PPP项目资产折旧（摊销）年限作出规定之前，政府方单位在PPP项目资产首次入账时暂不考虑补提折旧（摊销），初始入账后也暂不计提折旧（摊销）。

5. PPP 项目资产的终止确认

PPP 项目合同终止时，政府方单位应当对该合同的 PPP 项目资产终止确认。PPP 项目合同终止后，按规定将 PPP 项目资产移交至政府方的，政府方单位应当将终止确认的 PPP 项目资产分类确认为公共基础设施等资产。

7.6.3 核算 PPP 项目资产的科目设置和账务处理

1. 核算 PPP 项目资产的科目设置

（1）政府方单位应当设置“PPP 项目资产”资产类科目，核算按照规定确认的 PPP 项目资产，并按照 PPP 项目资产的类别、项目等设置明细科目进行明细核算。本科目的期末借方余额，反映 PPP 项目资产的账面余额。

（2）政府方单位应当设置“PPP 项目资产累计折旧（摊销）”资产类抵减科目，核算按照规定计提的 PPP 项目资产累计折旧（摊销），本科目应当按照计提折旧（摊销）的 PPP 项目资产的类别、项目等设置明细科目进行明细核算。本科目期末贷方余额，反映政府方单位计提的 PPP 项目资产折旧（摊销）的累计数。

（3）政府方单位应当设置“PPP 项目净资产”净资产类科目，核算按照规定所确认的 PPP 项目净资产。本科目的期末贷方余额，反映核算按照规定所确认的 PPP 项目净资产。

2. 核算 PPP 项目资产的账务处理

（1）PPP 项目资产取得时的账务处理。其具体分为以下几种情况：

①取得社会资本方投资建造、从第三方购买和使用社会资本方现有资产形成的 PPP 项目资产，政府方单位应当在资产验收合格交付使用时或在 PPP 项目开始运营日，按照确定的成本，借记“PPP 项目资产”科目，贷记“PPP 项目净资产”科目。

对于投资建造已交付使用但尚未办理竣工财务决算手续的 PPP 项目资产，待办理竣工财务决算后，政府方单位应当按照实际成本与初始入账成本的差额，借记或贷记“PPP 项目资产”科目，贷记或借记“PPP 项目净资产”科目。

②取得使用政府方现有资产形成的 PPP 项目资产，无须进行资产评估的，政府方单位应当在 PPP 项目开始运营日，按照该资产的账面价值，借记“PPP 项目资产”科目，按照资产已计提的累计折旧或摊销，借记“公共基础设施累计折旧（摊销）”等科目，按照资产的账面余额，贷记“公共基础设施”等科目；按照相关规定需要进行资产评估的，政府方单位应当按照资产评估价值，借记“PPP 项目资产”科目，按照资产已计提的累计折旧或摊销，借记“公共基础设施累计折旧（摊销）”等科目，按照资产的账面余额，贷记“公共基础设施”等科目，按照资产评估价值与账面价值的差额贷记“其他收入”科目或借记“其他费用”科目。

政府方单位与控制形成 PPP 项目资产的政府方现有资产的政府单位不是同一单位的，政府方单位先在资产移交时，与控制现有资产的政府单位之间对该现有资产按照资产无偿划转（政府方单位为划入方）进行账务处理。在 PPP 项目开始运营日，政府方单位再进行该划入资产转为 PPP 项目资产的账务处理：无须进行资产评估的，按照该资产的账面余额，借记“PPP 项目资产”科目，贷记“公共基础设施”等科目；按照相关规定需要进行资产评估的，按照该资产评估价值，借记“PPP 项目资产”科目，按照该资产的账面余额，贷记“公共基础设施”等科目，按照资产评估价值与账面价值的差额贷记“其他收入”科目或借记“其他费用”科目。

③社会资本方对政府方原有资产进行改建、扩建形成的 PPP 项目资产，政府方单位应当在资产验收合格交付使用时，按照确定的成本，借记“PPP 项目资产”科目，按照资产改建、扩建前已计提的累计折旧或摊销，借记“公共基础设施累计折旧（摊销）”等科目，按照原有资产的账面余额，贷记“公共基础设施”等科目，按照 PPP 项目资产初始入账金额与原有资产账面价值的差额，贷记“PPP 项目净资产”科目。

政府方单位与控制政府方原有资产的政府单位不是同一单位的，政府方单位先在资产移交时，与控制原有资产的政府单位之间对该原有资产按照资产无偿划转（政府方单位为划入方）进行账务处理。政府方单位然后在 PPP 项目资产验收合格交付使用时，再进行该划入资产转为 PPP 项目资产的账务处理：按照该资产改建、扩建前的账面余额加上改建、扩建发生的支出，再扣除该资产被替换部分账面价值后的金额，借记“PPP 项目资产”科目，贷记“公共基础设施”等科目，按照 PPP 项目资产初始入账金额与原有资产账面余额的差额，贷记“PPP 项目净资产”科目。

（2）PPP 项目资产运营期间的账务处理。其具体分为以下几种情况：

①在 PPP 项目运营期间，对于 PPP 项目社会资本方为增加 PPP 项目资产的使用效能或延长其使用年限而发生的大修、改建、扩建等后续支出，政府方单位应当在该资产大修、改建、扩建完成后验收合格交付使用时，按照相关支出扣除资产被替换部分账面价值的差额，借记“PPP 项目资产”科目，贷记“PPP 项目净资产”科目。

②在 PPP 项目运营期间，政府方单位对 PPP 项目资产计提折旧（摊销），根据 PPP 项目资产初始入账金额是否等于 PPP 项目净资产金额，采用以下两种账务处理方法：

第一，政府方单位对初始确认的 PPP 项目净资产金额等于 PPP 项目资产初始入账金额的，按月计提 PPP 项目资产折旧（摊销）时，按照计提的 PPP 项目资产折旧（摊销）金额，借记“PPP 项目净资产”科目，贷记“PPP 项目资产累计折旧（摊销）”科目。

第二，政府方单位对初始确认的 PPP 项目净资产金额小于 PPP 项目资产初始入账金额的，按月计提 PPP 项目资产折旧（摊销）时，按照计提的 PPP 项目资产折旧（摊销）金额的相应比例（即 PPP 项目净资产初始入账金额占 PPP 项目资产初始入账金额的比例），借记“PPP 项目净资产”科目，按照计提的 PPP 项目资产折旧（摊销）金额，贷记“PPP 项目资产累计折旧（摊销）”科目，按照当期计提的折旧（摊销）金额与所冲减的 PPP 项目净资产金额的差额，借记“业务活动费用”科目。

（3）PPP 项目合同终止时的账务处理。其具体分为以下几种情况：

①PPP 项目合同终止时，PPP 项目资产按规定移交至政府方的，政府方单位应当根据 PPP 项目资产的性质和用途，将其重分类为公共基础设施等资产。

无须对所移交的 PPP 项目资产进行资产评估的，政府方单位按移交日 PPP 项目资产的账面价值，借记“公共基础设施”等科目，按照已计提的累计折旧（摊销），借记“PPP 项目资产累计折旧（摊销）”科目，按照 PPP 项目资产的账面余额，贷记“PPP 项目资产”科目。

按规定需要对所移交的 PPP 项目资产进行资产评估的，政府方单位按照资产评估价值，借记“公共基础设施”等科目，按照已计提的累计折旧（摊销），借记“PPP 项目资产累计折旧（摊销）”科目，按照 PPP 项目资产的账面余额，贷记“PPP 项目资产”科目，按照 PPP 项目资产评估价值与账面价值的差额，贷记“其他收入”科目或借记“其他费用”科目。

②PPP 项目合同终止时，政府方单位应当将尚未冲减完的 PPP 项目净资产账面余额转入累计盈余，按 PPP 项目净资产的账面余额，借记“PPP 项目净资产”科目，贷记“累计盈余”科目。

③政府方单位与接受 PPP 项目资产转为公共基础设施等资产的政府单位不是同一单位的，政府方单位先在 PPP 项目合同终止时，进行将 PPP 项目资产重分类为公共基础设施等资产的账务处理。然后政府方单位在资产移交时，与接受资产政府单位之间对公共基础设施等资产按照资产无偿划转（政府方单位为划出方）进行账务处理。

7.7 政府单位受托代理资产的核算

7.7.1 受托代理资产核算概述

政府单位会计制度规定政府单位要对单位的受托代理资产进行核算。受托代理资产在政府单位中按照资产进行核算，但是其核算具有以下特点：

（1）受托代理资产增加并不增加单位的净资产，而是同时增加负债，即受托代理负债。

（2）受托代理资产的增加和减少同时引起受托代理负债的增加或减少，不导致发生单位的收入或费用。

（3）受托代理资产和受托代理负债在资产负债表中单独列示，以表示其不属于单位的资产和负债。

政府单位对受托代理资产要进行一定的受托管理，政府单位对受托代理资产的管理包括：对货币资金的财务管理、对政府储备物资的代储、对罚没物资的代保管、对指定转赠明确第三方的捐赠资产的代保管及受托分发等。政府单位如果不进行受托管理，仅是暂时存放其他单位或个人的资金等，就不属于受托代理资产。比如，政府单位收到其他单位和个人需要转拨、上缴或代缴等的货币资金，就属于单位的暂收性负债，而不是受托代理资产。

政府单位对受托代理资产的管理一般不增加资产价值。如果单位对受托资产进行加工生产，增加了资产价值，就不属于受托代理资产，而是受托加工物资。

7.7.2 受托代理资金的核算

政府单位通过在“库存现金”、“银行存款”总账科目下设置一级明细科目“受托代理资产”科目，对受托代理的货币资金进行核算。并设置“受托代理负债”负债类总账科目，作为“受托代理资产”科目的对应科目，核算单位因取得受托代理资产形成的负债。

政府单位收到受托代理资金时，按照实际收到的金额，借记“库存现金——受托代理资产”、“银行存款——受托代理资产”科目，贷记“受托代理负债”科目。

政府单位按照委托人要求，支付或发放受托代理资金时，按照实际支付的金额，借记“受托代理负债”科目，贷记“库存现金——受托代理资产”或“银行存款——受托代理资产”科目。

为了方便政府单位对受托代理资金进行财务管理，包括对使用受托代理资金购买的存货、固定资产等实物资产受托进行财务管理，政府单位还可以在“受托代理资产”总账科目下设置“暂付款”、“固定资产”、“库存物品”等明细科目。

按照借款→报销流程使用受托代理资金的，在当事人借款时，按照借款的金额，借记“受托代理资产——暂付款”科目，贷记“库存现金——受托代理资产”或“银行存款——受托代理资产”科目；使用受托代理资金的当事人报销时，按照报销的金额，借记“受托代理负债”科目，按照当事人退回的资金金额（报销金额小于借款金额），借记“库存现金——受托代理资产”或“银行存款——受托代理资产”科目，或者按照补付给当事人现金金额（报销金额大于借款金额），贷记“库存现金——受托代理资产”科目，按照借款的金额，贷记“受托代理资产——暂付款”科目。

如果委托人使用受托代理资金购买实物资产，并委托单位对这些实物资产进行财务管理，使用受托代理资金购买实物资产的账务处理如下：

（1）使用受托代理资金购买实物资产的当事人借款时，按照借款的金额，借记

“受托代理资产——暂付款”科目，贷记“库存现金——受托代理资产”或“银行存款——受托代理资产”科目；使用受托代理资金购买实物资产的当事人报销时，按照报销凭据表明的实物资产购置成本，借记“受托代理资产——固定资产[①]/库存物品”科目，按照当事人退回的资金金额（报销金额小于借款金额），借记“库存现金——受托代理资产”或“银行存款——受托代理资产”科目，或者按照补付给当事人现金金额（报销金额大于借款金额），贷记“库存现金——受托代理资产”科目，按照借款的金额，贷记“受托代理资产——暂付款”科目。

（2）当使用受托代理资金购买的固定资产报废或存货领用时，按照相关减少资产的账面余额，借记“受托代理负债”科目，贷记“受托代理资产——固定资产/库存物品”科目。

以上账务处理的结果使得领用和使用受托代理资金发生的暂付款或购买的实物资产等仍然在受托代理资产的范围内，不会与单位的其他应收款或固定资产等混在一起。这样在资产负债表中，使用受托代理资金形成的非货币资产，仍旧可以在受托代理资产项目中列示，显示其不属于单位的资产。

7.7.3 受托代理实物资产的核算

受托代理实物资产包括：受托代储的政府储备物资、受托转赠物资、罚没物资、其他受托管理的实物资产。

1. 受托代理实物资产的入账成本

（1）受托代储物资和受托转赠物资的入账成本。政府单位受托代储政府储备物资和受托转赠物资都与委托方有委托协议，委托方要提供委托代理物资的数量、品种规格、价格等资料。政府单位应当根据委托方出具的有关委托代理物资的凭据显示的价格，作为受托代理物资的入账成本。

（2）罚没物资的入账成本。政府单位取得的罚没物资，应当根据受罚单位相关物资的原账面价值，或者受罚个人出具的罚没物资购置凭据显示的价格，作为罚没物资的入账成本；不能取得物资原账面价值或购置价格、有关价格评估机构出具了罚没物资的评估价格的，依照评估价格作为罚没物资的入账成本。不能取得罚没物资的可靠价格资料等、无法确定罚没物资可靠成本的，按照罚没物资的实物数量，通过辅助账对罚没物资进行表外登记。

其他受托代理实物资产的入账成本，可以比照上述代储政府储备物资和受托转赠物资入账成本确定。

---

① 对受托财务管理的固定资产不计提折旧。

2. 受托代理实物资产的相关费用

接受、保管受托代理实物资产往往会发生一些运输费、保管费。由于受托代理实物资产不属于受托政府单位的资产，因此，支付的运输费、保管费等不能计入单位受托代理实物资产的入账成本。

如果罚没物资、受托转赠物资等发生的运输、保管费用，属于政府单位履行职能活动发生的费用，应由受托的政府单位承担，计入单位的费用。

如果委托协议规定由受托方的政府单位支付受托代储物资和受托转赠物资的运输、保管费，但是运输、保管费用由委托方承担。在这种情况下，受托单位支付运输、保管费等不计入本单位的费用，而是计入其他应收款。受托单位收到委托方支付补偿运输、保管费用的资金时，冲减单位为此发生的其他应收款。

3. 受托代理实物资产核算的账务处理

政府单位通过设置“受托代理资产”总账科目核算各项受托代理物资。并且通过“受托代理负债”科目，核算单位因取得受托代理实物资产形成的负债。在“受托代理资产”总账科目下，还应当按照委托方和受托代理物资的种类设置明细科目。

政府单位收到代储的政府储备物资、受托转赠物资、罚没物资时，按照确定的成本，借记“受托代理资产”科目，贷记“受托代理负债”科目。

发生由受托单位承担的与受托代理物资相关的运输费、保管费等费用时，财务会计按照实际发生的费用金额，借记“业务活动费用”、“其他费用”等科目，贷记“银行存款”等科目。预算会计在支付运输费、保管费等时，按照实际支付的金额，借记“行政支出”、“事业支出”、“其他支出”等科目，贷记“资金结存”科目。

政府单位根据委托人要求交付或发出受托代理物资时，按照发出物资的成本，借记“受托代理负债”科目，贷记“受托代理资产”科目。

政府单位按照规定处置或移交罚没物资时，按照罚没物资的成本，借记“受托代理负债”科目，贷记“受托代理资产”科目。处置发生相关费用的，财务会计按照发生的费用金额，借记“其他费用”等科目，贷记“银行存款”等科目；预算会计按照发生费用支付的金额，借记“其他支出”等科目，贷记“资金结存”科目。处置时取得款项的，财务会计按照实际取得款项金额，借记“银行存款”等科目，按照发生处置费用的金额，贷记“银行存款”等科目，按照取得款项大于相关处置费用后的差额，贷记“应缴财政款”科目；预算会计不记账。

转赠物资的委托人取消了对捐赠物资的转赠要求，且不再收回捐赠物资的，政府单位应当将转赠物资转为单位的存货、固定资产等。按照转赠物资的成本，借记“受托代理负债”科目，贷记“受托代理资产”科目；同时，借记“库存物品”、“固定资产”等科目，贷记“捐赠收入”科目。

政府单位的受托代理物资发生损毁的，按照损毁物资的成本借记“待处理财产损溢”科目，贷记“受托代理资产”科目。单位经与委托人协商或按照规定，同意或批准损毁核销的，按照准以核销的金额，借记“受托代理负债”科目，贷记“待处理财产损溢”科目。如果双方商定由受托单位给予赔偿货币资金的，财务会计按照商定赔偿的金额，借记“其他费用”科目，贷记“银行存款”等科目，同时，按照损毁受托代理物资原账面成本，借记“受托代理负债”科目，贷记“待处理财产损溢”科目；预算会计按照支付赔偿款的金额，借记“其他支出”科目，贷记“资金结存”科目。如果双方商定由受托单位给予赔偿相同物资的，财务会计按照赔偿物资的实际成本，借记“其他费用”科目，贷记“库存物品”或“银行存款”等科目，同时，按照损毁受托代理物资原账面成本，借记“受托代理资产”科目，贷记“待处理财产损溢”科目；预算会计按照采购赔偿物资支付款项的金额，借记“其他支出”科目，贷记“资金结存”科目。

第8章 政府单位负债的核算

8.1 政府单位负债核算概述

8.1.1 政府单位负债的定义和概念

根据《政府会计准则——基本准则》规定，负债是指政府会计主体过去的经济业务或者事项形成的，预期会导致经济资源流出政府会计主体的现时义务。对于政府单位来说，负债是指政府单位过去的经济业务或者事项形成的，预期会导致经济资源流出政府单位的现时义务。

对政府单位负债的理解，主要包括以下方面：

（1）政府单位的现时义务是指单位在已经发生经济业务或事项的现行条件下已承担的义务。政府单位因未来发生的经济业务或者事项形成可能承担的义务是潜在义务，政府单位的潜在义务不形成政府单位的负债。

（2）政府单位履行偿债义务时会导致经济资源流出政府单位。如果未来履行义务时不会导致经济资源流出政府单位，则不应当确认为单位的负债。

（3）政府单位履行偿债义务时导致经济资源流出是指该资源支付给债权人或债权人指定的第三方。如果政府单位取得资金被要求在单位的活动中使用，则不属于单位的负债，而是应当将取得的资金确认为单位的收入（预算收入）。比如，收到主管单位给本单位职工的特定津贴拨款，因为发放该津贴属于本单位发放职工薪酬的业务活动，所以应当将收到的津贴拨款确认为单位的收入（预算收入）。又如，收到住房公积金管理机构要求转交、由住房公积金管理机构支付给本单位职工的住房公积金，因为单位转交该住房公积金不属于单位自身的活动内容，所以应当将收到的住房公积金确认为单位的负债。

（4）政府单位的负债只包括政府单位相对于单位外部承担的负债，不包括政府单位内部不同单独记账的内部机构之间对应对方债权形成的负债。政府单位在编制汇总财务报告的资产负债表时，也要将报告主体内部不同单独记账或报告的子主体之间对应对方债权资产的负债予以抵销。

8.1.2 政府单位核算负债的划分

1. 按照负债形成原因划分

（1）举借债务形成的负债。举借债务产生的负债是指事业单位因从银行等金融机构等借入款项，需要偿还的借款本金和利息。通过“短期借款”、“长期借款”、“应付利息”科目核算。

（2）应付及预收款项。应付及预收款项是指政府单位在正常运营活动中应当支付而尚未支付的款项以及预先收到但尚未提供产品和服务的款项形成的负债，包括：应交税费、应付职工薪酬、应付账款、应付政府补贴款、应付返奖奖金、应付代销费和预收账款。

①应交税费。应交税费是指政府单位作为税法等规定的纳税人和政府性收费的缴费人，因履行纳税或缴费义务形成的负债。应交税费通过“应交增值税”、“其他应交税费”科目核算。

②应付职工薪酬。应付职工薪酬是指政府单位应当支付本单位职工薪酬。政府单位的职工薪酬是为获得本单位职工提供的服务而给予职工货币形式的报酬，以及因单位解除与职工的劳动关系而给予职工的货币补偿。通过“应付职工薪酬”科目核算。

③应付账款。应付账款是指政府单位在购买商品、外购服务、开展工程建设等活动中，因收到商品、接受服务和完成工程建设应当支付而尚支付款项。一般通过“应付票据”、“应付账款”科目和“其他应付款”科目（从应付价款中扣留未付的质保金）核算，需要一年以后支付的应付账款通过“长期应付款”科目核算。

④应付政府补贴款。应付政府补贴款是指作为政府相关职能部门的单位，因履行有关政策应当发放的政府补贴等。通过“应付政府补贴款”科目核算。

⑤应付返奖奖金。应付返奖奖金是指彩票机构按照彩票游戏规则准备用于支付给中奖者的资金，包括当期返奖奖金、奖池、调节基金和一般调节基金。通过“应付返奖奖金”科目核算。

⑥应付代销费。应付代销费是指彩票机构按照彩票代销合同的约定应当支付、尚未支付给彩票代销者的代销费。通过“应付代销费”科目核算。

⑦预收款项。预收款项是指政府单位按照产品销售、提供服务合同或协议或者相关规定，向接受产品或服务的其他主体预先收款。通过“预收账款”科目核算。

（3）暂收性负债。暂收性负债是指政府单位暂时收取，随后应做上缴、退回、转拨等处理的款项。暂收性负债主要包括应缴财政款和暂存款项。

①应缴财政款。应缴财政款是指单位取得按照非税收入管理规定应当上缴财政的款项。应缴财政款包括作为政府性收费执收单位收到执收的政府收入，政府单位处置国有资产按照规定应当上缴财政的处置现金净收入，单位使用地方政府专项债券项目取得的按规定交付由财政部门归还债券本息的收入，以及实行“收支两条线”的事业单位应当上缴财政的收入等。应缴财政款通过“应缴财政款”科目核算，并在“应缴财政款”科目下，按照纳入财政预算管理和纳入财政专户管理，以及属于政府非税收入的种类进行明细核算。

②暂存款项。暂存款项是指政府单位收取应当以后退回、转拨的款项形成的负债，包括政府单位暂时收取、以后应退还给交款方的押金或保证金，收取后应转付给其他方的转拨款等款项。暂存款项通过“其他应付款”科目核算。

（4）其他原因形成的单位负债。其他原因形成的单位负债是指政府单位除举借债务、应付及预收款项、暂收性负债以及预计负债以外的其他原因形成的负债。包括尚待确认收入的待结算款，预提费用尚未支付的款项，应当支付的除应付账款以外的各种应付款，比如，医疗收费实行“收支两条线”管理基层医疗卫生机构收取的尚待结算上缴财政的款项，应付罚款赔款、应付上缴上级或补助下级款项、应付劳务费等。其他原因形成的单位负债通过“待结算医疗款”、“预提费用”、“其他应付款”科目核算。

（5）预计负债。政府单位的预计负债是指在单位的或有负债中，单位的偿债责任被确定，且偿还时间和偿还金额基本可以确定时形成的负债。通过“预计负债”科目核算。

政府单位的或有负债是指由单位过去的经济业务或者事项形成，其结果须由某些或有事项才能决定单位承担的负债。

或有事项是指由过去的经济业务或者事项形成的，其结果须由某些政府单位不能控制的未来事项发生或不发生才能决定的不确定事项。政府单位常见的或有事项主要包括：因涉未决诉讼可能形成的应赔款项，单位因债务担保可能承担的连带赔付款项，作为政府主管部门的单位履行政府法定义务的承诺（包括对单位或个人在符合一定条件基础上的补贴、救助）等。

（6）受托代理负债。政府单位的受托代理负债是指单位作为受托方接受受托代理资产形成对委托方或第三方的负债。通过“受托代理负债”科目核算。

2. 按照负债应当偿还时间长短划分

（1）流动负债。流动负债又称为短期负债，是指政府单位预计在 1 年内（含 1 年）需要偿还的负债，包括：短期借款、应交增值税、其他应交税费、应缴财政款、应付职工薪酬、应付票据、应付账款、应付政府补贴款、应付利息、预收账款、应付返奖奖金、应付代销费、待结算医疗款、其他应付款、预提费用等。

（2）非流动负债。非流动负债又称为长期负债，是指政府单位预计在 1 年以上（不含 1 年）需要偿还的负债，包括：长期借款、长期应付款、预计负债等。

政府单位的长期借款和长期应付款，如果随着时间推移致使其预计需要偿还的时间不再超过 1 年（含 1 年）时，应当报告为流动负债。

3. 其他视角的负债划分

（1）按照负债的确定性划分。按照负债的确定性，政府单位的负债分为偿还时间与金额基本确定的负债和或有负债。

政府单位的流动负债和非流动负债都属于偿还时间与金额基本确定的负债。

政府单位的或有负债属于偿还时间与金额不确定的负债。政府单位的或有负债不在正式会计账中确认登记，也不在资产负债表中列示，但是要在资产负债表的报表附注中披露单位或有负债的相关信息。

当单位或有负债的偿债责任被确定，且偿还时间和偿还金额基本可以确定时，单位要将偿债责任确定的或有负债转为预计负债，成为偿还时间与金额基本确定的负债。

（2）按照政府单位偿还负债的资产划分。按照政府单位偿还负债的资产划分，负债又可分为以单位资产偿还的负债和以受托代理资产偿还的负债。

政府单位的流动负债和非流动负债都属于以单位资产偿还的负债。

政府单位的受托代理负债属于以受托代理资产偿还的负债。

8.1.3 政府单位核算负债的确认与计量

1. 应付及预收款项的确认与计量

（1）应交税费的确认与计量。对于应交税费，政府单位应当在发生应税或应缴政府性收费事项导致承担纳税或缴费义务时，按照税法等规定计算的应交税费金额予以确认。

政府单位应当在缴纳税费时，按照实际支付的金额，终止确认应交税费负债，冲减应交税费相关的账面余额。同时，按照实际支付缴纳税费的金额，确认预算支出。

（2）应付账款的确认与计量。对于应付账款，政府单位应当在取得购买商品、接受劳务，或外包工程完成规定进度时，按照应付未付款项的金额予以确认。

政府单位应当在偿付应付账款时，按照实际偿付的金额，终止确认应付账款负债，冲减应付账款相关的账面余额。同时，按照实际支付偿还资金的金额，确认预算支出。

（3）应付政府补贴款的确认与计量。对于应付政府补贴款，政府单位应当在有关政策已明确其承担发放补贴的支出责任，并且在履行支出责任满足负债的定义和确认条件时，按照确定应发放政府补贴的金额予以确认。

政府单位应当在发放政府补贴款时，按照实际发放补贴的金额，终止确认应付政府补贴款负债，冲减应付政府补贴款的账面余额。同时，按照相同的金额，确认预算支出。

（4）应付返奖奖金的确认与计量。对于应付返奖奖金，彩票机构应当在按照彩票游戏规则确定的比例从彩票销售额中提取准备用于支付给中奖者的奖金时，按照提取的金额予以确认。

彩票机构应当在支付返奖奖金时，按照实际支付返奖奖金的金额，终止确认应付返奖奖金负债，冲减应付返奖奖金的账面余额。

（5）应付代销费的确认与计量。对于应付代销费，彩票机构应当在按照彩票代销合同的约定比例从彩票销售额中提取准备用于支付给中奖者的资金时，按照提取的金额予以确认。

彩票机构应当在同代销者结算代销费或支付代销费时，按照结算或支付代销费的金额，终止确认应付代销费负债，冲减应付代销费的账面余额。

（6）预收款项的确认与计量。对于预收款项，政府单位应当在收到预收款项时，按照实际收到款项的金额予以确认。同时，按照相同的金额，确认预算收入。

政府单位应当在将预收款项确认为收入时，按照相同的金额，终止确认预收款项负债，冲减预收账款的账面余额。

2. 暂收性负债的确认与计量

（1）应缴财政款的确认与计量。对于应缴财政款，政府单位通常应当在实际收到相关款项时，按照相关规定计算确定的上缴金额予以确认。

政府单位应当在上缴应缴财政款时，按照实际上缴的金额，终止确认应缴财政款负债，冲减应缴财政款的账面余额。

（2）暂存款项的确认与计量。对于暂存款项，政府单位应当在实际收到相关款项时，按照实际收到的金额予以确认。

政府单位应当在退还、转付暂存款项时，按照实际退还、转付的金额，终止确认暂存款项负债，冲减其他应付款相关的账面余额。

3. 其他原因形成的单位负债的确认与计量

对于其他原因形成的单位负债，政府单位应当在收到待结算款时、预提费用时或者承担各种其他付款的付款责任时，按照收到待结算款金额、预提费用的金额或者应当支付各种其他付款的金额，确认其他原因形成的单位负债。

政府单位在待结算款转为收入时、使用支付预提费用的资金时、支付各种其他付款时，终止确认其他原因形成的单位负债，冲减相关的账面余额。同时，按照转为收入的金额，确认收入和预算收入；按照使用预提费用资金和支付其他付款的金额，确认预算支出。

4. 预计负债的确认与计量

（1）预计负债的确认。对于预计负债，政府单位应当在该或有负债的或有事项已经发生或不发生，导致了政府单位需要承担偿债的现实义务，并且偿债金额可以大体确定时，确认预计负债。

（2）预计负债的计量。政府单位的预计负债应当按照履行相关现时义务所需支出的最佳估计数进行初始计量。所需支出存在一个连续范围，且该范围内各种结果发生的可能性相同的，最佳估计数应当按照该范围内的中间值确定。在其他情形下，最佳估计数应当分别下列情况确定：

①或有事项涉及单个项目的，按照最可能发生金额确定。

②或有事项涉及多个项目的，按照各种可能结果及相关概率计算确定。

政府单位应当在报告日对预计负债的账面余额进行复核。有确凿证据表明该账面余额不能真实反映当前最佳估计数的，应当按照当前最佳估计数对该账面余额进行调整。

（3）预计负债的终止确认。政府单位在偿还预计负债时，或者在单位履行该预计负债的相关义务不是很可能导致经济资源流出政府会计主体时，应当终止确认预计负债，冲减预计负债的账面余额。同时，按照支付偿债资金的金额，确认预算支出。

5. 受托代理负债的确认与计量

对于受托代理负债，政府单位应当在取得受托代理资产时，按照取得受托代理资产的金额予以确认。

政府单位应当在受托代理资产减少时，按照减少受托代理资产的金额终止确认受托代理负债，冲减受托代理负债的账面余额。

事业单位举借债务的确认与计量，参见本章8.2相关内容。应付及预收款项中应付职工薪酬负债的确认与计量，参见本章8.3相关内容。在确认或终止确认记入“其他应付款”科目的负债同时，预算会计应当确认预算收支的，参见本书第3章3.6.3的相关内容。

8.2 政府单位举借债务的核算

8.2.1 政府单位举借债务概述

1. 事业单位的银行借款

部分行业的事业单位经有关主管部门批准，可以从银行等金融机构取得贷款，从而形成单位举借的债务，可简称为银行借款。银行借款也指事业单位从银行等金融机构借入货币资金形成的需要到期还本付息的债务。

事业单位的银行借款一般不能用财政拨款资金偿还。所以事业单位向银行举借借款，要具备以非财政资金偿还借款的能力。偿还银行借款时，应当使用单位非财政拨款资金偿还。

对以前由于历史原因发生的某些不应当由事业单位用非财政资金偿还、事业单位借入的银行借款，政府财政部门通过由政府发行政府债券，以发行政府债券取得的资金直接给付相关贷款银行，代为事业单位偿还到期银行借款，又称为对单位银行借款的“置换”。

购买商品或服务向收款人支付银行承兑票据的事业单位，如果到期不能支付全部票款，承兑银行会代为单位支付票款，从而形成单位占用银行的资金。这种原因占用银行的资金，需要向银行还本付息，也属于单位的银行借款。

为了区分流动负债和非流动负债，事业单位的银行借款分为短期借款和长期借款。其中长期借款按照与银行约定的付息方式又分为分期付息长期借款和到期一次还本付息长期借款。事业单位对于短期借款的本金及其应付利息，以及属于分期付息长期借款的应付利息，应当确认为流动负债；对于全部长期借款本金和到期一次还本付息长期借款的应付利息，应当确认为非流动负债。

2. 事业单位对银行借款负债的确认和计量

事业单位应当在与银行等金融机构签订借款合同或协议并取得借款资金时，按照借款本金确认银行借款本金负债。

事业单位应当在银行借款负债确认期间的会计期末，按照借款本金和借款合同或协议约定的利率按期确认应付借款利息的负债。

事业单位应当在偿还银行借款的本金和利息时，或者在政府财政部门以发行的政府债券置换单位的银行借款时，终止确认相关银行借款本息的负债，冲减相关银行借款和应付利息的账面余额。

3. 事业单位的借款费用

事业单位的借款费用是指单位因银行借款业务而发生的利息及其他相关费用，包括借款利息、辅助费用以及因外币借款而发生的汇兑差额等。其中，辅助费用是指单位在借款过程中发生的手续费、佣金等费用。

事业单位取得银行借款资金时实际收到的资金数可能小于收到的借款本金数，这是因为银行从给付的借款资金中扣除了发生的手续费、佣金等借款费用。因此，单位收到借款资金时借款本金与实际收到借款资金的差额，应当计入借款费用。

事业单位按期确认银行借款应付利息的负债时，应当按照相同的金额确认借款费用；在支付借款利息时，按照尚未计入应付利息账的借款利息（上一期末计息日至还款日的应付利息）确认借款费用。

事业单位应当将因银行借款发生的借款费用分别计入当期的其他费用或工程成本。其中计入工程成本的借款费用是指单位为购建固定资产等工程项目借入的专门借款，在工程项目建设期间①发生的借款费用。工程建设期间如有尚未动用的专门借款资金产生存款利息收入，应当冲减专门借款的借款费用形成的工程成本。

4. 事业单位银行借款的预算收支确认

事业单位应当在实际收到银行借款资金时，按照取得银行借款的本金金额，确认债务预算收入；在归还银行借款本金时，按照实际归还银行借款本金的金额，确认债务还本支出。

事业单位对于发生的借款费用，应当在实际支付资金时确认其他支出。单位取得银行借款时借款本金与实际收到借款资金的差额，也作为其他支出确认。

单位为购建固定资产等工程项目借入的尚未使用的专门借款，在工程项目建设期间发生的存款利息，冲减工程建设资金的其他支出。

需要注意的是，事业单位因政府财政部门对单位银行借款置换减少银行借款本息的负债，不确认债务还本支出和其他支出。

8.2.2 短期借款的核算

1. 核算短期借款的科目设置

（1）“短期借款”科目。事业单位应当设置“短期借款”总账科目，核算经批准向银行等金融机构等借入的期限不超过 1 年（含 1 年）的各种借款本金。

向两个以上银行等金融机构举借债务的单位，还应当在“短期借款”总账科目下，按照借款银行等设置二级明细科目。如果单位只向一个银行等金融机构举借债务，则不用设置这一层级明细科目。

对于有两个以上建设项目的借款，还应当按照使用借款的不同项目进行明细核算。

（2）“应付利息”科目。事业单位应当设置“应付利息”总账科目，核算从银行等金融机构等借入的各种短期借款应付利息和分期付息长期借款应付利息。

事业单位核算短期借款，还应当设置“债务预算收入”科目和“债务还本支出”科目（这两个科目的设置参见第 2 章 2.4.6 和第 3 章 3.4.5 相关内容），进行预算会计账务处理。

2. 核算短期借款的账务处理

（1）取得短期借款。事业单位借入各项短期借款时，财务会计按照实际收到的金额，借记“银行存款”科目，按照发生的相关借款手续费用等金额（如有），借记“其

① 工程项目建设期间是指自工程项目开始建造起至交付使用时止的期间。其中，不包括工程项目建设期间发生非正常中断且中断时间连续超过 3 个月（含 3 个月）的时间。

他费用”等科目，按照借款本金金额，贷记“短期借款”科目及其明细；同时，预算会计按照实际收到的金额，借记“资金结存——货币资金”科目，按照发生的相关借款手续费用等金额，借记“其他支出”科目，按照借款本金金额，贷记“债务预算收入”科目。

（2）应付票据转为短期借款。当事业单位支付的银行承兑汇票到期，本单位无力支付票款且由银行承兑代为支付票款时，财务会计按照银行承兑代付的票款金额，借记“应付票据”科目，贷记“短期借款”科目。同时，预算会计按照相同的金额，借记“经营支出”等科目，贷记“债务预算收入”科目。

（3）短期借款期末计息。有短期借款的事业单位，期末要对短期借款计算应付利息。期末计息时，财务会计按照本期计算的利息，借记“其他费用”科目或“在建工程——待摊费用”科目［工程项目专项借款在工程建设期间发生的利息］，贷记“应付利息”科目。预算会计不作账务处理。

（4）归还短期借款。事业单位到期归还短期借款本息时，按照归还的借款本金金额，借记“短期借款”科目及其明细科目，按照已经记账的应付短期借款利息金额，借记“应付利息”科目，按照尚未记账的短期借款应付利息金额（上一期末至还款日的应付利息），借记“其他费用”科目或“在建工程——待摊费用”科目，按照归还短期借款本息金额，贷记“银行存款”科目。同时，预算会计按照归还短期借款本金的金额，借记“债务还本支出”科目，按照归还短期借款利息的金额，借记“其他支出”科目，按照归还短期借款本息金额，贷记“资金结存——货币资金”科目。

8.2.3 长期借款的核算

1. 核算长期借款的科目设置

事业单位应当设置“长期借款”总账科目，核算事业单位经批准从银行等金融机构借入的期限超过1年（不含1年）的各种借款本金和一次还本付息借款的应付利息。

向两个以上银行等金融机构举借债务的单位，还应当在“长期借款”总账科目下，按照借款银行等设置二级明细科目。如果单位只向一个金融机构举借债务，则不用设置这一层级明细科目。

对每个银行等金融机构的借款，单位还应当设置“本金”和“应计利息”明细科目，并按照每笔贷款进行明细核算。对于有两个以上建设项目的借款，还应当按照使用借款的不同项目进行明细核算。

事业单位核算长期借款，还应当设置“债务预算收入”科目和“债务还本支出”科目，进行预算会计账务处理。

2. 核算长期借款的账务处理

（1）取得长期借款。事业单位借入各项长期借款时，财务会计按照实际收到的金额，借记“银行存款”科目，按照发生的相关借款手续费用等金额（如有），借记“其他费用”科目，按照借款本金金额，贷记“长期借款——××银行——本金”科目。同时，预算会计按照实际收到的金额，借记“资金结存——货币资金”科目，按照发生的相关借款手续费用等金额，借记“其他支出”科目，按照借款本金金额，贷记“债务预算收入”科目。

（2）对长期借款期末计息。有长期借款的事业单位，期末要对长期借款计算应付利息。期末计息时，财务会计按照本期计算的利息，借记“其他费用”科目或“在建工程——待摊费用”科目［工程项目专项借款在工程建设期间发生的利息］，贷记“应付利息”科目［分期付息］“长期借款——××银行——利息”科目［到期一次还本付息付息］。预算会计不作账务处理。

（3）支付分期付息长期借款利息。事业单位支付分期付息长期借款利息时，财务会计按照已经记账的应付长期借款利息金额，借记“应付利息”科目，按照尚未记账的应付长期借款利息金额（上一期末至付息日的应付利息），借记“其他费用”科目或“在建工程——待摊费用”科目，按照实际支付的应付长期借款利息金额，贷记“银行存款”科目。同时，预算会计按照相同的金额，借记“其他支出”科目，贷记“资金结存——货币资金”科目。

（4）归还长期借款。事业单位到期归还长期借款本息时，财务会计按照归还的借款本金金额，借记“长期借款——××银行——本金”科目，按照已经记账的应付长期借款利息金额，借记“长期借款——××银行——利息”科目或“应付利息”科目，按照尚未记账的应付长期借款利息金额（上一期末至还款日的应付利息），借记“其他费用”科目或“在建工程——待摊费用”科目，按照归还长期借款本息金额，贷记“银行存款”科目。同时，预算会计按照归还长期借款本金的金额，借记“债务还本支出”科目，按照归还长期借款利息的金额，借记“其他支出”科目，按照归还长期借款本息金额，贷记“资金结存——货币资金”科目。

（5）政府财政部门代为偿还长期借款。同级政府财政部门以地方政府债券置换事业单位尚未偿还的长期借款时，财务会计按照置换的金额，借记“长期借款”、“应付利息”等科目，贷记“累计盈余”科目。预算会计不作账务处理。

3. 长期借款核算举例

【例 8－1】某事业单位经批准 20×1 年 7 月 15 日从甲银行借入为期两年的分期付息贷款 1 000 万元用于经营用房的工程建设，支付贷款手续费 2 000 元；贷款年利息率为 6%，每年 7 月 15 日支付已完贷款年度利息；该工程自 20×1 年 1 月动工，20×2 年 7 月 15 日竣工验收；工程建设期间取得贷款资金的银行活期存款利息 1 750 元；20×3 年 7 月 15 日该单位支付偿还的贷款本金和第二贷款年度的利息。

要求：根据上述业务编制的该事业单位进行会计记账的会计分录。

①借入贷款 1 000 万元，支付贷款手续费 2 000 元：

借：银行存款　　9 998 000

　　在建工程——待摊费用　　2 000

　　贷：长期借款——甲银行——经营用房建设项目　　10 000 000

借：资金结存——货币资金　　9 998 000

　　其他支出——利息支出　　2 000

　　贷：债务预算收入　　10 000 000

②贷款第 1 年月末计息：

20×1 年 7 月末（10 000 000×0.06÷12÷2=25 000 元）：

借：在建工程——待摊投资　　25 000

　　贷：应付利息　　25 000

20×1 年 8 月～20×2 年 6 月各月末（10 000 000×0.06÷12=50 000 元）：

借：在建工程——待摊投资　　50 000

　　贷：应付利息　　50 000

③20×2 年 7 月 15 日支付第 1 年贷款利息（60 万元）：

借：应付利息　　575 000

　　在建工程——待摊投资　　25 000

　　贷：银行存款　　600 000

借：其他支出——利息支出　　600 000

　　贷：资金结存——货币资金　　600 000

④工程建设期间取得贷款资金的活期存款利息 1 750 元：

借：银行存款　　1 750

　　贷：在建工程——待摊投资　　1 750

借：资金结存——货币资金　　1 750

　　贷：其他支出——利息支出　　1 750

⑤贷款第 2 年月末计息：

20×2 年 7 月末（10 000 000×0.06÷12÷2=25 000 元）：

借：其他费用——利息费用　　25 000

　　贷：应付利息　　25 000

20×2 年 8 月～20×3 年 6 月各月末（10 000 000×0.06÷12=50 000 元）：

借：其他费用——利息费用　　50 000

　　贷：应付利息　　50 000

⑥归还到期贷款本金（1 000 万元）和第 2 年贷款利息（60 万元）：

借：长期借款——甲银行——经营用房建设项目　　10 000 000

应付利息 575 000

其他费用——利息费用 25 000

贷：银行存款 10 600 000

借：债务还本支出 10 000 000

其他支出——利息支出 600 000

贷：资金结存——货币资金 10 600 000

8.3 政府单位应付职工薪酬的核算

8.3.1 应付职工薪酬核算概述

1. 政府单位的职工薪酬

政府单位的职工薪酬是指政府单位为获得本单位职工提供的服务而给予职工货币形式的报酬，或因单位解除与职工的劳动关系而给予职工的货币补偿。

对于纳入行政单位管理和事业单位管理的政府单位，国家规定了计入职工薪酬的内容和组成，主要包括：基本工资、国家统一规定的津贴补贴、规范津贴补贴（绩效工资）、改革性补贴、社会保险费、住房公积金、其他个人收入等。

随着政府单位工资制度改革，各级政府出台新的工资政策，职工薪酬涵盖的内容或组成内容会有部分变化。由于各地政府的具体情况不同，有些地方政府规定的职工薪酬组成内容也有些区别。政府单位应当根据本单位适用的政府工资管理主管部门的最新规定，判断应当计入本单位职工薪酬的内容及其各组成内容。

政府单位的职工薪酬只包括单位在编人员和其他长期聘用人员的薪酬。单位对临时聘用人员的劳动报酬，应当按照劳务费发放，不计入本单位的职工薪酬。

政府单位之间借用人员的薪酬计入借出人员单位（人事关系所在单位）的职工薪酬，由借出人员单位支付并履行代扣代缴义务；借入人员单位对借入人员另外发放补贴等的，应当计入劳务费，不计入借入单位的职工薪酬。

2. 应付职工薪酬的核算

政府单位应付职工薪酬的核算是指单位将本期应当支付的职工薪酬进行确认记账，并对实际支付职工薪酬进行核算的账务处理过程。这一过程主要包括三个部分：①确认应付职工薪酬并计入相关费用；②发放职工薪酬并在工资中进行职工个人扣款；③缴纳（含代缴）职工的社会保险费、住房公积金和个人所得税。

（1）确认应付职工薪酬并计入相关费用。政府单位应当在职工为单位的服务期间，按照会计期间分期确认应付职工薪酬的负债。其中，应付职工薪酬中的应付工资，应当按照政府有关规定的工资总额内容和职工实际工勤等情况，计算并确认为应付职工薪酬；政府单位按照有关规定为职工缴纳的医疗保险费、养老保险费、职业年金等社会保险费和住房公积金，应当根据有关规定加以计算并确认为应付职工薪酬。

政府单位对于解除与职工劳动关系而给予的补偿，应当于相关补偿金额报经批准时，按照批准的补偿金额，确认为当期的应付职工薪酬。

政府单位在确认应付职工薪酬的负债时，应当同时确认因应付职工薪酬形成的费用或成本。单位应当根据职工在单位从事工作的活动性质或提供服务的受益对象，确认相应的费用或成本等。

①行政单位和事业单位职工从事业务活动发生的应付职工薪酬，计入业务活动费用。

②事业单位职工从事单位行政、后勤管理活动发生的应付职工薪酬，以及由单位统一负担的离退休人员薪酬，计入单位管理费用。

③事业单位职工从事经营活动发生的应付职工薪酬，计入经营费用。

④应由单位生产或加工物品负担的职工薪酬，计入生产加工物品的成本。

⑤应由单位工程建设项目负担的职工薪酬，计入在建工程的成本。

⑥应由单位自行研发科研项目负担的职工薪酬，在研究阶段发生的，计入业务活动费用；在开发阶段发生的，计入研发支出。

⑦解除与职工劳动关系而给予的补偿，计入单位管理费用（事业单位）或其他费用（行政单位）。

⑧单位所属独立核算单位自行承担、由单位代发的职工薪酬，计入其他应收款。

（2）发放职工薪酬并在工资中进行职工个人扣款。政府单位在发放职工薪酬时，往往同时进行对职工个人的扣款。扣款通过扣除部分基本工资不支付给职工完成。这种扣款可以分为三种类型：

①单位为职工垫付或暂收待转付款项，如职工宿舍的水电费、职工应交的工会会费等。这类的工资扣款，或者是单位为职工个人支付了垫款需要收回，或者是单位暂收职工个人款项代为转付。因此，对这类的工资扣款，在扣款时即是在对职工工资支付的基础上收回垫付款或暂收代转付款项，所以扣款时对扣款的金额预算会计应当列支，财务会计冲减其他应收款或增加其他应付款。

②单位对职工的服务收费，如单位公房租金、单位有线电视费、单位自行供暖收费等。这类的工资扣款，收款人就是单位，因此，对这类的工资扣款，在扣款时即是在对职工工资支付的基础上向职工收回单位的服务收入，所以扣款时对扣款的金额预算会计应当列支，财务会计增加相关收入。同时，扣下的款项成为单位可以使用的资金，形成了单位的预算收入。

③单位代扣代缴款项，包括职工个人缴纳的社会保险费、职工个人缴存的住房公积金、职工缴纳的个人所得税。对这类的工资扣款，单位要承担代扣代缴的法定义务。单位在代扣相关款项时，尚不算完成对工资的支付；单位在代缴相关款项时，才算履行了代缴义务，完成对工资的支付。所以对代扣代缴的职工社会保险费、住房公积金、个人所得税，预算会计在代扣时暂时不能列支，在代缴时才能确认预算支出；财务会计在代扣时要确认应缴款项的负债，在代缴时冲减应缴款项的负债。

（3）缴纳职工的社会保险费、住房公积金和个人所得税。政府单位缴纳职工的社会保险费、住房公积金和个人所得税，按照与发放工资相比的时间不同，分为发放工资时或发放工资以后缴纳（可简称“后缴”），发放工资以前预先缴纳（可简称“预缴”）。实行国库集中支付的政府单位，对这两种情况的缴纳在会计处理上有所区别：

①政府单位发放工资时或发放工资以后缴纳职工的社会保险费、住房公积金和个人所得税。在缴纳时财务会计按照缴纳的金额冲减应缴职工社会保险费、住房公积金和个人所得税形成的负债，同时预算会计按照相同的金额列支。

②政府单位发放工资之前缴纳职工的社会保险费、住房公积金和个人所得税。由于单位缴纳职工的社会保险费、住房公积金和个人所得税时工资尚未发放，其中来源于财政拨款的资金尚未得到，因此，原本应当使用财政拨款缴纳的职工社会保险费、住房公积金和个人所得税只能是用单位的非财政拨款资金垫付。待到发放工资时，通过国库集中支付将单位垫付的职工薪酬支付到单位的实有资金账户上，实际上形成了这部分职工薪酬的财政拨款“归垫”。因此，对应当由发放工资的财政拨款支付、预缴时用单位自有资金垫付职工社会保险费、住房公积金和个人所得税的业务，参见第 3 章 3.6.2 财政拨款归垫形成的其他应收款核算，进行财务会计和预算会计的账务处理。

（4）国库集中支付条件下对职工工资扣款和相关缴款的付款方式。实行国库集中支付的政府单位，对职工个人扣款和缴纳职工社会保险费、住房公积金和个人所得税的付款方式不同，也会导致会计处理不同。在实行国库集中支付条件下，单位对职工个人的扣款和代缴，以及对单位为职工缴纳的社会保险费和住房公积金，付款的方式包括两种：

一种是在进行国库集中支付时直接将工资中的应缴款项等支付给这些款项的收款人。比如，将单位为职工缴纳和代扣职工个人缴纳的社会保险费支付给保险机构，将单位为职工缴存和代扣职工个人缴存的住房公积金支付给住房公积金管理机构，将代扣职工的个人所得税支付给税务部门，将单位为职工垫付或暂收待转付的其他款项、单位对职工收取的服务收费支付到本单位实有资金账户。

另一种是通过国库集中支付将对职工个人扣款和单位为职工缴纳的社会保险费、住房公积金支付到单位实有资金账户，然后通过单位实有资金账户将职工的社会保险费（含单位和个人缴纳）、住房公积金（含单位和个人缴存）和个人所得税支付给有关保险机构、住房公积金管理机构和税务部门。

8.3.2 核算应付职工薪酬的科目设置

政府单位应当设置“应付职工薪酬”总账科目，核算单位按照有关规定应付给职工（含长期聘用人员）及为职工支付的各种薪酬。为了便于提供政府单位职工薪酬组成的信息，会计制度规定在本科目下应当设置如下二级明细科目：

（1）“基本工资”明细科目，核算单位按国家统一规定发放给在职人员的工资和离退休人员的离退休费。包括单位职工的职务工资、级别工资、岗位工资、薪级工资、计件工资、与工资挂钩的年终一次性奖金，离单位退休人员的离休、退休费等。

（2）“国家统一规定的津贴补贴”明细科目，核算按照国家统一规定各地区各部门各单位出台的津贴补贴政策发放给单位职工的津贴、补贴。

（3）“规范津贴补贴（绩效工资）”明细科目，核算单位按照国家规定的机关事业单位工资津贴补贴（绩效工资）发放标准发放给单位职工的相关津贴、补贴或绩效工资。

（4）“改革性补贴”明细科目，核算根据推进福利待遇货币化改革的需要，通过转化原有用于职工福利等待遇的资金，向职工直接发放的货币补贴。如住房分配货币化改革补贴、公务用车制度改革交通补贴等。

（5）“社会保险费”明细科目，核算单位为职工缴纳和为职工代扣代缴的各种社会保险费，包括职工基本养老保险费、职业年金、基本医疗保险费、失业保险费等。本科目应当按照“单位缴纳”和“个人缴纳”分别进行明细核算。

（6）“住房公积金”明细科目，核算单位为职工缴存和为职工代扣代缴的住房公积金。本科目应当按照“单位缴存”和“个人缴存”分别进行明细核算。

（7）“其他个人收入”明细科目，核算单位除了基本工资、国家统一规定的津贴补贴、规范性津贴补贴、改革性补贴以外发给单位职工个人的货币收入，包括误餐费、夜餐费，出差人员补助费、市内交通费，出国人员伙食费、公杂费、个人国外零用费，发放给个人的一次性奖励等。

政府单位也可以根据需要，设置“科技成果转化奖励”、“解除职工劳动关系补偿”等二级科目，单独核算科技成果转化奖励和解除与职工劳动关系而给予的补偿等形成的应付职工薪酬。

8.3.3 核算应付职工薪酬的账务处理

1. 确认应付职工薪酬和相关费用

政府单位应当计算确认当期应付职工薪酬，并同时将本期发生的应付职工薪酬计入相关费用和成本。确认时按照计算应当计入相关费用和成本的金额，借记“业务活动费用”、“单位管理费用”、“经营费用”、“加工物品”、“在建工程”、“研发支出”、“其他应收款”等科目，按照全部应付职工薪酬的合计金额，贷记“应付职工薪酬”科目及其明细科目。其中，贷记的“社会保险费”明细科目下登记“单位缴纳”明细科目，“住房公积金”明细科目下登记“单位缴存”明细科目。

2. 发放工资及扣款

由于不同政府单位支付工资及扣款的方式不同，所以政府单位支付工资及扣款业务的账务处理也有所不同。

（1）采用国库集中支付方式支付工资和缴纳职工的社会保险费、住房公积金和个人所得税。政府单位通过国库集中支付发放工资时，财务会计按照实际支付工资（实发工资）的金额，借记“应付职工薪酬”科目及其“基本工资”和其他工资明细科目，贷记“财政拨款收入”、“零余额账户用款额度”或“财政应返还额度”科目；预算会计按照相同的金额，借记“行政支出”、“事业支出”等科目，贷记“财政拨款预算收入”、“资金结存——零余额账户用款额度”或“资金结存——财政应返还额度”科目。

单位在工资中对职工扣款，按照如下不同扣款类型进行账务处理：

①对单位为职工垫付或暂收待转付款项和收回对职工服务收入的工资扣款，财务会计按照扣款的金额，借记“应付职工薪酬——基本工资”科目，贷记“其他应收款”、“其他应付款”、“其他收入”等科目；按照单位实有资金账户通过国库集中支付收到财政拨款的扣款金额，借记“银行存款”科目，贷记“财政拨款收入”科目、“零余额账户用款额度”科目或“财政应返还额度”科目。同时，预算会计按照相同的扣款金额，借记“行政支出”、“事业支出”等科目，贷记“财政拨款预算收入”科目、“资金结存——零余额账户用款额度”科目或“资金结存——财政应返还额度”科目；按照单位实有资金账户通过国库集中支付收到对职工服务收入的扣款金额，借记“资金结存——货币资金”科目，贷记“其他预算收入”科目。

②对单位履行代扣代缴义务的工资扣款（职工个人负担的社会保险费、住房公积金和个人所得税），财务会计按照扣款的金额，借记“应付职工薪酬——基本工资”科目，贷记“应付职工薪酬——社会保险费［个人缴纳］/住房公积金［个人缴存］”科目和“其他应交税费——应交个人所得税”科目；按照单位通过国库集中支付缴纳职工个人负担的社会保险费、住房公积金和个人所得税金额，借记“应付职工薪酬——社会保险费［个人缴纳］/住房公积金［个人缴存］”科目和“其他应交税费——应交个人所得税”科目，贷记“财政拨款预算收入”科目、“零余额账户用款额度”科目或“财政应返还额度”科目。同时，预算会计按照相同的扣款金额，借记“行政支出”、“事业支出”等科目，贷记“财政拨款预算收入”科目、“资金结存——零余额账户用款额度”科目或“资金结存——财政应返还额度”科目。

（2）采用国库集中支付方式支付工资，并且将应缴纳的职工社会保险费（含单位和职工个人缴纳)、住房公积金（含单位和职工个人缴存）和个人所得税采用国库集中支付方式支付到单位实有资金账户，通过单位实有资金账户缴纳。

政府单位通过国库集中支付发放工资时，财务会计按照实际支付工资的金额（实发工资)，借记“应付职工薪酬”科目及其“基本工资”等工资明细科目，贷记“财政拨款收入”科目、“零余额账户用款额度”科目或“财政应返还额度”科目。预算会计按照相同的金额，借记“行政支出”、“事业支出”等科目，贷记“财政拨款预算收入”科目、“资金结存——零余额账户用款额度”科目或“资金结存——财政应返还额度”科目。

单位在工资中对职工的各种扣款，按照如下不同扣款类型进行账务处理：

①对单位为职工垫付或暂收待转付款项和收回对职工服务收入的工资扣款，财务会计按照扣款的金额，借记“应付职工薪酬——基本工资”科目，贷记“其他应收款”科目、“其他应付款”科目或“其他收入”等科目。

②对单位履行代扣代缴义务的工资扣款（职工个人负担的社会保险费、住房公积金和个人所得税)，财务会计按照扣款的金额，借记“应付职工薪酬——基本工资”科目，贷记“应付职工薪酬——社会保险费［个人缴纳］/住房公积金［个人缴存］”科目和“其他应交税费——应交个人所得税”科目。

③单位实有资金账户通过国库集中支付收到应由财政拨款缴纳的职工社会保险费（单位缴纳)、住房公积金（单位缴存）和各种职工工资扣款时，财务会计按照单位实有资金账户收到的金额，借记“银行存款——财政拨款资金①/其他资金②”科目，贷记“财政拨款收入”科目、“零余额账户用款额度”科目或“财政应返还额度”科目。同时，预算会计按照收到且计入“银行存款——财政拨款资金”科目的金额，借记“资金结存——货币资金——财政拨款资金”科目，按照收到且计入“银行存款——其他资金”科目的金额，借记“事业支出”科目，按照两者的合计金额，贷记“财政拨款预算收入”科目、“资金结存——零余额账户用款额度”科目或“资金结存——财政应返还额度”科目；按照单位实有资金账户通过国库集中支付收到对职工服务收入的扣款金额，借记“资金结存——货币资金”科目，贷记“其他预算收入”科目。

（3）直接通过单位实有资金账户支付工资和缴纳职工的社会保险费、住房公积金和个人所得税。政府单位通过单位实有资金账户发放工资时，财务会计按照实际支付工资的金额（实发工资)，借记“应付职工薪酬”科目及其“基本工资”和其他工资明细科目，贷记“银行存款”科目。预算会计按照相同的金额，借记“行政支出”、“事业

---

① “银行存款——财政拨款资金”科目计入收到的职工社会保险费（单位和个人缴纳)、住房公积金（单位和个人缴存）和代扣职工个人所得税，该明细核算也可以通过辅助账进行。

② “银行存款——其他资金”科目计入收到的单位为职工垫付或暂收待转付款项和收回对职工服务收入的工资扣款，该明细核算也可以通过辅助账进行。

支出”和“经营支出”等科目，贷记“资金结存——货币资金”科目。

单位在工资中对职工扣款，按照如下不同扣款类型进行账务处理：

①对单位为职工垫付或暂收待转付款项和收回对职工服务收入的工资扣款，财务会计按照扣款的金额，借记“应付职工薪酬——基本工资”科目，贷记“其他应收款”科目、“其他应付款”科目或“其他收入”等科目。同时，预算会计按照相同的金额，借记“行政支出”、“事业支出”和“经营支出”等科目，按照对职工服务收入的扣款金额，贷记“其他预算收入”科目，按照两者的差额，贷记或借记“资金结存——货币资金”科目。

②对单位履行代扣代缴义务的工资扣款（职工个人负担的社会保险费、住房公积金和个人所得税），财务会计按照扣款的金额，借记“应付职工薪酬——基本工资”科目，贷记“应付职工薪酬——社会保险费［个人缴纳］/住房公积金［个人缴存］”科目和“其他应交税费——应交个人所得税”科目。

3. 缴纳职工社会保险费、住房公积金、个人所得税

（1）后缴的。政府单位在发放工资时或者发放工资以后缴纳职工社会保险费、住房公积金、个人所得税时，按照缴纳的金额，财务会计作如下账务处理：

借：应付职工薪酬——社会保险费——单位缴纳
　　　　　　　　　　　　　　　——个人缴纳
　　　　　　　　——住房公积金——单位缴存
　　　　　　　　　　　　　　　——个人缴存
　　其他应交税费——应缴个人所得税
　　贷：财政拨款收入
　　　　零余额账户用款额度
　　　　财政应返还额度（使用以前年度的财政直接支付指标支付）
　　　　银行存款——财政拨款资金（通过实有资金账户支付的国库集中支付财政资金）
　　　　银行存款（其他方式支付的资金）

同时，预算会计按照相同的金额，作如下账务处理：

借：事业支出/行政支出/经营支出
　　贷：财政拨款预算收入
　　　　资金结存——零余额账户用款额度
　　　　资金结存——财政应返还额度（使用以前年度的财政直接支付指标支付）
　　　　资金结存——货币资金——财政拨款资金（通过实有资金账户支付的国库集中支付财政资金）
　　　　资金结存——货币资金（其他方式支付的资金）

（2）预缴的。对应当由发放工资时财政拨款支付的金额，政府单位在发放工资之前使用自有资金垫付缴纳职工社会保险费、住房公积金、个人所得税时，按照缴纳的金额，财务会计作如下账务处理：

借：其他应收款

　　贷：银行存款

预算会计不作账务处理。

单位实有资金账户收到发放工资的财政拨款归垫时，按照实际收到财政拨款的金额，财务会计作如下账务处理：

借：银行存款

　　贷：财政拨款收入

　　　　零余额账户用款额度

借：应付职工薪酬——社会保险费——单位缴纳

　　　　　　　　　　　　　　　——个人缴纳

　　　　　　　　——住房公积金——单位缴存

　　　　　　　　　　　　　　　——个人缴存

　　其他应交税费——应缴个人所得税

　　贷：其他应收款

同时，预算会计按照相同的金额，作如下账务处理：

借：事业支出/行政支出

　　贷：财政拨款预算收入

　　　　资金结存——零余额账户用款额度

对由发放工资时财政拨款以外的资金支付的金额，政府单位在发放工资之前缴纳职工社会保险费、住房公积金、个人所得税时，比照后缴的账务处理进行相应的财务会计和预算会计账务处理，这里不再赘述。

4. 应付职工薪酬核算举例

为了方便学习比较，以下三道例题按照同样的应付职工薪酬和工资扣款金额，不同的支付工资及缴费方式设计。

【例 8－2】某事业单位某月应当发放的职工薪酬情况见表 8－1。该单位月初使用自有资金预缴了单位和职工个人应缴纳的职工社会保险费、住房公积金和个人所得税；月中通过国库集中支付（一体化实施后）发放了全部工资，并将单位预缴的职工社会保险费、住房公积金和其他各项工资扣款支付到该单位的实有资金账户。

要求：编制该单位会计确认工资费用，预缴单位和职工个人应缴纳的职工社会保险费、住房公积金和个人所得税，发放工资及工资扣款，将单位缴纳职工的社会保险费、住房公积金和各项工资扣款支付到单位实有资金账户等业务进行会计记账的会计分录。

表 8-1　　应付职工薪酬情况表　　单位：元

工资负担项目	应付职工薪酬项目	金额	工资扣款项目	金额	实发工资
业务活动	基本工资	380 000	社会保险费（个人）	38 000	492 840
			住房公积金（个人）	60 000	
	国家统一规定津贴补贴	100 000	个人所得税	2 760	
	绩效工资	120 000	单位公房房租	4 500	
	工资总额合计	600 000	水电费（单位已垫付）	1 900	
			工资扣款合计	107 160	
	社会保险费（单位）	104 500			
	住房公积金（单位）	60 000			
	应付职工薪酬合计	764 500			

（1）确认工资费用和应付职工薪酬 764 500 元：

借：业务活动费用　　764 500
　　贷：应付职工薪酬——基本工资　　380 000
　　　　　　　　　　——国家统一规定津贴补贴　　100 000
　　　　　　　　　　——绩效工资　　120 000
　　　　　　　　　　——社会保险费——单位缴纳　　104 500
　　　　　　　　　　——住房公积金——单位缴存　　60 000

（2）月初预缴单位和职工个人应缴纳的职工社会保险费、住房公积金和个人所得税 265 260 元：

借：其他应收款　　265 260
　　贷：银行存款　　265 260

（3）发放工资及扣款：

借：应付职工薪酬——基本工资　　272 840（380 000－107 160）
　　　　　　　　——国家统一规定津贴补贴　　100 000
　　　　　　　　——绩效工资　　120 000
　　贷：财政拨款收入　　492 840

借：应付职工薪酬——基本工资　　6 400
　　贷：其他应收款——水电费　　1 900
　　　　租金收入　　4 500

借：应付职工薪酬——基本工资　　2 760
　　贷：其他应交税费——应交职工个人所得税　　2 760

借：应付职工薪酬——基本工资　　98 000
　　贷：应付职工薪酬——社会保险费（个人缴纳）　　38 000

——住房公积金（个人缴存） 60 000

借：事业支出 492 840（272 840 + 100 000 + 120 000）

贷：财政拨款预算收入 492 840

（4）单位实有资金账户收到国库集中支付归垫的预缴款项（265 260 元）和其他工资扣款（6 400 元）：

借：银行存款 271 660（265 260 + 6 400）

贷：财政拨款收入 271 660

借：应付职工薪酬——社会保险费——单位缴纳 104 500

——个人缴纳 38 000

——住房公积金——单位缴存 60 000

——个人缴存 60 000

其他应交税费——应交职工个人所得税 2 760

贷：其他应收款 265 260

借：事业支出 271 660（265 260 + 6 400）

贷：财政拨款预算收入 271 660

贷：资金结存——货币资金 4 500

其他预算收入——租金预算收入 4 500

【例 8 – 3】某事业单位某月应当发放的职工薪酬情况见表 8 – 1。该单位通过国库集中支付（一体化实施后）发放工资，财政部门根据该单位支付申请支付了全部工资，并将单位缴纳的职工社会保险费和住房公积金，以及对职工工资扣款支付到该单位的实有资金账户；尔后单位通过实有资金账户缴纳了单位和职工个人应缴纳的职工社会保险费、住房公积金和个人所得税。

要求：编制该单位会计确认工资费用，发放工资及工资扣款，缴纳职工的社会保险费、住房公积金和个人所得税等业务进行会计记账的会计分录。

（1）确认工资费用和应付职工薪酬 764 500 元：

借：业务活动费用 764 500

贷：应付职工薪酬——基本工资 380 000

——国家统一规定津贴补贴 100 000

——绩效工资 120 000

——社会保险费——单位缴纳 104 500

——住房公积金——单位缴存 60 000

（2）发放工资及扣款：

借：应付职工薪酬——基本工资 272 840（380 000 – 107 160）

——国家统一规定津贴补贴 100 000

——绩效工资 120 000

贷：财政拨款收入 492 840

借：应付职工薪酬——基本工资 6 400

贷：其他应收款——水电费 1 900

租金收入 4 500

借：应付职工薪酬——基本工资 2 760

贷：其他应交税费——应交职工个人所得税 2 760

借：应付职工薪酬——基本工资 98 000

贷：应付职工薪酬——社会保险费（个人缴纳） 38 000

——住房公积金（个人缴存） 60 000

借：事业支出 492 840（272 840 + 100 000 + 120 000）

贷：财政拨款预算收入 492 840

（3）单位实有资金账户收到国库集中支付的单位缴纳的职工社会保险费和住房公积金、各项工资扣款（104 500 + 60 000 + 107 160 = 271 660元）：

借：银行存款——财政拨款资金 265 260

（单位和职工应缴纳的职工社会保险费、住房公积金和个人所得税）

——其他资金6 400（单位垫付水电费、收回单位房租收入）

贷：财政拨款收入 271 660

借：资金结存——货币资金——财政拨款资金 265 260

事业支出 6 400

贷：财政拨款预算收入 271 660

借：资金结存——货币资金 4 500

贷：其他预算收入——租金预算收入 4 500

（4）从单位实有资金账户缴纳职工社会保险费（单位和个人缴纳）、住房公积金（单位和个人缴存）和个人所得税：

借：应付职工薪酬——社会保险费——单位缴纳 104 500

——个人缴纳 38 000

——住房公积金——单位缴存 60 000

——个人缴存 60 000

其他应交税费——应交职工个人所得税 2 760

贷：银行存款——财政拨款资金 265 260

借：事业支出 265 260

贷：资金结存——货币资金——财政拨款资金 265 260

【例8-4】某事业单位某月应当发放的职工薪酬情况见表8-1。该单位通过实有资金账户发放工资、缴纳单位和职工个人应缴纳的职工社会保险费、住房公积金和个人所得税。

要求：编制该单位会计确认工资费用，发放工资及工资扣款，缴纳职工的社会保险费、住房公积金和个人所得税等业务进行会计记账的会计分录。

（1）确认工资费用和应付职工薪酬764 500元：

借：业务活动费用　　764 500

　　贷：应付职工薪酬——基本工资　　380 000

　　　　　　　　　——国家统一规定津贴补贴　　100 000

　　　　　　　　　——绩效工资　　120 000

　　　　　　　　　——社会保险费——单位缴纳　　104 500

　　　　　　　　　——住房公积金——单位缴存　　60 000

（2）发放工资及扣款：

借：应付职工薪酬——基本工资　　272 840（380 000－107 160）

　　　　　　　——国家统一规定津贴补贴　　100 000

　　　　　　　——绩效工资　　120 000

　　贷：银行存款　　492 840

借：应付职工薪酬——基本工资　　6 400

　　贷：其他应收款——水电费　　1 900

　　　　租金收入　　4 500

借：应付职工薪酬——基本工资　　2 760

　　贷：其他应交税费——应交职工个人所得税　　2 760

借：应付职工薪酬——基本工资　　98 000

　　贷：应付职工薪酬——社会保险费（个人缴纳）　　38 000

　　　　　　　　　——住房公积金（个人缴存）　　60 000

借：事业支出　　499 240（272 840＋100 000＋120 000＋6 400）

　　贷：资金结存——货币资金　　494 740（499 240－4 500）

　　　　其他预算收入——租金预算收入　　4 500

（3）缴纳职工社会保险费（单位和个人缴纳）、住房公积金（单位和个人缴存）和个人所得税：

借：应付职工薪酬——社会保险费——单位缴纳　　104 500

　　　　　　　　　　　　　　——个人缴纳　　38 000

　　　　　　　——住房公积金——单位缴存　　60 000

　　　　　　　　　　　　　　——个人缴存　　60 000

其他应交税费——应交职工个人所得税	2 760	
贷：银行存款		265 260
借：事业支出	265 260	
贷：资金结存——货币资金		265 260

第9章 政府单位收入、费用的核算

9.1 政府单位收入的核算

9.1.1 政府单位收入概述

根据《政府会计准则——基本准则》规定，收入是指报告期内导致政府会计主体净资产增加的、含有服务潜力或者经济利益的经济资源的流入。对于政府单位来说，收入是指报告期内导致单位净资产增加的、含有服务潜力或者经济利益的经济资源的流入。

对政府单位收入的理解，主要包括以下几个方面：

（1）收入是政府单位在一定会计期间内的经济资源的总流入。流入的经济资源包括现金资源和各种非现金资源。

（2）收入的发生源于政府单位资产增加或者负债减少，从而导致单位净资产增加。如果单位的资产增加时负债同等增加，没有导致单位净资产增加，不会导致单位收入的发生。比如，事业单位借入银行借款本金，属于增值税一般纳税人的事业单位销售商品收到增值税销项税额，单位收到应当以后退回、转拨的款项，单位收到受托代理资产等，都不会形成单位的收入。

（3）政府单位某些个别活动导致资产增加，从而引起净资产增加，不会导致收入的发生。比如，政府单位无偿划入资产，事业单位长期股权投资中其他股东权益增加，都不会导致收入的发生。

（4）收入只包括政府单位相对于单位外部的收入，不包括单位内部不同单独记账或报告的子主体之间形成的转移收入。政府单位在编制汇总财务报告的收入费用表时，也要将报告主体内部不同单独记账或报告的子主体之间对应对方费用的收入予以抵销。

9.1.2 政府单位收入的划分

政府单位的收入可以从不同视角划分。

1. 按照收入来源渠道划分的收入

（1）财政拨款收入。财政拨款收入是指单位从同级政府财政部门取得各类财政拨款形成的收入。

（2）事业收入。事业收入是指事业单位开展专业业务活动及其辅助活动取得的除财政拨款以外的收入。实行收支两条线管理事业收入的单位，事业收入包括上缴财政专户后，从财政专户返还的收入。事业单位因开展科研及其辅助活动从非同级政府财政部门取得的财政拨款，也属于事业收入。

（3）上级补助收入。上级补助收入是指事业单位从主管部门和上级单位取得的非财政拨款收入。

（4）附属单位上缴收入。附属单位上缴收入是指事业单位取得的附属独立核算单位按照有关规定上缴的收入。

（5）经营收入。经营收入是指事业单位在专业业务活动及其辅助活动之外开展非独立核算经营活动取得的收入。

（6）非同级财政拨款收入。非同级财政拨款收入是指单位从非同级政府财政部门取得的财政拨款，包括从同级政府其他部门取得的横向转拨财政款、从上级或下级政府财政部门等取得的财政拨款等。

（7）投资收益。投资收益是指事业单位进行股权投资和债券投资所实现的收益或发生的损失。

（8）捐赠收入。捐赠收入是指单位接受其他单位或者个人捐赠资产取得的收入。

（9）利息收入。利息收入是指单位取得的银行存款利息收入。

（10）租金收入。租金收入是指单位利用国有资产出租取得并按照规定纳入本单位预算管理的租金收入。行政单位取得按照规定应当上缴财政的租金，应当确认负债（应缴财政款），不属于租金收入。

（11）其他收入。政府单位的其他收入是指单位除财政拨款收入、事业收入、上级补助收入、附属单位上缴收入、经营收入、非同级财政拨款收入、投资收益、捐赠收入、利息收入、租金收入以外的各项收入，包括现金盘盈收入、按照规定纳入单位预算管理的科技成果转化收入、单位收回已核销的其他应收款、无法偿付的应付及预收款项、置换换出资产评估增值等。

（12）清算收入。政府单位的清算收入是指在非持续运营前提下[①]单位因清算资产评估价值增值、清算资产盘盈、清算债务豁免等产生的各项收入。

除了没有与债务预算收入对应的收入，增加了清算收入，捐赠收入、利息收入和租金收入从其他收入中划分出来单独分类，政府单位按照收入来源渠道划分的收入与预算收入的划分基本一致。所以对按照收入来源渠道划分收入时容易混淆的不同收入判断，可以参照预算收入划分判断的方法，参见第 2 章 2.2.2 相关内容。

2. 按照形成收入的活动性质划分的收入

按照形成收入的活动性质划分，收入可以包括三大类：一是非交换性收入；二是交换性收入；三是资产增值收入。

（1）非交换性收入。非交换性收入又称为非交易收入，是指政府单位通过领取拨款和补助、接受捐赠以及收到所属单位上缴资金等从单位外部无偿取得的收入。政府单位的财政拨款收入、非同级财政拨款收入、事业收入中财政专户返还的拨款收入、上级补助收入、附属单位上缴收入、捐赠收入，以及其他收入中从其他单位无偿取得的资金收入等，都属于非交换性收入。

（2）交换性收入。交换性收入又称为交易收入，是指政府单位通过提供服务和产品、让渡资产使用权等从单位外部有偿取得的收入。政府单位的事业收入（不含从财政专户返还的拨款收入）、经营收入、投资收益、利息收入、租金收入、其他收入中科技成果转化收入等，都属于交换性收入。

（3）资产增值收入。资产增值收入是指政府单位因内部资产增值或债务免除等导致的净资产增加形成的收入。政府单位的其他收入中的资产处置净收入、置换换出资产评估增值收入、科技成果转化投资增值、现金盘盈收入、应付款项核销（债务豁免）收入、与 PPP 项目资产转换相关的增值收入等，都属于资产增值收入。

9.1.3 政府单位收入的确认与计量

1. 非交换性收入的确认与计量

（1）财政拨款收入。政府单位取得财政拨款收入的确认与计量，与单位取得财政拨款预算收入的确认与计量一样，具体内容参见第 2 章 2.3.2 和 2.3.4 相关内容。

（2）上级补助收入、附属单位上缴收入、非同级财政拨款收入、事业收入中财政专户返还的拨款收入、捐赠收入和其他收入中的非交换性收入。

①收到现金或捐赠资产时确认收入。在一般情况下，政府单位对上级补助收入、附属单位上缴收入、非同级财政拨款收入、事业收入中财政专户返还的拨款收入、捐赠收

① 非持续运营前提下是指划转撤并（包括划转、合并、分立、撤销和改制）的政府单位中单位撤销和转企改制情况下的会计核算前提假设。详见《行政事业单位划转撤并相关会计处理规定》（财会〔2022〕29 号）。

入和其他收入中的非交换性收入，在单位收到属于相关收入的资金和捐赠物资时，按照收到的资金数额或捐赠物资成本确认。

②按照约定付款时间确认收入。政府单位在同时符合以下条件时，对上级补助收入、附属单位上缴收入、非同级财政拨款收入、捐赠收入中的捐款收入和其他收入中的非交换性收入，按照应当收取的金额予以确认：

——相关法规及实施文件或者有法律约束力的协议（以下简称“相关法规或协议”）规定了付款单位应当对本单位付款的时间。

——相关法规或协议规定了付款单位应当对本单位付款的金额。

——相关法规或协议规定的付款时间已过但尚未收到付款。

——规定的付款预期能够收到，且没有重新纳入以后年度预算。

③收到预拨款项的收入确认。政府单位对于收到属于下期收入预算的预拨款项，应当在收到预拨款项时确认应付款项，待到该收入属于的预算期时确认相关收入，并同时冲减之前确认的应付款项。

2. 交换性收入的确认与计量

（1）事业收入、经营收入和其他收入中的交换性收入。事业单位的事业收入、经营收入和其他收入中的交换性收入是通过单位对外提供服务和产品实现的。事业单位提供服务和产品产生的交换性收入与企业的交易收入性质类似。鉴于目前尚没有政府会计准则和制度对事业单位提供服务和商品的收入确认条件作出具体规定，可以借鉴企业收入会计准则的规定，对事业单位提供服务和商品的收入确认进行判断。

事业单位应当对同时满足以下条件的交换，在向服务和产品接受方转移了相关服务和产品控制权时确认收入：

——提供、接受服务和产品的双方及相关方已经根据协议、合同和其他有法律约束力的约定（以下简称“约定”）承诺履行各自义务。

——该约定明确了提供、接受服务和产品的双方及相关方所相关的权利和义务。

——该约定有明确的与转让服务和产品相关的支付条款。

——事业单位因提供服务和产品收取的价款很可能收到。

——事业单位因提供服务和产品收取的价款不实行“收支两条线”管理上缴财政。

事业单位在确认事业收入、经营收入和其他收入中的交换性收入时，应当按照收取或者应当收取的金额，确认收入。但是收取的金额中不包括属于增值税一般纳税人的事业单位提供服务和产品时收取的增值税销项税额。

根据事业单位在提供服务和出售产品过程中履行约定义务的方式，收入的确认分为两种情形：一次确认收入和分次确认收入。

①一次确认收入。一次确认收入是事业单位在某一时点完成履行提供服务和产品的义务时，一次性确认全部收入。事业单位应当在服务和产品接受方（以下简称“接受

方”）取得相关服务和产品控制权的时点，按照约定的价格一次确认收入。

事业单位可以根据以下迹象，判断接受方是否取得了服务和产品的控制权：

——事业单位就该服务和产品享有了现时收款权利，即接受方（或承担该付款义务的第三方）就该服务和产品负有现时付款义务。

——事业单位已将该服务和产品的法定所有权转移给接受方。

——接受方已经实际接受了该服务或者取得了接受该服务的权力。

——接受方已实物占有了该产品。

——事业单位已将该服务和产品所有权上的主要风险和报酬转移给接受方，即接受方已取得该商品所有权上的主要风险和报酬。

——其他表明接受方已取得该服务和产品控制权的迹象。

②分次确认收入。分次确认收入是事业单位在某一时段履行提供服务和产品的义务时，按照已经完成的部分分次确认收入。对于满足以下条件之一的，事业单位应当在履行约定义务的时间段内按照提供服务和产品进度以及按照该进度计算的价格分次确认收入：

——接受方在事业单位履约的同时即取得并消耗事业单位履约所带来的利益。

——接受方能够控制事业单位履约过程中提供的服务或在建的产品。

——事业单位在履约过程中所产出的服务和产品具有不可替代用途，即指因约定的限制或实际可行性限制，事业单位不能轻易地将该服务和产品用于其他用途；并且单位在整个合履约间内有权就累计至今已完成的履约部分收取款项，即指在接受方或其他方原因终止合同的情况下，事业单位有权就累计至今已完成的履约部分收取能够补偿其已发生成本和合理利润的款项，并且该权利具有法律约束力。

事业单位在某一段时间内提供服务和产品进度可以选择采用以下的方法计算：

——累计实际发生的成本占预计总成本的比例。

——已经完成的工作量（产品数量）占预计总工作量（产品数量）的比例。

——已经完成的时间占约定全部时间的比例。

——实际测定的完工进度。

事业单位提供服务和产品时不能满足分次确认收入条件的，应当按照一次确认收入方式确认收入。

事业单位提供服务和产品一次确认收入或者分次确认收入之前收取接受方等的款项，应当确认预收款项。待到确认收入时，按照确认收入的金额冲销之前确认的预收款项。事业单位提供服务和产品一次确认收入或者分次确认收入时尚未收取接受方等的款项，应当在确认收入的同时确认应收款项。

事业单位提供服务和产品取得的价款规定部分上缴财政的，在达到确认收入条件后，还应当结清上缴财政部分和留归单位部分，并按照留归单位部分的金额确认收入。

（2）投资收益。事业单位投资收益的确认、计量参见第5章5.3相关内容，这里不再赘述。

（3）利息收入。政府单位应当在存款银行派发利息、取得单位的银行存款利息时，按照取得的存款利息金额确认利息收入。但是在工程建设期间取得工程建设专项借款（尚未使用）的存款利息，冲减工程建设成本，不确认为利息收入。

（4）租金收入。事业单位应当在出租资产时，按照租赁期间分期（分月）确认租金收入。其中，采用在租赁期前预收租金方式的，将预收租金确认为预收账款，每一租期将该期的预收租金转为租金收入；采用在租赁期中分期收取租金方式的，每期收取租金时确认租金收入；采用在租赁期后收租金方式的，每一租期将该期应收的租金确认为租金收入，并同时确认应收账款。

3. 资产增值收入的确认与计量

政府单位的其他收入中属于资产增值形成的收入按照以下不同情况予以确认：

（1）资产转让、置换形成的收入。政府单位在资产转让、置换时，应当在资产转让、置换完成、相关收支等结清时，按照规定留给单位的处理净收入金额确认其他收入。单位因科技成果转化取得股权投资时，取得的收入也比照资产置换的其他收入确认。

（2）资产损毁、报废形成的收入。政府单位在处理毁损、报废实物资产过程中取得资产残值或残值变价收入、应收赔款的，应当在处理收支结清时，按照规定留给单位的处理净收入金额确认其他收入。

（3）现金盘盈形成的收入。政府单位盘盈无法查清的库存现金，应当在经过批准后，按照批准的金额确认其他收入。

（4）核销应付款项形成的收入。政府单位核销无法偿付或债权人豁免偿还的应付账款、预收账款、其他应付款及长期应付款等，应当在核销时按照核销的金额确认其他收入。

（5）收回已经核销的应收款项形成的收入。政府单位在收到已经核销的应收款项时，按照收到的金额确认其他收入。

（6）与PPP项目资产相关的其他收入。PPP项目政府方单位对利用政府现有资产转为政府PPP项目资产形成的收入，PPP合同终止将PPP项目资产转为政府公共基础设施等资产形成的收入确认与计量参见第7章7.6相关内容。

（7）清算资产评估和清算债务豁免形成的收入。清算的政府单位按照规定对清算资产进行评估、清算资产盘盈和清算债务豁免的，应当在清算结果批准或备案时，按照批准的资产评估价值与账面价值相比的增值金额、清算资产盘盈金额和债务豁免金额，确认清算收入。

9.1.4　核算政府单位收入的科目设置

1. 核算财政拨款收入的科目设置

政府单位要设置“财政拨款收入”总账科目，核算政府单位从同级政府财政部门取得的各类财政拨款。平时，“财政拨款收入”科目的贷方余额，反映单位获得财政资金拨款的本期累计数。期末，将本科目本期发生额转入“本期盈余”科目。期末结转后，本科目应无余额。

在“财政拨款收入”总账科目下，可按照一般公共预算财政拨款、政府性基金预算财政拨款等财政拨款种类设置明细科目进行明细核算。

2. 核算事业收入的科目设置

事业单位要设置“事业收入”总账科目，核算本单位开展专业业务活动及辅助活动取得的收入。平时，“事业收入”科目的贷方余额，反映单位取得事业收入的本期累计数。期末，将本科目本期发生额转入“本期盈余”科目。期末结转后，本科目应无余额。

在“事业收入”总账科目下，要按照事业收入的类别等设置明细科目进行明细核算。对于单位因开展科研及其辅助活动从非同级政府财政部门取得的经费拨款，应当在本科目下单设“非同级财政拨款”明细科目进行核算。

为了便于在汇总编制部门财务报表和政府综合财务报告报表时抵销重复计算的汇总数，单位还要按照取得事业收入资金的付款人，分为“本部门内部单位”、“本部门以外本级政府单位”、“非本级政府单位”、“非政府单位等”四类以及具体政府单位，采用设置明细科目、辅助账或系统标记等方式进行明细核算。

3. 核算上级补助收入的科目设置

有上级补助收入的事业单位，要设置“上级补劫收入”总账科目，核算从主管部门和上级单位取得的非财政拨款收入。平时，“上级补助收入”科目的贷方余额，反映单位取得主管部门和上级单位收补助收入的本期累计数。期末，将本科目本期发生额转入“本年盈余”科目。期末结转后，本科目应无余额。

在“上级补助收入”总账科目下，应当按照发放补助的单位、补助项目设置明细科目进行明细核算。

4. 核算附属单位上缴收入的科目设置

有附属单位上缴收入的事业单位，要设置“附属单位上缴收入”总账科目，核算单位取得附属独立核算单位根据有关规定上缴的收入。平时，“附属单位上缴收入”科目的贷方余额，反映单位取得附属单位上缴收入的本期累计数。期末，将本科目本期发生额转入“本年盈余”科目。期末结转后，本科目应无余额。

在“附属单位上缴收入”总账科目下，应当按照缴款的附属单位、缴款项目等设置明细科目进行明细核算。

5. 核算经营收入的科目设置

有经营活动的事业单位，要设置“经营收入”总账科目，核算单位在专业业务活动及其辅助活动之外开展非独立核算经营活动取得的收入。平时，“经营收入”科目的贷方余额，反映单位取得经营收入的本期累计数。期末，将本科目本期发生额转入“本年盈余”科目。期末结转后，本科目应无余额。

在“经营收入”总账科目下，应当按照经营活动类别、项目等设置明细科目，进行明细核算。

单位还要按照经营收入的资金付款人，分为“本部门内部单位”、“本部门以外本级政府单位”、“非本级政府单位”、“非政府单位等”四类以及具体政府单位，采用设置明细科目、辅助账或系统标记等方式进行明细核算。

6. 核算非同级财政拨款收入的科目设置

有非同级财政拨款的政府单位，要设置“非同级财政拨款收入”总账科目，核算单位从上下级政府财政部门等取得的财政拨款，以及从本级政府主管部门取得横向转拨的财政款项。平时，“非同级财政拨款收入”科目的贷方余额，反映单位取得非同级财政拨款收入的本期累计数。期末，将本科目本期发生额转入“本年盈余”科目。期末结转后，本科目应无余额。

在“非同级财政拨款收入”总账科目下，应当设置“本级横向转拨财政款”和“非本级财政拨款”二级明细科目，并按照拨款来源单位设置三级明细科目。

事业单位因开展科研及其辅助活动取得的非同级政府财政拨款，应当通过“事业收入——非同级财政拨款”科目核算，不通过本科目核算。

7. 核算投资收益的科目设置

有债券投资和股权投资的事业单位，要设置“投资收益”总账科目，核算单位因投资产生的收益或亏损。平时，单位因投资确认的收益登记在“投资收益”科目的贷方，单位因投资确认的亏损登记在“投资收益”科目的借方。

期末，将本科目期末余额转入本期盈余，借记或贷记本科目，贷记或借记“本期盈余”科目。期末结转后，本科目应无余额。

在“投资收益”总账科目下，应当按照投资种类以及股权投资的被投资单位设置明细科目，进行明细核算。

8. 核算捐赠收入的科目设置

有捐赠收入的政府单位，要设置“捐赠收入”总账科目，核算单位接受其他单位和个人捐赠货币和非货币资产所取得的收入。平时，“捐赠收入”科目的贷方余额，反映单位取得捐赠收入的本期累计数。期末，将本科目本期发生额转入“本年盈余”科目。期末结转后，本科目应无余额。

在“捐赠收入”总账科目下，应当按照受赠资产的用途等设置明细科目，进行明细核算。

单位还要按照取得捐赠收入资金的捐赠单位，分为“本部门以外本级政府单位”、“非本级政府单位”、“非政府单位等”三类以及具体政府单位，采用设置明细科目、辅助账或系统标记等方式进行明细核算。

9. 核算利息收入的科目设置

政府单位要设置“利息收入”总账科目，核算单位因银行存款取得的存款利息收入。平时，“利息收入”科目的贷方余额，反映单位取得利息收入的本期累计数。期末，将本科目本期发生额转入“本年盈余”科目。期末结转后，本科目应无余额。

在“利息收入”总账科目下，应当按照存款银行等设置明细科目进行明细核算。

10. 核算租金收入的科目设置

有出租资产活动的事业单位，要设置“租金收入”总账科目，核算单位经批准利用国有资产出租取得并按照规定纳入本单位预算管理的租金收入。平时，“租金收入”科目的贷方余额，反映单位取得租金收入的本期累计数。期末，将本科目本期发生额转入“本年盈余”科目。期末结转后，本科目应无余额。

在“租金收入”总账科目下，应当按照出租资产的类别等设置明细科目进行明细核算。

单位还要按照取得租金收入资金的付款人，分为“本部门内部单位”、“本部门以外本级政府单位”、“非本级政府单位”、“非政府单位等”四类以及具体政府单位，采用设置明细科目、辅助账或系统标记等方式进行明细核算。

11. 核算其他收入的科目设置

政府单位要设置“其他收入”总账科目，核算单位取得的除财政拨款收入、事业收入、上级补助收入、附属单位上缴收入、经营收入、非同级财政拨款收入、投资收益、捐赠收入、利息收入、租金收入以外的各项收入。平时，“其他收入”科目的贷方余额，反映单位取得其他收入的本期累计数。期末，将本科目本期发生额转入“本年盈余”科目。期末结转后，本科目应无余额。

在“其他收入”总账科目下，应当按照其他收入的类别等设置明细科目进行明细核算。

单位还要按照取得其他收入资金的付款人，分为“本部门内部单位”、“本部门以外本级政府单位”、“非本级政府单位”、“非政府单位等”四类以及具体政府单位，采用设置明细科目、辅助账或系统标记等方式进行明细核算。

12. 核算清算收入的科目设置

非持续运行前提下清算的政府单位要设置“清算收入”总账科目，核算单位因清算产生的各项收入。清算期间，“清算收入”科目的贷方余额，反映各项清算收入的累计数。清算结束时，将本科目本期发生额转入“清算净损益”科目。结转后，本科目应无余额。

在“清算收入”总账科目下，应当按照清算损益表列报项目，以及据清算工作实际需要，设置明细科目进行明细核算。

9.2 政府单位费用的核算

9.2.1 政府单位费用的定义和概念

根据《政府会计准则——基本准则》规定，费用是指报告期内导致政府会计主体净资产减少的、含有服务潜力或者经济利益的经济资源的流出。对于政府单位来说，费用是指报告期内导致单位净资产减少的、含有服务潜力或者经济利益的经济资源的流出。

对政府单位费用的理解，主要包括以下几个方面：

（1）费用是政府单位在一定会计期间内的经济资源的总流出。流出的经济资源包括现金资源和各种非现金资源。

（2）费用的发生源于政府单位资产减少或者负债增加，从而导致单位净资产减少。如果单位的负债增加时资产同等增加，或者单位的资产减少时负债也同等减少，都没有导致净资产减少，不会导致费用的发生。比如，事业单位归还银行借款本金，属于增值税一般纳税人的事业单位购买商品支付增值税进项税额，单位因给付减少了受托代理资产等，都不会形成单位的费用。

（3）政府单位某些个别活动导致资产减少，从而引起净资产减少，不会导致费用的发生。比如，政府单位无偿划出资产，事业单位长期股权投资中其他股东权益减少，都不会导致单位费用的发生。

（4）费用只包括政府单位相对于单位外部的费用，不包括政府单位内部不同单独记账或报告的子主体之间形成的转移费用。政府单位在编制汇总财务报告的收入费用表时，也要将报告主体内部不同单独记账或报告的子主体之间对应对方收入的费用予以抵销。

9.2.2 政府单位费用的划分

政府单位的费用可以从不同视角划分。

1. 按照单位的活动类型划分的费用

（1）业务活动费用。业务活动费用是指政府单位为实现其职能目标，依法履职或开展专业业务活动及其辅助活动所发生的各项费用。

（2）单位管理费用。单位管理费用是指事业单位本级行政及后勤管理部门开展管理活动发生的各项费用，包括单位行政及后勤管理部门发生的人员经费、公用经费、资产折旧（摊销）等费用，以及由单位统一负担的离退休人员经费、解除与职工劳动关系而给予的补偿、工会经费、诉讼费、中介费等。

（3）经营费用。经营费用是指算事业单位在专业业务活动及其辅助活动之外开展非独立核算经营活动发生的各项费用。

（4）资产处置费用。资产处置费用是指单位经批准处置资产时发生的费用，包括转销的被处置资产价值，以及在处置过程中发生的相关费用或者处置收入小于相关费用形成的净支出。资产处置的形式包括无偿划转、转让、置换、对外捐赠、报废、毁损以及货币性资产损失核销等。

（5）上缴上级费用。上缴上级费用是指事业单位按照财政部门和主管部门的规定上缴上级单位款项发生的费用。

（6）对附属单位补助费用。对附属单位补助费用是指事业单位用财政拨款收入之外的收入对附属单位补助发生的费用。

（7）所得税费用。所得税费用是指有企业所得税缴纳义务的事业单位按规定缴纳企业所得税所形成的费用。

（8）其他费用。其他费用是指政府单位发生的除业务活动费用、单位管理费用、经营费用、资产处置费用、上缴上级费用、附属单位补助费用、所得税费用以外的各项费用。包括利息费用、坏账损失、罚没支出、现金资产捐赠支出，行政单位解除与职工劳动关系而给予的补偿，单位接受捐赠以名义金额计量（和无偿划入原以名义金额记账或原账面价值为零）的存货、固定资产、无形资产和取得成本无法可靠计量的公共基础设施、文物文化资产等发生的相关税费、运输费等。

（9）清算费用。政府单位的清算费用是指停止持续运营的政府单位为开展清算活动而发生的评估费、审计费和相关税费，以及因清算资产评估价值减值、清算资产盘亏、清算债权核销等产生的各项费用。

2. 按照形成费用的经济内容划分的费用

（1）单位职工工资福利形成的费用。其是指政府单位本期发生给在职职工和编制外长期聘用人员的各类劳动报酬、为其缴纳各项社会保险费等形成的费用，以及解除与上述人员劳动关系而给予的补偿形成的费用。但是不包括单位计入资产建造成本、研发支出、加工物品成本、待摊费用的应付职工薪酬。

（2）对个人和家庭补助形成的费用。其是指政府单位发放对个人和家庭补贴形成的费用，包括政府单位对本单位职工支付职工个人和家庭补贴形成的费用（不含单位计入资产建造成本、研发支出、加工物品成本、待摊费用的对职工个人和家庭补贴），政府负责对社会发放政府补贴的行政单位按照规定支付各种政府补贴款形成的费用。

（3）购买商品和服务形成的费用。其是指政府单位购买商品和服务发生的费用，但是不包括单位计入资产建造成本、研发支出、加工物品成本、库存物品、购买固定资产等长期资产成本、待摊费用的购买商品和服务费用。单位支付给临时聘用人员的劳务费，租入房屋、设备等的租金等也属于购买商品和服务发生的费用。政府单位使用财政拨款向其他政府单位购买服务（如通过设立科研项目向承担的事业单位支付财政拨款并获取科研成果）形成的费用，也属于购买商品和服务形成的费用。

（4）耗用库存物品和动用政府储备物资形成的费用。其是指政府单位领用本单位耗用库存物品的成本形成的费用，以及政府储备物资管理单位动用政府储备物资的成本等形成的费用。但是不包括单位计入资产建造成本、研发支出、加工物品成本、待摊费用的领用库存物品成本。

（5）非流动资产折耗形成的费用。其是指政府单位持有按照规定计提折旧（摊销）的非流动资产计提折旧（摊销）形成的费用。包括本期固定资产折旧费用、无形资产摊销费用、公共基础设施折旧（摊销）费用、保障性住房折旧费用。但是不包括单位计入资产建造成本、研发支出、加工物品成本、待摊费用的资产折旧（摊销）费用。PPP 项目资产折耗形成的 PPP 项目资产折旧（摊销）直接冲减 PPP 项目净资产，不构成非流动资产折耗形成的费用。

（6）销售产品形成的成本费用。其是指事业单位销售产品时由产品的库存物品成本转化的费用和直接销售费用。

（7）拨款、补助和向上级单位缴款形成的费用。其是指政府单位使用本单位有权分配的资金向其他单位支付非交换性款项形成的费用。包括转拨财政款项（不含未纳入单位预算管理的转拨款）形成的费用，对附属单位补助形成的费用，对企业补助形成的费用，上缴上级支出形成的费用等。

（8）处置资产形成的费用。按照形成费用的经济内容划分的资产处置费用与上述按照单位的活动类型划分费用中的资产处置费用一致，这里不再赘述。

（9）缴付税费形成的费用。其是指政府单位作为纳税义务人和政府性收费的缴费义务人因缴纳各种税费形成的费用。包括单位按照税法、政府性收费管理规定等计算应缴纳的城市维护建设税、教育费附加、地方教育费附加、车船税、房产税、城镇土地使用税和企业所得税等形成的费用。但是不包括单位代扣代缴职工等的个人所得税。

（10）举借借款形成的费用。其是指事业单位因银行借款等发生的借款利息和其他借款费用形成的费用。但是不包括单位计入工程成本的专项借款发生的借款利息及其他借款费用。

（11）计提专用基金形成的费用。其是指事业单位按照规定依据收入的比例或其他标准提取专用基金并计入当期费用形成的费用。

（12）清算活动形成的费用。按照形成费用的经济内容划分的清算费用与上述按照单位的活动类型划分费用中的清算费用一致，这里不再赘述。

（13）其他原因形成的费用。其是指政府单位本期在上述（1）~（12）项费用以外发生的费用。

9.2.3 政府单位费用的确认与计量

1. 单位工资福利形成的费用确认与计量

政府单位工资福利形成的费用，应当按照以下情况确认与计量：

（1）应当发放的职工工资、津贴、奖金等，在职工为单位提供服务的会计期间，按照有关工资规定和职工实际工勤情况计算的金额，分期（月）确认相关费用。

（2）单位应当为职工缴纳的医疗保险费、养老保险费、职业年金等社会保险费和住房公积金，在职工为单位提供服务的会计期间，根据有关规定加以计算的金额，分期（月）确认相关费用。

（3）单位因解除与职工劳动关系给予的补偿，在相关补偿金额报经批准时，按照批准的金额确认相关费用。

2. 对个人和家庭补助形成的费用确认与计量

政府单位对本单位职工支付职工个人和家庭补贴形成的费用，随职工薪酬发放的，应当在确认应付职工薪酬时，按照应当发放的金额确认费用；不随职工薪酬发放的，应当在实际发放时，按照发放的金额确认相关费用。

对社会发放政府补贴款形成的费用，应当在有关政策明确发放单位承担当期支出责任时，按照确定应承担的支付金额确认费用。

3. 购买商品和服务形成的费用确认与计量

政府单位对购买商品和服务形成的费用，应当在取得相关商品和服务的控制权时，按照支付购买商品和服务款项的金额确认相关费用。属于增值税一般纳税人的事业单位，购买增值税应税商品和服务时支付的增值税进项税额不确认费用。

根据购买商品和服务约定的履约形式不同，政府单位对购买商品和服务形成的费用确认与计量分为两种情形：一次确认费用和分次确认费用。

对政府单位取得购买商品和服务控制权的判断，以及对购买商品和服务形成费用的一次确认或分次确认条件，参见本章9.1.3交换性收入的确认与计量部分，这里不再赘述。

政府单位购买商品和服务一次确认费用或者分次确认费用之前支付的款项，应当确认预付账款。待到确认费用时，按照确认费用的金额冲销之前确认的预付账款。政府单位购买商品和服务一次确认费用或者分次确认费用之后支付款项的，应当在确认费用的同时确认应付款项。

4. 对外拨款、补助和向上级单位缴款形成的费用确认与计量

对外拨款、补助和向上级单位缴款形成的费用分别根据以下情况确认：

（1）支付现金时确认费用。在一般情况下，政府单位对转拨财政款项、对附属单位补助、对企业补助、对上缴上级支出，在支付相关款项时，按照支付的金额确认相关费用。

（2）按照约定付款时间确认费用。政府单位在同时符合以下条件时，对转拨财政款项、对附属单位补助、对企业补助、对上缴上级支出，按照应当支付的金额确认相关费用：

——相关法规或协议规定了本单位应当付款的时间。

——相关法规或协议规定了本单位应当付款的对象和金额。

——相关法规或协议规定的付款的时间已过但尚未支付款项。

——规定的付款没有重新纳入以后年度预算。

（3）预拨款项的费用确认。政府单位对预拨属于下期支出预算的对附属单位补助、对企业补助等，应当在支付预拨款项时确认应收款项，待到该支付款项属于的预算期时确认相关费用，并冲销之前确认的应收款项。

5. 缴付税费形成的费用确认与计量

对于缴付税费形成的费用，政府单位应当在发生应税或应缴政府性收费事项导致承担纳税或缴费义务时，按照税法等规定计算的应交税费金额予以确认。

6. 其他原因形成的费用确认与计量

政府单位其他原因形成的费用，应当在相关款项实际支付或者单位承担支付款项的现实义务成立时，按照支付或者应当支付的款项金额确认费用。属于待摊费用和预提费用的，应当在受益期内按照计算摊销的金额，分期确认相关费用。

7. 清算形成的费用确认与计量

清算的政府单位按照规定对清算资产进行评估和债务资产核销的，应当在清算结果批准或备案时，按照批准的资产评估价值与账面价值相比的资产减值金额、债权核销金额确认清算费用；在为开展清算而发生的评估费、审计费和相关税费等费用，按照实际发生金额确认清算费用。

除上述 1 ~ 7 的费用确认与计量以外，政府单位以下原因形成的费用确认与计量参见本书相关部分的内容，其中：

非流动资产折旧（摊销）形成的费用确认与计量，参见第6章6.4相关内容。

耗用库存物品和动用政府储备物资形成的费用确认与计量，参见第6章6.5相关内容。

销售产品形成的成本费用确认与计量，参见第7章7.1.2相关内容。

处置资产和资产清查形成的费用确认与计量，参见第7章7.1~7.5相关内容。

利用政府现有资产形成政府PPP项目资产、PPP合同终止将PPP项目资产转为政府公共基础设施等资产形成的费用确认与计量，参见第7章7.6相关内容。

举借借款形成的费用确认与计量，参见第8章8.2.1相关内容。

计提专用基金形成的费用确认与计量，参见第10章10.3.2相关内容。

9.2.4 核算政府单位费用的科目设置

1. 核算业务活动费用的科目设置

政府单位要设置“业务活动费用”总账科目，核算政府单位为实现其职能目标，依法履职或开展专业业务活动及其辅助活动所发生的各项费用。平时，“业务活动费用”科目的借方余额，反映单位业务活动费用的本期累计数。期末，将本科目本期发生额转入“本期盈余”科目和“专用基金”科目（在业务活动中使用从预算结余中提取的专用基金产生了业务活动费用）。期末结转后，本科目应无余额。

在“业务活动费用”总账科目下，应当按照业务项目、服务或者业务的类别等进行明细核算。

为了满足单位成本核算的需要，在“业务活动费用”科目中还应当按照成本核算对象，如单位内部机构、团队等进行明细核算，并按照成本项目（形成费用的经济内容）设置“工资福利费用”、“商品和服务费用”、“对个人和家庭的补助费用”、“库存物品耗用费用”、“固定资产折旧费”、“无形资产摊销费”、“公共基础设施折旧（摊销）费”、“保障性住房折旧费”、“计提专用基金”、“产品销售成本”、“其他业务活动费用”等设置明细科目，归集能够直接计入业务活动或采用一定方法计算后计入业务活动的费用。

为了将使用从预算结余中提取的专用基金产生业务活动费用的发生额归集、结转转入专用基金，还应当在“业务活动费用”科目中采用设置“使用专用基金”明细科目或辅助核算中注明“使用专用基金”的方式进行明细核算。

为了便于在汇总编制部门财务报表和政府综合财务报告报表时抵销重复计算的汇总数，政府单位还要按照计入业务活动费用对其他政府单位拨款的收款人、外购服务的收款人等，分为“本部门内部单位”、“本部门以外本级政府单位”、“非本级政府单位”、“非政府单位等”四类以及具体政府单位，采用设置明细科目、辅助账或系统标记等方式进行明细核算。

2. 核算单位管理费用的科目设置

事业单位要设置“单位管理费用”总账科目，核算本级行政及后勤管理部门开展管理活动所发生的各项费用。平时，“单位管理费用”科目的借方余额，反映单位管理费用的本期累计数。期末，将本科目本期发生额转入“本期盈余”科目和“专用基金”科目（在单位管理活动中使用从预算结余中提取的专用基金产生了单位管理费用）。期末结转后，本科目应无余额。

在“单位管理费用”总账科目下，应当按照管理项目、费用的类别等进行明细核算。

为了满足单位成本核算的需要，在“单位管理费用”科目中还应当按照成本核算对象，如单位内部行政机构、后勤部门或后勤服务项目等进行明细核算，并按照成本项目（形成费用的经济内容）设置“工资福利费用”、“商品和服务费用”、“对个人和家庭的补助费用”、“库存物品耗用费用”、“固定资产折旧费”、“无形资产摊销费”、“计提专用基金”、“其他单位管理费用”等设置明细科目，归集能够直接计入单位管理活动或采用一定方法计算后计入单位管理活动的费用。

为了将使用从预算结余中提取的专用基金产生单位管理费用的发生额归集、结转转入专用基金，还应当在“单位管理费用”科目中采用设置“使用专用基金”明细科目或辅助核算中注明“使用专用基金”的方式进行明细核算。

本科目还应当按照提供外购服务等的收款人，分为“本部门内部单位”、“本部门以外本级政府单位”、“非本级政府单位”、“非政府单位等”四类以及具体政府单位，采用设置明细科目、辅助账或系统标记等方式进行明细核算。

3. 核算经营费用的科目设置

有经营活动的事业单位，要设置“经营费用”总账科目，核算单位在专业业务活动及其辅助活动之外开展非独立核算经营活动发生的各项费用。平时，“经营费用”科目的借方余额，反映经营费用的本期累计数。期末，将本科目本期发生额转入“本期盈余”科目和“专用基金”科目（在经营活动中使用从预算结余中提取的专用基金产生了经营费用）。期末结转后，本科目应无余额。

在“经营费用”总账科目下，应当按照经营活动类别、项目等进行明细核算。

为了满足单位成本核算的需要，在“经营费用”科目中还应当按照成本核算对象，如从事经营活动单位内部机构、出售的产品种类等进行明细核算，并按照成本项目（形成费用的经济内容）设置“工资福利费用”、“商品和服务费用”、“对个人和家庭的补助费用”、“库存物品耗用费用”、“固定资产折旧费”、“无形资产摊销费”、“商品销售成本”、“其他经营费用”等设置明细科目，归集能够直接计入单位经营活动或采用一定方法计算后计入单位经营活动的费用。

为了将使用从预算结余中提取的专用基金产生经营费用的发生额归集、结转转入专用基金，还应当在“经营费用”科目中采用设置“使用专用基金”明细科目或辅助核算中注明“使用专用基金”的方式进行明细核算。

本科目还应当按照提供外购服务等的收款人，分为“本部门内部单位”、“本部门以外本级政府单位”、“非本级政府单位”、“非政府单位等”四类以及具体政府单位，采用设置明细科目、辅助账或系统标记等方式进行明细核算。

4. 核算资产处置费用的科目设置

政府单位要设置“资产处置费用”总账科目，核算单位经批准处置资产时发生的费用。单位在资产清查中查明的资产盘亏、毁损以及资产报废等的资产处置，应当先通过“待处理财产损溢”科目进行核算，再将处理资产价值和处理净支出记入本科目。平时，“资产处置费用”科目的借方余额，反映资产处置费用的本期累计数。期末，将本科目本期发生额转入“本期盈余”科目。期末结转后，本科目应无余额。

在“资产处置费用”总账科目下，应当按照资产处置的方式、处置资产的类别等设置明细科目进行明细核算。

在“资产处置费用”科目下核算对外捐赠非现金资产费用的单位，还应当按照接受捐赠非现金资产的受赠单位采用设置明细科目、辅助账或系统标记等方式进行明细核算。

5. 核算上缴上级费用的科目设置

有上缴上级费用的事业单位，要设置“上缴上级费用”总账科目，核算单位按照财政部门和主管部门的规定上缴上级单位款项发生的费用。平时，“上缴上级费用”科目的借方余额，反映上缴上级费用的本期累计数。期末，将本科目本期发生额转入“本期盈余”科目。期末结转后，本科目应无余额。

在“上缴上级费用”总账科目下，应当按照收缴款项单位、缴款项目等设置明细科目进行明细核算。

6. 核算对附属单位补助费用的科目设置

有对附属单位补助费用的政府单位，要设置“对附属单位补助费用”总账科目，核算单位用财政拨款收入之外的收入对附属单位补助发生的费用。平时，“对附属单位补助费用”科目的借方余额，反映对附属单位补助费用的本期累计数。期末，将本科目本期发生额转入“本期盈余”科目。期末结转后，本科目应无余额。

在“对附属单位补助费用”总账科目下，应当按照接受补助单位、补助项目等设置明细科目进行明细核算。

7. 核算所得税费用的科目设置

有企业所得税缴纳义务的事业单位，要设置“所得税费用”总账科目，核算单位按规定缴纳企业所得税所形成的费用。平时，“所得税费用”科目的借方余额，反映所得税费用的本期累计数。期末，将本科目本期发生额转入“本期盈余”科目。期末结转后，本科目应无余额。

8. 核算其他费用的科目设置

政府单位要设置“其他费用”总账科目，核算单位发生的除业务活动费用、单位管理费用、经营费用、资产处置费用、上缴上级费用、附属单位补助费用、所得税费用以外的各项费用。平时，“其他费用”科目的借方余额，反映其他费用的本期累计数。期末，将本科目本期发生额转入“本期盈余”科目。期末结转后，本科目应无余额。

发生的利息费用较多的单位，可以单独设置“利息费用”总账科目，核算单位发生的利息费用。

在“其他费用”总账科目下，应当按照其他费用的类别等设置明细科目进行明细核算。

在“其他费用”科目中核算对外捐赠现金资产费用、外购服务费用等的单位，还应当在“其他费用”总账科目下，按照接受现金捐赠、提供外购服务等的收款人，分为“本部门内部单位”、“本部门以外本级政府单位”、“非本级政府单位”、“非政府单位等”四类以及具体政府单位，采用设置明细科目、辅助账或系统标记等方式进行明细核算。

9. 核算清算费用的科目设置

非持续运行前提下清算的政府单位要设置“清算费用”总账科目，核算单位因清算发生的各项费用。清算期间，“清算费用”科目的借方余额，反映各项清算费用的累计数。清算结束时，将本科目本期发生额转入“清算净损益”科目。结转后，本科目应无余额。

在“清算费用”总账科目下，应当按照清算损益表列报项目以及据清算工作实际需要，设置明细科目进行明细核算。

第10章 政府单位净资产的核算

10.1 政府单位净资产概述

10.1.1 政府单位净资产的定义和概念

根据《政府会计准则——基本准则》规定，净资产是指政府会计主体资产扣除负债后的净额。对于政府单位来说，净资产是指政府单位的资产扣除负债后的净额。

政府单位拥有的净资产有的也称为资产净值，是指政府单位现有资产扣除因已经承担现实义务导致以后减少资产后的余额。净资产在一定程度上代表了单位在以后可以履行职能、持续提供公共服务能力的物质基础。

政府单位净资产的形成和变动取决于政府单位的资产和负债。在某个会计时点日，政府单位的净资产总额等于该时点单位资产总额减去单位负债总额后的差额；在一定会计期间内，政府单位净资产变动数额是单位在该会计期间资产变动数额与负债变动数额的差额。

在大多数情况下，政府单位的资产、负债变动导致了单位收入和费用的发生，然后通过单位总收入减去总费用的差额间接导致单位净资产的变动。在政府单位个别的活动中，单位的资产变动直接致使净资产发生变动。比如，资产在政府单位之间的无偿划转，划入资产单位的资产增加直接导致了单位净资产增加，划出资产单位的资产减少直接导致了单位净资产减少。又如，按照权益法核算长期股权投资的事业单位因在被投资单位的其他权益变动形成的长期股权投资增减，直接导致了单位净资产的增减。

10.1.2 政府单位净资产的划分

1. 按照净资产形成或变动的来源划分

按照导致净资产形成或变动的来源，政府单位的净资产可以分为：

（1）收入和费用结转形成的净资产。

（2）上缴财政、缴回项目出资方、单位间调剂结转结余资金形成的净资产变动。

（3）资产无偿划转形成的净资产变动。

（4）设立和提取专用基金形成的净资产。

（5）股权投资取得其他权益形成的净资产。

（6）使用专用基金、预提费用购买非货币资产形成的净资产。

（7）以前年度收入费用等变动形成的净资产变动。

（8）取得 PPP 项目资产形成的净资产。

（9）单位清算形成的净资产。

2. 按照会计报表反映的净资产项目划分

按照资产负债表反映的净资产项目划分，政府单位的净资产分为：

（1）累计盈余。反映政府单位以前年度累积的盈余和期末本年各种原因引起的累计盈余变动。但是在资产负债表的月度报表中累计盈余项目中不包括本期盈余和无偿划转资产形成的本年累计盈余变动。

（2）专用基金。反映事业单位以前年度累积和本年设置或提取但尚未使用的专用基金余额。

（3）权益法调整。反映事业单位期末在被投资单位除净损益和利润分配以外的所有者权益中享有的份额。

（4）PPP 项目净资产。反映 PPP 项目政府方单位期末按照 PPP 项目合同准则确定的 PPP 项目净资产，包括除政府现有资产以外由社会资本方建造、购买、改建形成各种 PPP 项目资产净值对应的 PPP 项目净资产。

（5）无偿调拨净资产（月报）。反映政府单位本年度截至报告期期末无偿划入非现金资产价值和无偿划出非现金资产价值形成的净资产变动净额。

（6）本期盈余（月报）。反映政府单位本年度截至报告期期末累计的总收入与总费用相抵后的差额。

10.2 政府单位盈余的核算

10.2.1 本年盈余的核算

1. 核算本年盈余的科目设置

（1）“本期盈余”科目。政府单位应当设置“本期盈余”总账科目，核算单位本月各项收入、费用相抵形成的盈余，以及本年度截至报告期期末的本年累计盈余。本科目的账簿应当设置“本月数”和“本年累计数”栏目，分别反映单位报告期本月各项收入、费用相抵形成的盈余数和报告期末累计的本年盈余数。年末，将“本期盈余”科目年末余额转入“本年盈余分配”科目后，本科目无余额。

（2）“本年盈余分配”科目。政府单位应当设置“本年盈余分配”总账科目，核算单位本年度盈余分配的情况和结果。年末，将“本年盈余分配”科目余额转入“累计盈余”科目后，本科目无余额。

2. 核算本年盈余的账务处理

（1）结转各项收入和费用。每个期末（月末）政府单位结转各项收入时，按照各项收入科目的本月发生额，借记“财政拨款收入”、“事业收入”、“上级补助收入”、“附属单位上缴收入”、“经营收入”、“非同级财政拨款收入”、“投资收益”、“捐赠收入”、“利息收入”、“租金收入”、“其他收入”科目；按照各项收入转账的合计金额，贷记“本期盈余”科目。

每个期末（月末）单位结转各项费用时，按照各项费用科目的本月发生额（不含使用从预算结余中提取的专用基金时发生的费用），贷记“业务活动费用”、“单位管理费用”、“经营费用”、“所得税费用”、“资产处置费用”、“上缴上级费用”、“对附属单位补助费用”、“其他费用”科目；按照各项费用转账的合计金额，借记“本期盈余”科目。

（2）分配本年盈余。年末，政府单位将完成12月份收入、费用转账后的“本期盈余”科目余额全部转入“本年盈余分配”科目，借记或贷记“本期盈余”科目，贷记或借记“本年盈余分配”科目。

事业单位根据有关规定从本年度非财政拨款结余或经营结余中提取专用基金的，按照预算会计计算的提取金额，借记“本年盈余分配”科目，贷记“专用基金”科目。

年末，政府单位要将“本年盈余分配”科目的余额（经本年盈余分配后的余额，如有分配）全部转入“累计盈余”科目，转账的账务处理参见第11章11.2.2核算累计盈余的账务处理。

10.2.2 累计盈余的核算

1. 核算累计盈余的科目设置

（1）“累计盈余”科目。政府单位应当设置“累计盈余”总账科目，本科目年初余额反映单位以前年度滚存的累计盈余，本科目平时核算单位本年除本期盈余和无偿划转资产以外其他原因引起的盈余变动，年末转账核算本期盈余和无偿划转资产引起的累计盈余变动。年末转账后的本科目余额反映单位年末历年滚存的累计盈余。

为了方便填列净资产变动表，政府单位在“累计盈余”总账科目下，可以按照导致累计盈余本年变动的原因设置如下二级明细科目：

①“累积盈余”明细科目，核算以前年度滚存的累计盈余和本年各种累计盈余变动相抵后的综合变动。单位因退回计入以前年度收入的资金导致的累计盈余减少，因收回计入以前年度费用的资金导致的累计盈余增加，也通过本明细科目核算。

②“以前年度盈余调整”明细科目，核算因以前年度盈余调整导致的本年累计盈余变动，包括本年度发生的重要前期差错更正涉及调整以前年度盈余的事项。

③“无偿调拨净资产”明细科目，核算因单位资产无偿划转导致的本年累计盈余变动。

④“归集调整预算结转结余”明细科目，核算单位本年财政拨款结转结余资金归集调入、归集上缴或调出，以及非财政拨款结转资金缴回项目出资方导致的本年累计盈余变动。

⑤“使用专用基金”明细科目，核算单位因使用专用基金购置固定资产、无形资产、存货等导致的本年累计盈余变动。

⑥“本年盈余转入”明细科目，核算因本年盈余导致的本年累计盈余变动。

⑦“其他累计盈余变动”明细科目，核算除上述明细科目反映以外的本年累计盈余变动。

（2）“无偿调拨净资产”科目。政府单位应当设置“无偿调拨净资产”总账科目，核算单位无偿划转划入或无偿划转划出非现金资产所引起的净资产变动金额。年末，将“无偿调拨净资产”科目年末余额转入“累计盈余”科目后，本科目无余额。

（3）“以前年度盈余调整”科目。政府单位应当设置“以前年度盈余调整”总账科目，核算单位本年度发生的调整以前年度盈余的事项，包括本年度发生的重要前期差错更正涉及调整以前年度盈余的事项。将“以前年度盈余调整”科目余额转入“累计盈余”科目后，本科目无余额。

2. 核算累计盈余的账务处理

（1）本年退回以前年度收入或费用的账务处理。单位发生本年退回计入以前年度收入的资金的业务时，按照退回或应当退回的金额，借记“累计盈余——累积盈余”科目，贷记“财政拨款收入”、“银行存款”、“其他应付款”等科目；单位发生本年收回记入以前年度费用的资金的业务时，按照收到或应当收回的金额，借记“财政拨款收入”、“银行存款”、“其他应收款”等科目，贷记“累计盈余——累积盈余”科目。

（2）核算以前年度盈余调整的账务处理。政府单位因前期差错更正、会计政策变更等原因调整以前年度的收入和费用（不包括本年退回以前年度的收入和收到以前年度的费用），在调整增加以前年度收入时，按照调整增加的金额，借记有关科目，贷记“以前年度盈余调整”科目；调整减少的，作相反会计分录。单位在调整增加以前年度费用时，按照调整增加的金额，借记“以前年度盈余调整”科目，贷记有关科目；调整减少的，作相反会计分录。

政府单位盘盈以前年度取得的各种非流动资产，报经批准后处理时，借记“待处理财产损溢”科目，贷记“以前年度盈余调整”科目。

政府单位因工程建设决算调整相关在建工程转固定资产原值时，进行“以前年度盈余调整”科目的账务处理，参见第6章6.3.2相关内容，这里不再赘述。

政府单位应当在进行以前年度盈余调整账务处理后的报告期内，及时将“以前年度盈余调整”科目余额全部转入“累计盈余——以前年度盈余调整”科目，借记或贷记“以前年度盈余调整”科目，贷记或借记“累计盈余——以前年度盈余调整”科目。

（3）核算无偿划转资产的账务处理。政府单位发生无偿划转资产的业务时，全部账务处理参见第7章7.3.3资产无偿划转的账务处理。

年末，单位要将“无偿调拨净资产”科目余额全部转入“累计盈余”科目，借记或贷记“无偿调拨净资产”科目，贷记或借记“累计盈余——无偿调拨净资产”科目。

（4）归集调整预算结转结余导致累计盈余变动的账务处理。政府单位按照规定上缴财政拨款结转结余资金、向其他单位调出财政拨款结转结余资金、缴回非财政拨款结转资金时，按照实际上缴、调出、缴回的金额，借记“累计盈余——归集调整预算结转结余”科目，贷记“财政应返还额度”、“零余额账户用款额度”、“银行存款”等科目。政府单位按照规定从其他单位调入财政拨款结转资金时，按照实际调入金额，借记“财政应返还额度”、“零余额账户用款额度”等科目，贷记“累计盈余——归集调整预算结转结余”科目。

归集调整预算结转结余导致累计盈余变动的预算会计账务处理参见第4章4.4相关内容。

（5）使用专用基金导致累计盈余变动的账务处理。事业单位使用专用基金购置固定资产、无形资产、存货时，按照确定的固定资产、无形资产、存货成本金额，借记“固定资产”、“无形资产”、“库存物品”科目，贷记“银行存款”等科目；同时，按照专用基金使用金额，借记“专用基金”科目，贷记“累计盈余——使用专用基金”

科目。同时进行的预算会计账务处理参见本章 10.3.2 的相关内容。

（6）其他累计盈余变动的账务处理。政府单位发生除本年退回以前年度收入或费用、以前年度盈余调整、本年盈余转入、无偿划转净资产、归集调整预算结转结余、使用专用基金以外的原因导致本年累计盈余发生变动时，借记或贷记有关科目，贷记或借记“累计盈余——其他累计盈余变动”科目。比如，单位使用科研项目管理费和间接费购买非货币资产时，财务会计借记有关资产科目，贷记“银行存款”等科目；同时，借记“预提费用”科目，贷记“累计盈余——其他累计盈余变动”科目。预算会计同时按照实际支付的金额，作相应的账务处理。

（7）将本年分配后盈余转入累计盈余的账务处理。年末，政府单位将“本年盈余分配”科目的余额转入“累计盈余”科目时，按照分配（如有）后的本年盈余金额，借记或贷记“本年盈余分配”科目，贷记或借记“累计盈余——本年盈余转入”科目。

（8）冲销“累计盈余”科目有关二级明细科目余额。设置了“累计盈余”科目下二级明细科目的政府单位，年末要将“累计盈余”科目有关二级明细科目余额冲销。冲销时，将“累计盈余”科目下的“以前年度盈余调整”、“无偿调拨净资产”、“归集调整预算结转结余”、“其他累计盈余变动”明细科目余额转入“累计盈余——累积盈余”科目。按照各明细科目贷方或借方余额，借记或贷记“累计盈余”科目有关二级明细科目，贷记或借记“累计盈余——累积盈余”科目。冲销后，除了“累积盈余”明细科目，“累计盈余”科目下的其他二级明细科目应无余额。年末，二级明细科目余额结转后的“累计盈余——累积盈余”科目余额，即为填列资产负债表和净资产变动表中“累计盈余”项目的年末余额。

10.3 政府单位专用基金的核算

10.3.1 政府单位专用基金概述

专用基金是指事业单位按照事业单位财务规则和行业事业单位财务制度等规定设置或者提取的具有专门限定用途的资金。事业单位的专用基金在财务会计中反映为带有某种限定性要求的净资产；在预算会计中反映为从结余资金中分割出的只能用于专用基金使用的专用结余资金，或者将支出限定于专用基金使用的用途。

事业单位的专用基金要按照规定设置。目前事业单位设置的专用基金主要有：按照事业单位财务规则规定设置的职工福利基金，按照科学事业单位财务制度规定设置的科技成果转化基金，按照医院或者基层医疗卫生机构财务制度规定设置的医疗风险基金，按照高等学校财务制度规定设置的学生奖助基金，按照国有林场（苗圃）财务制度规定设置的森林恢复基金，按照彩票机构财务管理办法规定设置的彩票兑奖周转金，按照高等学校、医院财务制度规定设置的留本基金等。

事业单位的专用基金要按照规定的资金来源提取。事业单位提取专用基金有以下三种方式：

（1）按照本年其他结余和经营结余的一定比例提取专用基金（又称为“从预算结余中提取专用基金”）。

（2）按照收入的比例或者其他标准提取专用基金，并计入当期费用（又称为“从预算收入中提取专用基金”）。

（3）将指定设置留本基金的受赠款项直接计入专用基金。

事业单位的专用基金要在该专用基金规定的使用范围内使用。比如，职工福利基金只能用于单位职工的集体福利设施、集体福利待遇等支出；科技成果转化基金只能用于单位科技成果转化方面的支出；医疗风险基金只能用于单位购买医疗保险支出和医疗保险支出以外实际发生医疗事故赔偿等的支出；学生奖助基金只能用于单位的学费减免、勤工助学、校内无息借款、校内奖助学金和特殊困难补助等的支出；森林恢复基金只能用于单位对森林资源的培育、保护和管理的支出；留本基金只能用于投资增值和以投资收益补充事业单位活动资金等。

为了保证专用基金的专用性和高效率使用，有关规定还要求专用基金应当遵循先提后用、专款专用的原则。使用专用基金的支出不得超出专用基金的规模，即专用基金不允许出现负数。并且规定对于事业单位专用基金滚存较多的，可以适当降低提取比例或者暂停提取。

10.3.2 专用基金的核算①

1. 核算专用基金的科目设置

事业单位核算专用基金应当设置净资产类科目的“专用基金”总账科目。在该总账科目下，按照单位具体设立的专用基金设置二级明细科目。在具有两个以上专用基金提取方式的专用基金明细科目下，还应当设置“按结余提取”、“记费用提取”等三级明细科目。

为了核算按照本期预算结余的一定比例提取的专用基金，单位还应当设置预算结余类科目的“专用结余”科目和“非财政拨款结余分配”科目。

2. 设置、提取专用基金（以下统称“提取专用基金”）的核算

（1）从预算结余中提取专用基金。单位提取专用基金时，在预算会计中按照规定的其他结余和经营结余提取比例计算的提取数，借记“非财政拨款结余分配”科目，

① 这里专用基金的核算内容不包括专用基金中留本基金的核算，留本基金的核算在本章10.3.3中介绍。

贷记“专用结余”科目。同时，在财务会计中按照相同的金额，借记“本年盈余分配”科目，贷记“专用基金”科目及其明细科目。

需要注意的是，以这种方式提取专用基金，财务会计记账的提取金额只能是与预算会计提取金额相同的金额，而不是按照盈余的比例计算提取的金额。这是因为财务制度规定以这种方式提取的专用基金，实质上是从预算结余中分割出来、限制了专门用途的结余现金。而盈余是权责发生制的收入减去费用后的差额，不是结余的现金。所以，财务制度规定的按照结余一定比例提取专用基金，不能被误认为是按照盈余的比例来计算财务会计提取、记账专用基金的金额。

（2）按照收入的比例或者其他提取标准提取专用基金。这种方式提取专用基金时需要计入当期费用。其中，按照收入的比例提取的，应当计入该收入对应的费用。比如，按照事业收入提取的，根据该专用基金使用的主要活动计入业务活动费用或单位管理费用；按照经营收入提取的，计入经营费用。其中，按照支出的标准计提的，应当计入该支出对应的费用。比如，按照人员支出标准提取的，按照该人员支出的活动性质选择计入的费用（业务活动费用、单位管理费用或经营费用）。

事业单位提取专用基金时，财务会计按照收入的比例或者其他提取标准计算提取的专用基金金额，借记“业务活动费用”、“单位管理费用”、“经营费用”等科目，贷记“专用基金”科目及其明细科目。由于此时并没有形成单位的现金流出，所以提取专用基金时预算会计不作账务处理。

有的财务制度规定：将某种资金收入全部计入专用基金。比如，国有林场（苗圃）财务制度规定：破坏山林的赔偿款、征占用林地的林木赔偿款等全部纳入森林恢复基金。对于此类规定，为了加强对专用基金的预算管理，应当将规定全部纳入专用基金管理的资金收入，确认收入，并视同按照收入100%的比例提取、使用专用基金，进行相同的财务会计账务处理和预算会计账务处理。

需要注意的是，在一般情况下，按照收入比例提取的专用基金是来源于规定可提取收入的现金收入，因此，计算提取金额依据的收入应当是该收入的预算会计记账收入，而不是该收入的财务会计记账收入。

3. 使用专用基金的核算

事业单位使用专用基金的会计账务处理，因使用提取方式不同的专用基金而异。

（1）使用按照收入比例或者其他标准列当期费用提取的专用基金核算。事业单位使用专用基金，一方面减少了专用基金；另一方面因支付导致了货币资金减少。所以，当单位使用专用基金时，财务会计按照使用支付的金额，借记“专用基金”科目及其明细科目，贷记“银行存款”等科目。

如果事业单位使用专用基金购买了固定资产等非货币资产，那么单位使用专用基金，一方面减少了专用基金；另一方面因支付导致了货币资金减少，还因为购买了非货币资产要增加相应的资产。这就要求财务会计在账务处理时要进行双分录处理，以保持资产负债表的平衡：一方面进行用货币资产购买非货币资产的账务处理，按照购买资产支付专用基金的金额，借记相关的非货币资产科目，贷记“银行存款”等科目；另一方面进行专用基金减少和增加累计盈余的账务处理，按照购买资产支付专用基金的金额，借记“专用基金”科目及其明细科目，贷记“累计盈余”科目。

由于事业单位使用的专用基金提取时预算会计因没有发生单位的现金流出而没有列支，而专用基金使用时发生了单位的现金流出，所以预算会计要在使用专用基金时列支。单位使用专用基金时，预算会计按照使用支付专用基金的金额，借记“事业支出”科目［因非经营活动使用专用基金］或“经营支出”科目［因经营活动使用专用基金］，贷记“资金结存——货币资金”科目。

（2）使用从预算结余中提取的专用基金核算。事业单位使用从预算结余中提取的专用基金，由于该专用基金提取时财务会计没有列入费用，所以不采用使用时直接冲减专用基金的方法。而是通过使用专用基金时列入费用，期末结转费用来减少专用基金。单位使用从预算结余中提取的专用基金时，财务会计应当按照进行的活动性质和实际使用金额，借记“业务活动费用”、“单位管理费用”、“经营费用”等费用科目，贷记“银行存款”等科目，并在有关费用科目的明细核算或辅助核算中注明“使用专用基金”；使用从预算结余中提取的专用基金购置非货币资产的，按照购置非货币资产使用专用基金的金额，借记相关的非货币资产科目，贷记“银行存款”等科目，借记“专用基金”科目及其明细科目，贷记“累计盈余”科目。同时，在预算会计按照实际使用从预算结余中提取的专用基金的金额，借记“事业支出”科目或“经营支出”科目，贷记“资金结存——资金结存”科目，并在有关预算支出科目的明细核算或辅助核算中注明“使用专用结余”。

事业单位应当在期末将有关费用中使用专用基金的本期发生额转入专用基金，财务会计借记“专用基金”科目，贷记“业务活动费用”等科目；在年末将有关预算支出中使用从预算结余中提取专用基金的本年发生额转入专用结余，预算会计借记“专用结余”科目，贷记“事业支出”“经营支出”等科目。

如果事业单位使用的同一专用基金同时具有以上两种提取方式，单位应当按照使用不同提取方式专用基金的金额，分别按照上述两种做法进行使用专用基金的账务处理。

4. 取消专用基金的核算

当事业单位财务规则或财务制度规定取消某种专用基金，事业单位原本设置的该专用基金应当取消；事业单位按照规定可以自行决定取消某种专用基金的，事业单位也可以根据需要取消原本设置的专用基金。取消专用基金有两种做法：

第一种做法是将取消的专用基金余额转入非限定的结余和盈余中，或者转到其他专用基金中。在这种做法下，取消专用基金时财务会计按照专用基金的余额，借记“专用基金”科目及其明细科目（取消的专用基金），贷记“累计盈余”科目或者“专用基金”科目及其明细科目（转入的专用基金）。同时，对专用基金余额属于按照预算结余比例提取形成的，预算会计按照专用基金的余额，借记“专用结余”科目及其明细科目（取消的专用基金），贷记“非财政拨款结余”科目或者“专用结余”科目及其明细科目（转入的专用基金）。

第二种做法是取消专用基金时不再继续提取专用基金，原有专用基金余额按照原来规定专用基金的用途继续使用，直至用完为止。在这种做法下，取消专用基金时不作账务处理，使用剩余的专用基金时按照上述使用专用基金进行账务处理。

事业单位应当按照主管部门关于取消专用基金的规定，选择取消专用基金的做法。

10.3.3 留本基金的核算

1. 留本基金的概念

留本基金是专用基金中比较特殊的一种，是事业单位设置的具有永久性或者在一定时期内保留本金的限定性基金。留本基金一般来源于捐赠者的大额捐款，由于捐赠者提出了对捐款留本使用的要求，并在捐款协议中得到捐款双方的认可，所以事业单位要对有这种要求的捐款设置留本基金。留本基金的本金单位不能使用，只能用于投资增值，以保持基金的本金不减少，故而称为“留本基金”。留本基金产生的投资收益可以供单位按照捐款协议约定的范围使用。

为了避免留本基金随着时间推移因通货膨胀造成实际购买力下降，有的捐赠协议要求定期将留本基金投资收益的一部分转增留本基金的本金。也有的捐赠协议约定，留本基金投资收益按照约定使用范围使用不完的部分转为留本基金的本金。

留本基金根据对本金保留的限制条件又分为永久性留本基金和定期留本基金。其中，定期留本基金当达到捐赠协议约定的限制期限以后，即可以解除对留本基金的限制，不再保留本金，转为单位可以使用的资金。

2. 核算留本基金的科目设置

事业单位在设置核算留本基金的会计科目时，要考虑提供留本基金的本金和投资收益，处于投资状态的留本基金和处于非投资状态的留本基金等会计信息的需要。设置留本基金的单位，应当在“专用基金”总账科目下设置“留本基金”明细科目，核算单位用捐赠资金等建立的留本基金。单位如有两个以上留本基金，应当在“留本基金”科目下按照每个留本基金设置明细科目进行核算；单位只设置一个留本基金的，可以按照单个留本基金设置的明细科目核算。在每个留本基金明细科目下还应当设置“本金”和“收益”明细科目；在“本金”和“收益”明细科目下，还应当各自设置“已投资”和“未投资”两个明细科目。

委托基金会进行留本基金投资操作的事业单位，除在“专用基金”总账科目下设置“留本基金”及其明细科目以外，还应当在“其他应收款”科目下设置“留本基金委托投资”明细科目，核算单位将留本基金委托给基金会进行的投资。由于“其他应收款”科目的账户余额一般在会计报表中反映为流动资产，而单位委托基金会进行留本基金的投资属于非流动资产，所以“其他应收款”科目下“留本基金委托投资”明细科目的账户余额，在会计报表中应当列入“其他非流动资产”项目中，该账户余额也不参与计提坏账准备。事业单位也可以将“留本基金委托投资”科目设置为一级会计科目，在会计报表中列入“其他非流动资产”项目中。

3. 形成留本基金的核算①

事业单位收到协议要求设置留本基金的捐赠款项时，按照实际收到的金额，借记“银行存款”科目，贷记“专用基金——留本基金——本金——未投资”科目。

4. 使用留本基金投资的核算

事业单位委托基金会进行投资的，按照转给基金会的留本基金金额，借记“其他应收款——留本基金委托投资”科目，贷记“银行存款”科目。同时，按照相同的金额，借记“专用基金——留本基金——本金——未投资”科目，贷记“专用基金——留本基金——本金——已投资”科目。

事业单位自行投资的，投资时按照动用留本基金投资的金额，借记“短期投资”、“长期债券投资”等科目，贷记“银行存款”科目。同时，按照相同的金额，借记“专用基金——留本基金——本金——未投资”科目，贷记“专用基金——留本基金——本金——已投资”科目。

5. 获得留本基金投资收益的核算

事业单位委托基金会进行投资的，期末，按照受托基金会报告的留本基金投资收益金额，借记“其他应收款——留本基金委托投资”科目，贷记“专用基金——留本基金——收益——未投资”科目。收到受托基金会交回单位的投资收益，按照实际收到的金额，借记“银行存款”科目，贷记“其他应收款——留本基金委托投资”科目。

事业单位自行投资的，期末，对持有的留本基金投资确认应计利息收入时，按照确认的应计利息，借记“应收利息”、“长期债券投资”科目，贷记“专用基金——留本基金——收益——未投资”科目。收到使用留本基金投资的应收利息时，按照实际收到的金额，借记“应收利息”科目，贷记“银行存款”科目。

6. 使用留本基金投资收益继续投资的核算

事业单位委托基金会进行投资的，按照受托基金会报告的使用留本基金投资收益继

① 以下留本基金核算中假定单位只有一个留本基金。

续投资的金额，借记“专用基金——留本基金——收益——未投资”科目，贷记“专用基金——留本基金——收益——已投资”科目。

事业单位自行投资的，投资时，按照使用留本基金投资收益继续投资的金额，借记“专用基金——留本基金——收益——未投资”科目，贷记“专用基金——留本基金——收益——已投资”科目。

7. 使用留本基金投资收益补充事业单位活动资金的核算

事业单位按照捐赠协议约定用留本基金投资收益补充单位活动资金时，按照可以使用的金额，借记“专用基金——留本基金——收益——未投资”科目，贷记“捐赠收入”科目。同时，按照相同的金额，借记“资金结存——货币资金”科目，贷记“捐赠预算收入”科目或“其他预算收入——捐赠预算收入”科目。

8. 使用留本基金投资收益转增留本基金本金的核算

事业单位按照捐赠协议将留本基金投资收益转增本金时，按照转增本金的金额，借记“专用基金——留本基金——收益”科目，贷记“专用基金——留本基金——本金”科目。

9. 收回留本基金投资的核算

事业单位自行投资的，收回留本基金投资时，按照收回的金额，借记“银行存款”科目，按照收回投资的账面余额，贷记“短期投资”、“长期债券投资”等科目，按照两者的差额，贷记“专用基金——留本基金——收益——未投资”科目。同时，按照收回的留本基金投资金额，借记“专用基金——留本基金——本金/收益——已投资”科目，贷记“专用基金——留本基金——本金/收益——未投资”科目。

从受托基金会收回使用留本基金委托投资，按照收回的金额，借记“银行存款”科目，贷记“其他应收款——留本基金委托投资”科目。同时，按照收回留本基金委托投资的金额，借记“专用基金——留本基金——本金/收益——已投资”科目，贷记“专用基金——留本基金——本金/收益——未投资”科目。

10. 留本基金取消的核算

按照留本基金有关协议约定的留本基金限定期限到期，事业单位将留本基金转为可以使用的资金时，按照转为可以使用的资金金额，借记“专用基金——留本基金——本金/收益——未投资”科目，贷记“捐赠收入”科目。同时，按照相同的金额，借记“资金结存——货币资金”科目，贷记“捐赠预算收入”或“其他预算收入——捐赠预算收入”科目。

政府单位净资产的核算中，除了盈余的核算和专用基金的核算，有的事业单位的净资产核算中还包括设置“权益法调整”科目及其核算；PPP 项目政府方单位的净资产核算中还包括设置“PPP 项目净资产”科目及其核算；属于非持续经营前提下的清算单位，还包括设置“清算净损益”科目及其核算。为了避免重复和突出重点，“权益法调整”科目的核算参见第 5 章 5.3.3 按照权益法核算长期股权投资的其他权益变动核算的相关内容，“PPP 项目净资产”科目的核算参见第 7 章 7.6.3 核算 PPP 项目资产的科目设置和账务处理的相关内容，本章省略了对“清算净损益”科目核算的介绍。

第11章 政府单位会计报表

11.1 政府单位会计报表内容

政府单位会计报表是指根据会计账簿记录，按照会计报表编制规定编制的反映单位财务状况、预算执行情况等的文件，包括会计报表和会计报表附注等。

政府单位的会计报表按照报表内容反映信息的使用目标划分，分为反映单位财务状况的财务会计报表和反映单位预算执行情况的预算会计报表。

11.1.1 财务会计报表

政府单位的财务会计报表的主要功能是反映单位财务状况，有时简称为财务报表。包括资产负债表、收入费用表、净资产变动表、现金流量表。

1. 资产负债表

资产负债表是反映单位在某一特定日期全部资产、负债和净资产情况的报表。包括月度资产负债表和年度资产负债表。资产负债表的格式见表11-1。

表11-1 **资产负债表** 会政财01表

编制单位：______ ____年____月____日 单位：元

资产	期末余额	年初余额	负债和净资产	期末余额	年初余额
流动资产：			流动负债：		
货币资金			短期借款		
短期投资			应交增值税		
财政应返还额度			其他应交税费		
应收票据			应缴财政款		

续表

资产	期末余额	年初余额	负债和净资产	期末余额	年初余额
应收账款净额			待结算医疗款**		
预付账款			应付职工薪酬		
应收股利			应付返奖奖金**		
应收利息			应付代销费**		
其他应收款净额			应付票据		
存货			应付账款		
待摊费用			应付政府补贴款		
一年内到期的非流动资产			应付利息		
其他流动资产			预收账款		
流动资产合计			其他应付款		
非流动资产：			预提费用		
长期股权投资			一年内到期的非流动负债		
长期债券投资			其他流动负债		
固定资产原值			流动负债合计		
减：固定资产累计折旧			非流动负债：		
固定资产净值			长期借款		
工程物资			长期应付款		
在建工程			预计负债		
无形资产原值			其他非流动负债		
减：无形资产累计摊销			非流动负债合计		
无形资产净值			受托代理负债		
研发支出			负债合计		
公共基础设施原值					
减：公共基础设施累计折旧（摊销）					
公共基础设施净值					
政府储备物资					
文物文化资产					
保障性住房原值					
减：保障性住房累计折旧					
保障性住房净值			净资产：		
PPP 项目资产			累计盈余		
减：PPP 项目资产累计折旧（摊销）			专用基金		
PPP 项目资产净值			权益法调整		
林木资产**			PPP 项目净资产		

续表

资产	期末余额	年初余额	负债和净资产	期末余额	年初余额
长期待摊费用			无偿调拨净资产*		
待处理财产损溢			本期盈余*		
其他非流动资产			净资产合计		
非流动资产合计					
受托代理资产					
资产总计			负债和净资产总计		

注：本报表中“*”标识项目为月度报表项目，年度报表中不需列示；“**”标识项目为部分行业事业单位资产负债表的项目。本报表中不包括部分行业事业单位执行会计制度补充规定要求增加的报表明细项目。

根据部分行业事业单位执行政府单位会计制度的补充规定，部分行业事业单位的资产负债表在会计制度规定统一格式资产负债表的基础上，增加了本行业事业单位特有的报表项目。包括：

国有林场和苗圃的资产负债表中，增加了“林木资产”非流动资产类项目。

基层医疗卫生机构的资产负债表中，增加了“待结算医疗款”流动负债类项目；在“累计盈余”净资产项目下，增加了“医疗盈余”、“公共卫生盈余”、“科教盈余”和“新旧转换盈余”四个明细项目。

彩票机构的资产负债表中，增加了“应付返奖奖金”、“应付代销费”流动负债类项目。

医院的资产负债表中，在“累计盈余”净资产项目下，增加了“财政项目盈余”、“医疗盈余”和“科教盈余”三个明细项目。

2. 收入费用表

收入费用表是反映单位在某一会计期间内发生的收入、费用及当期盈余情况的报表。包括月度收入费用表和年度收入费用表。月度收入费用表的统一格式见表11-2。

表11-2 **月度收入费用表** 会政财02表

编制单位：______ ____年____月____日 单位：元

项目	本月数	本年累计数
一、本期收入		
（一）财政拨款收入		
其中：政府性基金收入		
（二）事业收入		
（三）上级补助收入		
（四）附属单位上缴收入		

续表

项目	本月数	本年累计数
（五）经营收入		
（六）非同级财政拨款收入		
（七）投资收益		
（八）捐赠收入		
（九）利息收入		
（十）租金收入		
（十一）其他收入		
二、本期费用		
（一）业务活动费用		
（二）单位管理费用		
（三）经营费用		
（四）资产处置费用		
（五）上缴上级费用		
（六）对附属单位补助费用		
（七）所得税费用		
（八）其他费用		
三、本期盈余		

注：本报表中不包括部分行业事业单位执行会计制度补充规定要求增加的报表明细项目。

年度收入费用表的格式与月度收入费用表的格式基本一样。只是年度收入费用表将月度收入费用表的“本月数”栏改为“本年数”，“本年累计数”栏改为“上年数”。

根据部分行业事业单位执行政府单位会计制度的补充规定，部分行业事业单位的收入费用表在表 11－2 的基础上，还应在部分收入和费用项目下设置适用于本行业事业单位需要增加的明细项目。比如，在科学事业单位的收入费用表中，在“事业收入”项目下增加了“科研收入”和“非科研收入”两个明细项目，在“业务活动费用”项目下增加了“科研活动费用”和“非科研活动费用”两个明细项目。又如，在高等学校的收入费用表中，在“事业收入”项目下增加了“教育事业收入”和“科研事业收入”两个明细项目，在“其他收入”项目下增加了“其中：后勤保障单位净收入”明细项目，在“单位管理费用”项目下增加了“行政管理费用”、“后勤保障费用”、“离退休费用”和“单位统一负担的其他管理费用”四个明细项目。再如，在中小学校的收入费用表中，在“其他收入”项目下增加了“其中：食堂净收入”明细项目。

3. 净资产变动表

净资产变动表是反映单位在某一会计年度内净资产项目变动情况的报表。净资产变动表的格式见表 11－3。

表 11－3　　　　　　　　　　　　**净资产变动表**　　　　　　　　　　　　会政财 03 表

编制单位：______　　　　　　　　　　______年　　　　　　　　　　　　单位：元

项目	本年数					上年数				
	累计盈余	专用基金	权益法调整	PPP 项目净资产※	净资产合计	累计盈余	专用基金	权益法调整	PPP 项目净资产	净资产合计
一、上年年末余额										
二、以前年度盈余调整（减少以“－”号填列）										
三、本年年初余额										
四、本年变动金额（减少以“－”号填列）										
（一）本年盈余			—	—			—	—	—	
（二）无偿调拨净资产		—	—	—			—	—	—	
（三）归集调整预算结转结余		—	—	—			—	—	—	
（四）提取或设置专用基金			—	—				—	—	
其中：从预算收入中提取	—		—	—		—		—	—	
从预算结余中提取			—	—				—	—	
设置的专用基金	—		—	—		—		—	—	
（五）使用专用基金				—						
（六）权益法调整	—	—		—		—	—		—	
（七）其他				—					—	
PPP 项目净资产※※		—	—				—	—		
划转撤并调整※※※				—		—	—	—	—	—
五、本年年末余额										

注 1：标识“—”单元格不需填列。

注 2：标识※列为 PPP 项目政府方单位设置。

注 3：标识※※列为 PPP 项目政府方单位设置。

注 4：标识※※※列为合并、分立后的政府单位于合并、分立当年设置。

4. 现金流量表

现金流量表是反映单位在某一会计年度内现金流入和现金流出信息的报表。对政府单位来说，编报现金流量表的要求与企业不一样。由于在企业编制的财务会计报表中，只有现金流量表能够反映企业的现金流量，所以企业都要编制现金流量表，以反映企业现金流量这一重要的会计信息。而在政府单位的会计报表中，已经有了基本反映单位现金流入和现金流出情况的预算收入支出表。所以对于现金流量表，政府单位会计制度不要求每个政府单位都要编制，而是要求单位根据会计信息使用者的需求决定是否编制。如果单位的会计信息使用者要求提供现金流量表，则单位应当编制现金流量表。另外，如果行业事业单位的主管部门要求本行业事业单位编制现金流量表，那么该行业事业单位就应当编制现金流量表。比如，医院和基层医疗卫生机构就需要按照其政府主管部门要求编制现金流量表。现金流量表的格式见表 11－4。

表 11－4 **现金流量表** 会政财 04 表

编制单位：______ ______年 单位：元

项目	本年金额	上年金额
一、日常活动产生的现金流量：		
财政基本支出拨款收到的现金		
财政非资本性项目拨款收到的现金		
事业活动收到的除财政拨款以外的现金		
收到的其他与日常活动有关的现金		
日常活动的现金流入小计		
购买商品、接受劳务支付的现金		
支付给职工以及为职工支付的现金		
支付的各项税费		
支付的其他与日常活动有关的现金		
日常活动的现金流出小计		
日常活动产生的现金流量净额		
二、投资活动产生的现金流量：		
收回投资收到的现金		
取得投资收益收到的现金		
处置固定资产、无形资产、公共基础设施等收回的现金净额		
收到的其他与投资活动有关的现金		
投资活动的现金流入小计		
购建固定资产、无形资产、公共基础设施等支付的现金		
对外投资支付的现金		
上缴处置固定资产、无形资产、公共基础设施等净收入支付的现金		
支付的其他与投资活动有关的现金		
投资活动的现金流出小计		
投资活动产生的现金流量净额		
三、筹资活动产生的现金流量：		
财政资本性项目拨款收到的现金		
取得借款收到的现金		
收到的其他与筹资活动有关的现金		
筹资活动的现金流入小计		
偿还借款支付的现金		

续表

项目	本年金额	上年金额
偿还利息支付的现金		
支付的其他与筹资活动有关的现金		
筹资活动的现金流出小计		
筹资活动产生的现金流量净额		
四、汇率变动对现金的影响额		
五、现金净增加额		

11.1.2 财务会计报表附注

财务会计报表附注是指对在政府单位年度财务会计报表中列示的项目所作的进一步说明，以及对未能在会计报表中列示项目的说明。财务会计报表附注按照其说明内容，大致可以分为以下几类：

1. 编制报表的基本情况

（1）编制报表单位的基本情况，如单位的主要职能、主要业务活动、单位所在地、预算管理关系等。

（2）报表编制基础

政府单位的财务会计报表中，采用权责发生制编制的报表包括资产负债表、收入费用表、净资产变动表；采用收付实现制编制的报表是现金流量表。

（3）本单位编制的财务会计报表所遵循的政府会计准则、制度。

2. 重要会计政策和会计估计

单位财务会计核算及编制报表采用的具体会计政策和会计估计主要包括以下内容：

（1）会计期间。

（2）记账本位币，外币折算汇率。

（3）坏账准备的计提方法。

（4）存货类别、发出存货的计价方法、存货的盘存制度，以及低值易耗品和包装物的摊销方法。

（5）长期股权投资的核算方法（权益法或成本法）。

（6）固定资产分类、折旧方法、折旧年限和年折旧率；融资租入固定资产的计价和折旧方法。

（7）无形资产的计价方法；使用寿命有限的无形资产，其使用寿命估计情况；使用寿命不确定的无形资产，其使用寿命不确定的判断依据；单位内部研究开发项目划分研究阶段和开发阶段的具体标准。

（8）公共基础设施的分类、折旧（摊销）方法、折旧（摊销）年限，以及其确定依据。

（9）政府储备物资分类，以及确定其发出成本所采用的方法。

（10）保障性住房的分类、折旧方法、折旧年限。

（11）其他重要的会计政策和会计估计。

（12）本期发生重要会计政策和会计估计变更的，变更的内容和原因、受其重要影响的报表项目名称和金额、相关审批程序，以及会计估计变更开始适用的时点。

3. 会计报表重要项目说明

这里所说的政府单位会计报表重要项目说明是指按照资产负债表和收入费用表的部分重要项目列示，采用数据和文字描述相结合的方式披露该项目的明细信息，一般采用项目明细表的形式披露。

属于流动资产（对应收、预付款项不包括年初数）、负债（对应付、预收款项不包括年初数）的项目明细表中要包括本表各个明细项目的年初余额、年末余额；属于非流动资产和受托代理资产的项目明细表中要包括本表各个明细项目的年初余额、本年增加额、本年减少额、年末余额；属于收入、费用的项目明细表中要包括本表各个项目的本年数和上年数。

各个项目明细表中都要有各个明细项目的合计金额。如果明细表中有单独列示项目以外的内容，可以一并列入表内单设的“其他”明细项目，以使该表明细项目的合计金额与资产负债表或收入费用表相应项目的金额相衔接。但是该明细表内容与资产负债表或收入费用表项目内容口径不一致的除外（比如，按照资金支付对象划分的业务活动费用、单位管理费用、其他费用明细表）。

会计报表重要项目说明还应当满足政府部门财务报告中政府部门会计报表附注的“会计报表重要项目的明细信息及说明”信息披露要求。会计报表重要项目说明应当包括但不限于下列内容：

（1）“货币资金”项目明细。单位要披露按照货币资金种类划分的货币资金明细。

（2）“应收账款净额”、“应收票据”、“预付账款”、“其他应收款净额”项目明细。为了便于汇总合并政府财务报表时冲销（与债务人单位的应付及预收款项冲销）合并报表内的重复计算金额，还应当披露按照本部门内部单位、本部门以外本级政府单位、非本级政府单位、非政府单位（其他），以及具体政府单位债务人划分对应的“应收账款净额”、“应收票据”、“预付账款”、“其他应收款净额”项目期末数。其中，对“应收账款净额”、“其他应收款净额”项目还应当披露与债务人对应的应收款原值年末数、坏账准备年初数和本年补提或冲减数、应收款净额的年末数。“应收账款净额”项目明细的披露格式见表 11－5。

“其他应收款净额”项目明细的披露格式可参照表 11－5。

表 11－5　“应收账款净额”项目明细

债务人	应收账款原值（年末数）	坏账准备		应收账款净额（年末数）
		减：年初数	减或加：本年补提或冲减数	
本部门内部单位				
单位 1				
单位 2				
……				
本部门以外的本级政府单位				
单位 1				
单位 2				
……				
本部门以外的非本级政府单位				
单位 1				
单位 2				
……				
非政府单位（其他）				
合计				

（3）“存货”项目明细。单位要披露按照存货种类划分的存货明细。

（4）“其他流动资产”项目明细。单位要披露按照其他流动资产种类披露的其他流动资产明细。

（5）投资各项目明细及说明。单位要披露的“短期投资”、“长期债券投资”、“长期股权投资”项目明细及说明包括以下四个方面内容：

①按照债券发行主体划分的短期债券投资明细。

②按照债券发行主体划分的长期债券投资、报告期投资收益明细。

③按照被投资对象划分的长期股权投资、报告期投资收益明细。

④当期发生的重大投资净损益项目、金额及原因。

（6）“固定资产”项目明细及说明。单位要披露按照固定资产原值、累计折旧、净值分列的固定资产明细分类，明细分类包括：房屋及构筑物，通用设备，专用设备，文物和陈列品，图书、档案，家具、用具、装具及动植物。另外，还应当披露暂估入账的固定资产账面价值变动情况，已提足折旧的固定资产名称、数量情况，出租、出借固定资产等情况。

（7）“在建工程”项目明细。单位要披露按照工程项目划分的在建工程明细。单位工程项目较多的，原则上按照项目金额从大到小列示前 20 项，其余部分合并填入表内“其他”明细项目。

（8）“无形资产”项目明细及说明。单位要披露按照无形资产原值、累计摊销、净值分列的无形资产明细分类，明细分类包括：专利权、非专利技术、著作权、资源资质、商标权、信息数据、其他。其中，自行开发的无形资产应当单独列示。另外，还应当披露计入当期损益的研发支出金额，确认为无形资产的研发支出金额等。

（9）“公共基础设施”项目明细及说明。核算公共基础设施的单位要披露按照公共基础设施资产原值、累计折旧（摊销）、净值分列的公共基础设施资产明细分类，明细分类包括：市政基础设施、交通基础设施、水利基础设施、其他公共基础设施。该明细分类下还应当按照资产分类列示进一步明细分类。比如，在交通基础设施类下列示：公路、汽车客运站、铁路、机场、航道、沿海航海保障设施、港口、轮渡。

另外，还应当披露：报告期暂估入账的公共基础设施账面价值变动情况；确认为公共基础设施的单独计价入账的土地使用权的账面余额、累计摊销额及变动情况；不提取折旧的公共基础设施的名称、数量及不提取折旧的原因；公共基础设施在建工程的期初、期末金额及其增减变动情况；已提足折旧继续使用的公共基础设施的名称、数量；各类公共基础设施的实物量；公共基础设施年度维护费用和其他后续支出情况等。

（10）“政府储备物资”项目明细及说明。核算政府储备物资的单位要披露按照物资种类划分的政府储备物资明细。披露的储备物资种类包括：重要农产品，包括粮食、棉花、食糖、肉类、天然橡胶；重要能源物资；关键矿产资源和原材料储备；应急储备物资，包括救灾物资、防汛抗旱物资、医药；其他。另外，如单位有因动用而发出需要收回或者预期可能收回，但期末尚未收回的政府储备物资，还应当单独披露其期末账面余额。

（11）“保障性住房”项目明细。核算保障性住房的单位要披露按照保障性住房资产原值、累计折旧、净值分列的保障性住房明细。按露的保障性住房明细包括：公共租赁住房（含廉租住房）和经济适用住房。

（12）“PPP 项目资产”项目明细及说明。PPP 项目政府方单位要披露按照 PPP 项目资产原值、累计折旧（摊销）、净值分列的 PPP 项目资产明细，明细按照单个 PPP 项目资产划分。对每个 PPP 项目资产，还应当说明该资产 PPP 项目合同的基本情况：PPP 项目合同总体描述；PPP 项目合同重要条款；报告期间 PPP 项目合同变更情况。还应当披露与 PPP 项目资产有关的其他会计信息：PPP 项目净资产初始入账金额及其确定依据；政府方确认的与 PPP 项目合同有关的负债金额及其确定依据；报告期内 PPP 项目资产折旧（摊销）冲减 PPP 项目净资产的金额；报告期内政府方向社会资本方支付的款项金额，或者从社会资本方收到的款项金额；报告期转为 PPP 项目资产的政府现有资产，PPP 项目合同终止移交 PPP 项目资产形成的公共基础设施等资产；其他相关会计信息。

（13）“受托代理资产”项目明细。有受托代理资产的单位要披露按照受托代理资产类型划分的受托代理资产明细分类，明细分类包括：货币资金、受托转赠物资、受托存储保管物资、罚没物资、其他。

(14)“长期待摊费用”、“其他非其他流动资产”项目明细。单位要披露按照长期待摊费用形成原因披露的长期待摊费用明细分类；要按照其他非流动资产种类披露的其他非流动资产明细。

(15)“应付账款”、“应付票据”、“预收账款”、“其他应付款”、“长期应付款”项目明细。为了便于汇总合并政府财务报表时冲销（与债权人单位的应收及预付款项冲销）合并报表内的重复计算金额，单位应当披露按照本部门内部单位、本部门以外本级政府单位、非本级政府单位、非政府单位（其他），以及具体政府单位债权人划分相关的应付账款、应付票据、预收账款、其他应付款、长期应付款的期末余额。单位有财政预拨款、向同级财政借款的，还应当在“其他应付款”项目明细中单独列示“应付同级财政”明细项目。

(16)“其他流动负债”、“其他非流动负债”、“预计负债”项目明细。单位要披露按照其他流动负债、其他非流动负债的种类分别披露其他流动负债、其他非流动负债明细；披露按照预计负债形成原因划分的预计负债明细。

(17)“短期借款”、“长期借款”项目明细。单位要分别披露按照债权人（银行）划分的短期借款、长期借款项目明细。对长期借款还要披露借款到期年限①及金额。借款到期年限划分为：1～3年到期（不含1年）；3～5年到期（不含3年）；5年以上到期（不含5年）。单位有基建借款的，还应当分基建项目披露借款本年增加数、本年减少数和借款到期年限。单位有逾期借款的，还应当披露逾期借款的债权人、借款金额、逾期时间、利率、逾期未偿还原因和预计还款时间等。

(18)“事业收入”、“非同级财政拨款收入”、“经营收入”、“其他收入”项目明细。单位要披露按照收入来源单位划分分别披露的事业收入、非同级财政拨款收入、经营收入、其他收入项目明细。为了便于汇总合并政府财务报表时冲销（与收入来源单位②的拨款费用冲销）合并报表内的重复计算金额，还应当披露按照本部门内部单位、本部门以外同级政府单位、非同级政府单位、非同级政府财政部门、非政府单位（其他）划分的收入来源单位对应的相关收入。另外，事业单位有按照收支两条线管理从财政专户取得事业收入的，应当在“事业收入”项目明细表中单独列项目披露；在“事业收入”科目下核算非同级财政拨款的，还应当披露按照拨款的非本级政府财政部门、转拨财政款的本级政府其他单位、转拨财政款的非本级政府单位划分的非同级财政拨款来源单位（财政部门）。

(19)“业务活动费用”、“单位管理费用”、“经营费用”、“其他费用”项目明细。

---

① 借款到期年限是指报告日距借款合同（协议）规定的还款日的期间。

② 指对该来源资金有使用、分配权的拨款单位，不含将拨付资金作为往来款处理的转拨款单位。

由于政府部门财务报告的收入费用表中的费用是按照经济分类划分的，因此，单位要将按照活动性质划分的业务活动费用、单位管理费用、经营费用项目分解为按照经济用途划分的费用明细，用于编制按照经济分类编制的本期费用明细表。又由于在汇总合并政府单位财务报表时要冲销（与产生费用款项的支付对象单位[①]的收入冲销）合并报表内的重复计算金额，单位还要披露按照本部门内部单位、本部门以外同级政府单位、非同级政府单位、非政府单位（其他）划分的支付对象单位对应的"业务活动费用"、"单位管理费用"、"经营费用"、"其他费用"项目明细。

①按照经济分类划分的业务活动费用项目披露明细见表11－6。

表11－6　按照经济分类划分的业务活动费用项目披露明细

项目	本年数	上年数
工资福利费用		
商品和服务费用		
对个人和家庭的补助费用		
对企业补助费用		
固定资产折旧费		
无形资产摊销费		
公共基础设施折旧（摊销）费		
保障性住房折旧费		
计提专用基金		
……		
其他		
合计		

有单位管理费用、经营费用的，参照表11－6格式进行项目明细披露。

②按照支付对象单位划分的业务活动费用项目披露明细见表11－7。

表11－7　按照支付对象单位划分的业务活动费用项目披露明细

支付对象	本年数	上年数
本部门内部单位		
单位1		
……		
本部门以外本级政府单位		
单位1		
……		

① 指该资金使用、再分配单位，不含将收到资金作为往来款处理的转拨款单位。

续表

支付对象	本年数	上年数
非本级政府单位		
单位 1		
……		
非政府单位（其他）		
合计		

有单位管理费用、经营费用、其他费用的，参照表 11 －7 格式进行项目明细披露。资产处置费用中有对外捐赠非现金资产费用的，也应当比照表 11 －7 格式披露接受捐赠非现金资产的单位明细。

（20）“其他费用”项目明细。单位要披露按照其他费用的原因划分的其他费用明细分类，明细分类包括：利息费用、坏账损失、罚没支出等。

（21）本年费用明细。单位要披露按照经济分类划分的本年费用，用于编制按照经济分类划分费用的收入费用表。按照经济分类划分的本年费用项目披露明细格式见表 11 －8。

表 11 －8　　按照经济分类划分的本年费用项目披露明细

项目	本年数	上年数
工资福利费用		
商品和服务费用		
对个人和家庭的补助费用		
对企业补助费用		
固定资产折旧费		
无形资产摊销费		
公共基础设施折旧（摊销）费 保障性住房折旧费		
计提专用基金		
所得税费用		
资产处置费用		
上缴上级费用		
对附属单位补助费用		
其他费用		
本年费用合计		

（22）按照经济分类划分的收入费用表。政府单位可以根据需要在附注中披露按照经济分类划分的收入费用表。按照经济分类划分的收入费用表格式见表 11 －9。

表 11－9　　按照经济分类划分的收入费用表

项目	本年数	上年数
财政拨款收入		
事业收入		
上级补助收入		
附属单位上缴收入		
经营收入		
非同级财政拨款收入		
投资收益		
捐赠收入		
利息收入		
租金收入		
其他收入		
收入合计		
工资福利费用		
商品和服务费用		
对个人和家庭的补助费用		
对企业补助费用		
固定资产折旧费用		
无形资产摊销费用		
公共基础设施折旧（摊销）费用		
保障性住房折旧费用		
计提专用基金		
资产处置费用		
上缴上级费用		
对附属单位补助费用		
所得税费用		
其他费用		
费用合计		
本年盈余		

4. 本年预算收支差额与本年盈余的差异情况说明

为了建立政府单位反映预算执行情况的会计报表和反映财务状况的会计报表之间的勾稽关系，单位要说明预算会计和财务会计因核算基础和核算范围不同所产生的本年预算收支差额与本年盈余数之间的差异。这种差异根据以下公式的原理反映：

本年盈余＝本年预算收支差额＋没有同期确认预算收入的收入＋没有同期确认费用的预算支出－没有同期确认收入的预算收入－没有同期确认预算支出的费用

单位应当按照重要性原则，对本年度发生的各类收入与预算收入之间、费用与预算支出之间发生差异的业务进行适度归并和分析，披露将年度预算收入支出表中“本年预算收支差额”调节为年度收入费用表中“本期盈余”的信息。有关披露格式见表11－10。

表11－10　　本年预算收支差额与本年盈余差异调节表

项目	金额
一、本年预算收支差额	
二、差异调节	—
（一）重要事项的差异	
加：1. 当期确认为收入但没有确认为预算收入	
（1）应收款项、预收账款确认的收入	
（2）接受非货币性资产捐赠确认的收入	
2. 当期确认为预算支出但没有确认为费用	
（1）支付应付款项、预付账款的支出	
（2）为取得存货、政府储备物资等计入物资成本的支出	
（3）为购建固定资产等的资本性支出	
（4）偿还借款本息支出	
减：1. 当期确认为预算收入但没有确认为收入	
（1）收到应收款项、预收账款确认的预算收入	
（2）取得借款确认的预算收入	
2. 当期确认为费用但没有确认为预算支出	
（1）发出存货、政府储备物资等确认的费用	
（2）计提的折旧费用和摊销费用	
（3）确认的资产处置费用（处置资产价值）	
（4）应付款项、预付账款确认的费用	
（二）其他事项差异	
三、本年盈余（本年收入与费用的差额）	

5. 其他重要事项说明

（1）资产负债表日存在的重要或有事项说明。没有重要或有事项的，也应说明。

（2）以名义金额计量的资产名称、数量等情况，以及以名义金额计量该资产的理由说明。

（3）通过债务资金形成的固定资产、公共基础设施、保障性住房等资产的账面价值、使用情况、收益情况及与此相关的债务偿还情况等的说明。

（4）重要资产转让、置换①、无偿划入（出）、捐入（出）、报废、重大毁损等情况的说明。

（5）事业单位将单位内部独立核算单位的会计信息纳入本单位财务报表情况的说明。

（6）政府会计具体准则中要求附注披露的其他内容。

（7）有助于理解和分析单位财务报表需要说明的其他事项。

11.1.3 预算会计报表

政府单位的预算会计报表的主要功能是反映单位预算执行情况。预算会计报表分为两种：一种是反映单位预算执行过程的会计报表，有时也直接称为预算会计报表；另一种是反映单位预算执行最终结果的会计报表，一般称为决算报表。

1. 反映预算执行过程的会计报表

反映政府单位预算执行过程的会计报表根据政府单位会计制度的规定设置及编报。

反映预算执行过程的会计报表（以下简称“预算会计报表”）应当能够反映单位在预算期间（年度）的某一时段内，收入预算和支出预算的实际执行进度，因此需要编制中期报表和年度报表。目前政府单位会计制度规定政府单位对外编报的预算会计报表只要求编报年报。单位因内部预算管理等的需要，可以自行决定编制月报、季报、半年报等相关预算会计中期报表。

政府单位会计制度规定编报的预算会计报表年报包括：预算收入支出表、预算结转结余变动表、财政拨款预算收入支出表。

（1）预算收入支出表。预算收入支出表是反映单位在某一会计年度内各项预算收入、预算支出和预算收支差额情况的报表。预算收入支出表的格式见表 11－11。

表 11－11　　　　预算收入支出表　　　　会政预 01 表

编制单位：______　　　　______年　　　　单位：元

项目	本年数	上年数
一、本年预算收入		
（一）财政拨款预算收入		
其中：政府性基金预算拨款		
（二）事业预算收入		
（三）上级补助预算收入		
（四）附属单位上缴预算收入		

① 包括以非现金资产取得长期股权投资，以及处置长期股权投资收回非现金资产。

续表

项目	本年数	上年数
（五）经营预算收入		
（六）债务预算收入		
（七）非同级财政拨款预算收入		
（八）投资预算收益		
（九）其他预算收入		
其中：利息预算收入		
捐赠预算收入		
租金预算收入		
二、本年预算支出		
（一）行政支出		
（二）事业支出		
（三）经营支出		
（四）上缴上级支出		
（五）对附属单位补助支出		
（六）投资支出		
（七）债务还本支出		
（八）其他支出		
其中：利息支出		
捐赠支出		
三、本年预算收支差额		

注：本报表中不包括部分行业事业单位执行会计制度补充规定要求增加的报表明细项目。

根据部分行业事业单位执行政府单位会计制度的补充规定，部分行业事业单位的预算收入支出表在表11－11的基础上，还应在部分预算收入和预算支出项目下设置适用于本行业事业单位需要增加的明细项目。比如，在科学事业单位的预算收入支出表中，在“事业预算收入”项目下增加了“科研预算收入”和“非科研预算收入”两个明细项目，在“事业支出”项目下增加了“科研支出”、“非科研支出”和“管理支出”三个明细项目。又如，在高等学校的预算收入支出表中，在“事业预算收入”项目下增加了“教育事业预算收入”和“科研事业预算收入”两个明细项目，在“其他预算收入”项目下“其中:”后所列明细项目中增加了“后勤保障单位净预算收入”明细项目，在“事业支出”项目下增加了“教育支出”、“科研支出”、“行政管理支出”、“后勤保障支出”、“离退休支出”和“其他事业支出”六个明细项目。再如，在中小学校的预算收入支出表中，在“其他预算收入”项目下“其中:”后所列明细项目中增加

“食堂净预算收入”明细项目。

（2）预算结转结余变动表。预算结转结余变动表是反映单位在某一会计年度的年初、年末各项预算结转结余，以及本年各项结转结余变动情况的报表。预算结转结余变动表的格式见表 11－12。

表 11－12　　预算结转结余变动表　　会政预 02 表

编制单位：______　　______年　　单位：元

项目	本年数	上年数
一、年初预算结转结余		
（一）财政拨款结转结余		
（二）其他资金结转结余		
二、年初余额调整（减少以“－”号填列）		
（一）财政拨款结转结余		
（二）其他资金结转结余		
三、本年变动金额（减少以“－”号填列）		
（一）财政拨款结转结余		
1. 本年收支差额		
2. 归集调入		
3. 归集上缴或调出		
（二）其他资金结转结余		
1. 本年收支差额		
2. 缴回资金		
3. 支付所得税		
四、年末预算结转结余		
（一）财政拨款结转结余		
1. 财政拨款结转		
2. 财政拨款结余		
（二）其他资金结转结余		
1. 非财政拨款结转		
2. 非财政拨款结余		
3. 专用结余		
4. 经营结余（如有余额，以“－”号填列）		

（3）财政拨款预算收入支出表。财政拨款预算收入支出表是反映单位本年财政拨款预算资金收入、支出、结转结余及其相关变动具体情况的报表。财政拨款预算收入支出表的格式见表 11－13。

表 11－13　　财政拨款预算收入支出表　　会政预 03 表

编制单位：______　　______年　　单位：元

项目	年初财政拨款结转结余		调整年初财政拨款结转结余	本年归集调入	本年归集上缴或调出	单位内部调剂		本年财政拨款收入	本年财政拨款支出	年末财政拨款结转结余	
	结转	结余				结转	结余			结转	结余
一、一般公共预算财政拨款											
（一）基本支出											
1. 人员经费											
2. 公用经费											
（二）项目支出											
1. ××项目											
2. ××项目											
……											
二、政府性基金预算财政拨款											
（一）基本支出											
1. 人员经费											
2. 公用经费											
（二）项目支出											
1. ××项目											
2. ××项目											
……											
总计											

2. 反映预算执行最终结果的会计报表

反映政府单位预算执行最终结果的会计报表（以下简称“决算报表”）根据财政部《××××年度部门决算报表》及其编制说明等的规定设置及编报。政府单位作为政府部门预算管理的基层预算单位（一级预算单位和二级预算单位的本单位预算，视同基层预算单位预算），要编制本单位的决算报表。

政府单位的决算报表是编制政府部门决算报表的基础，并且要与政府财政会计编制的财政决算报表相互衔接，因此，单位要按照政府财政部门统一要求的种类、格式、内容及编制方法进行编制。政府单位编制的决算报表包括决算报表主表和决算报表附表。

（1）决算报表主表。决算报表主表反映政府单位收入预算和支出预算的年度最终执行结果。为了满足政府单位决算报表使用者对了解单位不同资金的各种口径决算情况的需求，决算报表主表分为以下反映不同口径预算资金决算情况的报表[①]：

① 目前的决算报表不包括事业单位从银行等金融机构的借款资金。

①反映政府单位收入预算、支出预算和最终完成预算执行结果对比的报表，包括：

收入支出决算总表（财决 01 表），反映单位全部预算资金的收入预算（指标）数和决算数（收入实际发生数），全部预算资金的支出预算（指标）数和决算数（支出实际发生数，并按照政府部门预算支出的功能分类和经济分类双重维度以及支出性质等分别列示），以及全部预算资金的年初和年末结转结余数等。收入支出决算总表（财决 01 表）的格式见表 11 - 14。

表 11 - 14　　收入支出决算总表

财决 01 表

编制单位：______　　______年　　单位：元

收入				支出							
项目	年初预算数	调整预算数	决算数	项目（按功能分类）	年初预算数	调整预算数	决算数	项目（按支出性质和经济分类）	年初预算数	调整预算数	决算数
栏次	1	2	3	栏次	4	5	6	栏次	7	8	9
一、一般公共预算财政拨款收入				一、一般公共服务支出				一、基本支出			
二、政府性基金财政拨款收入				二、外交支出				人员经费			
三、上级补助收入				三、国防支出				公用经费			
四、事业收入				四、公共安全支出				二、项目支出			
五、经营收入				五、教育支出				其中：基本建设类项目			
六、附属单位上缴收入				六、科学技术支出				三、上缴上级支出			
七、其他收入				七、文化旅游体育与传媒支出				四、经营支出			
				八、社会保障和就业支出				五、对附属单位补助支出			
				九、卫生健康支出							
				十、节能环保支出							
				十一、城乡社区支出				经济分类支出合计			
				十二、农林水支出				一、工资福利支出			
				十三、交通运输支出				二、商品和服务支出			
				十四、资源勘探工业信息等支出				三、对个人和家庭的补助			

续表

收入				支出							
项目	年初预算数	调整预算数	决算数	项目（按功能分类）	年初预算数	调整预算数	决算数	项目（按支出性质和经济分类）	年初预算数	调整预算数	决算数
栏次	1	2	3	栏次	4	5	6	栏次	7	8	9
				十五、商业服务业等支出				四、债务利息及费用支出			
				十六、金融支出				五、资本性支出（基本建设）			
				十七、援助其他地区支出				六、资本性支出			
				十八、自然资源海洋气象等支出				七、对企业补助（基本建设）			
				十九、住房保障支出				八、对企业补助			
				二十、粮油物资储备支出				九、对社会保障基金补助			
				二十一、灾害防治及应急管理支出				十、其他支出			
				二十二、其他支出							
				二十三、债务还本支出							
				二十四、债务付息支出							
				二十五、抗疫特别国债安排的支出							
本年收入合计				本年支出合计							
使用非财政拨款结余				结余分配							
年初结转结余				年末结转结余							
总计				总计							

财政拨款收入支出决算总表（财决 01－1 表），本表与财决 01 表结构基本一致，反映单位财政拨款预算资金的收入和支出预算数，预算收入和支出实际发生数，以及财政拨款预算资金的年初和年末结转结余数。

②反映政府单位全部预算资金年初结转结余、本年收入完成、本年支出完成、年末结转结余总体情况的报表，包括：

收入支出决算表（财决02表），本表反映单位按照单位基本预算支出和项目预算支出列示的年初结转结余、本年收入完成、本年支出完成、年末结转结余的总体情况。

收入决算表（财决03表），本表反映单位按照财政拨款收入、上级补助收入、事业收入（其中财政专户返还的教育收费收入单列）、经营收入、附属单位上缴收入和其他收入分别列示的预算收入最终完成结果。

支出决算表（财决04表），本表反映单位全部预算支出和按照基本预算支出、项目预算支出、上缴上级支出、对附属单位补助支出分别列示的预算支出最终完成结果。

③反映政府单位全部预算资金支出明细情况的报表，包括：

支出决算明细表（财决05表），本表反映单位按照政府部门预算支出经济分类分别列示的全部预算支出。

基本支出决算明细表（财决05－1表），本表反映单位按照政府部门预算支出经济分类分别列示的基本预算支出。

项目支出决算明细表（财决05－2表），本表反映单位按照政府部门预算支出经济分类分别列示的项目预算支出。

经营支出决算明细表（财决05－3表），本表反映单位按照政府部门预算支出经济分类分别列示的经营活动预算支出。

④反映政府单位全部项目预算最终执行结果的报表。反映政府单位项目预算最终执行结果的报表为：项目收入支出决算表（财决06表），本表按照资金来源（包括年初结转结余和本年项目拨款等收入）、本年项目支出、年末结转结余分别列示单位所有项目预算资金。

⑤反映政府单位一般公共预算财政拨款的预算执行最终结果的报表，包括：

一般公共预算财政拨款收入支出决算表（财决07表），本表反映单位取得、使用一般公共预算财政拨款按照基本预算和项目预算分别列示的年初结转结余、本年收入、本年支出、年末结转结余，其中本年基本支出按照人员经费支出和公用经费支出分列，年末项目结转结余按照项目结转和项目结余分列；

一般公共预算财政拨款支出决算明细表（财决08表），本表反映单位按照政府部门预算支出经济分类分别列示的一般公共预算财政拨款支出。

一般公共预算财政拨款基本支出决算明细表（财决08－1表），本表反映单位按照政府部门预算支出经济分类分别列示的一般公共预算财政拨款基本预算支出。

一般公共预算财政拨款项目支出决算明细表（财决08－2表），本表反映单位按照政府部门预算支出经济分类分别列示的一般公共预算财政拨款项目预算支出。

⑥反映政府单位政府性基金预算财政拨款的预算执行最终结果的报表，包括：政府性基金财政拨款收入支出决算表（财决09表）。

政府性基金财政拨款支出决算明细表（财决10表）。

政府性基金财政拨款基本支出决算明细表（财决 10－1 表）。

政府性基金财政拨款项目支出决算明细表（财决 10－2 表）。

反映政府单位政府性基金预算财政拨款预算执行最终结果的报表与反映政府单位一般公共预算财政拨款预算执行最终结果的报表相比，除前者是反映单位取得和使用的政府性基金预算财政拨款以外，两者的报表种类和报表结构一致。

（2）决算报表附表。决算报表附表反映政府单位与预算管理相关的信息。决算报表的使用者除要了解收入预算和支出预算最终执行结果以外，还需要了解单位的一些资产、负债和结转结余信息、单位的机构人员信息、特定支出（如“三公”支出等）的相关信息、非税收入征缴信息等，以更加充分了解政府单位使用预算资金的相关背景，或资金支出产生的结果，以及取得和上缴财政资金的情况。为了满足这些要求，单位需要通过编制决算报表附表加以说明。政府单位决算报表附表目前有：预算支出相关信息表、基本数字表、机构运行信息表、非税收入征缴情况表。

①预算支出相关信息表。本表包括按照年初数和年末数列示的财务会计补充信息和预算会计补充信息。其中财务会计补充信息又包括：货币资金，财政应返还额度，按照实物量计量的房屋、车辆，在建工程，借款，应缴财政款，应付职工薪酬；预算会计补充信息包括：各种财政拨款结转结余、各种其他资金结转结余。

②基本数字表。本表反映由单位预算资金开支的单位职工人数，以及使用单位资金开支的学生人数和职工遗属人数。本表中按照一般公共财政预算拨款开支人员、政府性基金财政拨款开支人员、经费自理人员，分别列示该种资金开支的在职人员、离休人员和退休人员数，以及学生人数和遗属人数。

③机构运行信息表。本表反映政府单位运行中社会公众比较关心的特定支出和单位某些资产信息。本表填列的内容包括：“三公”经费支出①，包括“三公”经费支出金额，以及参与“三公”开支的团组数量和人数，购置和保有公务用车数量；会议费支出；培训费支出；行政单位的机关运行费支出；各种类型公务用车和大型设备实物数量；政府采购支出信息等。

④非税收入征缴情况表。本表反映政府单位作为政府非税收入的执收单位或缴纳单位，征缴各类政府非税收入的情况。本表按照政府性基金收入、专项收入、行政事业性收费收入、罚没收入、国有资本经营收入、国有资源（资产）有偿使用收入、捐赠收入、政府住房基金收入和其他收入分别列示。并按照纳入财政预算管理或纳入财政专户管理、已经缴入国库（财政专户）和应缴未缴国库（财政专户）等，分别列示相关非税收入的征缴情况。

① “三公”经费支出是指单位运行中的因公出国、公务用车、公务接待活动支出。

11.2 政府单位会计报表编制

11.2.1 政府单位会计报表编制概述

1. 会计报表编制的时间

按照政府单位会计制度的统一规定，政府单位要编制资产负债表、收入费用表的月度报表；要编制资产负债表、收入费用表、净资产变动表、预算收入支出表、预算结转结余变动表、财政拨款预算收入支出表的年度报表；单位如果按照主管部门规定或者自行选择编制现金流量表，应当编制现金流量表的年度报表。此外，政府单位要按照政府财政部门决算管理要求，编制单位的年度决算报表。

政府单位还应当根据其主管部门的部门管理要求，编制主管部门要求的其他中期报表。

政府单位还可以根据本单位管理需求，编制政府单位会计制度规定以外的中期报表。

2. 编制单位会计报表的涵盖范围

政府单位编制本单位对外报送的会计报表，其内容要涵盖本单位所有内设机构（单位）活动涉及的经济资源和现金资源。对由内设机构（单位）单独进行部分账簿记账的（内部核算单位[①]），在单位编制会计报表时，要将该内设机构（单位）记账的金额并入编制的单位整体会计报表之中。但是对于单位主体与该内设机构（单位）之间，或者单位各个内设机构（单位）之间经济往来时各自对应的记账金额，应当相互予以抵销，不在对外报送的单位整体会计报表中反映。

如果政府单位管理的所属单位进行会计核算是完整的独立核算，那么该所属单位实际为另一个独立的会计主体，政府单位的本单位会计报表中不应包含该所属单位的记账内容。该所属单位应当单独编制本单位对外报送的单位会计报表。同样道理，单位财务部门管理或代管的单独建账的党费、团费、工会经费、住宅专项维修资金等，也属于单位会计主体以外的单独会计主体，这些独立于单位会计主体之外的会计主体的记账内容，也不应当反映在单位会计报表内容之中，而是应当对各个独立会计主体编制各自的会计报表。

---

① 也称内部独立核算。但实际上这种内部独立核算并没有达到一个会计主体要求的完全独立核算程度，所以不属于真正的独立核算。

3. 对学校内部机构（单位）记账金额并入单位会计报表的特殊要求

在中国目前的学校活动管理中，大多数高校的后勤活动（包括学校食堂）都由学校的后勤单位承担，很多中小学校也办有学生食堂。这些后勤单位的活动经费大部分来源于学生、教职工等的交费，而且由于学生众多而导致后勤活动经费收支（包括预算收支和财务收入费用）数额很大。如果将学校后勤活动的收支全部并入学校的会计报表，则会冲淡学校对外编报的收支报表反映学校职能活动收支的功能。因此，为了便于收支报表反映学校以专业活动为主的整体情况，会计制度规定：对高等学校的后勤活动、中小学校内部食堂活动中单独记账的收支，采用以收入净额（收入减去支出后的差额）并入学校整体年度会计报表的做法。

4. 编制单位会计报表的相应准备工作

各个政府单位在编制年度会计报表之前，应当做好以下准备工作：

（1）确定年度最终预算。根据预算指标会计核算生成的数据、预算批复文件等与财政部门核对单位全年最终收入预算和支出预算。

（2）清理收支。根据收支预算与缴拨款部门、单位核对各种缴拨款项，将本年度预算内尚未支付或收到的缴拨款完成付款和收款，或者双方确认应收、应付款项并确认收入、费用。

（3）清理往来款项。通过与对方单位清理往来款项，尽量做到“人欠收回”和“欠人归还”，并及时进行收回应收款项和归还应付款项的记账处理。

（4）与发生交易或拨款的政府单位对账。通过对账对双方记账处理不对应（双方记账金额不一致，或一方记账而另一方没记账）的事项进行检查，如有没及时记账或记账不符合会计准则制度规定的，及时进行补记账或错账更正处理。为了减少年末对账工作量，发生交易或拨款较多的政府单位之间，可以建立定期（月、季度、半年）对账机制进行对账。

（5）进行财产清查。通过财产盘点清查，将年末账实不符的资产进行待处理财产损溢的账务处理，做到账实相符。

（6）对单位内部核算单位之间、单位主体与内部核算单位之间因单位内部业务或事项的债权债务、收入（预算收入）费用（支出）记账进行对账，对因记账错误导致的双方不对应记账进行更正。

这里仅就政府单位的资产负债表、收入费用表、净资产变动表和预算收入支出表的编制进行介绍。

11.2.2 资产负债表的编制

1. 资产负债表年初余额栏各个项目数字的填列

（1）资产负债表中“年初余额”栏内各项目数字，应当根据上年年末资产负债表的“期末余额”栏内各个对应项目数字填列。

（2）如果本年度资产负债表规定的项目的名称和内容同上年度不一致，应当对上年年末资产负债表项目的名称和数字按照本年度的规定进行调整，将调整后数字填入本表“年初余额”栏内。

（3）如果本年度单位发生了因前期差错更正、会计政策变更、报告日后事项等按照规定需要调整以前年度盈余和资产负债表其他相关项目金额的事项，还应当对“年初余额”栏中的有关项目金额进行相应调整。

（4）初始新建的政府单位和合并、分立重新组建的政府单位在编制新建、合并、分立当年期末资产负债表时，无须填列年初余额。政府单位在合并、分立前后均存续的，在编制合并、分立当年期末资产负债表时，年初余额无须进行调整。

2. 资产负债表期末余额栏各个项目数字的填列

这里仅就“资产负债表”中除各个合计（总计）金额项目以外的项目填列作介绍。

（1）“货币资金”项目。本项目应当根据“库存现金”、“银行存款”、“零余额账户用款额度”、“其他货币资金”科目的期末余额的合计数填列。

若单位存在通过“库存现金”、“银行存款”科目核算的受托代理资产，则应当按照前述合计数扣减“库存现金”、“银行存款”科目下“受托代理资产”明细科目的期末余额后的金额填列。

（2）“应收账款净额”项目。本项目应当根据“应收账款”科目的期末余额减去“坏账准备”科目中对应收账款计提的坏账准备的期末余额后的金额填列。

（3）“其他应收款净额”项目。本项目应当根据“其他应收款”科目的期末余额减去“坏账准备”科目中对其他应收款计提的坏账准备的期末余额后的金额填列。

若单位通过“其他应收款”科目核算了委托投资的留本基金，还应当按照“其他应收款”科目的期末余额减去“坏账准备”科目中对其他应收款计提的坏账准备的期末余额后的金额，再减去委托投资的留本基金的期末余额后的金额填列。

（4）“存货”项目。本项目一般应当根据“在途物品”、“库存物品”、“加工物品”科目的期末余额的合计数填列。

国有林场和苗圃应当将“营林工程——苗木生产成本”和“营林工程——林木生产成本——消耗性林木成本”科目期末余额，以及“林木资产——苗木”和“林木资产——林木——消耗性林木资产”科目期末余额的合计数，填列入本项目。

（5）“一年内到期的非流动资产”项目。本项目应当根据“长期债券投资”科目期末余额中 1 年内（含 1 年）到期收回投资本金和应计利息的金额填列。

（6）“其他流动资产”项目。本项目反映资产负债表中单设项目的流动资产以外的流动资产，本项目应当填列的内容包括：“发出商品”科目期末余额；“应收换入资产”科目期末余额；在月度资产负债表中本项目填列“代建项目”科目的期末余额；其他反映资产负债表中单设项目以外的流动资产相关科目的期末余额。

(7)“长期债券投资”项目。本项目应当根据“长期债券投资”科目的期末余额减去其中将于1年内（含1年）到期的长期债券投资余额后的金额填列。

(8) 固定资产相关项目。其中：“固定资产原值”项目，应当根据“固定资产”科目的期末余额填列；“固定资产累计折旧”项目，应当根据“固定资产累计折旧”科目的期末余额填列；“固定资产净值”项目，应当根据“固定资产”科目期末余额减去“固定资产累计折旧”科目期末余额后的金额填列。

(9) 无形资产相关项目。其中：“无形资产原值”项目，应当根据“无形资产”科目的期末余额填列；“无形资产累计摊销”项目，应当根据“无形资产累计摊销”科目的期末余额填列；“无形资产净值”项目，应当根据“无形资产”科目期末余额减去“无形资产累计摊销”科目期末余额后的金额填列。

(10) 公共基础设施相关项目。其中：“公共基础设施原值”项目，应当根据“公共基础设施”科目的期末余额填列；“公共基础设施累计折旧（摊销）”项目，应当根据“公共基础设施累计折旧（摊销）”科目的期末余额填列；“公共基础设施净值”项目应当根据“公共基础设施”科目期末余额减去“公共基础设施累计折旧（摊销）”科目期末余额后的金额填列。

(11) 保障性住房相关项目。其中：“保障性住房原值”项目，应当根据“保障性住房”科目的期末余额填列；“保障性住房累计折旧”项目，应当根据“保障性住房累计折旧”科目的期末余额填列；“保障性住房净值”项目，应当根据“保障性住房”科目期末余额减去“保障性住房累计折旧”科目期末余额后的金额填列。

(12) PPP项目资产相关项目。其中：“PPP项目资产”项目，应当根据“PPP项目资产”科目的期末余额填列；“PPP项目资产累计折旧（摊销）”项目，应当根据“PPP项目资产累计折旧（摊销）”科目的期末余额填列；“PPP项目资产净值”项目，应当根据“PPP项目资产”科目期末余额减去“PPP项目资产累计折旧（摊销）”科目期末余额后的金额填列。

(13)“林木资产”项目。本项目应当按照“林木资产”科目期末余额减去其中“林木资产——苗木”和“林木资产——林木——消耗性林木资产”科目期末余额后的金额，加上“营林工程——林木生产成本——生产性林木成本”和“营林工程——林木生产成本——公益性林木成本”科目期末余额的合计数填列。

(14)“待处理财产损溢”项目。本项目应当根据“待处理财产损溢”科目的期末借方余额填列；如“待处理财产损溢”科目期末为贷方余额，以“-”号填列。

(15)“其他非流动资产”项目。本项目反映资产负债表中单设项目的非流动资产以外的非流动资产，本项目应当填列的内容包括：“留本基金委托投资”科目期末余额或者“其他应收款”科目期末余额中留本基金的委托投资金额；其他反映资产负债表中单设项目以外的非流动资产相关科目的期末余额。

（16）“受托代理资产”项目。本项目应当根据“受托代理资产”科目的期末余额与“库存现金”、“银行存款”科目下“受托代理资产”明细科目的期末余额的合计数填列。

（17）“应交增值税”项目。本项目应当根据“应交增值税”科目的期末余额填列；如“应交增值税”科目期末为借方余额，以“－”号填列。

（18）“其他应交税费”项目。本项目应当根据“其他应交税费”科目的期末余额填列；如“其他应交税费”科目期末为借方余额，以“－”号填列。

（19）“一年内到期的非流动负债”项目。本项目应当根据“长期应付款”科目期末余额中将于1年内（含1年）到期的长期应付款余额，加上“长期借款”科目期末余额中将于1年内（含1年）到期的长期借款余额的合计数填列。

（20）“其他流动负债”项目。本项目反映资产负债表中单设项目的流动负债以外的流动负债，应当根据有关科目的期末余额合计数填列。单位设置了“应付换出资产”科目的，该科目期末余额也填列入本项目。

（21）“长期借款”项目。本项目应当根据“长期借款”科目的期末余额减去其中将于1年内（含1年）到期的长期借款余额后的金额填列。

（22）“长期应付款”项目。本项目应当根据“长期应付款”科目的期末余额减去其中将于1年内（含1年）到期的长期应付款余额后的金额填列。

（23）“其他非流动负债”项目。本项目反映资产负债表中单设项目的非流动负债以外的非流动负债，应当根据有关科目的期末余额合计数填列。

（24）“权益法调整”项目。本项目应当根据“权益法调整”科目的期末余额填列。如“权益法调整”科目期末为借方余额，以“－”号填列。

（25）“无偿调拨净资产”项目。月度资产负债表中本项目应当根据“无偿调拨净资产”科目的期末余额填列；“无偿调拨净资产”科目期末为借方余额时，以“－”号填列。

（26）“本期盈余”项目。月度资产负债表中本项目应当根据“本期盈余”科目的期末余额填列；“本期盈余”科目期末为借方余额时，以“－”号填列。

除上述（1）~（26）项目的填列以外，其余资产负债表中各个项目（不含反映报表中项目合计或总计金额的项目）数字，均按照与该项目名称相同总账科目的期末余额填列。

11.2.3 收入费用表的编制

收入费用表中“本月数”栏反映单位各个收入费用项目的本月实际发生数。编制年度收入费用表时，应当将本栏改为“本年数”，反映本年度各收入费用项目的实际发生数。

收入费用表中“本年累计数”栏反映各个收入费用项目自年初至报告期期末的累计实际发生数。编制年度收入费用表时，应当将本栏改为“上年数”，反映上年度各收入费用项目的实际发生数。

1. 收入费用表中“上年数”栏各个项目数字的填列

收入费用表中“上年数”栏各个项目应当根据上年年度收入费用表中“本年数”栏内各个对应项目所列数字填列。

如果本年度收入费用表规定的项目的名称和内容同上年度不一致，应当对上年度收入费用表项目的名称和数字按照本年度的规定进行调整，将调整后的金额填入本年度收入费用表的“上年数”栏内。

如果本年度单位发生了因前期差错更正、会计政策变更、报告日后事项等按照规定需要调整以前年度盈余的和收入费用表其他相关项目金额的事项，还应当对年度收入费用表中“上年数”栏中的有关项目金额进行相应调整。

初始新建的政府单位和合并、分立重新组建的政府单位在编制新建、合并、分立当年收入费用表时，无须填列“上年数”栏。

2. 收入费用表中“本月数”栏各个项目数字的填列

（1）“本期收入”项目。本项目应当根据本表中“财政拨款收入”、“事业收入”、“上级补助收入”、“附属单位上缴收入”、“经营收入”、“非同级财政拨款收入”、“投资收益”、“捐赠收入”、“利息收入”、“租金收入”、“其他收入”项目金额的合计数填列。

（2）“财政拨款收入”项目。本项目应当根据“财政拨款收入”科目的本期发生额填列。本项目下“其中：政府性基金收入”项目应当根据“财政拨款收入”科目下的“政府性基金预算财政拨款”明细科目本期发生额填列。

（3）“投资收益”项目。本项目应当根据“投资收益”科目的本期发生额填列；如为投资净损失，以“－”号填列。

（4）“其他收入”项目。本项目应当根据“其他收入”科目的本期发生额填列。

高等学校编制单位整体的年度收入费用表时，对于具有后勤保障职能的内部核算单位，应当将其本年收入（不含从学校取得的补贴经费）、本年费用（不含使用学校补贴经费发生的费用）相抵后的净额列入本表中“其他收入”项目金额，并以该金额填列“其他收入”项目下的“后勤保障单位净收入”明细项目。如果具有后勤保障职能的内部核算单位本年收入（不含从学校取得的补贴经费）、本年费用（不含使用学校补贴经费发生的费用）相抵后的净额合计数为负数，则以“－”号填列“其他收入”项目下的“后勤保障单位净收入”明细项目。

中小学校在编制单位整体的年度收入费用表时，应当将实行内部核算学校食堂本年收入、本年费用相抵后的净额列入本表“其他收入”项目金额，并以该金额填列“其他收入”项目下的“食堂净收入”明细项目。如果实行内部核算学校食堂本年收入和本年费用相抵后的净额合计数为负数，则以“－”号填列“其他收入”项目下的“食堂净收入”明细项目。

（5）“本期费用”项目。本项目应当根据本表中“业务活动费用”、“单位管理费用”、“经营费用”、“资产处置费用”、“上缴上级费用”、“对附属单位补助费用”、“所得税费用”和“其他费用”项目金额的合计数填列。

（6）“本期盈余”项目。本项目应当根据本表中“本期收入”项目金额减去“本期费用”项目金额后的金额填列；如为负数，以“－”号填列。

除上述（1）～（6）项目的填列以外，其余收入费用表中各个项目数字，均按照与该项目名称相同总账科目的本期发生额填列。

初始新建的政府单位和合并、分立重新组建的政府单位在编制新建、合并、分立当年收入费用表时，应当根据新建、合并、分立日至期末所发生的收入、费用填列最初月的“本月数”栏和每个月的“本年累计数”栏各个项目。

合并前后均存续的政府单位在编制合并当年收入费用表时，其收入费用表不包括被合并单位年初至合并日所发生的收入和费用。

11.2.4 净资产变动表的编制

净资产变动表的“本年数”栏中各明细栏反映单位各项净资产本年实际变动数，明细栏下各个项目反映该项净资产本年各种原因形成的实际变动数。

净资产变动表的“上年数”栏中各明细栏反映单位各项净资产上年实际变动数，明细栏下各个项目反映该项净资产上年各种原因形成的实际变动数。

1. 净资产变动表的“上年数”栏中各明细栏、各项目数字的填列

净资产变动表的“上年数”栏中各明细栏、各项目的实际变动数，应当根据上年度净资产变动表的“本年数”栏中对应的各明细栏、各项目内所列数字填列。

如果上年度净资产变动表规定的明细栏的名称和内容与本年度不一致，应对上年度净资产变动表明细栏的名称和数字按照本年度的规定进行调整，将调整后金额填入本年度净资产变动表“上年数”栏内。

如果上年度净资产变动表规定的项目的名称和内容与本年度不一致，应对上年度净资产变动表项目的名称和数字按照本年度的规定进行调整，将调整后金额填入本年度净资产变动表“上年数”栏内。

初始新建的政府单位和合并、分立重新组建的政府单位在编制新建、合并、分立当年净资产变动表时，不填列“上年数”栏。

2. 净资产变动表的“本年数”栏中各明细栏、各项目数字的填列

（1）“上年年末余额”行，反映单位各项净资产上年年末的余额。本行各栏应当根据“累计盈余”、“专用基金”、“PPP 项目净资产”科目上年年末余额填列。

（2）“以前年度盈余调整”行，反映单位本年度调整以前年度盈余等的事项对累计盈余等的各项净资产进行调整的金额。本行“累计盈余”项目应当根据本年度“以前年度盈余调整”科目转入“累计盈余”科目的金额填列；若调整减少累计盈余，以“－”号填列。

如果本年度单位发生了因前期差错更正、会计政策变更等按照规定需要调整除以前年度盈余以外的以前年度净资产的事项，还应当对本行“专用基金”、“权益法调整”、“PPP 项目净资产”等项目，按照调整的数字填列。

（3）“本年年初余额”行，反映经过以前年度盈余等各项净资产的调整后，单位各项净资产的本年年初余额。本行“累计盈余”、“专用基金”、“权益法调整”、“PPP 项目净资产”项目应当根据其各自在“上年年末余额”和“以前年度盈余调整”行对应项目金额的合计数填列。

（4）“本年变动金额”行，反映单位各项净资产本年变动总金额。本行“累计盈余”、“专用基金”、“权益法调整”、“PPP 项目净资产”项目应当根据其各自在“本年盈余”、“无偿调拨净资产”、“归集调整预算结转结余”、“提取或设置专用基金”、“使用专用基金”、“权益法调整”、“PPP 项目净资产”、“其他”行对应项目金额的合计数填列。

（5）“本年盈余”行，反映单位本年发生的收入、费用对净资产的影响。本行“累计盈余”项目应当根据年末由“本期盈余”科目转入“本年盈余分配”科目的金额填列；若转入时借记“本年盈余分配”科目的，以“－”号填列。本行“专用基金”项目应当根据本年使用从预算结余中提取的专用基金时直接计入费用的金额，以“－”号填列。

（6）“无偿调拨净资产”行，反映单位本年无偿划入、划出非现金资产事项对净资产的影响。本行“累计盈余”项目应当根据年末“累计盈余——无偿调拨净资产”科目余额冲销前的贷方余额填列；若年末“累计盈余——无偿调拨净资产”科目余额冲销前为借方余额，以“－”号填列。

（7）“归集调整预算结转结余”行，反映单位本年财政拨款结转结余资金归集调入、归集上缴或调出，以及非财政拨款结转资金缴回对净资产的影响。本行“累计盈余”项目应当根据年末“累计盈余——归集调整预算结转结余”科目余额冲销前的贷方余额填列；若年末“累计盈余——归集调整预算结转结余”科目余额冲销前为借方余额，以“－”号填列。

（8）“提取或设置专用基金”行，反映单位本年提取或设置专用基金对净资产的影响。本行“累计盈余”项目应当根据“从预算结余中提取”行“累计盈余”项目的金额填列。本行“专用基金”项目应当根据“从预算收入中提取”行、“从预算结余中提取”行、“设置的专用基金”行“专用基金”项目金额的合计数填列。

①“从预算收入中提取”行，反映单位本年按照收入的比例或者其他提取标准提取、列当期费用的专用基金对净资产的影响。本行“专用基金”项目应当根据从预算收入提取的专用基金的相关“专用基金”科目明细科目本年贷方发生额填列。

②“从预算结余中提取”行，反映单位本年根据有关规定从本年度其他结余或和经营结余中提取专用基金对净资产的影响。本行“专用基金”项目应当根据年末由“本年盈余分配”科目转入“专用基金”科目的金额填列，并且按照相同的金额，以“-”号填列本行“累计盈余”项目。

③“设置的专用基金”行，反映单位本年根据有关规定或协议将取得的资金直接设置为专用基金（留本基金）对净资产的影响。单位的留本基金因投资增值导致基金增加、投资收益转为单位收入导致的基金减少，也通过本行反映。本行“专用基金”项目应当根据“专用基金”科目下留本基金明细科目的本年净发生额（本年贷方发生额减去本年除到期取消定期留本基金以外的借方发生额后的差额）填列，若本年净发生额为负数，以“-”号填列。

（9）“使用专用基金”行，反映单位本年按规定使用专用基金对净资产的影响。本行“累计盈余”项目应当根据年末“累计盈余——使用专用基金”科目余额冲销前的贷方余额填列；本行“专用基金”项目应当通过对除留本基金以外的“专用基金”科目明细账记录分析，根据本年使用专用基金时直接冲减专用基金余额的金额，以“-”号填列。

（10）“权益法调整”行，反映单位本年按照被投资单位除净损益和利润分配以外的所有者权益变动份额而调整长期股权投资账面余额对净资产的影响。本行“权益法调整”项目应当根据“权益法调整”科目本年净发生额填列；若本年净发生额为负数，以“-”号填列。

（11）“其他”行，反映单位除净资产变动表中（一）~（六）行以外的原因对净资产的影响。本行“累计盈余”、“专用基金”、“权益法调整”项目应当根据反映相应内容的有关科目本期发生额分析填列。比如，单位本年退回以前年度收入和费用、使用预提费用资金购买非现金资产等导致的累计盈余变动数，填入本行“累计盈余”项目。又如，单位撤销专用基金（包括定期留本基金到期取消）导致的专用基金和累计盈余变动数，填入本行“累计盈余”、“专用基金”项目。

（12）PPP 项目政府方单位在编制净资产变动表时，需在设置第 11 章表 11－3 净资产变动表中的“PPP 项目净资产”行和“PPP 项目净资产”列（栏），反映单位因取得 PPP 项目资产、PPP 项目资产折旧（摊销）、PPP 项目合同终止等导致 PPP 项目净资产增加或减少对净资产的影响。本行“PPP 项目净资产”项目应当根据“PPP 项目净资产”科目本年净发生额填列；若本年净发生额为负数，以“－”号填列。本行“累计盈余”项目应当根据对“PPP 项目净资产”科目本年借方发生额进行分析，按照 PPP 项目合同终止时，政府方单位将尚未冲减完、转入“累计盈余”科目的 PPP 项目净资产账面余额填列。

（13）合并、分立后的政府单位在编制合并、分立当年净资产变动表时，需在设置第 11 章表 11－3 净资产变动表中的“划转撤并调整”项目行，反映单位本年因划转撤并划入或划出资产和负债对净资产的直接影响。本行“累计盈余”项目应当通过对“累计盈余”科目明细账记录的分析，根据本年发生划转撤并时直接计入“累计盈余”的金额填列。本行“权益法调整”、“专用基金”项目应当通过对“权益法调整”、“专用基金”科目明细账记录的分析，根据本年发生划转撤并时“权益法调整”、“专用基金”的变动金额填列。

（14）“本年年末余额”行，反映单位本年各项净资产的年末余额。本行“累计盈余”、“专用基金”、“权益法调整”、“PPP 项目净资产”项目应当根据其各自在“本年年初余额”行、“本年变动金额”行对应项目金额的合计数填列。

（15）净资产变动表中各行的“净资产合计”项目，应当根据所在行“累计盈余”、“专用基金”、“权益法调整”、“PPP 项目净资产”项目金额的合计数填列。

初始新建的政府单位和合并、分立重新组建的政府单位在编制新建、合并、分立当年净资产变动表时，不填列“上年年末余额”、“以前年度盈余调整”、“本年年初余额”行。

11.2.5 预算收入支出表的编制

预算收入支出表的“本年数”栏反映各项目预算收入、预算支出的本年实际发生数；本表“上年数”栏反映各项目预算收入、预算支出上年度的实际发生数。

1. 预算收入支出表中“上年数”栏各个项目数字的填列

预算收入支出表中“上年数”栏各个项目应当根据上年年度预算收入支出表中“本年数”栏内各个对应项目所列数字填列。

如果本年度预算收入支出表规定的项目的名称和内容同上年度不一致，应当对上年度预算收入支出表项目的名称和数字按照本年度的规定进行调整，将调整后的金额填入本年度预算收入支出表的“上年数”栏内。

初始新建政府单位和合并、分立重新组建的政府单位在编制新建、合并、分立当年预算收入支出表时，无须填列上年数。

2. 预算收入支出表中“本年数”栏各个项目数字的填列

（1）“本年预算收入”项目。本项目应当根据本表中“财政拨款预算收入”、“事业预算收入”、“上级补助预算收入”、“附属单位上缴预算收入”、“经营预算收入”、“债务预算收入”、“非同级财政拨款预算收入”、“投资预算收益”、“其他预算收入”项目金额的合计数填列。

(2)“财政拨款预算收入”项目。本项目应当根据“财政拨款预算收入”科目的本年发生额填列。

“财政拨款预算收入”项目下“其中：政府性基金预算拨款”项目。本项目应当根据“财政拨款预算收入”科目下的“政府性基金预算拨款”明细科目的本年发生额填列，单位有地方政府专项债券资金财政拨款的，应当将在“财政拨款预算收入”科目下的“地方政府专项债券资金拨款”明细科目的本年发生额填列入本项目。

(3)“其他预算收入”项目。本项目应当根据“其他预算收入”科目的本年发生额填列。

高等学校在编制单位整体预算收入支出表时，应当将校内具有后勤保障职能的内部核算单位的本年预算收入（不含从学校取得的补贴经费）、本年支出（不含使用学校补贴经费发生的支出）相抵后的净额列入本表中“其他预算收入”项目金额，并以该金额填列“其他预算收入”项目下的“后勤保障单位净预算收入”明细项目。如果具有后勤保障职能的内部核算单位的本年预算收入（不含从学校取得的补贴经费）、本年支出（不含使用学校补贴经费发生的支出）相抵后的净额合计数为负数，则以“－”号填列“其他预算收入”项目下的“后勤保障单位净预算收入”明细项目。

中小学校在编制单位整体预算收入支出表时，应当将实行内部核算学校食堂的本年预算收入、本年支出相抵后的净额列入本表“其他预算收入”项目金额，并以该金额填列“其他预算收入”项目下的“食堂净预算收入”明细项目。如果实行内部核算学校食堂的本年预算收入、本年支出相抵后的净额合计数为负数，则以“－”号填列“其他预算收入”项目下的“食堂净预算收入”明细项目。

(4)“利息预算收入”项目。本项目应当根据“其他预算收入”科目下的“利息预算收入”明细科目的本年发生额填列。单位单设“利息预算收入”总账科目的，应当根据“利息预算收入”总账科目的本年发生额填列。

(5)“捐赠预算收入”项目。本项目应当根据“其他预算收入”科目下的“捐赠预算收入”明细科目的本年发生额填列。单位单设“捐赠预算收入”总账科目的，应当根据“捐赠预算收入”总账科目的本年发生额填列。

(6)“租金预算收入”项目。本项目应当根据“其他预算收入”科目下的“租金预算收入”明细科目的本年发生额填列。单位单设“租金预算收入”总账科目的，应当根据“租金预算收入”总账科目的本年发生额填列。

(7)“本年预算支出”项目。本项目应当根据本表中“行政支出”、“事业支出”、“经营支出”、“上缴上级支出”、“对附属单位补助支出”、“投资支出”、“债务还本支出”和“其他支出”项目金额的合计数填列。

(8)“利息支出”项目。本项目应当根据“其他支出”科目下的“利息支出”明细科目的本年发生额填列。单位单设“利息支出”总账科目的，应当根据“利息支出”总账科目的本年发生额填列。

(9)“捐赠支出”项目。本项目应当根据“其他支出”科目下的“捐赠支出”明细科目的本年发生额填列。单位单设“捐赠支出”总账科目的，应当根据“捐赠支出”总账科目的本年发生额填列。

(10)“本年预算收支差额”项目，反映单位本年各项预算收支相抵后的差额。本项目应当根据本表中“本期预算收入”项目金额减去“本期预算支出”项目金额后的金额填列；如相减后金额为负数，以“-”号填列。

除上述(1)~(10)项目的填列以外，其余预算收入支出表中各个项目数字，均按照与该项目名称相同总账科目的本年发生额填列。

初始新建政府单位和合并、分立重新组建的政府单位在编制新建、合并、分立当年预算收入支出表时，应当根据新建、合并、分立日至期末所发生的预算收入、预算支出填列“本年数”栏各个项目。

合并前后均存续的政府单位在编制合并当年预算收入支出表时，其预算收入支出表不包括被合并单位年初至合并日所发生的预算收入和预算支出。

第12章 政府部门会计报告

12.1 政府部门会计报告概述

政府部门会计报告是以政府部门为会计报告主体，根据部门所属单位的会计报告汇总编制的会计报告。按照政府部门会计报告的编报目的和内容，政府部门会计报告包括：政府部门财务报告、政府部门决算报告。

12.1.1 政府部门财务报告

1. 政府部门财务报告的概念

政府部门财务报告是指政府部门在年度终了，根据会计制度和政府财务报告编报规定，在本部门所属各会计单位日常会计核算的基础上，对各个会计单位财务报表等汇总编制的、综合反映本部门整体财务状况和运行情况等的文件。

编制政府部门财务报告的目的是为加强政府部门资产负债管理、预算管理、绩效管理等提供信息支撑，并为政府财政部门编制政府综合财务报告提供编制基础。

2. 政府部门财务报告的编报范围

在通常情况下，纳入政府某部门预决算管理的行政事业单位和社会组织（包括社会团体、基金会和社会服务机构）等，都属于该政府部门财务报告的子报告主体，应当编制本单位财务报告，并且纳入本部门（单位）合并财务报告范围。

除纳入政府部门预决算管理的行政事业单位和社会组织等政府单位会计主体以外，未纳入部门预决算管理的部门所属政府单位虽然不取得财政拨款，但是其单位资产仍然是国有资产。将这些单位纳入政府部门财务报告单位范围，才能使政府部门财务报告反映的政府经济资源不至于产生遗漏。因此，以下政府单位会计主体也应当纳入部门（单位）合并财务报告范围：

（1）政府部门（单位）所属的未纳入本部门预决算管理的事业单位。

（2）政府部门（单位）所属的纳入企业财务管理体系执行企业类会计准则制度的事业单位。

（3）财政部规定的应当纳入部门（单位）合并财务报表范围的其他政府会计主体。

国有企业集团中的事业单位虽然也按照政府单位会计标准进行财务会计核算，编制本单位财务报告。但是这些事业单位的财务报告合并编入其所隶属的企业集团财务报告，并且在政府综合财务报告中以政府股权投资资产的形式予以反映。为了避免这些事业单位的资产在政府综合财务报告中重复反映，国有企业集团中事业单位的财务报表不纳入政府部门（单位）财务报表的汇总编报范围。

政府部门财务报告的报告期内，因政府部门职能调整等原因有其他政府部门的单位整体划入本部门的，该单位的收入费用表全年的各项目金额并入本部门的合并收入费用表中，该单位资产负债表各项目年末金额（不包括年初金额）并入本部门的合并资产负债表中；因政府部门职能调整等原因有本部门的政府单位整体划出本部门的，该单位的收入费用表全年的各项目金额不并入本部门的合并收入费用表中，该单位资产负债表各项目年初金额（不包括年末金额）并入本部门的合并资产负债表中。

政府部门财务报告的报告期内，有本部门政府单位被撤销或转制为非政府单位的，该单位期初资产、负债和净资产项目金额应当并入本部门合并资产负债表的期初数中，该单位期初至撤销日或转制日的收入、费用项目金额应当并入本部门合并收入费用表的本期数中，其期初至撤销日或转制日的收入、费用项目金额所引起的净资产变动金额应当包括在本部门合并资产负债表的期末数中。

政府部门管理的不属于政府单位会计主体的单位和组织，如部门（单位）所属的企业，与行政机关脱钩的各类行业协会、研究会、基金会等，挂靠部门（单位）的没有财政预算拨款关系的社会组织以及非法人性质的学术团体等，均不纳入政府部门财务报告的编报范围。

3. 政府部门财务报告的基本内容

政府部门财务报告包括财务报表和财务分析。

（1）政府部门财务报表。包括财务报表和报表附注，财务报表包括资产负债表和收入费用表。

①政府部门的资产负债表重点反映政府部门年末财务状况。资产负债表应当按照资产、负债和净资产分类分项列示。其中，资产应当按照流动性分类分项列示，包括流动资产、非流动资产等；负债应当按照流动性分类分项列示，包括流动负债、非流动负债等。资产负债表的项目与政府单位按照统一格式编制的资产负债表中项目一样（见第11章表11－1，不包括该表中注“＊”和“＊＊”的项目）。在资产负债表的部分项目后还附注该项目的明细说明（附表）。政府部门资产负债表的格式（局部）见表12－1。

表 12－1　资产负债表（局部）

编制单位：______　　____年____月____日　　单位：万元

项目	附注	年末数	年初数
流动资产：			
货币资金	附表 1		
短期投资			
财政应返还额度			
应收票据	附表 2		
应收账款净额	附表 3		
预付账款	附表 4		
……			
其他应收款净额	附表 5		
存货			
待摊费用			
一年内到期的非流动资产			
其他流动资产			
流动资产合计			
……			
非流动资产合计			
受托代理资产			
资产总计			
流动负债			
……			
流动负债合计			
……			
非流动负债合计			
受托代理负债			
负债合计			
……			
净资产合计			
负债和净资产总计			

②政府部门的收入费用表重点反映政府部门年度运行情况。收入费用表应当按照收入、费用和盈余分类分项列示。在收入费用表的部分项目后还附注该项目的明细说明（附表）。

政府部门的收入费用表包括两张，两者区别是费用划分的角度不同：

收入费用表 1 是按照产生费用的单位经济活动划分报表中的费用；收入费用表 2 是按照费用的经济分类划分报表中的费用。

政府部门收入费用表 1 的项目与政府单位按照统一格式编制的收入费用表中项目一样（见第 11 章表 11－2），其格式（局部）见表 12－2。

表 12－2　　收入费用表 1（局部）

编制单位：______　　____年____月____日　　单位：万元

项目	附注	本年数	上年数
财政拨款收入			
事业收入	附表 20		
……			
其他收入	附表 24		
收入合计			
业务活动费用	附表 25		
单位管理费用	附表 26		
经营费用	附表 27		
资产处置费用			
上缴上级费用			
对附属单位补助费用			
所得税费用			
其他费用			
费用合计			
本年盈余			

政府部门收入费用表 2 的项目与政府单位财务报表附注中按照经济分类划分费用编制的收入费用表中项目一样（见第 11 章表 11－9），其格式（局部）见表 12－3。

表 12－3　　收入费用表 2（局部）

编制单位：______　　____年____月____日　　单位：万元

项目	附注	本年数	上年数
财政拨款收入			
事业收入	附表 20		
……			
其他收入	附表 24		
收入合计			
工资福利费用			

续表

项目	附注	本年数	上年数
商品和服务费用	附表28		
对个人和家庭的补助费用			
对企业补助费用			
固定资产折旧费用			
无形资产摊销费用			
公共基础设施折旧（摊销）费用			
保障性住房折旧费用			
计提专用基金			
资产处置费用			
上缴上级费用			
对附属单位补助费用			
所得税费用			
其他费用	附表29		
费用合计※			
本年盈余			

注：标记※为表12-3中的“其他费用”包括“业务活动费用”、“单位管理费用”、“经营费用”等会计科目中的其他部分。

③政府部门报表附注重点对部门财务报表作进一步解释说明，一般应当按照下列顺序披露：

A. 会计报表编制基础。

B. 遵循相关制度规定的声明。

C. 合并范围。

D. 重要会计政策与会计估计变更情况。

E. 会计报表重要项目明细说明，以明细表的形式反映部门资产负债表和收入费用表中重要项目的明细信息及说明，包括：货币资金（附表1）、应收票据（附表2）、应收账款净额（附表3）、预付账款（附表4）、其他应收款净额（附表5）、长期投资及投资收益（附表6）、固定资产（附表7）、在建工程（附表8）、无形资产（附表9）、公共基础设施（附表10）、政府储备物资（附表11）、保障性住房（附表12）、PPP项目资产（附表13）、应付票据（附表14）、应付账款（附表15）、预收账款（附表16）、其他应付款（附表17）、长期借款（附表18）、长期应付款（附表19）、事业收入（附表20）、经营收入（附表21）、非同级财政拨款收入（附表22）、租金收入（附表23）、其他收入（附表24）、业务活动费用（附表25）、单位管理费用（附表26）、经营费用

（附表 27）、商品和服务费用（附表 28）、其他费用（附表 29）。

F. 需要说明的其他事项。

（2）政府部门财务分析。政府部门财务分析主要包括以下内容：

①政府部门工作目标完成情况，主要包括：结合政府部门职能、工作任务、相关政策要求等，说明政府部门年度工作目标计划及执行情况，绩效目标及完成情况。

②政府部门财务状况分析，主要包括：从资产方面，分析政府部门的货币资金、长期投资、固定资产、在建工程、公共基础设施、政府储备物资、保障性住房等重要资产项目的结构特点和变化情况，并评估对政府部门提供公共服务能力的影响；从负债方面，结合短期借款、长期借款等重点负债项目的增减变化情况，分析政府部门债务规模和债务结构等；运用资产负债率、现金比率、流动比率等指标，分析政府部门财务状况。

③政府部门运行情况分析，主要包括：从收入方面，分析政府部门的收入规模、结构及来源分布、重点收入项目的比重和变化趋势，以及经济形势、相关财政政策等对政府部门收入变动的影响等；从费用方面，分析政府部门费用规模、构成及变化情况，特别是政府部门控制行政成本的政策、投融资情况及对费用变动的影响等；运用政府部门的收入费用率等指标，分析政府部门收入与费用的比例情况。

④政府部门财务管理情况，主要包括：从部门预算管理、内控管理、资产管理、绩效管理、人才队伍建设等方面反映部门加强财务管理的主要措施和取得成效；审计或上级部门在本部门的单位财务管理各个方面发现的问题，以及这些问题的整改情况。

4. 政府部门财务报告的编报流程

纳入政府部门财务报告编报范围的政府部门所属单位，包括基层会计单位和一级、二级会计单位对本单位自身的经济资源，都应当按照政府部门财务报告要求的基本内容和报表格式等，编制本单位财务报告。

政府部门的各级政府单位应当按照单位管理隶属关系，采取自下而上方式逐级报送财务报告。确认政府部门的单位所属关系应当符合以下要求：

（1）存在财政预算拨款关系的行政事业单位，以财政预算拨款关系为基础确认所属关系。

（2）实行经费自理的事业单位，按照《事业单位法人证书》所列举办单位确认所属关系。涉及两个或两个以上举办单位的，按照排序第一的举办单位确认，纳入该举办单位的财务报告编制范围；如举办单位之间有协议、章程或管理办法约定的，按约定执行。

（3）各个政府单位只向一个所隶属的上级单位编报本单位财务报告，不得向两个以上上级单位重复报告。

除基层会计单位以外，政府部门的主管会计单位和各级二级会计单位都应当编制本级合并财务报告。本级合并财务报告包括本级财务报告分析和本级合并财务报表。本级合并财务报表由编制单位的本单位财务报表和所属下一级会计单位的单位（或下级单位合并）财务报表合并而成。

政府部门各级会计单位应当按照有关规定的内容和时限，完成本单位财务报告和本级合并财务报告，并报送上级会计单位。

政府部门的主管会计单位最终完成编制本部门合并财务报告，即部门财务报告。政府部门财务报告应当按照规定内容、在规定时限内编制完成，并报送同级政府财政部门。

12. 1. 2 政府部门决算报告

1. 政府部门决算报告的概念

政府部门决算报告是指政府部门按照财政部门决算编审要求，在本部门所属各预算单位日常会计核算的基础上，对各个基层预算单位决算报表等汇总编制的、反映部门所有预算收支和结余执行结果及绩效等情况的综合性年度报告。

政府部门决算报告是改进部门预算执行以及编制后续年度部门预算的参考依据。

2. 政府部门决算报告的编报范围

部门决算报告由本部门所属预算单位的决算报告组成。所有与本级政府财政部门直接发生预算缴拨款关系的各级各类国家机关、政党组织、事业单位（包括国有企业集团中的事业单位）、社会团体等政府单位，以及纳入本部门预算管理的经费自理事业单位，都属于部门（单位）决算报告编报范围的子报告主体，应当编制本单位决算报告，并且纳入本部门（单位）合并决算报告范围。

政府部门决算报告的报告期内，因政府部门职能调整等原因有其他政府部门所属单位整体划入本部门的，该单位决算报表全年的各项目金额并入本部门的合并决算报表中；因政府部门职能调整等原因有本部门所属单位整体划出本部门的，该单位决算报表全年的各项目金额不并入本部门的合并决算报表中；因政府部门职能调整等原因有本部门所属单位撤销或转制为非政府单位的，该单位期初至撤销日或转制日的决算报表项目金额应当并入本部门合并决算报表中。

部门决算报告编报的收支，包括部门所属预算单位全部纳入预算管理的收支。部门所属单位没有纳入年初预算的预算收支，也纳入部门（单位）决算报告的编报范围。

3. 政府部门决算报告的基本内容

部门决算报告包括决算报表、报表说明和决算分析等。

决算报表包括决算报表主表、附表，反映部门和单位收支预算执行结果、结转结余，以及与预算管理相关的机构人员、存量资产等信息。部门决算报表主表和决算报表附表，其反映的内容和格式与单位决算报表一致（见第 11 章 11.1.2 的相关内容），这里不再赘述。

报表说明包括报表编制基本情况、数据审核情况，以及需要说明的重要事项等，主要反映决算报表编制的相关情况。

决算分析包括收支预算执行、机构人员、预算绩效等情况分析，以及决算管理工作开展情况，主要反映部门预决算管理及预算执行情况。

4. 政府部门决算报告的编报、批复、调整流程

（1）政府部门决算报告的编报。纳入政府部门预算管理的本部门所属单位，包括基层预算单位和一级、二级预算单位对本单位自身的预算收支，都应当以单位日常会计核算资料为基础，按照政府部门决算报告要求的基本内容和报表格式等，编制本单位的决算报告。

政府部门的各级预算单位应当按照部门内预算管理隶属关系，采取自下而上方式逐级汇总报送决算报告。

政府部门中除基层预算单位以外的各级预算单位，应当在本单位决算报告和各下一级预算单位决算报告（或下级汇总决算报告）基础上，及时完成编制本级汇总决算报告，并在规定时限内报送上一级预算单位。

政府部门的一级预算单位负责完成编制本部门决算报告，并在规定时间内报送同级政府财政部门。

政府财政部门依法依规组织编制决算草案，报经本级政府审定后提请本级政府人民代表大会常务委员会审查和批准。

（2）政府部门决算报告的批复。政府财政部门应当在本级人民代表大会常务委员会批准本级政府决算后二十日内，向本级政府各部门批复决算。

政府部门应当在接到本级政府财政部门批复本部门决算后十五日内，向所属单位批复单位决算。

决算批复内容应当与预算批复相衔接，主要包括收入、支出、结转和结余，以及其他相关决算数据。

政府财政部门、政府主管部门根据管理需要，应当在决算批复文件中提出决算审核中发现本部门的主要问题及改进财政财务管理的意见。

（3）政府单位决算报告的调整。各政府部门、各单位应当根据决算批复文件、审核审计意见等，办理预算执行调整事项，并按照政府会计准则制度规定进行会计处理。

各级人民代表大会常务委员会批准本级决算后，按照相关制度规定，部门决算数据确需变动的，调整下一年度部门决算报表年初数。

12.2 政府部门财务报告的报表合并[①]

12.2.1 合并财务报表的编制程序

纳入政府部门财务报告的本部门所属政府单位，都应当以单位日常会计核算资料为基础，按照政府部门财务报告编制规定要求的报表内容及报表格式，编制本单位财务报告的财务报表。

纳入部门财务报告编制范围、执行企业会计准则和执行民间非营利组织会计制度的单位，按照本单位财务报表项目与部门财务报告财务报表项目的对应关系，编制本单位用于部门财务报告的财务报表。

除基层会计单位以外的各层级会计单位，以下属会计单位财务报告的财务报表为基础，自下而上层层合并本级合并财务报表。

合并财务报表的编制程序包括：

——设置合并报表工作底稿。

——将纳入合并报表的个别（单位或下级单位合并，以下同）资产负债表中资产、负债、净资产项目（不含表中各个合计项目、总计项目）和个别收入费用表中收入、费用项目（不含表中合计项目和本年盈余项目）金额逐项填入合并工作底稿，并加总得出本级全部个别资产负债表、个别收入费用表各项目的汇总金额。

——在合并工作底稿上编制抵销分录，将纳入合并财务报表的单位之间发生的内部业务或事项对财务报表的影响进行抵销处理。

——根据个别资产负债表和个别收入费用表各项目汇总金额、抵销分录发生额，计算合并财务报表各项目的合并金额。

——根据合并财务报表的资产、负债、净资产、收入、费用各项目合并金额，计算出合并资产负债表抵销后的合计项目、总计项目金额，合并收入费用表抵销后的合计项目、本年盈余项目金额。合并抵销分录涉及收入、费用项目导致本年盈余调整的，还应当结转调整合并资产负债表的净资产项目金额。

——根据合并报表工作底稿中计算最终确定的合并财务报表各项目金额，填列本级合并资产负债表和合并收入费用表。

---

① 政府部门决算报告的报表合并原理基本与政府部门财务报告的报表合并一样。随着预算管理一体化的实施，政府部门决算报告的基层预算单位决算报表和各级汇总决算报表，均可以通过财政部门统一开发的预算管理一体化系统自动生成。因此，这里省略了对政府部门决算报告的报表编制的介绍。

12.2.2 抵销本部门内部业务或事项的会计处理

部门（单位）合并财务报表的编制单位应当在合并报表时抵销合并报表单位之间发生的债权债务、收入费用等本部门内部业务或事项对合并财务报表的影响，在合并报表工作底稿上编制相应抵销分录。

（1）一般情况下的抵销处理。其具体分为以下几种情况：

①抵销部门内部单位之间的债权（含应收款项坏账准备）和债务项目。在编制抵销分录时，应当按照部门内部有关债权债务的金额，借记“应付票据”、“应付账款”、“预收款项”、“其他应付款”、“长期应付款”项目，贷记“应收票据”、“应收账款净额”、“预付账款”、“其他应收款净额”项目。

其中，债权方对应收款账款或其他应收款已计提坏账准备的，还应当冲减应收款净额中坏账准备对本年费用的影响。合并报表编制单位应当先按照抵销的内部应收款项计提坏账准备（见第 11 章表 11－5）的年初金额（如有），借记“应收账款净额——坏账准备”、“其他应收款净额——坏账准备”项目，贷记“累计盈余——年初”项目；再按照抵销的内部应收款项本年计提（补提）或冲减坏账准备的金额，借记或贷记“应收账款净额——坏账准备”、“其他应收款净额——坏账准备”项目，贷记或借记“其他费用”项目。然后再将“应收账款净额”、“应收账款净额——坏账准备”、“其他应收款净额”、“其他应收款净额——坏账准备”项目金额与相对应的应付款项目金额进行抵销的账务处理。

②抵销部门内部单位之间的上级补助收入和对附属单位补助费用项目。在编制抵销分录时，应当按照本单位对附属单位补助的金额，借记“上级补助收入”项目，贷记“对附属单位补助费用”项目。

③抵销部门内部单位之间的上缴上级费用和附属单位上缴收入项目。在编制抵销分录时，应当按照本单位收到附属单位上缴的金额，借记“附属单位上缴收入”项目，贷记“上缴上级费用”项目。

④抵销部门内部单位之间除上述②、③以外的收入和费用项目。在编制抵销分录时，应当按照内部交易和拨款的金额，借记“事业收入”、“非同级财政拨款收入”、“经营收入”、“租金收入”、“其他收入”等项目，贷记合并收入费用表 1 中的“业务活动费用”、“单位管理费用”、“经营费用”、“其他费用”等项目；同时，贷记合并收入费用表 2 中的“商品和服务费用”、“其他费用”等项目。

⑤对涉及增值税的应税业务，合并报表编制单位应当按照不含增值税的净额抵销收入和费用项目。

（2）不抵销的内部业务或事项。其具体分为以下几种情况：

①付款方计入费用、收款方计入应缴财政款的，在编制部门（单位）合并财务报

表时，该费用项目不应抵销。

②部门内部单位相互之间销售商品、提供劳务形成的存货、固定资产、工程物资、在建工程、无形资产等所包含的未实现内部销售损益，在国务院财政部门作出抵销处理的规定之前，单位在编制部门（单位）合并财务报表时暂不抵销。

③按照国务院财政部门财务报告编制的有关规定，金额不超过抵销阈值①的，在编制部门（单位）合并财务报表时可以不进行抵销。

（3）特殊情况下的抵销处理在各单位充分对账、会计处理正确的前提下，合并报表编制单位对于个别财务报表附注中注明“本部门内部单位”，但按照“（1）一般情况下的抵销处理”规定未能进行抵销处理（包括抵销双方对抵销项目记账金额不一致，或者只有单方记账导致没有对应抵销项目，但是不包括因涉及增值税导致的双方抵销项目记账金额不一致），且不属于“（2）不抵销的内部业务或事项”的项目，可以直接按照内部业务或事项的金额编制抵销分录：借记有关应付及预收、收入项目，贷记有关应收及预付、费用项目，按其差额借记或贷记“累计盈余”项目。

合并报表编制单位应当合并报表附注中披露按照特殊情况下的抵销处理方法抵销的项目及其金额。

（4）将抵销收入合计金额与抵销费用合计金额的差额结转净资产的处理编制的抵销分录收入合计数金额与费用合计数金额不相等导致本年盈余调整的，合并报表编制单位应当按照抵销收入合计数小于抵销费用合计数的差额（抵销导致本年盈余增加数），借记“本年盈余——抵销调整”项目，贷记“累计盈余——抵销调整”项目；抵销收入合计数大于抵销费用合计数的差额的（抵销导致本年盈余减少数），作相反的分录。若本部门按照本年盈余计提专用基金，应当按照抵销收入合计数小于抵销费用合计数的差额，借记“本年盈余——抵销调整”项目，按照因抵销调整本年度提取专用基金的金额，贷记“专用基金——抵销调整”项目，按照贷方的差额，贷记“累计盈余——抵销调整”项目；抵销收入合计数大于抵销费用合计数的，按照抵销收入合计数大于抵销费用合计数的差额，作相反的分录②。

（5）编制部门（单位）合并财务报表过程中发现报告期和报告期以前期间的会计差错，属于报告日以后发生的调整事项，应当按照《政府会计准则第7号——会计调整》的规定进行会计处理，再根据调整后的个别财务报表编制合并财务报表。

---

① 根据《政府部门财务报告编制操作指南（试行）》（财库〔2019〕57号）规定，目前对重要性设定以10万元为抵销阈值。对于部门合并报表单位之间的债权债务事项，年末余额不超过10万元的，可以不进行抵销。对于部门合并报表之间的收入费用事项，本年累计发生额不超过10万元的，可以不进行抵销。具备条件的须应抵尽抵，不受阈值限制。

② 结转分录中抵销调整本年盈余项目的金额不计入合并收入费用表的“本年盈余”项目（该项目金额由抵销后的各项收入合计数减去各项费用合计数自动生成），抵销调整净资产项目的金额计入合并资产负债表相关净资产项目。

12.3 政府部门会计报告的数据质量审核和监督

1. 政府部门会计报告（包括财务报告和决算报告）数据质量审核重点

政府会计报告数据质量审核重点是报告的真实性、准确性、完整性和规范性，具体包括：

（1）真实性。报表数据与会计账簿数据是否相符，是否有漏报、虚报和瞒报等现象。

（2）准确性。会计报表表内、表间勾稽关系是否衔接，抵销调整事项是否合理、准确，纸质数据与电子数据是否保持一致。

（3）完整性。是否涵盖所有报告主体和事项，报告内容是否完整。

（4）规范性。会计报表、报表附注、分析说明的格式等是否符合政府单位会计标准关于会计报告的编制规定。

政府主管部门、部门所属各单位应当对本部门、本单位会计报告真实性、准确性、完整性、规范性进行初审并负责。政府财政部门应当对部门会计报告的准确性、完整性、规范性进行复审。

2. 政府部门会计报告数据质量审核的方式

政府会计报告的数据质量审核包括自行审核、集中会审、委托审核等多种方式。

（1）自行审核。各单位在报送财务报告前自行将本单位纸质报表、电子数据以及相关资料，按规定的审核内容进行逐项审核。

（2）集中会审。政府主管部门组织专门力量对本部门所属单位编制的会计报告纸质报表、电子数据以及相关资料，按照财政部门的标准及要求集中进行审核。

（3）委托审核。政府主管部门在遵循有关法律法规的前提下，可委托中介机构对本部门所属单位编制的会计报告纸质报表、电子数据以及相关资料进行审核。

政府会计报告数据质量审核应当依据政府单位会计标准等关于部门财务报告和决算报告报告编制的规定，采取人工审核和计算机审核相结合方式进行。人工审核侧重于会计报告完整性、规范性等方面；计算机审核侧重于会计报告数据准确性及勾稽关系等方面。

3. 政府部门会计报告的监督

政府财政部门和主管部门应当依照职责分工对政府部门、政府单位报送的会计报告进行监督检查，发现报告编制不符合规定，存在漏报、重报、虚报、瞒报、错报以及相关数据不衔接等错误和问题，应当要求有关部门、有关单位立即纠正，并限期重新报送。

政府部门（单位）会计报告数据质量监督检查采取随机抽取与定向选择相结合的方式，对政府部门（单位）报告存在明显质量问题和以往年份监督检查不合格的单位进行重点核查。

属于政府部门会计报告编报范围的政府主管部门、政府部门所属单位，应当按照政府信息公开的规定，对本部门、本单位会计报告的内容进行公开，接受社会公众和利益相关者的合法监督。